Klartext

Schriften der Bibliothek für Zeitgeschichte – Neue Folge

Herausgegeben von Gerhard Hirschfeld

Band 17

Otto Hintze und Hedwig Hintze

„Verzage nicht und laß nicht ab zu kämpfen …"

Die Korrespondenz 1925–1940

Bearbeitet von Brigitta Oestreich

Herausgegeben von
Robert Jütte und Gerhard Hirschfeld

Das Titelbild zeigt ein Porträt von Otto Hintze sowie die
Postausweiskarte Hedwig Hintzes, ausgestellt am 28. Februar 1939
(Nachlaß Gerhard Oestreich, Privatbesitz)

Redaktion: Irina Renz

Bildquellen:
Abb. 4: Stadtarchiv München
Alle übrigen Abbildungen: Nachlaß Gerhard Oestreich, Privatbesitz

1. Auflage Oktober 2004
Satz und Gestaltung: Klartext Medienwerkstatt GmbH, Essen
Druck: Koninklijke Wöhrmann bv, Zutphen (NL)
© Klartext Verlag, Essen 2004
ISBN 3-89861-142-6

Inhalt

Vorwort 9

Brigitta Oestreich
Einleitung 15

I. Erinnerungen Eberhard Fadens an Otto Hintze – 1964,
Brief Eberhard Fadens an Gerhard Oestreich – 1970,
Briefe Otto und Hedwig Hintzes an Eberhard Faden – 1914–1919 41

II. Da kam Pandora! – 1925–1933
Briefe und Gedichte von Otto an Hedwig Hintze 75

III. Paris ohne Zukunft – 1933–1939
Briefe und Gedichte von Otto an Hedwig Hintze 97

IV. Exil in den Niederlanden – 1939–1940
Briefe und Postkarten von Otto an Hedwig Hintze 105

V. Briefwechsel mit Edgar Bonjour und Leonard S. Smith 225

VI. Korrespondenz Gerhard Oestreichs
mit Familienangehörigen von Otto und Hedwig Hintze 229

VII. Erinnerungen von Freunden und Schülern
an Otto und Hedwig Hintze 241

Register 259

Abb. 1: Otto Hintze (1861–1940)

Abb. 2: Hedwig Hintze, geb. Guggenheimer (1884–1942)

Vorwort

Was haben Elisabeth I. von England, Marilyn Monroe und Hedwig Hintze gemeinsam? Ihre Namen tauchen in einer Auflistung bedeutender Frauen auf, die anläßlich des Fests der Frauen in Essen im Jahre 2000 erstellt wurde. Doch im Unterschied zu den beiden erstgenannten Persönlichkeiten aus Politik und Film ist die Historikerin Hedwig Hintze (1884–1942), geb. Guggenheimer, die mit dem Berliner Historiker Otto Hintze (1861–1940) verheiratet war, heute nur einem kleinen Kreis von Spezialisten bekannt. Gleichwohl ist sie in den letzten beiden Jahrzehnten ein wenig aus dem Schatten ihres Mannes getreten. Diese Wiederentdeckung ist der Frauen- und der Exilgeschichtsforschung zu verdanken, die sich in den letzten beiden Jahrzehnten darum bemüht hat, Leben und Werk dieser linksliberalen Historikerin und Spezialistin für die Geschichte Frankreichs bekannter zu machen und gleichzeitig auch Spurensicherung zu betreiben.

Inzwischen ist Hedwig Hintze fast schon bekannter als ihr Mann. So vergibt der Verband der Historiker und Historikerinnen Deutschlands alle zwei Jahre einen Preis für Nachwuchswissenschaftler/innen: Der nach Hedwig Hintze benannte dritte Preis des Verbandes ist für jüngst Promovierte gedacht und wird für eine hervorragende Dissertation aus dem Gesamtbereich der Geschichtswissenschaft vergeben. Er wurde 2002 erstmals vergeben, bezeichnenderweise an einen Mann. Dr. Stefan-Ludwig Hoffmann erhielt auf dem Historikertag in Halle den mit 5.000 Euro dotierten Hedwig-Hintze-Preis für seine Dissertation mit dem Titel „Die Politik der Geselligkeit. Freimaurerlogen in der deutschen Bürgergesellschaft 1840–1918".

In Bremen wurde 1996 die Hedwig Hintze-Gesellschaft für historische Forschung und Bildung e.V. auf Initiative von Wissenschaftlerinnen, Studentinnen und privaten Interessenten gegründet.[1] Es handelt sich um einen Förderverein für den wissenschaftlichen Nachwuchs aus dem Bereich Geschichtswissenschaften. Die Gesellschaft ist zugleich Trägerin des Hedwig Hintze-Instituts Bremen (HHI). Eines ihrer zentralen Anliegen ist laut Satzung die Förderung besonders begabter Studentinnen und Studenten. Das geschieht unter anderem durch finanzielle Beihilfen zu Archiv- und Bibliotheksreisen, Druckkostenzuschüsse, Beratung und Aufnahme von Examensarbeiten in die Schriftenreihe des Hedwig Hintze-Instituts.

Das nach Hedwig Hintze benannte Bremer Forschungsinstitut möchte die Erinnerung an die von den Nationalsozialisten wegen ihrer jüdischen Herkunft verfolgte Historikerin Hedwig Hintze wachhalten und deren wissenschaftlichen Nachlaß sammeln und edieren. Es unterhält eine eigene Schriftenreihe[2] sowie eine Datenbank zu Themen der historischen Sozialforschung und Historischen Frauenforschung/Gendergeschichte, die laufend aktualisiert wird. Es verfügt über eine kleine Arbeitsbibliothek für Studierende und organisiert Veranstaltungen (Tagungen, Vortragsreihen, Ausstellungen). Im Juni 2002 veranstaltete das Institut einen „Tag für Hedwig Hintze anläßlich ihres 60. Todestages". Die Vorträge befaßten sich unter anderem mit dem politischen Selbstverständnis im Leben und Werk Hedwig

---

1 Vgl. die Webseite: www.hhi.uni-bremen.de
2 Darin ist u. a. als Bd. 1 erschienen: Barbara Deppe/Elisabeth Dickmann (Hrsg.), Hedwig Hintze (1884–1942). Bibliographie, Bremen 1997. Die Bibliographie ist allerdings fehlerhaft und daher nur mit Vorsicht zu verwenden.

Hintzes und einem Editionsprojekt, das zur Zeit an der Humboldt-Unversität Berlin läuft und bisher unbekannte Korrespondenzen sowie Stücke aus den jüngst in den USA aufgefundenen „Hedwig Hintze Papers" zum Gegenstand hat.[3]

Im September 1933 wurde Hedwig Hintze, wie die meisten ihrer jüdischen Kollegen, unter Berufung auf Paragraph drei des „Gesetzes zur Wiederherstellung des Berufsbeamtentums" aus dem Hochschuldienst entlassen. Die Privatdozentur, die sie als eine der ersten Frauen in der deutschen Geschichtswissenschaft innehatte, war damit erloschen. Erst in den 1990er Jahren widerfuhr ihr seitens der Humboldt-Universität eine gewisse Wiedergutmachung. Damals wurde Hedwig Hintze in die im Internet zu besichtigende „Historikergalerie des Instituts für Geschichtswissenschaften" aufgenommen. Ein kurzer biographischer Abriß aus der Feder von Peter Th. Walther erinnert hier an die „erste promovierte Historikerin Deutschlands: eine in Vergessenheit geratene jüdische Privatdozentin an unserer Universität"[4], wie es auf der betreffenden Webseite heißt.

Auf der gleichen Webseite findet sich auch ein Eintrag über Otto Hintze, ihren 1940 in Berlin verstorbenen Mann, von Martin Baumeister. Nach Einschätzung von Jürgen Kocka, Felix Gilbert und anderen Fachkollegen war dieser der wohl bedeutendste deutsche Historiker des späten Kaiserreichs und der Weimarer Republik. Er gilt inzwischen nicht mehr nur als „Preußenhistoriker". Heute betont man Hintzes Leistungen auf dem Gebiet der vergleichenden Verfassungs- und Verwaltungsgeschichte. Man schätzt seine an Max Weber orientierten theoretischen Reflexionen und sieht in ihm den Vordenker einer modernen politischen Strukturgeschichte.

Eine Doppelbiographie dieser beiden in einer ungewöhnlichen ehelichen Gemeinschaft miteinander verbundenen Persönlichkeiten wäre in der Tat ein Desiderat. Doch dazu fehlten und fehlen bislang die Quellen, die über das Leben dieser beiden Historiker Auskunft geben können. Es gibt weder einen „echten" Nachlaß von Otto noch von Hedwig Hintze. Dennoch hat die Forschung in den letzten Jahrzehnten für die Lebensgeschichte dieser beiden Historiker wichtige, neue Quellenfunde gemacht. Für die Biographie Otto Hintzes ist hier auf den bislang neuesten Überblick über den Forschungsstand von Wolfgang Neugebauer hinzuweisen.[5] So sind zum Beispiel in einigen öffentlichen Archiven Briefe und Gutachten von Otto Hintze aufgespürt worden. Auch hat man (Teil-)Manuskripte und Vorlesungsmitschriften gefunden. Doch der weitaus bedeutendste Teil der Briefe Otto Hintzes befindet sich in privater Hand, und zwar in der Sammlung, die der 1978 verstorbene Frühneuzeithistoriker Gerhard Oestreich angelegt hat. Dieser ist nicht nur der Herausgeber der gesammelten Abhandlungen Otto Hintzes, sondern er hat in den 1960er Jahren auch umfangreiches Material für eine biographische Studie gesammelt, die er aber krankheitsbedingt nicht mehr vollenden konnte.

Zu dieser Sammlung gehören auch die bislang nur aus dem biographischen Aufsatz von Brigitta Oestreich[6] bekannten Briefe und Postkarten, die Otto Hintze an seine Frau schrieb, von denen der größte Teil aus der Zeit ihres Exils stammt. Auf

---

3 Die Projektleitung hat Prof. Dr. Rüdiger vom Bruch, Bearbeiter ist Dr. Peter Th. Walther.

4 www.geschichte.hu-berlin.de.

5 Wolfgang Neugebauer, Zur Quellenlage der Hintze-Forschung, in: Jahrbuch für die Geschichte Mittel- und Ostdeutschlands, 45 (1999), S. 323–338.

6 Brigitta Oestreich, Hedwig und Otto Hintze. Eine biographische Skizze, in: Geschichte und Gesellschaft, 11 (1985): Frauenleben, hrsg. von Hans-Ulrich Wehler, S. 397–419.

diese zentrale Überlieferung für jede Beschäftigung mit Leben und Werk von Otto und Hedwig Hintze ist in der Forschung bereits mehrfach hingewiesen worden.

Nicht nur Bücher, auch Editionen haben ihre Geschichte. Einer der Gründe, warum diese Briefedition erst jetzt erscheint, wird von der Bearbeiterin, Brigitta Oestreich, in der Einleitung zu diesem Band benannt. Daß dieser Teil des Vermächtnisses von Hedwig Hintze nicht vernichtet wurde, ist vielen Zufällen zu verdanken. Auch davon wird an anderer Stelle noch ausführlicher die Rede sein.

Brigitta Oestreich ist nicht nur dafür zu danken, daß sie diese einzigartige Briefsammlung aus dem Nachlaß ihres Mannes nun der Öffentlichkeit zugänglich gemacht hat. Sie hat sich zudem selbst der großen Mühe unterzogen, die fast 280 Autographen (einschließlich der Briefe Otto und Hedwig Hintzes an Eberhard Faden sowie die von Gerhard Oestreich gesammelten brieflichen Äußerungen ehemaliger Schüler dieser beiden Historiker) zu entziffern und zusammen mit den Herausgebern dieses Bandes zu annotieren.

Neben diesen zentralen Quellen für die Geschichte einer ungewöhnlichen Wissenschaftlerehe, die einen bei der Lektüre nicht unberührt lassen und in den Bann schlagen, wird die bereits kurz erwähnte Edition der „Hedwig Hintze Papers", die Mitte der 1990er Jahre von Peter Th. Walther bei Archivrecherchen in den USA entdeckt wurden, unser Bild vom wissenschaftlichen Werdegang der Historikerin Hedwig Hintze um weitere wichtige Mosaiksteinchen ergänzen.[7] Es handelt sich um Akten der New School for Social Research, der Rockefeller Foundation, dem American Council for Émigrés in the Professions und des Emergency Committee in Aid of Displaced German Scholars. In dieser amerikanischen Sammlung befinden sich unter anderem auch die Entwürfe ihrer Habilitationsschrift, Unterlagen und Exzerpte für Buch- und Aufsatzprojekte sowie die Korrespondenz mit Kollegen und Institutionen.

Die im vorliegenden Band edierten Briefe und Postkarten sind bemerkenswerte Zeugnisse einer Ehe zwischen zwei Wissenschaftlern, die damals für Aufsehen sorgte und im Kollegenkreis vielfach auf Unverständnis stieß. Die leider nur einseitig erhaltene Korrespondenz aus den Jahren 1933 bis 1940 belegt, daß die Liebe in dieser Zeit der Trennung noch wuchs und Hedwig Hintze ihrem hilfsbedürftigen Mann aus dem niederländischen Exil, so gut sie es nur konnte, beistand, und, wie andererseits, Otto Hintze ihr beständig Mut zusprach. Die Briefe und zahlreichen Postkarten Ottos an seine Frau in das für Hedwig Hintze bald nicht mehr sichere Zufluchtsland sind ein bewegendes Zeugnis für eine ebenso liebevolle wie intellektuelle Partnerschaft. Es sind Dokumente eines Alltags, der neben allen Nöten, die das Leben in Diktatur und Exil mit sich brachte, stets noch Raum für die Erörterung wissenschaftlicher Fragen bot. Das Schicksal einer ungewöhnlichen Ehe, die durch die politischen Ereignisse aus den Fugen geriet, spiegelt sich darüber hinaus auch in den zusätzlich aufgenommenen Berichten von Freunden und Weggefährten.

Somit ist diese Quellenedition nicht nur für diejenigen gedacht, die sich für die Geschichte der Historiographie in der ersten Hälfte des 20. Jahrhunderts interessieren. Immerhin zählen zu dem Freundes-, Schüler- und Bekanntenkreis von Otto und Hedwig so bekannte Persönlichkeiten wie Friedrich Meinecke, Hans Rothfels,

---

7 Vgl. Steffen Kaudelka/Peter Th. Walther, Neues und neue Archivfunde über Hedwig Hintze (1884–1942), in: Jahrbuch für Universitätsgeschichte, 2 (1999), S. 203–218.

Fritz T. Epstein, Hajo Holborn, Kurt Breysig, um nur die wichtigsten zu nennen. Aus diesem Grunde haben sich die Bearbeiterin und die Herausgeber entschieden, die zum Teil sehr aufschlußreichen Erinnerungen an das Ehepaar Hintze, die in Briefen an Gerhard Oestreich festgehalten wurden, ebenfalls zu veröffentlichen.

Insbesondere wird aber die Exilforschung aus der hier erstmals und vollständig edierten Korrespondenz Otto Hintzes mit seiner Frau neue Erkenntnisse über ein Flüchtlingsschicksal gewinnen, das zwar individuell, aber durchaus nicht ungewöhnlich war. Nicht wenige Emigranten haben im Exil Selbstmord begangen. Eines der bekanntesten Beispiele ist sicherlich der Freitod des Literaturwissenschaftlers Walter Benjamin (1892–1940). Trotz aller Bemühungen konnten weder die Bearbeiterin noch die Herausgeber mehr Licht in jenes Dunkel bringen, in das die letzten beiden Jahre vor dem Selbstmord aus Verzweiflung im niederländischen Exil gehüllt sind. Einem holländischen Psychiatriehistoriker, der von einem der beiden Unterzeichneten gebeten worden war, in den Akten der Utrechter psychiatrischen Klinik noch einmal nachzuforschen, hat man den Zugang mit Hinweis auf den Datenschutz und Sperrfristen verweigert! Die wichtigsten erhaltenen Dokumente, die über diese Zeit Auskunft geben können (die letztwillige Verfügung Hedwig Hintzes über die hier abgedruckten „Briefe und Gedichte" sowie ihre verzweifelten Briefe an Edgar Bonjour) sind hier vollständig abgedruckt.

Etwas aus der Reihe fallen auf den ersten Blick die ebenfalls in diese Edition mit aufgenommenen Briefe von Otto und (zum geringeren Teil auch von Hedwig) Hintze an den Berliner Archivar Eberhard Faden aus der Zeit des Ersten Weltkriegs sowie dessen Erinnerungen an seinen Lehrer und seine ehemalige Kommilitonin, die Mitte der 1960er Jahre auf Bitten Gerhard Oestreichs niedergeschrieben wurden. Diese Dokumente legen nicht zuletzt ein beredtes Zeugnis von einem treusorgerischen Lehrer-Schüler-Verhältnis ab, wie es damals durchaus nicht ungewöhnlich war. Die Korrespondenz ist darüber hinaus noch in ganz anderer Hinsicht von Interesse. Sie gibt nämlich Einblick in den Wandel der politischen Auffassung, der sich bei Otto Hintze unter dem Eindruck des aussichtslosen Krieges im Jahre 1918 abzeichnet. Diese Briefe, in denen man auch den Einfluß seiner linksliberalen Frau spürt, sind deshalb auch für die Mentalitätsgeschichte jener Zeit höchst aufschlußreich. Sie zeigen, daß Otto Hintze die ungebrochene Siegeszuversicht vieler seiner Kollegen bereits vor Kriegsende nicht mehr teilte.

Die vorliegende Edition umfaßt insgesamt 269 Nummern. Den Großteil machen die Briefe und Postkarten aus (Nr. 37-222), die Otto seiner Frau Hedwig geschrieben und die diese bis zu ihrem Freitod am 19. Juli 1942 wie einen Augapfel gehütet hat, wie aus ihrer letztwilligen Verfügung hervorgeht. Da es für die Interpretation wichtig ist zu wissen, ob die Mitteilungen in einem geschlossenen Brief oder auf einer offenen Postkarte erfolgten, wurde jeweils durch einen zusätzlichen Kennbuchstaben (B bzw. P) markiert, um welchen Quellentypus es sich handelt. Die vereinzelten Sonette aus der Feder Otto Hintzes, die sich nicht mehr genau einem bestimmten Brief zuordnen ließen oder vielleicht auch nicht Teil der Korrespondenz waren, haben keine solche Kennung.

Die Originalschreibweise wurde beibehalten (nur die gelegentlich anzutreffende und damals übliche Schreibung des scharfen „ß"-Lauts (sh) wurde behutsam angeglichen. Ungewöhnliche Abkürzungen wurden aufgelöst, die Ergänzungen sind durch eckige Klammern gekennzeichnet. Otto Hintzes Briefe, Karten und Gedichte an Hedwig Hintze sind sämtlich eigenhändig geschrieben, bei den übrigen Korrespondenzen ist jeweils angegeben, ob der Text handschriftlich oder maschinenschriftlich vorliegt.

Die Briefe und Postkartentexte Otto Hintzes sind bis auf wenige Ausnahmen vollständig wiedergegeben. Ausgelassen wurden nur häufige Wiederholungen und immer wiederkehrende Floskeln, die inhaltlich nicht von Bedeutung sind. Diese Auslassungen sind – wie üblich – durch drei Punkte in eckigen Klammern gekennzeichnet. Größere Auslassungen betreffen lediglich die Briefe, die Gerhard Oestreich von Kollegen erhalten hat. Nur die Otto und Hedwig Hintze betreffenden Passagen wurden hier wiedergegeben. Es wurde der Versuch unternommen, möglichst alle in der Korrespondenz genannten Personen biographisch zu ermitteln. Das ist bis auf wenige Ausnahmen gelungen. Die Lebensdaten (Geburts- und Sterbejahr) befinden sich bei der Ersterwähnung in runden Klammern. Allgemein bekannte Personen der Zeitgeschichte sind hiervon ausgenommen. Ansonsten beschränkt sich die Kommentierung auf das Allernotwendigste. Fremdsprachige Zitate werden (mit Ausnahme der englischen) übersetzt. Auch wurde nach Möglichkeit ihre Herkunft belegt. Ereignisse und Sachverhalte, auf die in der Korrespondenz Bezug genommen wird, werden nur dann kommentiert, wenn diese dem heutigen Leser weitgehend unbekannt sind. Die Namen Otto und Hedwig Hintze werden aus Gründen der Platzersparnis mit Kürzel (O. H. bzw. H. H.) wiedergegeben.

Die Herausgeber danken Frau Brigitta Oestreich für ihre Bereitwilligkeit, die „Hintze-Dokumente" einer interessierten Öffentlichkeit zugänglich zu machen, und für ihr sachkundiges, stetes Engagement, mit dem sie diese bearbeitet und kommentiert hat. Unser Dank gilt ferner Gisela Vöhringer-Rubröder und Prudence Lawday für die umsichtige Eingabe der Texte sowie vor allem Irina Renz für kritische Durchsicht und Ergänzung der Anmerkungen.

Mit der Edition dieser Quellenzeugnisse verbinden die Herausgeber die Hoffnung, daß die Erforschung dieser ungewöhnlichen Zweierbeziehung und Wissenschaftlerehe einen neuen Anstoß bekommt und die Exilforschung außerdem um einen weiteren wichtigen Baustein bereichert wird. Eine wissenschaftlich-kritische Briefedition dürfte mehr leisten als eine der üblichen Gedenktafeln, nämlich Otto und Hedwig Hintze im Sinne des biblischen *yadvashem* einen „ewigen Namen" zu geben, „der niemals ausgetilgt wird." (Jesaja 56,5).

Stuttgart, im Frühjahr 2004
Robert Jütte

Gerhard Hirschfeld

Brigitta Oestreich

Einleitung

„[…] ich weiß nicht, was mir in allernächster Zeit bevorsteht. Für den Fall, daß wir uns nicht wiedersehen sollten, bitte ich Sie heute schon, das Andenken meines geliebten Mannes und mein eigenes in Ehren zu halten. Wenn es mir nicht vergönnt ist, Leben und Werk zum sinnerfüllten Abschluß zu bringen, so habe ich doch den großen Wunsch, daß mein Name mit dem meines Mannes zusammen weiterleben soll. Ich bitte die Freunde, die mir geblieben sind, nach Kräften dazu beizutragen."

Das schrieb Hedwig Hintze drei Monate vor ihrem Freitod in den Niederlanden im Jahre 1942 an Edgar Bonjour in der Schweiz in einem der wenigen von ihr erhaltenen ganz persönlichen Briefe.[1] Dieser Bitte fühlt sich die vorliegende Quellensammlung verpflichtet, nachdem Hedwig Hintze inzwischen in der Geschichtswissenschaft ihren Platz als erste bedeutende Fachhistorikerin Deutschlands gefunden hat und ihr Schicksal in der unvorstellbaren Masse der Verfolgten und Ermordeten langsam eigene Konturen gewinnt. Als 1985 die erste biographische Skizze zu Hedwig u n d Otto Hintze[2] erschien, lag der oben zitierte Brief noch auf dem Dachboden des Hauses von Edgar Bonjour, der dann kurz vor seinem eigenen Tod mit der Übergabe an die Autorin der Bitte von Hedwig noch zu entsprechen hoffte. Dieser Brief ist die endgültige Bestätigung im Gegensatz zu einer weit verbreiteten Meinung. Es bleibt kein Zweifel mehr: diese beiden Ehepartner bilden in ihrer menschlichen wie wissenschaftlichen Entwicklung eine Einheit – nicht nur, aber auch im Sinne des Sakraments der Ehe. Hedwigs Schicksal ist von ihrem „arischen" Mann in einer Selbstverständlichkeit mitgetragen worden, die mehr als nur Achtung verdient, und ihre zunächst untergegangene wissenschaftliche Leistung hat wenigstens ihr berühmter Mann mit steter Bewunderung anerkannt. Das hat ihr geholfen zu leben – auf jeden Fall bis zu seinem Tod am 25. April 1940.

Bisher schienen die Briefe und Postkarten Otto Hintzes an seine Frau, außer den Personalakten der Humboldt-Universität in Berlin, die einzig erhaltenen persönlichen Zeugnisse aus dem Leben Hedwig Hintzes zu sein. Inzwischen aber konnte Peter Th. Walther in den USA durch einen glücklichen Zufall wichtige verloren geglaubte Papiere Hedwig Hintzes auffinden. Er und Steffen Kaudelka planen eine „kritische Edition", die diesen exemplarischen Fall in einen größeren Zusammenhang stellen und einen Beitrag zur Wissenschaftsgeschichte leisten will.[3] So werden die hier vorgelegte und die von den beiden Historikern angekündigte Edition so manche Spekulation beenden und mit etlichen Vorurteilen aufräumen können. Nur erlaubt dies alles noch immer keine erschöpfende Rekonstruktion des Lebens und Wirkens von Hedwig Hintze in, vor und nach ihrer Ehe. Über die Gründe wird im folgenden zu sprechen sein.

---

1 In diesem Band Nr. 224.
2 Brigitta Oestreich, Hedwig und Otto Hintze. Eine biographische Skizze, in: Geschichte und Gesellschaft, 11 (1985), Frauenleben, hrsg. von H.-U. Wehler, S. 397–419.
3 Steffen Kaudelka/Peter Th. Walther, Neues und neue Archivfunde über Hedwig Hintze (1884–1942), in: Jahrbuch für Universitätsgeschichte, 2 (1999), S. 203–218, hier S. 209.

Otto Hintze, Hochschullehrer und Wissenschaftler der damals angesehensten deutschen Hochschule, der alten Universität Berlin, war in der ersten Hälfte unseres Jahrhunderts unter den Gelehrten eine hochgeschätzte Persönlichkeit und blieb es weit über seinen Tod hinaus.

Hedwig Hintze geborene Guggenheimer, seit 1912 mit Otto Hintze verheiratet und selbst Historikerin, verdankt ihre Wiederentdeckung zunächst der DDR-Forschung auf der Suche nach ihren sozialistischen Wegbereitern.[4] Auf einer Tagung in Israel 1985 wurde sie erstmals als linksliberale jüdische Historikerin gewürdigt,[5] während gleichzeitig in Westdeutschland der erste Hinweis auf die außergewöhnliche Ehe von Hedwig und Otto Hintze erfolgte.[6]

Otto Hintze war im Umbruch nach 1945 mit dem Verdikt eines monarchistischen Preußenhistorikers ins „rechte" politische Spektrum verbannt worden; Hedwig haftete der Ruf an, sie habe ihren kranken, fast erblindeten Mann aus wissenschaftlichem Ehrgeiz in schwerster Zeit verlassen. Daß sie als Jüdin dafür Gründe hatte, fiel im Eifer der Vorurteile kaum ins Gewicht. Auch gab es manches Beispiel christlich getaufter und mit einem „Arier" verheirateter Juden und Jüdinnen – so Hedwigs eigene Schwester –, die in dieser Nische überlebt hatten. Mehr noch störte die als Marxismus etikettierte politische Ausrichtung ihrer historischen Wissenschaft, die ihr einen Platz im „linken" Spektrum zuwies.

Diese Zuordnung beider Ehepartner und Historiker hat mit der Zeit einige Differenzierung erfahren.[7] Inzwischen war es durch Interessenverlagerung auch stiller geworden um das Werk Otto Hintzes, dafür hat Hedwig als Deutschlands erste bedeutende Fachhistorikerin die Aufmerksamkeit auf sich gezogen. Das ist der Analyse ihrer Schriften und neuerdings vor allem der Frauenforschung zu verdanken.[8] Aber auch das Interesse an Otto Hintze scheint zurückzukehren. Seit die Berliner Humboldt-Universität und die Berlin-Brandenburgische Akademie der Wissenschaften wieder ihren nichtmarxistischen Traditionen nachforschen, werden die Professoren der alten Berliner Universität nach und nach auf die ihnen zugehörigen Plätze in der Historiographie zurückgeholt. Nicht zuletzt geschah dies mit Otto Hintze.[9] Was für beide Partner aber noch aussteht, ist die Erhellung ihrer persönli-

---

4 Hans Schleier, Die bürgerliche deutsche Geschichtsschreibung der Weimarer Republik, Berlin 1975, S. 272–302.

5 Robert Jütte, Hedwig Hintze (1884–1942). Die Herausforderung der traditionellen Geschichtsschreibung durch eine linksliberale jüdische Historikerin, in: Jahrbuch des Instituts für Deutsche Geschichte, Tel-Aviv, Beiheft 10, 1986, S. 249–278.

6 B. Oestreich, Hedwig und Otto Hintze.

7 So für Otto Hintze in den beiden Einleitungen von Gerhard Oestreich zu Otto Hintzes „Gesammelten Abhandlungen", Bd. 2 und 3, 2. Aufl., Göttingen 1964 und 1967, und in seinen einschlägigen Aufsätzen in: Ders., Strukturprobleme der frühen Neuzeit. Ausgewählte Aufsätze, hrsg. von Brigitta Oestreich, Berlin 1980. – Wichtig auch der Tagungsband „Otto Hintze und die moderne Geschichtswissenschaft", hrsg. von Otto Büsch und Michael Erbe, Berlin 1983. – Die jüngste Würdigung Otto Hintzes durch Brigitta Oestreich in: Berlinische Lebensbilder – Geisteswissenschaftler, hrsg. von Michael Erbe, Berlin 1989, S. 287–309.

8 Bernd Faulenbach, Hedwig Hintze-Guggenheimer (1884–1942). Historikerin der Französischen Revolution und republikanische Publizistin, in: Barbara Hahn (Hrsg.), Frauen in den Kulturwissenschaften. Von Lou Andreas-Salomé bis Hannah Arendt, München 1994, S. 136–151.

9 Vgl. vor allem Wolfgang Neugebauer, Gustav Schmoller, Otto Hintze und die Arbeit an den Acta Borussica, in: Jahrbuch für brandenburgische Landesgeschichte, 48 (1997), S. 152–202; ders., Die wissenschaftlichen Anfänge Otto Hintzes, in: Zeitschrift der Savigny-Stiftung für Rechtsgeschichte, Germ. Abt., 115 (1998), S. 540–551.

chen Beziehung auf breiterer Basis, einer Beziehung, die unter den Aspekten von Frauenemanzipation und Judenverfolgung doppelt belastet war und zugleich ein mehrfaches Interesse erweckt.

Einmal handelt es sich bei der im Jahre 1912 geschlossenen Ehe – in nationalsozialistischem Vokabular – um eine „Mischehe", zum anderen um eine der ersten ehelichen Gemeinschaften von zwei – im heutigen Sprachgebrauch – „berufstätigen" Historikern, die zudem, wenn auch nicht gleichzeitig, an derselben Universität wirkten. Es handelt sich um eine Ehe von Lehrer und Schülerin, die am Ende zu einer gleichberechtigten Partnerschaft reifte, und das dank der Bemühung beider. Hier, wo die Versorgung der Frau durch eigenes Vermögen und ihr Ansehen durch berufliche Selbständigkeit gesichert waren und nicht mehr von ihrer Rolle als Gattin und Mutter abhingen, wurde dem Mann eine völlige Umstellung und Neuorientierung abverlangt, für die es in seinem Umfeld noch kein Beispiel gab. Der preußische Geheimrat hat diese Leistung im konservativen Hochschulbereich als einer der ersten erbracht. Zusätzlich erschwert wurde die partnerschaftliche Situation durch die Tatsache, daß die junge Wissenschaftlerin sich für republikanische und sozialistische Ideen begeisterte, als die meisten Deutschen, auch ihr Mann, sich noch nicht vom monarchisch-nationalen Gedankengut gelöst hatten. Unter dem NS-Regime bedeutete das später eine weitere existentielle Belastung.

All dies tauchte nach und nach aus dem Dunkel der Vergangenheit auf, nachdem die von Gerhard Oestreich besorgte Neuauflage und vor allem Ergänzung von Otto Hintzes „Gesammelten Abhandlungen" in drei Bänden von 1962 bis 1967 zu erscheinen begann. Jetzt häuften sich die Fragen nach Hintzes Nachlaß, vereinzelt auch nach dem Schicksal seiner Frau. Eine Biographie zu versuchen, schien nach der Vernichtung von Hintzes gesamter Hinterlassenschaft kaum möglich, aber Oestreich begann doch mit gezielten Recherchen.

Eine jüngere Historiker-Generation hatte inzwischen ihr Interesse den Strukturen und kollektiven Sachzwängen zugewendet und den Wert aller historischen Biographieforschung in Frage gestellt. Dies war kein Klima mehr für Otto Hintzes Sonette. So verstarb Gerhard Oestreich 1978, ohne die Biographie Otto Hintzes geschrieben zu haben. Und die Zeit scheint tatsächlich über das damalige Konzept hinweggeschritten zu sein. Die Forschung fragt jetzt nach den so lange benachteiligten Frauen in der Wissenschaft. Verständlicherweise treten die Partner dieser Pionierinnen zunächst weniger ins Blickfeld, obwohl die Lebensbeschreibung eines Menschen allein aus sich heraus kaum befriedigend sein kann. Das partnerschaftliche Verhältnis in einer Ehe oder Lebensgemeinschaft gehört auch in die Biographien von Wissenschaftlern, und so sind, um nur hier im Bereich der nachfolgenden Quellen zu bleiben, Friedrich Meinecke ohne Antonie und Kurt Breysig ohne seine Frau und Biographin Gertrud nicht denkbar. Warum jetzt also nicht eine Biographie beider Hintzes?

Jede Biographie verführt den Leser zu ihrer Sichtweise, konfrontiert ihn mit den Schlüssen, die der Biograph aus den ihm vorliegenden Fakten gezogen hat. Das mag bei einer Überfülle von Material noch angehen, wird aber von Lücke zu Lücke problematischer und scheint mir nach dem gegenwärtigen Forschungsstand im Fall der beiden Hintzes nicht verantwortbar zu sein. Darum werden hier erstmals die spärlichen Quellen, die sich im Nachlaß Gerhard Oestreichs zusammengefunden haben und die eine natürliche Rücksichtnahme lange zurückhielt, der Öffentlichkeit zur Verfügung gestellt. Es handelt sich im einzelnen um folgende Materialgruppen:

1. die Aufzeichnungen von Eberhard Faden (1889–1973), Schüler von Otto und Kommilitone von Hedwig Hintze, zusammen mit den Briefen, die er von beiden handgeschrieben erhalten hat. Diese Quellengruppe beleuchtet die Zeit des Ersten Weltkrieges und zeigt die Zuwendung beider Hintzes zu einem Schüler, dem an der Westfront ein Bein zerschossen wurde. Eberhard Faden hat sich Gedanken über diese Situation gemacht und kommt damit auch selbst zu Wort;

2. die Sonette Otto Hintzes für seine Frau aus der Zeit vor 1939 sowie einige Briefe dazu,

3. schließlich die Briefe und Postkarten, die Otto Hintze an seine Frau nach ihrer endgültigen Emigration geschrieben hat und die bis zu seinem Tod im April 1940 reichen.

Den Abschluß bilden zwei Briefe Hedwig Hintzes an Edgar Bonjour aus den letzten Monaten ihres Lebens April bis Juli 1942. Als Anhang folgen Aufzeichnungen und einschlägige Passagen aus Briefen von Schülern und Zeitgenossen Otto Hintzes an Gerhard Oestreich, die dieser mangels anderer Zeugnisse für seine geplante Biographie Mitte der 1960er Jahre erbeten hatte.

Das Material spricht in seiner sehr persönlichen Unmittelbarkeit auf bewegende Weise direkt für sich, andererseits wirft es Fragen auf, die im Rahmen dieser Edition nicht weiter erörtert werden können. Das beginnt schon mit der Frage nach der Aussagekraft der Quellen. Hier muß vielleicht erinnert werden, daß die Texte von teilweise sehr betagten Persönlichkeiten stammen. Sie sind bewußt sparsam kommentiert und geben auf diese Weise vielen Betrachtungsansätzen und auch kritischen Überlegungen Raum. Niemals darf der Blick auf das jeweilige Datum vergessen werden. So sind die den Hintze-Briefen nachgestellten Erinnerungen von ehemaligen Studenten und anderen Weggenossen in einer Zeit geschrieben, die nichts mehr zu tun hat mit der erlebten Zeit, von der sie Zeugnis geben wollen. Alte Tabus sind weggefallen, neue an ihre Stelle getreten. Einiges wird im Rückblick klar, was zur Zeit des Erlebens noch gar nicht erkannt werden konnte. Zusätzlich ist zu berücksichtigen, daß schon die Schilderungen der Tee-Nachmittage bei Hintzes unterschiedliche Zeiten betreffen. Sie werden 1920 anders verlaufen sein als 1938.

Noch einschneidender ist, daß Gerhard Oestreich nur jene Personen angeschrieben hat, die ihm im Zusammenhang mit seiner Arbeit zu Otto Hintze wichtig erschienen, nicht aber den Kreis um Hedwig, der bis heute keine Konturen gewonnen hat. Für bestimmte Fragen entsteht so ein einseitiges Bild, das dringend der Ergänzung bedürfte.

Schließlich und endlich hat Gerhard Oestreich nur um die Erinnerungen an Otto und nicht an Hedwig Hintze gebeten, denn auch ihm war bis dahin die Bedeutung dieser Frau in seinem wissenschaftlichen Fach noch nicht ins Bewußtsein getreten. Er war ganz darauf konzentriert, die hervorragende Rolle Otto Hintzes in der Geschichtswissenschaft seiner Zeit unter Beweis zu stellen, eine Rolle nämlich, die weit über das Preußisch-Monarchische hinausreichte.[10] So enthält das hier zusammengeführte Material dann auch wichtige neue Bausteine zu einer Otto-Hintze-Biographie, die nach Öffnung der Archive im Osten Berlins auf einer leidlich guten Quellengrundlage trotz des vernichteten Nachlasses jetzt wohl geschrieben werden

---

10 Das hat Gerhard Oestreich in mehreren Aufsätzen seit 1978 zu begründen versucht. Jetzt in: Ders., Strukturprobleme der frühen Neuzeit.

könnte.[11] Für Hedwig gilt das nicht. Aber diese Spurensuche öffnete auf eine überraschend persönliche Weise wenigstens ein schmales Tor zu ihrer Lebensgeschichte.

Irgendwann im Laufe seiner mühsamen und recht unergiebigen Recherchen sollte für Oestreich eine Sternstunde kommen. Das war am 5. September 1964, als er in München den Kulturphilosophen Manfred Schröter aufsuchte, den Ehemann von Hedwigs einziger Schwester Hildegard. Im Wissen um Hedwigs Schicksal hatte Oestreich einige Scheu zu überwinden, hier vielleicht unverheilte Wunden aufzureißen. Er erfuhr außer viel Persönlichem zu Otto Hintze, daß Frau Schröter an der Seite ihres „arischen" Mannes überlebt hatte. Und sie war im Besitz von Briefen, Postkarten und Sonetten, die Otto Hintze an seine Frau geschrieben hatte, konnte sich aber nie und auch weiterhin nicht entschließen, fremden Personen Einblick in diese sehr privaten Zeugnisse einer ungewöhnlichen Ehe zu geben. Aber Oestreich mußte auch erfahren, daß Hildegard Schröter die von ihrer Schwester hinterlassenen Tagebücher verbrannt hatte. Sie wollte, aus welchen Gründen auch immer, Hedwigs Aufzeichnungen nicht aufbewahren. Damit ging Unersetzliches verloren. Zwei Jahre nach diesem Besuch in München erhielt Gerhard Oestreich zusammen mit der Todesanzeige Hildegard Schröters das kleine Päckchen mit Handschriften Otto Hintzes von Manfred Schröter „bewegten Herzens" zugesandt. Oestreich hat sie gehütet, und nach seinem Tod hat auch seine Witwe gezögert, sie der Öffentlichkeit zu übergeben. Das geschieht nun hier nach mehr als 30 Jahren.

Seit ihrer Emigration nach Holland hat Otto Hintze täglich – und nach Lage der Dinge in vielen Wiederholungen – an seine Frau geschrieben. Zahlenmäßig ist dies der größte Teil der Korrespondenz und besteht aus offenen Postkarten, die es damals mit frankierten Antwortkarten gab und aus denen die Herausgeberin ihre bisherigen biographischen Angaben bezog. An entlegener Stelle im Nachlaß Gerhard Oestreichs fanden sich dann endlich auch jene überraschend zahlreichen Briefe, die das in den Postkarten Gesagte in ungleich größerer Ausführlichkeit wiedergeben. Diese Briefe bilden nun ungekürzt das Kernstück der Edition.

Um so schmerzlicher bewußt wird das Fehlen von Hedwigs Texten in vielen Postkarten und oft langen Briefen, die der Schreibende vor sich hatte und die uns doch unerreichbar bleiben, denn offensichtlich ist seine testamentarische Bitte um Vernichtung seines persönlichen Nachlasses in diesem Punkte akribisch befolgt worden.[12] Immerhin wird aus dieser, wenn auch einseitigen Korrespondenz für den, der hören kann, ihre Stimme im Echo hörbar und ihr Schicksal – wenn auch notgedrungen nur vage – in den Reaktionen des Mannes erfahrbar. Und es teilen sich auch manche Seiten ihres Wesens mit.

Als zweiter Glücksfall erwies sich die Begegnung mit Eberhard Faden, Direktor a. D. des Stadtarchivs in Berlin, einem, wie sich herausstellte, glühenden Verehrer seines akademischen Lehrers Otto Hintze. Erfreut über das späte Interesse an den Erinnerungsstücken eines ganzen Lebens überließ er als wichtigstes die Originalbriefe von Otto und teilweise Hedwig Hintze, die er in der Kriegszeit 1914–1918 als Soldat und später als Kriegsversehrter erhalten hatte. Auf Bitten Oestreichs

---

11 Wolfgang Neugebauer, Zur Quellenlage der Hintze-Forschung, in: Jahrbuch für die Geschichte Mittel- und Ostdeutschlands, 45 (1999), 2000, S. 323–338.

12 Einzelheiten bei Schleier, Die bürgerliche deutsche Geschichtsschreibung, und B. Oestreich, Hedwig und Otto Hintze.

19

schrieb er 1964 seine „Erinnerungen eines Schülers an den Lehrer Professor Otto Hintze" nieder und fügte ihnen auch ein paar Auszüge aus seinem Tagebuch bei. Damit eröffnete sich ein Einblick in die Anfänge der Hintzeschen Ehe und die Jahre des Ersten Weltkrieges, auf das Zusammenwachsen in schwerer Zeit und auf den Wandel der politischen Einsichten Hintzes an der Seite seiner Frau.

Mit diesen drei Quellengruppen wird es möglich, das gemeinsame Leben der beiden hochintellektuellen, kinderlos nur der Wissenschaft lebenden Historiker wenigstens an einigen Punkten festzumachen und eine Entwicklung aufzuzeigen, die keineswegs immer in Übereinstimmung verlief, aber die Ehe zu der Höhe einer unerschütterlichen Schicksalsgemeinschaft führte. Die Wahl der Themen reicht dabei von der Bewältigung des Alltags über historische, religiöse und politische Erörterungen bis zum nie vergessenen Bekenntnis ihrer Liebe. Unversehens beginnt Hedwig Hintze, obwohl nur mit ganz raren Zeilen vertreten, zu leben und ihren schweren Weg vor unseren Augen zu gehen. Natürlich ist die Ausnahmesituation zu berücksichtigen, die Meinungsverschiedenheiten des Alltags zwischen den Partnern gar nicht aufkommen läßt – höchstens in einer Nuance des Tones – und eine Harmonie zeigt, die sich vielleicht nicht immer auf dieser Höhe bewegte. Trotzdem scheint der Einblick in eine frühe wissenschaftliche Berufstätigen-Ehe möglich, die, da noch fast ohne Beispiel und von vielen mit Kopfschütteln begleitet, sich aus sich selbst heraus entwickeln mußte.[13]

Als Hedwig, Tochter des Bankiers Moritz Guggenheimer und seiner Frau Helene geborene Wolff, am 6. Februar 1884 in München geboren wurde,[14] waren Frauen noch vom Abitur ausgeschlossen, von einem Studium ganz zu schweigen. Nach öffentlichem und privatem Unterricht, nach Aufenthalten in Frankreich und Schulbesuch in Nizza legte sie im Alter von 17 Jahren die Bayerische Staatsprüfung für Lehrerinnen der französischen Sprache ab. Sie baute dann ihre Kenntnisse weiter aus, wurde in München als Gasthörerin für germanische Philologie zugelassen und arbeitete für Franz Muncker (1855–1926) am Registerband seiner Neuauflage der Lachmannschen Lessing-Ausgabe. Während dieser Zeit erschienen ihre ersten wissenschaftlichen Veröffentlichungen. In Berlin dann im Hause eines verwandten Gymnasialprofessors lebend, bereitete sie sich auf das inzwischen auch für Frauen erreichbare Abitur vor und bezog nach extern bestandener Prüfung die Universität Berlin. Damals war sie 26 Jahre alt. Schon nach dem 2. Semester fand sie Zutritt zum Seminar von Otto Hintze, der den Lehrstuhl für Verfassungs-, Verwaltungs-, Wirtschaftsgeschichte und Politik innehatte. Es fällt auf, daß sich in dieser Fächerkombination in idealer Weise die Arbeitswelt des für sie viel zu früh verstorbenen Vaters spiegelt.

13 Steffen Kaudelka hat in seiner jüngst erschienenen Arbeit, Rezeption im Zeitalter der Konfrontation. Französische Geschichtswissenschaft und Geschichte in Deutschland 1920–1940, Göttingen 2003, S. 241–408, erstmals sämtliche Schriften H. H.s, auch ihr umfangreiches Rezensionswerk, einer eingehenden Analyse unterzogen und dabei, wie er betont, die Wandlungen ihrer Frankreich-Historiographie in den Vordergrund gestellt. Damit bestätigt er nun auch im Werk H. H.s die wechselseitige Beeinflussung und zunehmende Befruchtung beider Historiker ungeachtet aller fortbestehenden Meinungsverschiedenheiten besonders im politischen Bereich. Die Verfolgung der Juden im NS-Staat hat dann ihr Denken und Fühlen auf diesen gemeinsamen Gegner konzentriert.

14 Ausführlicher zu H. H.s frühen Jahren: B. Oestreich, Hedwig Hintze geborene Guggenheimer (1884–1942). Wie wurde sie Deutschlands erste bedeutende Fachhistorikerin?, in: Annali dell'Istituto storico italo-germanico in Trento, 22 (1996), S. 421–432.

Abb. 3: Pyritz, am Stettiner Tor

*Abb. 4: Die Arcisstraße in München, um 1910.
In der Mitte das Haus Guggenheimer, rechts das Haus Pringsheim*

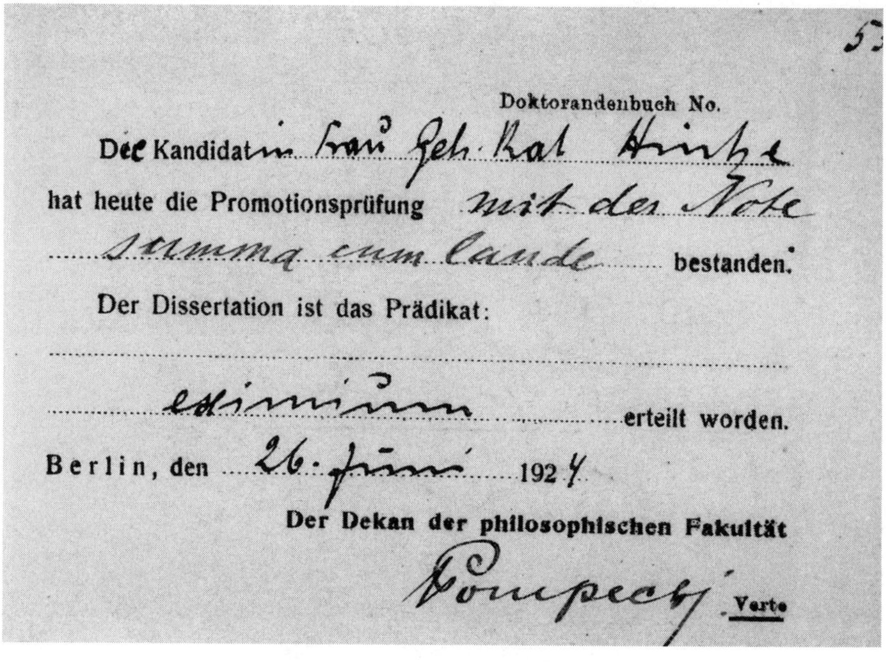

Doktorandenbuch No.

Der Kandidat~~in~~ *Frau Geh. Rat Hintze*

hat heute die Promotionsprüfung *mit der Note*

summa cum laude bestanden.

Der Dissertation ist das Prädikat:

eximium erteilt worden.

Berlin, den *26. Juni* 192*4*

Der Dekan der philosophischen Fakultät

Pompecj Verte

Abb. 5: Bestätigung der Promotion Hedwig Hintzes, 1924

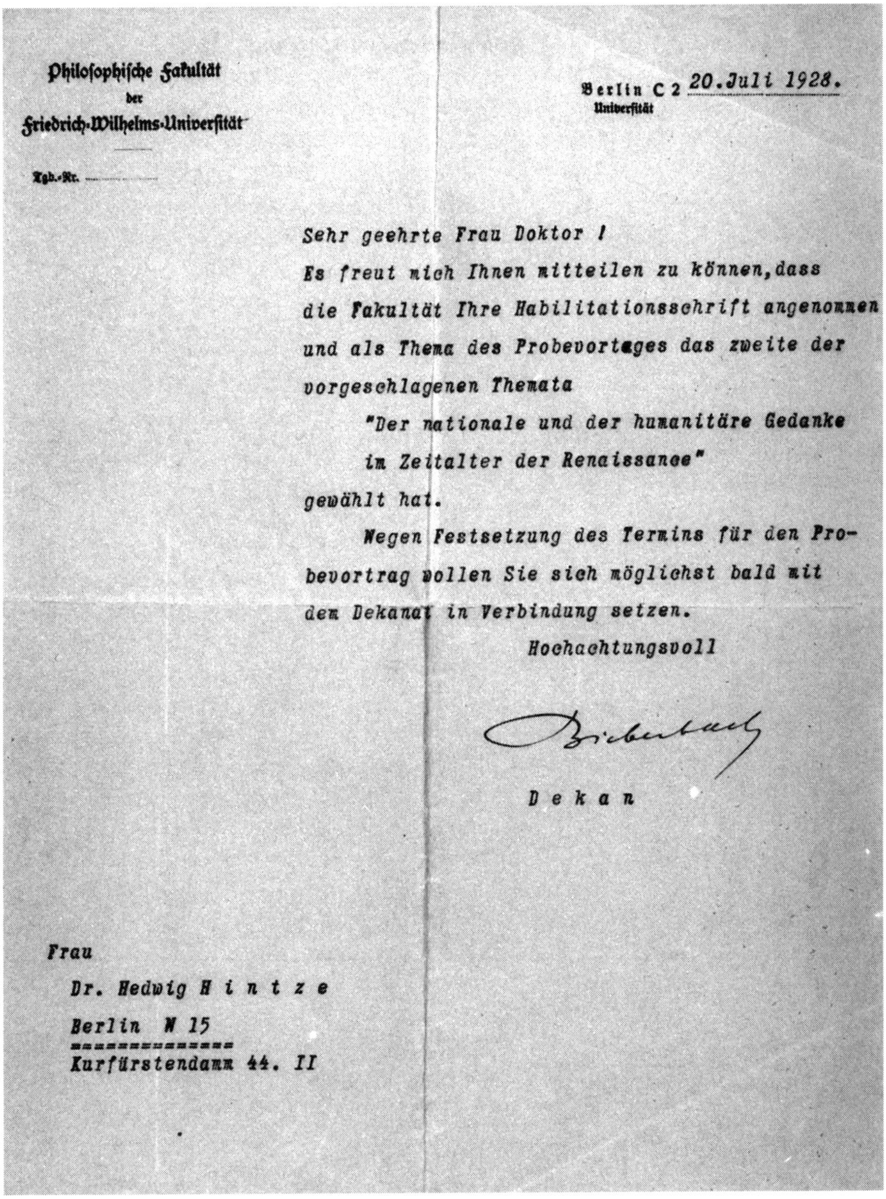

Philosophische Fakultät
der
Friedrich-Wilhelms-Universität

Berlin C 2 20.Juli 1928.
Universität

Tgb.-Nr. ─────

Sehr geehrte Frau Doktor !

Es freut mich Ihnen mitteilen zu können, dass
die Fakultät Ihre Habilitationsschrift angenommen
und als Thema des Probevortages das zweite der
vorgeschlagenen Themata

   "Der nationale und der humanitäre Gedanke
   im Zeitalter der Renaissance"

gewählt hat.

   Wegen Festsetzung des Termins für den Probevortrag wollen Sie sich möglichst bald mit
dem Dekanat in Verbindung setzen.

            Hochachtungsvoll

[Unterschrift: Biebenbach]

          D e k a n

Frau

  Dr. Hedwig H i n t z e
  Berlin N 15
  =============
  Kurfürstendamm 44. II

Abb. 6: Mitteilung über die Annahme der Habilitationsschrift, 1928

Moritz Guggenheimer gehörte als „k. Kommerzienrath" zu den 45 angesehensten Bürgern der königlich bayerischen Haupt- und Residenzstadt München. Zusammen mit seinen zwei Brüdern führte er das Bankgeschäft Guggenheimer & Cie. In ehrenamtlicher juristischer Funktion war er aufgestiegen bis zum Handelsrichter am Appellationsgericht. Wir finden ihn schon 1869 als ersten Vorsitzenden der neugegründeten Handels- und Gewerbekammer. Er begegnet uns 1886 bis kurz vor seinem Tod als Aufsichtsratsvorsitzender der Löwenbrauerei A.G. in München. Vor allem war er aber bis 1870 Vorstand der Gemeindebevollmächtigten, während Hedwigs Mutter aus dem Hause eines Berliner Stadtrates stammte. Dieser Vita entsprach der häusliche Lebenszuschnitt in der Stadtvilla mit über 1.000 qm Wohnfläche nebst Hausmeisterwohnung und separatem Kutscherhaus in einer der vornehmsten Straßen Münchens. Im Nachbarhaus wuchs Thomas Manns zukünftige Frau Katia Pringsheim auf.

Man sagte der Studentin aus München nach, sie habe für die Eheschließung mit dem Berliner Professor die Initiative ergriffen. Vielleicht bedurfte der inzwischen 51jährige wirklich des Anstoßes. Aber Hedwig Guggenheimer brachte nicht nur Geld in die Ehe, sondern auch einen gesellschaftlichen Hintergrund, wie er einem geheimrätlichen Hausstand angemessen war. Ihre Allgemeinbildung stand der seinen nicht nach; vom ganzen Zuschnitt war sie ihm eher überlegen. Eine glücklichere Wahl hätte er nicht treffen können, während es für sie im Alter von 28 Jahren nach damaligen Vorstellungen langsam Zeit wurde, eine Ehe einzugehen. Mit wem außer einem Intellektuellen wie Otto Hintze hätte sie glücklich werden können? Es paßte also alles zusammen, und alle anderslautenden Bemerkungen zeugen von Voreingenommenheit gegenüber einer jüdischen Frau evangelischen Bekenntnisses mit emanzipatorischen gesellschaftlichen und geistigen Ansprüchen. Es sei eine tiefe Leidenschaft von beiden Seiten, bekannte Hintze seinem Freund Friedrich Meinecke.[15] Die späteren Quellen sagen nichts Gegenteiliges.

Hedwig Hintze hat nach der Eheschließung zunächst ihrem Mann assistiert, dann aber das Studium fortgesetzt und 1924 bei Friedrich Meinecke promoviert. Otto Hintze war inzwischen wegen eines Augenleidens vorzeitig aus dem Lehrbetrieb ausgeschieden. Hedwigs Habilitation erfolgte vier Jahre nach ihrer Promotion, 1928, durch die Philosophische Fakultät der Universität Berlin, wo sie ihre Privatdozententätigkeit mit wenigen Wochenstunden aufnahm. Bei Machtantritt der Nationalsozialisten 1933 wurde sie amtsenthoben und verlor ihre Rechte und Pflichten an der Universität. Bis 1939 versuchte sie vergeblich, in Frankreich eine befriedigende und vor allen Dingen feste wissenschaftliche Position zu finden, um schließlich mit Hilfe der evangelischen Kirche in den letzten Augusttagen des Jahres 1939 ohne ihren inzwischen 78jährigen Mann in die Niederlande zu emigrieren.

Hedwig Hintze gehört zu den bedeutenden Vertretern/Innen einer linksliberalen Geschichtsauffassung der Weimarer Republik. Ihre Habilitationsschrift „Staatseinheit und Föderalismus im alten Frankreich und in der Revolution", 1928 im Druck erschienen, ist als anerkanntes Werk 1989 wieder aufgelegt worden,[16] während alle

---

15 O. H. an Friedrich Meinecke, ohne Datum [1912] (Geheimes Staatsarchiv Berlin, Rep. 92 Meinecke, Nr. 15).

16 Als unveränderter Nachdruck mit einer Einleitung von Rolf Reichardt im Suhrkamp Verlag, Frankfurt am Main.

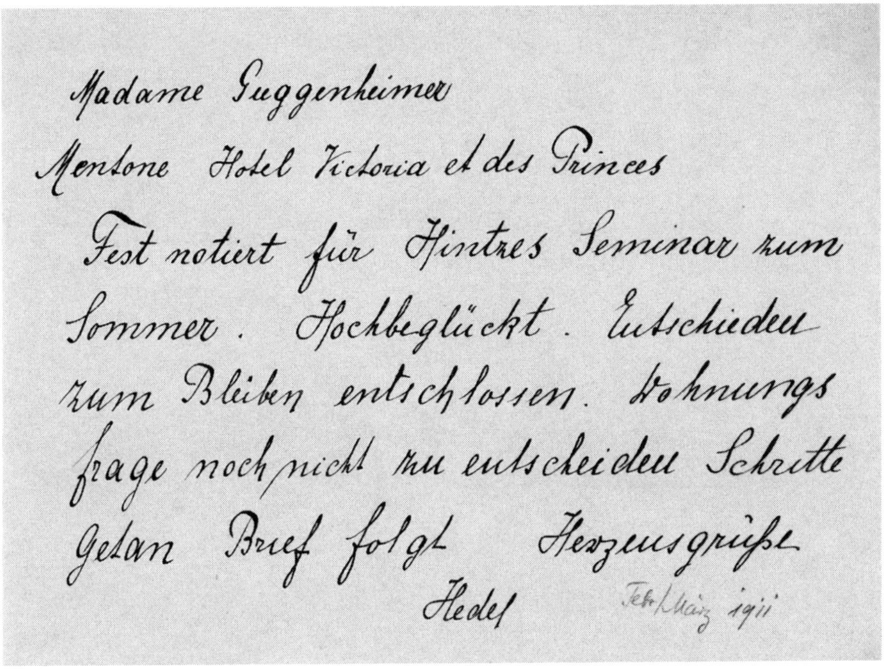

Madame Guggenheimer

Mentone Hotel Victoria et des Princes

Fest notiert für Hintzes Seminar zum Sommer. Hochbeglückt. Entschieden zum Bleiben entschlossen. Wohnungsfrage noch nicht zu entscheiden Schritte getan Brief folgt Herzensgrüße

Hedel   Feb/März 1911

Abb. 7: Telegramm der Studentin Hedwig Guggenheimer an ihre Mutter, 1911

Anläufe, ihre Aufsätze gesammelt herauszugeben, bisher im Sande verliefen.[17] Sie bringen eine zunehmend politische Parteinahme in die wissenschaftliche Diskussion, doch ist Hedwig Hintze bemüht, „eine spezifische Wachsamkeit gegenüber Vorwissen und Vorurteil", die „Bereitschaft zur Kritik jeder Ideologie" nicht nur von anderen zu verlangen, sondern auch für sich selbst zum Maßstab zu nehmen.[18] So hat sie Alphonse Aulard 1925 „fanatische ‚intellektuelle Redlichkeit'" bescheinigt,[19] um vier Jahre später festzustellen, Aulard habe die Französische Revolution idealisiert. Diese Aussage in ihrer Antrittsvorlesung[20] bedeutet kein Zurückweichen gegenüber einer Fakultät, die ihr in großen Teilen nicht wohlgesonnen war, sie stellt vielmehr ihre inzwischen gewonnene, wissenschaftlich begründete Erkenntnis dar.

Otto Hintze war, als die Studentin Hedwig Guggenheimer 1911 in sein Seminar eintrat, bereits ein bedeutender Gelehrter auf der Höhe seiner Ausstrahlung, den Eberhard Faden aus seiner Erinnerung an die eigene Studentenzeit sehr gut geschil-

17 Das Hedwig Hintze-Institut in Bremen hat etwas hastig eine Bibliographie Hedwig Hintze erarbeitet und 1997 in seiner Schriftenreihe als Nr. 1 von Barbara Deppe und Elisabeth Dickmann herausgegeben. In Vorbereitung ist in derselben Reihe eine Textedition Hedwig Hintze, hrsg. von Elisabeth Dickmann und Eva Schöck-Quinteros.
18 Heike Brandstädter, Hedwig Hintze: Kleine Schriften. Versuch einer Lektüre, in: Annali dell'Istituto storico italo-germanico in Trento, 22 (1996), S. 433–449, Zitat S. 434.
19 Aphonse Aulard, Politische Geschichte der Französischen Revolution, München/Leipzig 1925. Einleitung von H. H., S. IX.
20 Im Druck unter dem Titel „Bürgerliche und sozialistische Geschichtsschreiber der französischen Revolution (Taine – Aulard – Jaurès – Mathiez)", in: Die Gesellschaft, 2 (1929), S. 73–95.

Abb. 8: Otto Hintze ungefähr zur Zeit der Eheschließung (1912)

dert hat.[21] Am 27. August 1861 in Pyritz in Pommern geboren, wenige Kilometer hinter der Grenze zur Mark Brandenburg, entstammte Hintze einem Elternhaus des mittleren preußischen Beamtentums, in dem der Vater seine fünf Söhne studieren ließ und auch den drei Töchtern die damals übliche Lehrerinnen-Ausbildung ermöglichte. Die damit verbundene finanzielle Enge im Elternhaus setzte sich fort in den Anfangsjahren der Universitätslaufbahn, bis Hintze 1907 mit 46 Jahren endlich ein etatmäßiges Ordinariat an der Berliner Universität erhielt. Da war es fast zu spät zum Heiraten.

Otto Hintzes akademische Tätigkeit begann 1887 mit der entsagungsvollen Arbeit an den Acta Borussica, jener von Gustav Schmoller initiierten Quellenedition zur preußischen Staatsverwaltung im 18. Jahrhundert, herausgegeben von der Königlichen Akademie der Wissenschaften in Berlin.[22] 1917 dann mit der Leitung beauftragt, hat Hintze dieser Publikation fast ein Leben lang gedient. So erwähnt er noch im August 1927 in einem Brief an seine Frau, daß er noch „die Posnerschen Manuskripte durchsehen muß".[23] Erst 1938, als Ernst Posner aus „rassischen" Gründen aus der Redaktion ausscheiden mußte, legte Hintze unter Bezugnahme darauf die Leitung dieser Edition nieder.[24] Aber Otto Hintze war nicht nur ein Fachmann für brandenburg-preußische Geschichte und für die Geschichte der Hohenzollern,[25] sondern baute auf dieser Grundlage sein herausragendes grenz- und fachübergreifendes Wissen aus, um schließlich vergleichende und typisierende Schlüsse zu ziehen. Der für ihn so benannte Lehrstuhl für Verfassungs-, Verwaltungs-, Wirtschaftsgeschichte und Politik bezeichnet die Weite des Gebotenen noch unzureichend. Immer mehr schält sich heute seine Bedeutung als einer der ganz großen Historiker der ersten Hälfte des 20. Jahrhunderts heraus.

Fasziniert von diesem akademischen Lehrer hat Hedwig Guggenheimer bei ihm ihr Interesse an französischer Verfassungsgeschichte entdeckt und sich hier den Voraussetzungen und Umwälzungen der Französischen Revolution zugewandt. Vielleicht waren die politischen Grundanschauungen beider von Anfang an schon verschieden, vielleicht haben sie sich auch erst langsam auseinanderentwickelt. Diese Frage ist bis heute ungeklärt. Beide waren sich aber immer einig in der Anerkennung wirtschaftlicher und sozialer Faktoren im historischen Geschehen, und auch aus den hier versammelten schriftlichen Zeugnissen beider geht kaum eine Spannung hervor. Die Erinnerungen der Teilnehmer an den Tee-Nachmittagen im Hause Hintze berichten allerdings auch von heftigen Disputen, die kaum auszuschließen sind.[26]

---

21 In diesem Band Nr. 1.
22 Vgl. die Aufsätze von Wolfgang Neugebauer, oben Anm. 9, sowie ders., Zur preußischen Geschichtswissenschaft zwischen den Weltkriegen am Beispiel der Acta Borussica, in: Jahrbuch für brandenburgische Landesgeschichte, 50 (1999), S. 169–196. – Ders., Zum schwierigen Verhältnis von Geschichts-, Staats- und Wirtschaftswissenschaften am Beispiel der Acta Borussica, in: Die Königlich Preußische Akademie der Wissenschaften zu Berlin im Kaiserreich, hrsg. von Jürgen Kocka, Berlin 1999, S. 235–275.
23 In diesem Band Nr. 45.
24 B. Oestreich, Otto Hintze, wie oben Anm. 7, S. 302.
25 Otto Hintze, Die Hohenzollern und ihr Werk. Fünfhundert Jahre vaterländischer Geschichte, Berlin 1915, 9. Aufl. 1916, Neudruck 1980 und 1987.
26 Dies macht jetzt auch deutlich Kaudelka, Rezeption im Zeitalter der Konfrontation.

Doch kommen wir zunächst zu den Hintze-Briefen selbst. Die ersten sind an ein Mitglied des Seminars von Otto Hintze gerichtet, an Eberhard Faden, der unmittelbar nach seiner am 30. Juli 1914 angesetzten Doktor-Prüfung zu seinem Truppenteil einrücken mußte. Von nun an gehen regelmäßig handgeschriebene Briefe des Professors ins Feld. Es fällt auf, daß nur zu Anfang zwei Bemerkungen über kriegsbedingte Einschränkungen in Berlin fallen. Vom Moment der Verwundung Fadens an hat man eher den Eindruck einer Idylle: Der Betrieb an der Universität geht leidlich weiter wie gewohnt, und Hintzes reisen Jahr für Jahr im Spätsommer in die Schönau bei Berchtesgaden. Einem Verwundeten gegenüber ist jede Klage unangemessen. Im Juli 1934 klingt es im Rückblick in einem Gedicht von Otto Hintze an seine Frau sehr anders: „[...] und riß auch noch so toll hundswütig beißend Krieg uns Wund um Wunde, Armut und Elend breitend in der Runde, erstickend alle Lust in Gram und Groll [...]".[27] Welches Bild ist nun das wahre? Wenn Hintze seinem kriegsversehrten Schüler auch mehr das offizielle Gesicht zeigt, fließt trotzdem manche persönliche Meinung ein, so daß diese Briefe eine wertvolle Bereicherung des Quellenmaterials bedeuten.

Neben patriotischen Äußerungen und neben Hintzes bekannter Frontstellung gegen England und Amerika, deren Völker er vom Kapitalismus geknechtet sieht, fehlt die überbordende Begeisterung, wie sie erstaunlich vielen deutschen Intellektuellen zu Beginn des Krieges in die Feder geflossen ist.[28] Aber Hintze hat sich in Schriften und Vorträgen durchaus vehement für die Kriegsziele des deutschen Kaiserreichs eingesetzt. Auch das geht aus seinen Briefen hervor. Im nächsten Krieg dann – 1939 – wird er resignierend feststellen, daß die Historiker keine Wissenschaftler mehr seien, weil ihre Stellen „meist mit nationaler Propaganda verknüpft" sind.[29] Das war 1914–1918 allerdings nicht viel anders.

Mitte 1916 plädiert Otto Hintze für einen großzügigen Staatssozialismus. Im Oktober desselben Jahres hält er das allgemeine Wahlrecht nicht mehr für ein Unglück und betont dazu, daß er während des Krieges seine früheren Ansichten etwas verändert habe, rückt aber von der Majestät des Kaisers als ordnender Kraft nicht ab. Der wichtigste Brief ist dann der vom 19. November 1918, wo Hintze nach Darlegung der tiefgehenden Umbildung seines politischen Denkens der Sorge Ausdruck gibt, daß die gegenwärtige Arbeiter- und Rätebewegung „das sozialistische Programm erst in einigen Hauptstücken durchführen möchte, was zu den schlimmsten Folgen führen könnte".[30] Der Verfassungshistoriker beklagt also nur die nicht konsequente Durchführung, nicht das Programm an sich. Vielleicht war er seiner Frau, die diesen Brief nach seinem Diktat mit der Hand geschrieben hat, in seinen geäußerten politischen Ansichten nie so nahe wie in diesen Novembertagen des Jahres 1918.

1927 wird Hedwig Hintze in ihrer Einleitung zu Hugo Preuß' „Verfassungspolitische Entwicklungen in Deutschland und Westeuropa" betonen, daß die Verfassung von Weimar „nicht in der theoretischen Vollkommenheit ans Licht treten

---

27 In diesem Band Nr. 57.
28 Kultur und Krieg. Die Rolle der Intellektuellen, Künstler und Schriftsteller im Ersten Weltkrieg, hrsg. von Wolfgang J. Mommsen, München 1996.
29 Postkarte an H. H., 12.10.1939. In diesem Band Nr. 95.
30 In diesem Band Nr. 35.

durfte, die ihrem Schöpfer vorschwebte", daß sie aber „dem langsam genesenden deutschen Volke die Möglichkeit einer glücklichen Aufwärtsentwicklung bot".[31]

Doch nicht sie, sondern der Mahner und Skeptiker sollte Recht behalten. Während Hedwig Hintze sich je länger je mehr mit ihrer ganzen temperamentvollen Persönlichkeit für dieses ideale sozialistische Programm einsetzt, hat ihr Mann nie aufgehört, die reale politische Entwicklung mit Sorge zu betrachten, und hielt gegenüber der sich im Kampf zwischen Anhängern der Demokratie und der Räterepublik verschleißenden neuen Staatsidee zunehmende Distanz. Die im Rahmen dieser demokratisch-republikanischen Verfassung zustande kommenden Wahlerfolge Adolf Hitlers und seine Ernennung zum Reichskanzler durch den Reichspräsidenten werden dem „Führer" 1933 die Machtfülle geben, die Verfassung von Weimar außer Kraft zu setzen. Die Folgen waren in der Tat die „schlimmsten", wie von Otto Hintze prophezeit. Für beide Ehepartner waren sie vernichtend.

Recht eigentlich ist Otto Hintze nach dem sich abzeichnenden Ende des Ersten Weltkrieges und dem dann erfolgten politischen Umbruch nicht mehr an die Universität zurückgekehrt. Nach einer Augenoperation im März 1918 war er für das Sommersemester 1918 und das Wintersemester 1918/19 beurlaubt. Ob er die für das Sommersemester 1919 und für die Zeit vom 5. Januar bis 31. März 1920 angekündigten Vorlesungen gehalten hat, ist ungewiß. Für das Sommersemester 1920 war er wieder offiziell beurlaubt, las auch im Winter 1920/21 nicht und wurde schließlich mit dem Ende März 1921 von den amtlichen Verpflichtungen in der Philosophischen Fakultät der Universität Berlin entbunden.[32] Damals war er knapp 60 Jahre alt.

Für Otto Hintze bedeutete die politische Veränderung nach 1918 einen Zusammenbruch aller bisherigen Vorstellungen und Ideale, und doch hatte er sich längst den zukunftweisenden Fragestellungen seiner Wissenschaft ebenso wie der Politik geöffnet. Schon 1895 lautet sein erster Titel unter den drei Vorschlägen für die Antrittsvorlesung in Berlin: „Karl Marx und die Geschichtsauffassung des Socialismus". An eine Parteinahme für Marx hat er wohl kaum gedacht, aber er hat ihn beachtet und sich mit ihm auseinandergesetzt, wie er überhaupt sich anregen ließ, die Ergebnisse einer ganzen Reihe von Nachbarwissenschaften für die eigene Geschichtsauffassung zu nutzen. Dabei wollten es die äußeren Umstände, daß die Edition der Acta Borussica und zusätzlich bis 1915 die kaiserliche Auftragsarbeit einer großen brandenburg-preußischen Geschichte zum Hohenzollernjubiläum seine Arbeitskraft auf Preußen konzentrierten.[33]

So erscheint die staatsbejahende Vorkriegs- und Kriegsstimmung, die in Otto Hintzes Äußerungen deutlich hervortritt, als weiterer Schritt zurück aus einer längst erreichten liberaleren Denkweise, und es sollten noch weitere fünf Jahre vergehen, ehe Hintze daran wieder anknüpfen konnte. 1920 enden im Verzeichnis seiner Veröffentlichungen[34] die Titel, die Preußen und seine Monarchie zum Gegenstand haben. Von 1921 bis 1925 sind nur Rezensionen erschienen. Dann setzt 1925/26 das

31 Hedwig Hintze, Einleitung zu Hugo Preuß, Verfassungspolitische Entwicklungen in Deutschland und Westeuropa, Berlin 1927, S. XVII.
32 Universitätsarchiv der Humboldt-Universität Berlin, Personalakte Otto Hintze.
33 O. Hintze, Die Hohenzollern und ihr Werk.
34 In Otto Hintze, Gesammelte Abhandlungen, Bd.1: Staat und Verfassung, 2. Aufl., Göttingen 1962, 3. Aufl. 1970.

Werk ein, das der deutschen Historie von 1933 bis 1964 unbekannt geblieben war und seither, verstärkt durch die Tatsache des Verbots durch die NS-Regierung, als Höhepunkt in Otto Hintzes wissenschaftlicher Entwicklung empfunden wird. Schon die gewählten Titel zeigen die veränderte Denkweise, ohne daß sich Hintze von seinen Grundlagen entfernt hätte. Sein Interesse weitet sich vom Gouvernementalen zum Globalen, er verläßt die preußisch-deutsche Basis zugunsten grundsätzlicher methodischer und raumübergreifender Überlegungen, insistiert aber auf Vermeidung jedweder Spekulation, verlangt strenge historische Überprüfung der Ergebnisse.

Von all diesen Gedanken, die Otto Hintze Tag und Nacht beschäftigt haben müssen, ist in der spärlichen Korrespondenz mit seiner Frau bis 1933 nicht das geringste zu spüren. So lange handelt es sich um Post an eine Ruhesuchende, an die so dringend Erholungsbedürftige während ihres Kampfes um eine wissenschaftliche Laufbahn an der Universität. Die gnadenlose Anspannung spiegelt sich in den Worten des Mannes. Er will sie nicht noch mit eigenen Problemen belasten. Nach der Machtergreifung Hitlers und der Verstoßung Hedwigs aus dem Amt ändert der Ton sich dann in entscheidender Weise. 1933 endet auch Otto Hintzes fruchtbare Auseinandersetzung mit der Wissenschaft seiner Zeit, sofern sie die Öffentlichkeit erreichte. Nur der Band 15 der Acta Borussica erschien noch 1936 mit seiner Einleitung.[35] Seine Verfassungsgeschichte befand er 1939 als nicht passend „in die jetzige Zeit".[36]

Hintzes Briefe an seine Frau beginnen sehr sporadisch im Juli 1925. 1924 hatte Hedwig mit einem Kapitel ihrer späteren Habilitationsschrift promoviert. Da sie auch im Lebenslauf Forschungsaufenthalte in Frankreich erwähnt,[37] müssen diese in jenen Jahren anzusetzen sein, werden aber kaum greifbar. Nach Abgabe der Habilitationsschrift reist Hedwig ohne ihren Mann über München, wo ihre Schwester mit Familie wohnt, nach Tirol zur Erholung, im Frühjahr 1929 auch allein in den Schwarzwald und von dort nach Paris zur Vorbereitung ihrer ersten Lehrveranstaltung als Privatdozentin. 1933 aus dem Amt verstoßen, versucht sie sofort, in Frankreich Fuß zu fassen, und ist bereits am 10. November 1933 in Paris polizeilich gemeldet. Ein Leben zwischen Hoffen und Verzweifeln beginnt.

Die erhaltenen Sonette, Briefe und Postkarten von Otto an Hedwig Hintze teilen sich auf in diejenigen, die sie mitnahm in die Emigration, und jene, die ihr Mann dann fast täglich nach Holland schrieb. Dabei wird deutlich, daß es Hedwig in der ersten Gruppe allein um die Sonette ging; Briefe erhielten sich nur, wenn sie auf demselben Bogen geschrieben waren. Eine Ausnahme macht der Brief vom 2. Oktober 1934 nach Paris. Dieser einzige nicht zu Versen gehörende Brief aus der Zeit, da Hedwig hoffte, in Paris Fuß fassen zu können, stellt darum auch eines der biographisch wichtigsten Dokumente aus ihrer Sammlung dar. Er offenbart die ganze Misere, die dann 1939 ins Unerträgliche wachsen sollte.

Warum ist es Hedwig Hintze nicht gelungen, in Paris eine Stellung zu finden, die es ihr ermöglicht hätte, nach Frankreich zu emigrieren? Nirgendwo auf der Welt war sie so bekannt wie in Frankreich mit ihrem Forschungsschwerpunkt der Französischen Revolution. War sie es doch, die in der „Historischen Zeitschrift", dem

35 Dies betont Neugebauer, Zur preußischen Geschichtswissenschaft, S. 191 und Anm. 92.
36 Schleier, Die bürgerliche deutsche Geschichtsschreibung, S. 301, Anm. 101.
37 Lebenslauf von Hedwig Hintze, Dezember 1923 (Humboldt-Universität Berlin, Archiv, Phil. Fak. Nr. 627, Bl. 99–103 R.).

wichtigsten deutschen Fachorgan, die französische Buchproduktion zu diesem Thema vorgestellt hatte. Sie hat Aulards deutsche Übersetzung betreut, sie hat unendlich viel getan für die Vermittlung der Schriften von Henri Sée und Albert Mathiez an die deutschen Historiker und für das Anliegen Jean Jaurès'. Auch für viele andere französische Historiker muß ihr Name durch fundierte Rezensionen einen guten Klang besessen haben. Wo blieben Einsatz und Hilfe für die bedrängte Kollegin aus Deutschland? Das ist noch immer eines der großen Rätsel in Hedwig Hintzes Leben. Wie muß sie enttäuscht gewesen sein! Als letzter Strohhalm erwies sich schließlich die im Umfeld von Pfarrer Grüber organisierte Ausreise in die Niederlande, wo die protestantische Kirche als nichtstaatliche Institution die staatlicherseits verlangten Garantien für die Immigranten übernahm.[38]

Nur wenige unserer Quellen werfen etwas Licht auf die Jahre von 1933 bis 1939, dann setzt mit dem 22. August 1939 die tägliche Korrespondenz nach Holland ein, die ab 1. September wieder zu einer Kriegskorrespondenz wird. So wollen es die überlieferten Dokumente, daß hier fast der Eindruck einer Ehe in zwei Kriegen entsteht. Über Otto Hintze informieren auch andere Quellen: Das Geheime Staatsarchiv Preußischer Kulturbesitz in Berlin verwahrt die umfangreiche Korrespondenz zwischen ihm und Friedrich Meinecke, und es gibt weit verstreut zahllose Hintze-Briefe aus dem Bereich seiner Wissenschaft und seines Lehrstuhls. Doch hier interessiert die Ehe mit seiner fast vergessenen, damals in keine Schablone passenden und darum von wenigen überhaupt bemerkten, noch im Tode so tapferen Frau: der evangelisch erzogenen, im Rassenwahn der Nationalsozialisten zur Jüdin verurteilten, in den USA zur Professorin berufenen Dr. Hedwig Hintze geborene Guggenheimer.

Otto Hintzes Briefe ab 1939 sind eine Fundgrube für die Geschichte des Alltags in der NS-Zeit, der vom Kriegsausbruch an immer absurdere Züge annahm. Sie sind darüber hinaus Zeugnisse großen Mutes im Fatalismus. Vielleicht ist das heute nur noch schwer zu ermessen, denn im Vergleich mit dem Mut der aktiven Gegner schrumpfen die Ängste der Masse vor Verhaftungen, Verhören und Schikanen zu Lappalien zusammen, ja, sie könnten geradezu als mangelnde Zivilcourage betrachtet werden. Doch auch „unten" gab es Anstand und Mut. So war allgemein bekannt, daß jeder Brief zwischen dem In- und dem Ausland durch die Zensur ging und gelesen wurde, und Otto Hintze erwähnt es oft genug. Doch zweimal rennt er direkt an gegen die ganze Abscheulichkeit von Tyrannei, Krieg und Judenverfolgung. Man versetze sich in die Zeit, da jede kleinste Mitteilung mit dem auch für mündlichen Verkehr verordneten Gruß „Heil Hitler!" versehen werden mußte – dort, wo wir heute „Guten Morgen!" sagen und „Mit freundlichen Grüßen" schreiben. Welche Verhöhnung bedeutete es, unter eine offene Postkarte an eine jüdische Emigrantin „Heil Hökchen!" – den Kosenamen – zu setzen![39] Und Hintzes allerletzter Satz auf ebenfalls offener Karte „[...] beweise den Menschen, daß auch ein Jude Ehre im Leibe haben kann. Ich kenne Dich und liebe Dich!" hat Hedwig bis in ihren letzten Entschluß begleitet. Wie sie in ihrer „Letztwilligen Verfügung" vom 15. Juni 1941[40] mitteilt, trug sie diese Karte ihres Mannes vom 15. April 1940 meist bei sich in der Paßtasche.

---

38 Einzelheiten bei B. Oestreich, Hedwig und Otto Hintze, S. 411 f.
39 19.2.1940. In diesem Band Nr. 182.
40 In diesem Band Nr. 223.

Auch wenn der Beweis noch aussteht, muß Hedwig Hintze am 22. August 1939 mit Hilfe eines protestantischen Hilfskomitees in die Niederlande gelangt sein. Sie fand zunächst Aufnahme im Huis Zuilenveld in Zuilen bei Utrecht. Danach wechselten die Adressen:

23. 9.1939   bei Couvée, Trompstraat 332, Den Haag
 8.10.1939   bei Mevrouw Jongejans, Timorstraat 5, Den Haag
11. 4.1940   van Stolkweg 8, Den Haag
15. 4.1940   letzte Postkarte von Otto Hintze.
Weitere Adressen:
 8. 2.1941   Rembrandtkade 51^{II}, Utrecht
 4. 6.1942   Nicolaas Beetsstraat 24, Utrecht
              auch: p. Adr. Dr. Jacob ter Meulen, Borneostraat 24, Den Haag.

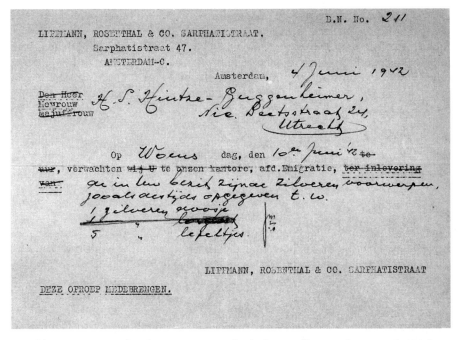

Abb. 9: Quittung über die zwangsweise abgelieferten silbernen Gegenstände, 1942

Merkwürdigerweise ist es bisher nicht gelungen, irgendeine Spur von Hedwig Hintze in Holland zu finden[41] mit Ausnahme des Todesdatums im Bevölkerungsregister von Utrecht und einer Karteikarte im Akademischen Krankenhaus ebendort.[42] In jüngster Zeit hat sich Maria Grever (Nijmegen) erneut vergeblich bemüht. Doch nachdem inzwischen Archivalien der Bank Lippmann, Rosenthal & Co. gefunden wurden, an die auch Hedwig Hintze silberne Gegenstände abgeben mußte, ist zu

---

41 Weder im Nederlands Instituut voor Oorlogsdocumentatie in Amsterdam noch im Joods Historisch Museum in Amsterdam.
42 Vgl. den Brief von Leonard S. Smith an Brigitta Oestreich vom 9.11.1978. In diesem Band Nr. 229.

hoffen, daß sich noch weitere Türen öffnen. Daß sie im Lande aktenkundig war, steht also außer Zweifel. Dann wird sich auch die Frage beantworten lassen, ob sie durch eigene Verzögerungen oder durch die Übermacht der Umstände den Absprung in die USA nicht schaffte und welche Rolle die Schweizer Pläne spielten.

Wenig ins Bewußtsein getreten ist bisher Hedwigs Hintzes Wunsch und Bemühen um eine Einreise in die Schweiz. Dort lebte ihr Vetter Werner in Ascona, von dem gelegentlich die Rede ist und der auch in ihrem Brief vom 21. April 1942 an Edgar Bonjour Erwähnung findet; wir erfahren in der hier folgenden Korrespondenz Nr. 85 von einem Vetter Hans S. in Ascona sowie einem Georg Stein, und von Kaudelka/Walther von einer Kusine Karoline Solnitz in der Schweiz (vgl. Anm. 3, S. 210). Bereits in den Anfängen ihres Pariser Aufenthaltes nach 1933 beantwortete Hedwig Hintze eine entsprechende Frage: Aus wissenschaftlichen Gründen würde sie am liebsten in Frankreich leben, aus persönlichen am liebsten in der Schweiz.[43] Und etwa zum gleichen Zeitpunkt hat sie den emeritierten Zürcher Historiker Alfred Stern als Referenz angegeben.[44] Der verstarb aber schon 1936. Wer nun ist der „befähigte und bewährte Freund", mit dem sie gemeinsam (in der Schweiz oder in den USA?) etwas für das Andenken ihres Mannes tun wollte, wie sie Edgar Bonjour gegenüber erwähnt? Immer mehr verdichtet sich die Vermutung, sie könnte Walter L. Dorn gemeint haben.[45]

Über Hedwig Hintzes Geldquellen geht aus der Korrespondenz mit Ausnahme der Erwähnung des Steunfonds nichts hervor, auch nicht, ob sie ihr „Transfer" bereits zu Anfang anbrauchte, um die vielen Lebensmittelsendungen nach Berlin auf den Weg zu bringen. Mit dieser Unterstützung und den Paketen von Otto Hintzes jüngster Schwester befand sich Hintzes Berliner Haushalt in einer überaus bevorzugten Situation. Es macht den Eindruck, als wäre der Vergleich mit anderen, denen es in dieser Hinsicht weniger gut ging, Otto Hintzes Stärke nicht. Um so mehr imponiert sein stoischer Gleichmut gegenüber der Kälte dieses ersten Kriegswinters in der schlecht beheizten Wohnung, aus der es auch kein Ausweichen für ihn gab. Dabei sei erinnert, daß diese Briefe und Karten nur wenige Wochen und Monate vor dem Tod des 78jährigen geschrieben sind. Gewiß sind mit dem Nachlassen der physischen Kräfte auch die psychischen Reserven im Schwinden. So wie Hedwig Hintze vom Rassenwahn in ein nie gelebtes Judentum zurückgestoßen wurde, fühlte auch Otto Hintze sich ausgegrenzt aus der ihm vertrauten Gesellschaft und aus der angesehenen Rolle, die er bis dahin in ihr spielte. Er bemerkte seine „Weltverängstigung". Die jüngere Frau bäumte sich auf und ging mutig in eine, wie sich rasch zeigen wird, durchaus nicht gesicherte Zukunft. Der weitaus ältere Mann nahm sein Schicksal kopfschüttelnd beharrend hin und überließ sich der Resignation.

---

43 Peter Th. Walther, From Meinecke to Beard? The Exile of the Modern Historians from Nazi Germany in the USA (1933–1941). German text: Von Meinecke zu Beard?: Die nach 1933 in die USA emigrierten deutschen Neuhistoriker, Diss. State Univ. of New York at Buffalo 1989, S. 352. Die einschlägigen Mitteilungen jetzt besser greifbar bei Kaudelka/Walther, Neues und neue Archivfunde.

44 Vgl. Anm. 43. Nach einer mündlichen Bemerkung von Edgar Bonjour war H. H. einmal an der Universität Basel für eine Berufung im Gespräch. Vgl. Nr. 227.

45 Dorn bedankt sich 1931 bei O. H. „for his generous, patient, and thoughtful assistance in the study" in Berlin. Walter L. Dorn, The Prussian Bureaucracy in the Eighteenth Century, in: Political Science Quarterly, 46 (1931), S. 403–423, Anm. 1. – Vgl. im folgenden S. 37 Dorns Gutachten für H. H. und den Brief Fritz T. Epsteins an Ludwig Dehio vom 30.3.1961, in diesem Band Nr. 242.

Noch aber sind die Niederlande neutrales Ausland, noch läuft Tante Käte vergleichsweise unbehelligt mit der Laterne durch das verdunkelte Berlin, noch befindet sich der Neffe Dieter beim Offizierslehrgang und „darf" später sogar noch auf dem „Felde der Ehre" sein Leben lassen, was seine Mutter, Hedwig Hintzes Schwester, nie verwinden wird. Noch geht es im konkreten Falle nur darum, daß eine habilitierte deutsche Historikerin im Ausland eine Stellung sucht, die ihr an deutschen Hochschulen versagt ist. – Noch!

Am 25. April 1940 stirbt Otto Hintze, am 10. Mai beginnt der deutsche Angriff auf Belgien, die Niederlande und Luxemburg. In die relative Sicherheit des neutralen Auslands rückt die deutsche Besatzungsmacht. Hedwig Hintze hat bei der Friedrich-Wilhelms-Universität in Berlin ebenso energisch wie vergeblich um ihre Pensionsansprüche als Witwe gekämpft, während ihr die Pyritzer Verwandten den wissenschaftlichen Nachlaß ihres Mannes verweigerten. Sie waren ja beim Tod des Bruders und Schwagers um ihn und haben noch ohne Wissen um das spätere unvorstellbare Schicksal der Juden nur diesen einsamen Mann und sein einsames Sterben vor sich gesehen und miterlebt. Sie kamen aus einer ganz anderen Welt: ein Landarzt und seine Frau, Herr Doktor und „Frau Doktor", Helfer in vielen Nöten. Hedwig Hintze war ihnen in jeder Beziehung unendlich fern. Konnten, mußten sie diese Frau begreifen? Wie im Schuldgefühl haben sie dann 1945 beim Einmarsch der Roten Armee dieselbe Todesart für sich gewählt wie 1942 ihre unverstandene Schwägerin.

Es war schon kurz die Rede von Hintzes Tee-Nachmittagen und den oft heftigen politischen Debatten der beiden Gastgeber, die nicht jedem angenehm waren und die, verstärkt durch die Reserve der Hintzeschen Familie, vielleicht zum Gerücht der Trennung beigetragen haben könnten. Jedenfalls war dieses Gerücht weit verbreitet. Es paßte ja nur zu gut zu dieser streitbar erlebten Ehe, paßte zu dem preußischen „Monarchisten" und „Militaristen" mit den Schmissen vom Paukboden und der 26 Jahre jüngeren jüdischen „Edelsozialistin", die man im Stillen wohl mit Rosa Luxemburg verglich. Wie konnten sie je miteinander leben?

Konkret behauptet finden wir die innere und äußere Trennung bei Fritz Hartung, Amtsnachfolger Otto Hintzes auf dem Berliner Lehrstuhl, als er ab 1940 eine Aufsatzsammlung seines verstorbenen Lehrers in Angriff nahm und sich seitens „amtlicher Stellen" wegen Hintzes „jüdischer Versippung" Schwierigkeiten gegenübersah.[46] Ohne das Einverständnis der in den Niederlanden postalisch erreichbaren Witwe einzuholen, ja, ohne sie überhaupt zu informieren, kam dann die erste, aufs Genehme zusammengestutzte Ausgabe der drei Bände „Gesammelte Abhandlungen" von Otto Hintze 1941–1943 im nationalsozialistischen Deutschland heraus. Könnte die Trennungs-Behauptung Hartungs noch als Schutzbehauptung deutbar sein, so hat sein Übergehen der Witwe in unseren Augen keinen Rechtfertigungsgrund. Hedwig Hintze hat es nicht verwunden. Aber: Fritz Hartung – das gleiche gilt, wie wir wissen, für Otto Hintze – hätte in seiner strengen gesellschaftlichen Pflichtauffassung, wörtlich getreu bis in den Tod, unter keinen Umständen – unter keinen – seine Frau verlassen. Vielleicht war es Hartung peinlich, an Frau Hintze heranzutreten, denn für sein Verständnis hatte sie sich von einer ihr unbequem gewordenen Fessel befreit. So hat es wohl auch Hedwig Hintzes Schwester gesehen.

---

46 Fritz Hartung an Richard Fester, 22.12.1940 (Staatsbibliothek Preußischer Kulturbesitz, Nachlaß Hartung, Kasten 111).

Unverstanden und vielen unbequem ist Hedwig Hintze von Anfang an mit ihrer ganzen Persönlichkeit aus den Konventionen ihrer Zeit herausgetreten, nicht erst unter dem Druck der politischen Verhältnisse. Wie wir heute wissen, zeichnete sie damit mit anderen mutigen Frauen den Weg in eine Zukunft vor, in der sich schließlich auch die moralische Sichtweise verändert haben wird. Aber hat nicht auch der Antisemitismus so sehr die zwischenmenschlichen Beziehungen vergiftet, daß sich Otto Hintze niemandem anvertraute, weder seinem alten Freund Friedrich Meinecke noch seinem Schüler und Nachfolger Fritz Hartung oder anderen Persönlichkeiten aus dem Wissenschaftsbereich? Ihnen allen blieb nur der Eindruck eines alten, verlassenen, gebrochenen Mannes.

Eindeutig stimmt Hartung mit der Auffassung von Hintzes Erben überein, von denen er bei der Ordnung des Nachlasses hinzugezogen war. Otto Hintze hatte noch kurz vor seinem Tod seine Schwester Gertrud, die ihn in den letzten Monaten liebevoll mit Paketen versorgte, zur Alleinerbin eingesetzt. Ob dies unter dem Einfluß seines Bruders Konrad geschah, der dann die Dinge in die Hand nahm, ist von zweitrangiger Bedeutung. Mit einer emigrierten jüdischen Ehefrau als Erbin hätte der NS-Staat seine Hand auf die ganze Hinterlassenschaft Otto Hintzes gelegt, auf das geistige wie das materielle Eigentum. Doch was die „arische" Erbin eines „Ariers" beschließt, ist ihre Sache. Sie und mit ihr die ganze Familie Hintze hat sich für die Nichtbeachtung der Wünsche der Schwägerin entschieden.

Hedwig Hintze ging es vor allem um das Manuskript der Allgemeinen Vergleichenden Verfassungsgeschichte der Neuzeit, die sie in den USA herausbringen wollte. Ausgeklammert bleiben muß hier die Frage, ob es überhaupt gestattet worden wäre, dieses „Geistesgut" ins Ausland zu versenden. Nach Beschluß von Hintzes Geschwistern wurde das Manuskript zunächst im Safe der Kreissparkasse von Pyritz aufbewahrt und später ein Teil davon dem Geheimen Staatsarchiv in Berlin übergeben. Die Pyritzer Teile der Verfassungsgeschichte mußte die Schwester auf der Flucht vor dem Einrücken der Russen zurücklassen, und man rätselt noch heute über deren Art und Umfang. Die Teile im Staatsarchiv blieben erhalten; es sind die Ausarbeitungen zu den nichtdeutschen europäischen Staaten mit der Ausnahme Englands und Frankreichs. Nach Gerhard Oestreichs Aufnahme der „Verfassungsgeschichte Polens vom 16.–18. Jahrhundert" in den Band 1 von Hintzes „Gesammelten Abhandlungen" 1962 hat es 1998 nicht ein deutscher, sondern ein italienischer Verlag unternommen, als Fragmente Band 1 zunächst die Hälfte der übrigen deutschen Texte zu veröffentlichen.[47] Für Hedwig Hintze jedoch war 1940 eine weitere Hoffnung begraben.

Ein halbes Jahr nach dem Tod ihres Mannes erreichte die Privatdozentin Dr. Hedwig Hintze im Herbst 1940 der Ruf auf eine Professur für Geschichte an der New School for Social Research in New York, einen durch die Rockefeller Founda-

---

47 Otto Hintze, Allgemeine Verfassungs- und Verwaltungsgeschichte der neueren Staaten. Fragmente Bd. 1, hrsg. von Giuseppe Di Constanzo, Michael Erbe und Wolfgang Neugebauer, Calvizzano (NA) 1998. Darin die Einleitung von W. Neugebauer, Otto Hintze und seine Konzeption der „Allgemeinen Verfassungsgeschichte der neueren Staaten", S. 35–83. – Neugebauers Meinung, daß Hintzes Verfassungsgeschichte doch nicht verloren ist, daß sie sich vielmehr aus diesen Archivalien und aus Vorlesungsnachschriften rekonstruieren läßt (S. 58), zielt wenigstens auf eine „kleine" Lösung. Ob es die von so vielen erwartete „große" Lösung je gegeben hat, bleibt weiterhin die Frage.

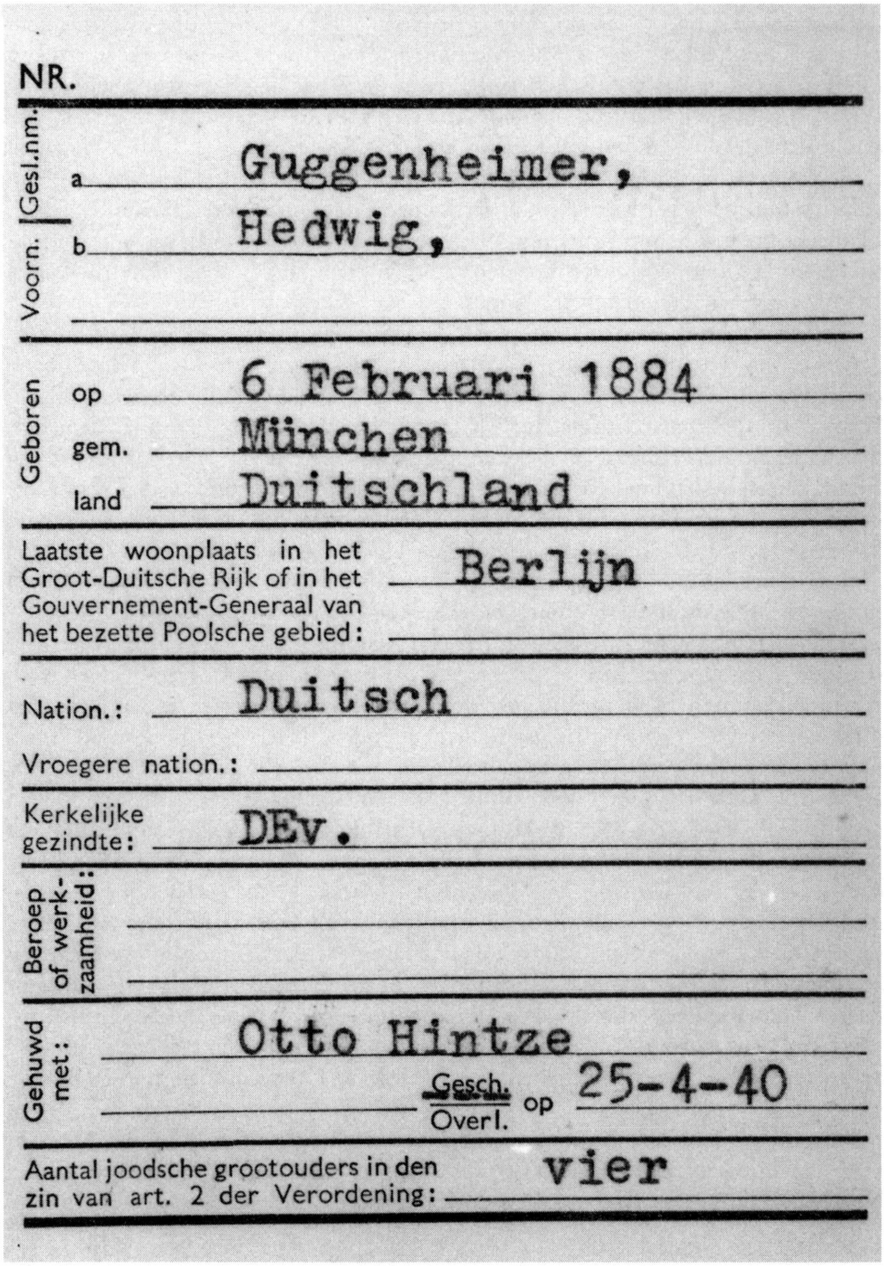

NR.	
Voorn. | Gesl.nm.	a **Guggenheimer,**
	b **Hedwig,**
Geboren	op **6 Februari 1884**
	gem. **München**
	land **Duitschland**
Laatste woonplaats in het Groot-Duitsche Rijk of in het Gouvernement-Generaal van het bezette Poolsche gebied:	**Berlijn**
Nation.:	**Duitsch**
Vroegere nation.:	
Kerkelijke gezindte:	**DEv.**
Beroep of werkzaamheid:	
Gehuwd met:	**Otto Hintze**
	~~Gesch.~~ / Overl. op **25-4-40**
Aantal joodsche grootouders in den zin van art. 2 der Verordening:	**vier**

*Abb. 10: Anmeldebestätigung der Gemeinde Utrecht für „Personen jüdischen Blutes",
ausgestellt für Hedwig Hintze, 25. März 1941*

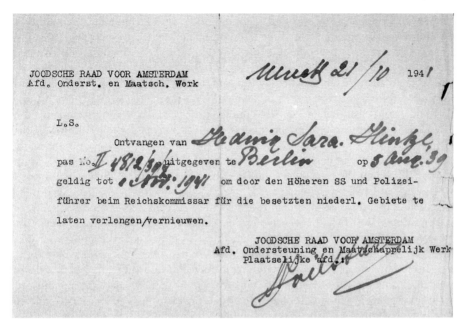

*Abb. 11: Empfangsbescheinigung des Amsterdamer Judenrats
über den zur Verlängerung vorgelegten Reisepaß von Hedwig Hintze, 1941*

tion finanzierten Lehrstuhl.[48] Otto Hintze hatte immer so viele Hoffnungen mit dem Namen Rockefeller verbunden – nun hätte er wirklich in Frieden sterben können! Die folgende glänzende Begutachtung stammt von Walter L. Dorn, jenem Berater von General Clay, der nach 1945 in Berlin nach Otto Hintzes Nachlaß forschte:

> *„Hintze's coming to this country would enrich a branch of historical scholarship which we surely need. She has much of her husband's scholarly profundity and breadth of outlook which is nothing if not liberal and international. Her work commands the respect of French and American scholars and her position in Pre-Nazi Germany was not unlike that of Mary Beard among us."*[49]

Die Einreise in die USA scheiterte schließlich am Fehlen eines einzigen Dokuments,[50] und damit schloß sich die Falle. Nicht einmal die eidesstattliche Versicherung eines deutschen Wissenschaftlers in den USA (Arthur Rosenberg) konnte das amerikanische Konsulat von der Identität Hedwig Hintzes überzeugen. Auch die nun von ihr beantragte Ausreise über Kuba gelang nicht rechtzeitig. Schließlich be-

---

48 Walther, From Meinecke to Beard?, S. 360. Weitere Einzelheiten jetzt bei Kaudelka/Walther, Neues und neue Archivfunde.

49 Walther, From Meinecke to Beard?, S. 361. Er bemerkt dazu, daß dieses Kompliment eindeutig nicht ihrer akademischen und gesellschaftlichen Anerkennung in Deutschland vor 1933 entsprochen habe. Das trifft für Meineckes Umfeld sicher zu, aber vielleicht war es in anderen Kreisen anders? Wir wissen darüber noch viel zu wenig.

50 Walther, From Meinecke to Beard?, S. 364 und Kaudelka/Walther, Neues und neue Archivfunde, S. 217.

gannen im Frühjahr 1942 die Judendeportationen. Ihr verstorbener Ehemann bot ihr längst keinen Schutz mehr. Eine überkommene Meldekarte der Gemeinde Utrecht vom März 1941 führt die Ehe mit Otto Hintze zwar noch auf, als Familienname wurde aber Guggenheimer eingetragen. Die dramatische Vorgeschichte erschließt sich aus unseren Quellen: Mit ziemlicher Sicherheit kann wohl angenommen werden, daß es sich bei dem fehlenden Papier um den „Heimatschein" für die Paßverlängerung handelt, dessen Besorgung in der ehelichen Korrespondenz vom 20. Dezember 1939 an ein immer wiederkehrendes Thema darstellt[51] und worüber Otto Hintze schließlich hinweggestorben ist. Im Januar 1940 schreibt er ihr noch: „Du bist doch sonst bestrebt, Deine Papiere in Ordnung zu bringen. Warum sträubst Du Dich denn so gegen diesen notwendigen Schritt?" Später ist es dann wieder er, der die Zeit verstreichen läßt, weil es ihm am entscheidenden Nachdruck fehlt. Diese an sich so langweiligen Briefstellen werden zur Schicksalsmelodie.

Wenigstens zwei Briefe Hedwig Hintzes konnten dieser Sammlung beigegeben werden, zwei Hilferufe in die Schweiz an Edgar Bonjour, einen ehemaligen Hörer in Berlin. Sie bekunden eindeutig das Vorhaben des Todes von eigener Hand und mögen gleichzeitig als Hedwigs letztes Wort über ihre Ehe mit Otto Hintze gelesen werden. Bisher ist vom selbstgewählten Tod im Akademischen Krankenhaus Utrecht ausgegangen worden. Es wäre aber auch denkbar, daß sie an einem anderen Ort zu früh gefunden wurde und noch in die Klinik eingeliefert worden ist.

In all die bedrückenden Fakten bringen die im Anhang aufgenommenen Erinnerungen von namhaften Zeitgenossen mit ihren bunt gestreuten Gesichtspunkten ein wenig Farbe und Helligkeit. Bei einem Teil dieser von Oestrich um ihre Erinnerungen an Hintze gebetenen Wissenschaftler handelt es sich um unmittelbare Hintze-Schüler, die bei ihm Examen gemacht, meist auch promoviert hatten. So mancher verdankte dem Lehrer die Vermittlung in berufliche Laufbahnen von Archiv, Bibliothek oder ähnlichen Verwaltungsfunktionen im Wissenschaftsbereich. Viele sind im Ersten Weltkrieg gefallen oder früh verstorben wie Otto Hintzes „Lieblingsschüler" Martin Hass[52]. Der andere Teil besteht aus Emigranten, die in den USA Zuflucht fanden und nach 1945 wenigstens zeitweise wieder an deutschen Universitäten lehrten. Sie gehören fast alle zu dem berühmten Kreis der Meinecke-Schüler, waren jüngere Kommilitonen von Hedwig Hintze, haben einigen Einfluß auf die amerikanische Geschichtswissenschaft gewinnen können, was zusammen mit ihrem Wissenszuwachs in Amerika die westdeutsche Geschichtswissenschaft befruchtete.[53] Ihr geistiges Rüstzeug stammte nicht nur von Friedrich Meinecke, sondern auch von Otto Hintze, bei dem zu hören oder gar zu promovieren durch den Rückzug Hintzes von der Universität ab 1920 allerdings nicht mehr möglich war.

Der Name eines weiteren bedeutenden Meinecke-Schülers, der von Gustav Mayer, taucht nur als Tee-Gast bei Hintzes und in ihrer Korrespondenz auf. 1916 trotz Meineckes und Hintzes Einsatz mit der Habilitation an der Berliner Universität gescheitert, war Mayer ab 1919 Lehrbeauftragter, 1921–33 a. o. Professor in Berlin, bis ihn die Rassengesetzgebung vertrieb. Er emigrierte 1934 nach England und starb dort vereinsamt 1948. Dieser bewußt kämpferische Historiker der deutschen

---

51 Das Wort „Heimatschein" kommt in der Korrespondenz zum ersten Mal am 8.10.1939 vor.
52 Wolfgang Neugebauer, Martin Hass (1883–1911), in: Herold-Jahrbuch, N.F. Bd. 3, 1998, S. 53–71.
53 Als Beispiel diene Gerhard A. Ritter, Hans Rosenberg 1904–1988, in: Geschichte und Gesellschaft, 15 (1989), S. 282–302.

Arbeiterbewegung läßt viel Übereinstimmendes anklingen mit der wissenschaftlich-politischen Welt Hedwig Hintzes, ohne daß bisher nähere Beziehungen greifbar geworden sind.[54]

Ein mit C. M. gezeichneter Artikel „Otto Hintze. Zum 70. Geburtstag des Historikers" im Unterhaltungsblatt der „Vossischen Zeitung" Nr. 199 vom Donnerstag, 27. August 1931, endet, nachdem er den Jubilar als liberalen Historiker vorgestellt hat: „Seine Frau Hedwig Hintze hat sich einem ähnlichen Arbeitsgebiet zugewandt. Ihr Spezialfach ist die Verfassungsgeschichte. So ist der Name Hintze in der deutschen Geschichtswissenschaft auf doppelte Weise zu hohen Ehren gekommen." – Geschrieben 1931.

Nachruhm und Vergessenwerden – beides liegt so dicht beieinander. Man sollte meinen, Otto Hintzes einstmals berühmter Name in der Ehe mit einer verfolgten jüdischen Frau, einer bedeutenden Wissenschaftlerin und mutigen Wegbereiterin der Emanzipation, könnte einen so hohen Achtungs- und Bekanntheitsgrad erreicht haben wie der seines Kollegen Friedrich Meinecke. Doch das ist trotz mancher Bemühung der historischen Forschung noch immer nicht der Fall. Dazu fehlte es von Anfang an an allem: Es gab keine Trauerfeiern, keine Nachrufe, keine Gräber, nur Krieg und Verfemung. Pyritz, wo die Urne Otto Hintzes im Grab der Familie beigesetzt wurde, gehört seit 1945 zu Polen, und in den Niederlanden ist das bis jetzt unbekannt gebliebene Grab von Hedwig Hintze bestimmt längst eingeebnet. Wie soll die Nachwelt und gar die Öffentlichkeit erinnert werden an diese zwei durchaus exemplarischen Lebensläufe im „Dritten Reich"? Vielleicht vermag die bewußt lange zurückgehaltene, weil in ihrem Wesen so sehr private Briefsammlung daran nun etwas zu ändern.

---

54 Gustav Mayer, Erinnerungen. Vom Journalisten zum Historiker der deutschen Arbeiterbewegung. (Bibliothek des deutschen Judentums) Nachdruck der Ausgabe Zürich/München 1949, hrsg. von Gottfried Niedhart, Hildesheim/Zürich/New York 1993, bieten keinen Bezugspunkt.

Prof. Dr. Hintze

Abb. 12: Scherenschnitt von Otto Hintze

I. Erinnerungen Eberhard Fadens an Otto Hintze 1964, Brief Eberhard Fadens an Gerhard Oestreich 1970, Briefe Otto und Hedwig Hintzes an Eberhard Faden 1914–1919

1 Eberhard Faden[1], Auszüge aus den Erinnerungen[2] an Otto Hintze

Vor 55 Jahren lernte ich Professor Hintze kennen. Wer Ostern 1908 die Universität Berlin bezog, als stud. hist., stand vor einer Fülle von Bedeutenden, in der Geschichte wie in den Nachbargebieten. Weltgeschichte bei Hans Delbrück[3] und Geschichte der germanischen Völker bei Dietrich Schäfer[4] schien für den Anfänger das Gegebene. Zu Hintze kam ich erst im 3. Semester durch einen bloßen Zufall. Ein älterer Wandervogelkamerad, cand. rer. pol., wünschte eine Kollegstunde mitgeschrieben, an der er verhindert war: dies Nachmittagskolleg, öffentlich, sei so großartig, daß er keine Lücke haben wolle: „Die Epochen des europäischen Staatensystems". Diese bundesbrüderliche Hilfe bestimmte meinen Weg als Historiker: der Mann, die Erscheinung, die Art des Vortrags, die durchsichtige Klarheit der sachgetränkten Übersichten. Im 4. Semester hörte ich bei ihm „Allgemeine Geschichte der neueren Zeit von 1840 bis zur Gegenwart". […] Im 5. Semester Sommer 1910 trat ich in das Hintzeseminar, für das der Professor, anders als D. Schäfer, keine Vorprüfung verlangte. Die gleichzeitige Vorlesung „Preußische Verfassungs- und Verwaltungsgeschichte" lag mir besonders.

[…] Die Verbindung zu ihm drohte dann fast abzureißen, als ich schon im nächsten 6. Semester Oktober 1910 ins 4. Garderegiment zu Fuß eintrat – ein bißchen Flucht aus der Universität spielte dabei mit, weil wir Nichtinkorporierten im Jahrhundert-Ausschuß Mißstimmigkeiten mit dem Rektor Prof. Kahl[5] ausgefochten hatten. […] Im Sommer von der Universität beurlaubt, kehrte ich als 8. Semester und Reserveoffiziersaspirant zurück – aber der Professor hatte wegen einer Augenerkrankung abgesagt. Mit doppeltem Eifer stürzte ich mich auf die übernommene „Geschichte des Ständetums in Ostpreußen". […] Anfang Mai (1913) das große Ereignis! Nach dem Kolleg sprach mich Hintze an: – ich sehe mich noch vor ihm auf dem Flur – „Der Bürgermeister Reicke[6] hat sich an mich gewandt, der neue Stadtarchivar Dr. Kaeber[7], ein Schüler von mir, wünscht einen Doktoranden für ein Teilthema der Stadtgeschichte, „Berlin im 30j. Kriege", das würde Ihnen doch liegen." Jetzt war

---

1 Eberhard Faden (1889–1973), Schüler O. H.s, war nach dem Studium zunächst Gymnasiallehrer, ab 1939 Stadtarchivdirektor in Berlin.
2 Das maschinenschriftliche Manuskript vom Juli 1964, „Erinnerungen eines Schülers an den Lehrer Professor Otto Hintze", befindet sich im Nachlaß Gerhard Oestreichs.
3 Hans Delbrück (1848–1924), Professor für Geschichte an der Universität Berlin.
4 Dietrich Schäfer (1845–1929), Professor für Geschichte an der Universität Berlin.
5 Wilhelm Kahl (1849–1932), Professor für Kirchen- und Staatsrecht, Rektor der Universität Berlin.
6 Georg Reicke (1863–1923), von 1903 bis 1920 Zweiter Bürgermeister in Berlin.
7 Ernst Kaeber (1882–1961), Berliner Stadtarchivar von 1913–1937, 1945–1948.

mein Vater sofort einverstanden:[8] fast mehr als ich empfand er das ehrende Zutrauen meines Professors und – die Stadt würde die Arbeit drucken, eine Oberlehrerstelle in Berlin war damit gewiß.

Und dann folgte die zweite Überraschung: Hintze stellte das Thema als Preisarbeit der Dr. Paul-Schultze-Stiftung der Universität – jährlich für alle vier Fakultäten ausgeschrieben – ich habe mich leider nie darum gekümmert, was dieser Stifter und Gönner für ein Mann gewesen: 9 0 0 Mark! Fortan „lebte" ich nur in Archiven, (Geheimes Staats-, Stadt-, Haus- und noch Ständearchiv), – und gehörte nun zum „engeren" Kreis im Seminar. Ein kleines, zunächst unangenehmes Erlebnis steigerte noch meinen Eifer. Ein alter Freund meines Vaters, mir unbekannt, aus Amerika, hatte sich in Berlin angesagt, meine Teilnahme an dem Treffen wurde gewünscht. Merkwürdig unbefangen bat ich Hintze vor der Sitzung, eine halbe Stunde früher weggehen zu dürfen. Er sah mich noch kühler und strenger an als sonst: „Wenn Sie das mit Ihrer Auffassung vom Studium vereinbaren können …". Ich verbeugte mich schweigend und blieb natürlich bis zum Schluß. Meine Freunde fanden das auch ein wenig übertrieben, gerade bei einer zuverlässigen Stütze des Seminars. Am nächsten Montag fügte es der Zufall, daß ich Hintze beim Weggehen die schwere Tür des Seminars aufzuhalten hatte. Er erkannte mich und fragte freundlich: „Nun, sind Sie in der vorigen Woche noch zurecht gekommen? – Sehen Sie, ich selbst stelle für die Übungen meine volle Zeit zur Verfügung und erwarte natürlich von den Studierenden, daß sie ebenso denken." So etwa der Sinn – für den Wortlaut kann ich mich nach einem halben Jahrhundert nicht verbürgen. Auch meine Freunde waren von der so freundlichen Nachfrage des Geheimrats überrascht; wir nahmen das „übertrieben" zurück in der Überzeugung: eigentlich hat er ja recht, und rechneten ihm solche persönliche Teilnahme hoch an.

Pünktlich zum 1. April 1914 lag die Preisarbeit vor,[9] an Umfang weit über dem vorgeschriebenen Dissertationsmaß. Als ich im Mai deswegen Hintze aufsuchte, zum ersten Mal am Kurfürstendamm, nannte er mir einen Fehler: ich hatte einen Kaiser zum Sohn statt Vetter des Vorgängers gemacht. „Denken Sie bei der Einreichung zur Prüfung daran!" Da wir noch am selben Tag unsere Pfingstfahrt in die Rhön berieten, eine Privatfahrt zur Erholung – die andern zwei alten Wandervogelkameraden hatten gerade Examen gemacht, mir stand es bevor –, vergaß ich völlig die kaiserliche Verwandtschaft und war nachher sehr erstaunt, vom Pedell – auf dem üblichen Wege – nur ein „laudabile" zu erfahren. Übrigens, ein Jahr später im Sommer 1915: es war derselbe Herr, der mir jetzt auf die Frage nach der Promotion für Frontsoldaten schlicht erwiderte: „Wir promovieren nur im Fall des Todes" – dieser Wortlaut hat sich mir tief eingeprägt – ich tat alles, ihn schnell zu verbreiten, Frontleute hatten Humor in Mengen. – Am 25. Juli 1914, einem Sonnabend, machte ich Hintze in der Wohnung den üblichen Vorbesuch: „Sie haben ja doch nicht …", war sein erstes Wort, „das konnte ich dem Kollegen Delbrück als Korreferenten gegenüber nicht verantworten … leider nur laudabile". Damit war's abgetan. „Was haben Sie sonst studiert?" „Deutsch und Geographie – etwas National-

---

8 Wie Faden in seinen ausführlichen „Erinnerungen" zuvor berichtet, wollte sein Vater vor der Promotion das Staatsexamen bestanden sehen.

9 Eberhard Faden, Berlin im dreißigjährigen Kriege, konnte erst 1927 als Band 1 der Berlinischen Bücher, hrsg. vom Archiv der Stadt Berlin, erscheinen.

ökonomie". „Hm – wir haben da einen Plan, an dem auch Professor Penck[10] beteiligt ist: eine Auslandshochschule für Farmer, Kaufleute, Missionare usw., mit Abteilungen für die einzelnen Erdteile. Man würde etwa für Südamerika eine Probearbeit liefern müssen – Befreiung der spanischen Kolonien –, die Sprache lernen – und dann ein Stipendium für zwei Jahre zum Studium des öffentlichen Lebens drüben, mit dem Ziel, als Kustos diese Abteilung zu übernehmen. … Ich habe dabei an Sie gedacht." Kein Wort zwischen uns von der drohenden Kriegsgefahr, deren „Zustand" wenige Tage später ausgerufen wurde (31.7.14). Die Frist reichte tatsächlich gerade noch bis zum Prüfungstermin, Donnerstag dem 30. Juli 1914. Ort: die alte Aula, überfüllt von 30 und mehr Prüflingen. Am Schluß gab mir der Dekan, Professor Sering[11], ein Kärtchen und stellte mich dem gerade hinzutretenden Rektor Professor Max Planck[12] vor, der mich aus manchen erregten Verhandlungen des soeben gegründeten ersten amtlichen Studentenausschusses kannte: „magna cum laude".

Am 1. August – es war noch einiges wegen der Prüfung zu erledigen – konnte ich mich von Hintze im Seminar in der alten Bauakademie am Schinkelplatz verabschieden. Am 4. August war ich in Ostrowo Prov. Posen beim Inf. Regt. 155. Der Krieg begann. Die 900 M. waren kurz zuvor ausgezahlt worden, mein Vater legte 100 M. hinzu: meine erste Zeichnung der Kriegsanleihe.

Aus dem Felde meinem Lehrer, dem ich mich so vielfach verpflichtet fühlte, regelmäßig zu berichten, war selbstverständliches Bedürfnis – und ebenso, im ersten Fronturlaub nach einem Jahr im Juli 1915 an einer Sitzung des stark „verweiblichten" Seminars teilzunehmen. Die große Überraschung aber war eine Einladung zum Abendessen bei Hintze und seiner Frau, als einziger Gast – kurzfristig, denn unser Fronturlaub dauerte nur eine genaue Woche. Die Aufnahme war freundschaftlich, ja herzlich. Ich mußte mir sogar eine Zigarre anstecken, obwohl der Hausherr nicht rauchte – „Jeder Mensch hat im Leben nur eine bestimmte Zahl Zigarren zugestanden, die meine ist erreicht" – den Satz hörte ich damals zum ersten Mal – meine Menge scheint 1964 noch nicht erreicht. Hintze erzählte von seiner Aufklärungsarbeit (Beginn und Schluß des Sammelwerks b. Teubner: „Deutschland und der Weltkrieg" 1915)[13] und betonte, an den Kriegsvorträgen seiner Kollegen „Deutsche Reden in schwerer Zeit" habe er sich nicht beteiligt – schon der Wortlaut sei ihm zuwider – die „schwere" Zeit werde erst noch kommen. […]

Der Krieg hat ihn auch im Persönlichen gewandelt, gleichsam sein Menschtum befreit, gelöst, wozu seine Frau wesentlich beitrug. Im Jahre 1912 hat der eben 50jährige ein Mitglied des Seminars geheiratet, Hedwig Guggenheimer (1884), eine Dame beweglichen Geistes, klug, kenntnisreich, ausgesprochen liebenswürdig, auch uns Jüngeren gegenüber. Was sie ihm bedeutete, zeigte der immer nur als verschlossen bekannte Geheimrat an auffallender Stelle – das Hohenzollern-Buch, im amtlichen Auftrag zu ebenso „amtlichem" Anlaß geschrieben, hat er in stolzer Unabhän-

10 Albrecht Penck (1858–1945), Professor für Geographie an der Universität Berlin.
11 Max Sering (1857–1939), Professor für Nationalökonomie an der Universität Berlin.
12 Max Planck (1858–1947), Professor für theoretische Physik an der Universität Berlin.
13 Deutschland und der Weltkrieg, hrsg. von Otto Hintze, Friedrich Meinecke, Hermann Oncken, Hermann Schumacher, Leipzig 1915, 2. Aufl. 1916. Darin von O. H.: a) Deutschland und das Weltstaatensystem, S. 3–51 (2. Aufl. S. 3–52), b) Der Sinn des Krieges, S. 677–686, (2. Aufl. S. 820–831). Der Beitrag unter a) ist unter dem Titel „Alemania y el Sestema Politico Universal" 1916 in Buenos Aires erschienen.

gigkeit „meiner lieben Frau Hedwig" gewidmet.[14] Beim Lesen fand man die Erklärung in dem kurzen Satz über die morganatische Gemahlin Friedrich Wilhelms III., die Fürstin von Liegnitz (S. 515): „Sie hat seinem Hause wieder das ihm unentbehrliche Behagen verschafft, das nur Frauenhände zu spenden vermögen."

Das bekamen wir an der Front und im Lazarett zu spüren. Sie half bei dem Briefwechsel und erfreute uns durch kleine Aufmerksamkeiten. [...]

Der Sonnabend-Nachmittag war der „jour fix" im Hause Kurfürstendamm 44, zu dem jeder Freund und Bekannte willkommen war. Auch für den Geheimrat wohl eine angenehme Ergänzung, ein Ersatz, seitdem er das Lehramt wegen seiner Augen[15] hatte aufgeben müssen. Ich erinnere mich an den Professor Volz, den Herausgeber der Werke Friedrichs des Großen, an Troeltsch[16] und Heinrich Maier[17], auch begleitet von ihren Damen, wie Frau Hintze auch uns Seminargenossen aufforderte, unsere jungen Ehefrauen einmal mitzubringen. Zuweilen waren die Gäste einander gänzlich fremd, gelegentlich riefen berlinbesuchende alte Kommilitonen wie Gollub[18] (Königsberg) an zu einem Wiedersehen bei Hintze, und dann gab es Seminar-Schicksale zu hören.

Immer ging es ungezwungen und behaglich zu, auch wenn man zufällig der einzige Gast war. Traf es sich, so erzählte Hintze, wie ihn Koser[19] zur Audienz beim Kaiser geführt, zur Vorbereitung des Hohenzollernbuchs, und er sich über einzelnes Historische offen und entschieden geäußert habe, was Koser fast „schockierte", so daß der Kaiser schließlich meinte: „Temperament scheinen Sie ja genug zu haben." Oder: wie er dem jugendlichen Kronprinzen Vorträge zu halten hatte und dieser zum Vater-Sohn-Streit von 1730[20] jugendliche Vergleiche zog. Oft kam doch die drückende Stimmung nach dem Frieden von Versailles ins Gespräch. „Sie wollen Ihren Sohn auch einmal promovieren lassen? Ich glaube nicht, daß das später einmal noch erstrebenswert sein wird". Sein Pessimismus vertiefte sich zeitweilig stark. Als ich mit einem Besucher das Haus verließ – es war ein Vetter von Frau Hintze, Oberstleutnant und Presseoffizier des Reichswehrministeriums, sagte der: „Der Geheimrat sieht viel zu schwarz – wir haben neulich in Pommern beim Manöver viel Kraft und Zuversicht angetroffen, mehr als er glaubt". [...]

Aber es war doch durchaus keine Untergangsstimmung, die den Teetisch beherrschte. Wir Jüngeren hatten das Leben noch vor uns, Frau Hintze, in den zwanziger Jahren ihre Habilitation vorbereitend, war für die „neue" Zeit aufgeschlossen – hier wirkte doch der Generationsunterschied bei dem gelehrten Paar. Sie hat neue Bekannte von der Universität in ihr Haus gezogen und dem Professor sicherlich er-

---

14 Diese Widmung ist offensichtlich nur der 7. Auflage beigegeben. Vgl. dazu Faden an Gerhard Oestreich, 28.7.1970 (Nr. 3).

15 O. H. hat sich am 2. März 1918 einer Augenoperation unterziehen müssen und hat nie mehr die volle Sehkraft zurückgewonnen.

16 Ernst Troeltsch (1865–1923), Geschichtsphilosoph an der Universität Berlin, war einer der häufigsten Gäste bei Hintzes.

17 Heinrich Maier (1867–1933), Professor für Philosophie an der Universität Berlin.

18 Vermutlich Hermann Gollub, der 1914 über „Der Große Kurfürst und Polen von 1660 bis 1668" in Berlin promovierte.

19 Reinhold Koser (1852–1914) war Direktor des Geheimen Staatsarchivs in Berlin und „Historiograph des preußischen Staates".

20 Der Konflikt des preußischen Königs Friedrich Wilhelm I. (1713–1740) mit seinem Sohn Friedrich, dem späteren Friedrich dem Großen, der in der Flucht des achtzehnjährigen Kronprinzen seinen Höhepunkt erreichte.

wünschte Anregungen verschafft. Fesselte das Thema den Hausherrn, dann gab er eine umfassende klärende Darstellung – jedes Wort wie für den Druck gesprochen, zuweilen fast dozierend – wie mochte er das Katheder vermissen. Aber nicht etwa, daß die andern nicht zu Worte gekommen wären. Man fühlte sich an seine wohltuende Art des Prüfens erinnert: einleitende Worte schufen festen Grund, sie gingen von einer allgemeinen Betrachtung aus und ließen, die Aufgabe langsam einkreisend, dem Prüfling Zeit sich zurechtzufinden. […]

Es war eine ganz andere Art von Teegesellschaft als die, welche der Student Hintze ein halbes Jahrhundert früher bei seinem „Meister" Droysen[21] erlebt hatte. Der Gegensatz der Zeiten und der persönlichen Schicksale mußte ihm immer bitterer bewußt werden. Nach 1933 habe ich in der neuen kleineren Wohnung im Erdgeschoß, nahe dem Reichskanzlerplatz, noch einmal Besuch gemacht. Die Frau des Staatsarchivrats Posner[22], meines Seminarkameraden, hatte beim Umzug geholfen. Die Stimmung war unbehaglich. Meinungsverschiedenheiten – der Gedanke, Deutschland zu verlassen, stieg wohl schon auf. Daß er wie Sering aus der Liste der Akademie der Wissenschaften gestrichen werden „mußte", „unter dem Zwang der Regierung" Hitler, habe ich erst nach dem Kriege erfahren. […]

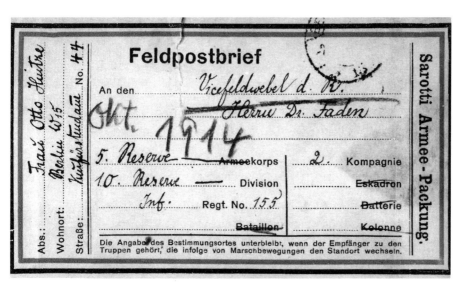

Abb. 13: Schokoladensendung an Eberhard Faden
mit Absender „Frau Otto Hintze", 1914

21 Bei Johann Gustav Droysen (1808–1886) hat O. H. studiert, promoviert aber bei dem Mediävisten Georg Waitz (1813–1886) in Berlin.
22 Ernst Posner (1892–1980), Archivar.

2   Eberhard Faden, Auszug aus dem Tagebuch[23]

22. Okt. 1912. Gestern Montagvorm. im Hist. Seminar. Hintze hat sich verlobt mir Frl. Guggenheimer aus dem Seminar, Tochter eines Münchner Kommerzienrats, etwas jüdisch, nette Dame, etwa 30.

30. Okt. 1912. Montag 28. war Hintzeseminar. 65 Leute. Zunächst Freiwillige bis zum nächsten Mal raus. [...] Hintze selbst anscheinend durch die Verlobung harmonischer geworden, liebenswürdiger. Einer von uns hat übrigens in den Ferien fürs Seminar gratuliert.

25. Nov. 1912. Hintzeseminar. Ein Mann blamierte sich. Er hatte sein Referat nicht so eilig geglaubt. H. blieb ziemlich ruhig. [...] H. gibt jetzt die Referate immer an Männlein und Weiblein – also nächstens steigen Ehedissertationen.

10. Dez. 1912. Hintze heiratet nächstens. Eine Freundin der Braut aus dem Sem. hat als Geschenk vorgeschlagen – ganz famoser Gedanke: Statuette Fr[iedrich]. W.[ilhelms] I. aus der Kgl. Porz. Manuf. Das paßt für Hintze ausgezeichnet. 65 Mark unter 50 Sem.mitglieder verteilt – nicht teuer.

3 B   Eberhard Faden an Gerhard Oestreich, 28.7.1970

[handschriftlich]

28.7.70, 22 h

[...] ich erzählte ihr [Frau Küchler] von dem fast kriminellen Fall der Widmung der „Hohenzollern". Küchlers[24] besitzen die 6. Auflage, 1915, Originalleinen. [...] Kein Widmungsblatt!!!

Danach ist zu vermuten, daß 1.–5. Aufl. auch ohne Widmung – eigentlich ja selbstverständlich bei dem Anlaß, der eher eine Widmung an W. II., Kg. v. Pr.[25], nahelegte.

Sollte die 7. Aufl. – mit dem Ärger um die kathol. Presse[26] – den Anstoß für die „Privatwidmung" gegeben haben? Ich kann mich nicht entsinnen, jemals bei Hintzes etwas über die Widmungs-Angelegenheit gehört zu haben.

[...] Nov. 15 – Jan. 16 war ich leichtverwundet in Berlin, öfter im Seminar und auch wohl einmal in der Wohnung – Hintze war nicht krank (falls etwa längere Pflege zur persönlichen Widmung geführt haben könnte.)

---

23 Briefliche Mitteilung (maschinenschriftlich) von Eberhard Faden an Gerhard Oestreich. Faden studierte im 8. Semester bei O. H.

24 Gerhard Küchler (1905–1992), Direktor bei der Firma Telefunken, Experte für Berlin-Brandenburgische Landesgeschichte.

25 Wilhelm II., Deutscher Kaiser und König von Preußen (1859–1941).

26 In der Vorbemerkung zur 7. Auflage von 1916, datiert auf den 17.11.1915 heißt es: „[...] zur Schonung der Empfindlichkeit unserer katholischen Volksgenossen und um jeden Schein des Verdachts, als solle ihnen zu nahe getreten werden, zu beseitigen, die Darstellung noch einmal sorgfältig zu durchprüfen, einzelne Ausdrücke und Wendungen noch vorsichtiger zu fassen als bisher und Mißverstandenes deutlicher zu erklären. Dieses Entgegenkommen reicht natürlich nur so weit, als nicht die prinzipielle Auffassung dadurch berührt wird. Meinen Standpunkt als Protestant, Preuße und Anhänger der modernen Staatsidee kann und werde ich niemals verleugnen." (S. VII). Vgl. dazu O. H.s Brief an Faden vom 16.11.1915 (Nr. 11). In Berlin erschien z. B. ein langer Artikel in der „Täglichen Rundschau" vom 2.11.1915.

4 B   Otto Hintze an Eberhard Faden, 26.2.1918

[handschriftlich auf dem Schmutztitel von Otto Hintze,
Die Hohenzollern und ihr Werk][27]

Eberhard Faden
überreicht mit den besten Wünschen
des Verfasssers
O. Hintze
[handschriftlicher Zusatz in blauer Tinte von Eberhard Faden:]
am Tage nach meinem Staatsexamen 26. Feb. *[Jan., durchgestrichen]* (1918)
erhalten bei einem Besuch nach der Entlassung aus
1 ½ Jahr Lazarett

5 B   Eberhard Faden an Gerhard Oestreich, 30.3.1967

[Nachschrift maschinenschriftlich]

Berlin 30. März 1967

[…] Die Hintzebriefe habe ich also abgeschrieben, damit ich sie auch in meinem Nachlaß besitze.

Ich habe dabei überlegt – weil Sie s. Zt. mich zu den „Intimen" des Hauses Hintze rechnen wollten –, daß diese persönlich-väterliche Teilnahme Hintzes doch in erster Linie auf den Front- und später den etwas stark mitgenommenen Lazarettsoldaten ging, erst in zweiter Linie auf den Eberhard Faden, der vermutlich mehr als andere Seminargenossen sich getrieben fühlte, regelmäßig und oft an den verehrten Lehrer zu berichten.

Solche persönliche warme Teilnahme erfuhr ich in Mannheim mehrfach von mir Fernstehenden – es war das Menschliche, das Humane, das zu den Verwundeten sprach, als seien sie wirklich „Verwandte". […]

6   Otto Hintze an Eberhard Faden, 3.8.1914

[handschriftliche Notiz auf einer Visitenkarte: Prof. Dr. Otto Hintze,
Geh. Regierungsrat, Mitglied der Akademie der Wissenschaften,
Berlin W. 15, Kurfürstendamm 44 II]

Lieber Herr Faden!
Gehen Sie mit Gott! Ich hoffe Sie gesund und siegreich wieder zu sehen![28]
Herzlichst ergeben

Ihr OH.

3/VIII 14

---

27 In Privatbesitz, Stuttgart. Es handelt sich um ein Exemplar der 7. Auflage (Siebentes Zehntausend), Verlag von Paul Parey, Berlin 1916. Auf dem freien Blatt nach dem Titelblatt findet sich in der Mitte im Großdruck O. H.s Widmung: „Meiner lieben Frau Hedwig". Darunter der handschriftliche Zusatz Eberhard Fadens: „diese Widmung nicht in den ersten Auflagen – soweit sich das feststellen ließ."

28 Faden hatte sich – soeben promoviert – am 1.8.1914 von O. H. verabschiedet und war am 4.8.1914 bei seinem Regiment eingetroffen. Vgl. Faden, Erinnerungen, oben S. 43 und Anm. 2.

7 B   Otto Hintze an Eberhard Faden, 13.11.1914

[handschriftlich]

Berlin 13.XI.14

Lieber Herr Faden!

Ich habe mich sehr über Ihren ausführlichen Feldpostbrief gefreut; meinen kleinen Gruß, mit dem ich ihn vorläufig erwiderte, werden Sie inzwischen erhalten haben; ich komme erst heute zum Schreiben, denn wir haben hier jetzt doppelt zu tun. Das Semester hat wie sonst begonnen; die Zahlen in Vorlesung und Seminar sind kleiner als sonst, und die Weiblichkeit ist im Uebergewicht; sonst aber geht alles seinen gewohnten Gang. Vorträge, Artikel und Aufsätze, wie sie die Zeit verlangt, gehen nebenher, und auch Doktordissertationen und Examina, Fakultäts- u. Akademiesitzungen nehmen wie sonst die Zeit in Anspruch. Den älteren Seminarmitgliedern habe ich Ihren Gruß bestellt und vermelde Ihnen herzliche Gegengrüße und Wünsche. Wir sind so stolz auf unsere Commilitonen draußen im Felde. Von den alten Bekannten sind diesmal allerdings nur wenige wieder erschienen. Hr. Homuth[29] hat sich für dieses Semester ganz einer patriotischen Hilfsarbeit gewidmet. Aber Hr. Peters[30] ist wieder da, der seines gelähmten Armes halber dienstunfähig ist, ferner Frl. Rumler[31] und Frl. Herzfeld[32]. Hr. Dr. Springer[33] hat hier für die Gefangenen zu sorgen. Von unseren Commilitonen ist Ludwig Tümpel[34] leider gefallen, bei Lille, im Sturm auf englische Maschinengewehrabteilungen, Kopf- und Brustschuß zugleich; er stand erst 8 Tage im Felde. Sein Vater schrieb es mir neulich; es ist mir natürlich sehr nahe gegangen. Hr. Wollermann[35] ist im Osten, frisch ausgebildet, Hr. Posner ist dort schon tüchtig im Feuer gewesen und hat sich das Eiserne Kreuz verdient. Von Herrn Dr. Schapper[36], den Sie wohl auch noch kennen, empfing ich heute eine Karte; er liegt leicht verwundet durch einen Granatsplitter (bei Dixmuiden)[37] im Lazarett zu Fulda.

Recht herzlich gefreut habe ich mich darüber, daß Ihnen die Strapazen so gut bekommen. Hoffentlich bleibt das auch weiter so. Ein Generalstabsoffizier vom östlichen Kriegsschauplatz, der mir zuweilen über die Lage schreibt, und der zugleich ein guter Kenner der Kriegsgeschichte ist, meint, in keinem Kriege bisher sei von den Truppen so viel gefordert und geleistet worden. Ich sprach neulich mit dem hiesigen pathologischen Anatomen Orth[38] darüber. Er meinte, eine Hauptsache für die Erhaltung der Widerstandsfähigkeit gegen die Witterung sei die Vermeidung

---

29 Nicht ermittelt.

30 Wolfgang Peters promovierte 1915 bei O. H.: über „Die Franche-Comté, Neuchâtel und die oranische Sukzession in den Plänen der preußischen Politik während des spanischen Erbfolgekrieges".

31 Marie Rumler promovierte bei O. H. über „Die Bestrebungen zur Befreiung der Privatbauern in Preußen 1797–1806".

32 Margot Herzfeld promovierte bei O. H. mit der Arbeit „Der Polnische Handelsvertrag von 1775".

33 Max Springer (Dr. jur.) promovierte bei O. H. 1914 für den Dr. phil. über die „Coccejische Justizreform".

34 Ludwig Tümpel, promovierte 1915 bei O. H. über „Die Entstehung des brandenburg-preußischen Einheitsstaates im Zeitalter des Absolutismus". Er fiel am 22.10.1915 in Frankreich.

35 Nicht ermittelt.

36 Gerhard Schapper, promovierte 1912 bei O. H. über „Die Hofordnung von 1470 und die Hof- und Zentralverwaltung der Mark Brandenburg zur Zeit Kurfürst Albrechts".

37 In Flandern nördlich von Ypern.

38 Johannes Orth (1847–1923), Professor für Pathologie an der Charité.

von Alkohol. Der Ruf nach Rum wird in unseren medizinischen Kreisen nicht gebilligt; man sollte ihn nur als Medizin gebrauchen, meinen die Herren.

Es ist doch eine unvergleichliche Schule der Erfahrung, die Sie im Felde durchmachen dürfen. Für den Historiker insonderheit ein „praktisches Jahr" ohne gleichen! Ich sehe aus Ihren Betrachtungen, daß sie einer von denen sind, die von solchen Erfahrungen etwas haben, in solcher Schule etwas lernen, nicht blos als Soldat, sondern als Mensch und Bürger. Der Tod hält ja eine furchtbare Ernte, aber die, welche wiederkehren, werden Menschen von unvergleichlich höherem Werte sein, als die, welche immer im gewohnten Geleise geblieben sind.

Ueber die Lage schreibe ich Ihnen nichts. Da Sie regelmäßig Ihre Tägliche Rundschau erhalten, so wissen Sie davon soviel wie wir hier. Momentan stehen die Russen vor den Ostgrenzen. Hoffentlich gelingt es bald sie zurückzuschlagen.

Es würde mich sehr freuen, wenn ich bald einmal wieder von Ihnen ein Lebenszeichen erhielte. Jedenfalls wünsche ich Ihnen das Beste! Sieg, Gesundheit und ein fröhliches Herz unter allen Mühseligkeiten und Entbehrungen.

In herzlicher Gesinnung   Ihr OHintze

8 B   Otto Hintze an Eberhard Faden, 21.2.1915
[handschriftlich]

Sehr geehrter Herr Doktor! Zu Ihrer Beförderung zum Leutnant habe ich Ihnen wohl früher schon gratuliert. Ich höre jetzt auf dem Seminar auch, daß Sie das Eiserne Kreuz erhalten haben. Auch dazu meinen herzlichen Glückwunsch! Ich bin durch publicistische Arbeiten für das Auswärtige Amt[39] dermaßen in Anspruch genommen, daß ich keine längeren Briefe schreiben kann, hoffe aber sehr, bald wieder von Ihnen zu hören. Auf dem Seminar freut man sich sehr über Ihre Briefe.

Mit den herzlichsten Wünschen

                              Ihr OHintze   21/II 15

9 B   Otto Hintze an Eberhard Faden, 11.3.1915
[handschriftlich]

                              Berlin W. 15, 11/III 15

Sehr geehrter Herr Faden,

Haben Sie recht herzlichen Dank für Ihren schönen langen Brief, der Ihre militärische Wirksamkeit da draußen an der Front so treu und eingehend schildert und wirklich einen wertvollen Hintergrund malt, auf dem die kurze Meldung des Hauptquartiers erst in ihrer lebendigen Bedeutung hervortritt. Wir sind hier auch nicht müßig; das Buch über den Ursprung des Krieges, das namentlich bei den Neutralen der englischen Litteratur, die alles überschwemmt, ein Gegengewicht geben soll, ist bald fertig; und wird hoffentlich Ende des Monats erscheinen können.[40] Jetzt winken andere publizistische Aufgaben. Das Semester habe ich Sonnabend den 6. März geschlossen; der Unterrichtsbetrieb ist nicht gestört worden; aber der Besuch war natürlich viel ge-

---

39 Deutschland und der Weltkrieg.
40 Deutschland und der Weltkrieg. Vgl. Anm. 13.

ringer und das weibliche Element überwog. Ich freue mich auf die aus dem Felde zurückkehrenden Commilitonen. Der einfache Musketier am Drahtverhau oder im Schützengraben ist jetzt weit wichtiger, als wir Schriftgelehrten alle miteinander. Ich denke mir, das nächste Sommersemester wird noch ähnlich verlaufen wie dies Wintersemester. Die Probe, bis zur nächsten Ernte durchzuhalten, werden wir erst ablegen müssen, ehe es Frieden giebt; die Illusion unserer Gegner, daß sie uns aushungern könnten, ist zu stark. Es wird ihnen aber nicht gelingen. Unser Botaniker Haberlandt[41] hat übrigens ein Verfahren entdeckt, das gestatten wird, Mehl zu Brod und Viehfutter aus dem im Saft stehenden Splintholz zu gewinnen. Die Sache scheint sehr aussichtsvoll; aber es wird auch so gehen.

Mit herzlichen Grüßen, auch von meiner Frau,
Ihr sehr ergebener OHintze

10 B   Otto Hintze an Eberhard Faden, 16.10.1915

[handschriftlich]

Berlin W. 15, 16/X 15

Lieber Herr Faden!

Ich danke Ihnen herzlich für Ihr treues Gedenken und hoffe, daß diese Zeilen Sie bei gutem Wohlsein treffen. Wie merkwürdig, daß Sie mit Herrn Peters zusammengetroffen sind! Von dessen Schicksalen habe ich noch anderweit gehört; schade, daß er noch immer krank ist; hoffentlich bekomme ich bald bessere Nachricht.

Für Ihren lieben, langen Brief vom August sage ich Ihnen noch ganz besonders herzlichen Dank. Er hat mich ordentlich erwärmt und ich drücke Ihnen im Geiste recht freundschaftlich die Hand. Während meiner Reise bin ich leider nicht zur Beantwortung gekommen, weil ich den Brief verlegt hatte und Ihre Adresse nicht wußte. Ich war mit meiner Frau erst in einem Vorort bei München[42] und dann in der Schönau bei Berchtesgaden, endlich in meiner pommerschen Heimat. Es waren schöne Wochen, allerdings von starken Arbeitstagen durchbrochen. Jetzt ist das Hohenzollernbuch heraus, dessen Registerkorrekturen mich noch auf der Reise verfolgt haben.[43] Ich kann Ihnen leider kein Exemplar ins Feld senden, weil es zu schwer ist; aber wenn Sie wiederkommen, wartet eins auf Sie. Von unserem Kriegsbuch soll vor Weihnachten noch eine zweite Auflage erscheinen,[44] die wohl sehr stark wird umgearbeitet werden müssen, namentlich mit Rücksicht auf Italien und den Balkan. Hat Sie der große Angriff am 25. Spt.[45] auch in Mitleidenschaft gezogen? Man sieht erst jetzt, ein wie ungeheuer kritischer Moment das gewesen ist. Jetzt wirds hoffentlich ohne größere Rückschläge gut vorwärts gehen, und wenn es auf dem Balkan glückt und die Engländer in Aegypten bedroht sind, wird man hoffentlich einem guten Frieden näher kommen. Bis dahin gilt es noch alle Kräfte anzuspannen; die Teue-

---

41 Gottfried Haberlandt (1854–1945), Professor für Botanik an der Universität Berlin.

42 In Solln, wo H. H.s Schwester Hildegard Schröter mit Familie wohnte.

43 Otto Hintze, Die Hohenzollern und ihr Werk. Fünfhundert Jahre vaterländischer Geschichte, Berlin 1915, 9. Aufl. 1916.

44 Deutschland und der Weltkrieg. Vgl. Anm. 13.

45 Vom 22.9. bis 14.10.1915 versuchten Franzosen und Briten im Artois und in der Champagne vergeblich, die deutschen Stellungen zu durchbrechen.

rung, die jetzt in manchen Lebensmitteln eingetreten ist, wird hoffentlich durch geeignete Maßregeln zu überwinden sein.

Ich sagte Ihnen wohl schon, daß vor dem Kriege Verhandlungen über die Einrichtung eines großen Auslandsinstituts schwebten, mit Reisestipendien für junge Gelehrte, die das Ausland historisch-politisch und ökonomisch studiren sollten.[46] Wie das nach dem Frieden werden wird, kann man noch nicht wissen, es wird z. T. wohl von dem Ausfall des Friedensschlusses abhängen. Ich hatte dabei auch an Sie gedacht; aber Näheres läßt sich jetzt noch nicht sagen.

Ich fange am Montag die Uebungen an, wo diesmal vergleichende territoriale Verwaltungsgeschichte (Lokalverwaltung) getrieben werden soll. Am Sonntag werde ich in der Börse über Handel u. Verkehr unter den Hohenzollern[47] sprechen, in der nächsten Woche im Wehrverein über Militarismus etc. Sie sehen, wir haben auch zu tun. Geben Sie mir bald wieder Nachricht, wie es Ihnen geht.

Mit herzlichen Grüßen, auch von meiner Frau,
Ihr treu ergebener
OHintze

11 B Otto Hintze an Eberhard Faden, 16.11.1915

[handschriftlich]

Berlin W. 15, 16/XI 15

Lieber Herr Faden!

Haben Sie recht herzlichen Dank für Ihre ausführlichen Briefe, die ich mit großem persönlichem und sachlichem Interesse gelesen habe. Sie müssen mir schon zu gute halten, wenn ich spät und kurz antworte: ich bin mit Arbeiten überhäuft wie nur je.[48] Kolleg und Seminar sind natürlich schon in vollem Betrieb, im Seminar 43 Personen, darunter nur 13 Herren! Ich habe versucht, die Lokalverwaltung der nordostdeutschen Territorien in gemeinschaftlicher Forschung durch Einzelreferate zum Hauptthema (nach Weihnachten) zu machen, aber ich fürchte, bei der Beschaffenheit der Teilnehmer wird nicht viel dabei herauskommen; vorläufig habe ich jetzt angefangen, die Centralbehörden des altpreußischen Staates nach Acta Borussica[49] und Altmann[50] zu traktiren. Ich lese in diesem Winter die allgemeine Verfassungsgeschichte der neueren Staaten und habe zugleich die Arbeiten an dem Bande für die ‚Kultur der Gegenwart' wieder vorgenommen,[51] die ich der Preußi-

---

46 Faden berichtet davon in seinen Erinnerungen. Vgl. oben S. 42 f.

47 Gedruckt unter dem Titel „Die Hohenzollern und die wirtschaftliche Entwicklung ihres Staates. Rede, gehalten am 24.10.15", in: Hohenzollern-Jahrbuch, 20 (1916/17), S. 190–202. – Der andere Vortrag wahrscheinlich: „Unser Militarismus. Ein Wort an Amerika", in: Internationale Monatsschrift, 9 (1914/15), Sp. 27–40.

48 Das Jahr 1915 weist so viele selbständige Schriften und Aufsätze O. H.s auf wie kein anderes.

49 Acta Borussica. Die Behördenorganisation und die allgemeine Staatsverwaltung Preußens im 18. Jahrhundert, Bd. 6, 1. Hälfte: Einleitende Darstellung der Behördenorganisation und allgemeinen Verwaltung in Preußen beim Regierungsantritt Friedrichs II. von Otto Hintze, Berlin 1901.

50 Wilhelm Altmann, Ausgewählte Urkunden zur brandenburg-preußischen Verfassungs- und Verwaltungsgeschichte, Teil 1 und 2, Berlin 1897.

51 Dieser von O. H. übernommene zweite Halbband einer „Allgemeinen Verfassungs- und Verwaltungsgeschichte", die als Teil 2, Abt. 2, des Sammelwerkes „Kultur der Gegenwart" vorgesehen war, ist nie erschienen.

schen Geschichte[52] wegen hatte unterbrechen müssen. Bei dieser Arbeit möchte ich zunächst bleiben. An der Preußischen Geschichte, deren Abfassung für mich in jeder Beziehung ein großes Opfer bedeutete, erlebe ich wenig Freude. Die ganze katholische Presse[53] veranstaltet seit Wochen eine wahre Hetze gegen das Buch, weil man behauptet, daß manche Stellen darin beleidigend für das Nationalgefühl der Katholiken seien. Für Ihre Zusendung danke ich Ihnen bestens. In Presspolemik mag ich mich natürlich nicht einlassen; das würde ein großes Gezänk geben, bis dann irgend ein Generalkommando mit einem: Quos ego![54] dazwischenfahren würde. Das Kultusministerium bemüht sich auf das angelegentlichste, mich zu einer Milderung in einzelnen Ausdrücken u. Wendungen zu bestimmen. Eben heute hatte ich eine 1½stündige Unterredung deswegen mit dem Minister[55] selbst. Dieselbe Bitte stellen wohlmeinende Freunde aus den katholischen Provinzen. Ich habe mich nun entschlossen, in der neuen 7. Auflage[56] einige Ausdrücke zu mildern oder solche, die mißverstanden worden sind, deutlicher zu fassen – natürlich unter vollständiger Wahrung der principiellen Standpunkte. Von einer Erwiderung der Preßangriffe habe ich auf den dringenden Rat des Ministers abgesehen; er stellte mir dafür in Aussicht, im Januar im Landtag, wo die Sache zweifellos zur Sprache kommen wird, seinerseits das Nötige zu meinem Schutz zu sagen. Wir wollens abwarten. In dieser Zeit sollen gelehrte Streitigkeiten nicht die Einigkeit des Volkes stören.

Leben Sie wohl, mein lieber Freund; hoffentlich schreitet Ihre Genesung gut vorwärts. Auf baldiges Wiedersehen in Berlin! Mit mir grüßt Sie auch meine Frau bestens!

Ihr herzlich ergebener
OHintze

12 P   Otto Hintze an Eberhard Faden, 27.2.1916
[Feldpostkarte, handschriftlich]

B. 27/II 16

Lieber Herr Faden! Haben Sie herzlichen Dank für Ihren prächtig frischen Brief! Inzwischen sind ja große Dinge geschehen[57] und ich wüßte gern, ob Sie mit dabei gewesen sind und wie es Ihnen geht. Hier geht nun das Semester zu Ende, d. h. ich werde noch bis zum 8. März, mit vielen eingelegten Stunden, lesen; das Seminar schließe ich Montag den 1. März. Ich schreibe jetzt für eine Zeitung der Bug-Armee.[58] Sie haben wohl im Westen so etwas nicht, bei Ihren mobileren Verhältnissen. Amerika u. der UBootkrieg ist jetzt das große Interesse. Wir freuen uns, daß die Regierung fest bleibt und die UBootwaffe entschlossen anwendet.
Viele Grüße auch von meiner Frau! Ihr OHintze

---

52 Die Hohenzollern und ihr Werk.
53 Vgl. dazu auch Eberhard Faden an Gerhard Oestreich, 28.7.1970 (Nr. 3).
54 Lat.: Euch werd' ich [züchtigen]! Virgil, Aeneas I, 135.
55 Kultusminister war seinerzeit August von Trott zu Solz (1855–1938).
56 Die Hohenzollern und ihr Werk, 7. Aufl. (Siebentes Zehntausend) 1916.
57 Seit 21.2. Schlacht um Verdun.
58 Unser U-Boot-Krieg und Amerika, in: Feldzeitung der Bugarmee, 3.3.1916.

13 B Otto Hintze an Hugo Faden[59], 13.3.1916

[handschriftlich]

Berlin W. 15, 13./III 16

Sehr geehrter Herr Geheimrat!

Eben erfahre ich auf dem Wege über das Hist. Seminar von der Verwundung Ihres trefflichen Sohnes, meines geschätzten lieben jungen Freundes. Jetzt wird mir erst der Sinn der telephonischen Mitteilung klar, die Sie seinerzeit die Güte hatten an uns gelangen zu lassen und die von meiner Frau namentlich auch hinsichtlich des Namens, ganz und gar mißverstanden worden war. Wir haben seit dem großen Angriff vom 21. Februar[60] viel von Ihrem Herrn Sohn gesprochen; ich hatte ihm auch geschrieben mit der Bitte mir Nachricht zu geben, ob er dabei gewesen und gesund davon gekommen sei; ich verstehe nun wohl, warum keine Antwort erfolgt ist. Er hatte uns kurz vor den entscheidenden Tagen einen Brief von entzückender Frische und hoffnungsfreudigem Mut geschrieben. Wir vereinigen unsere besten Wünsche mit den Ihrigen und wären Ihnen sehr dankbar, wenn Sie gelegentlich uns über seinen Zustand Neues mitteilen wollten. Ich will gleich noch selbst an ihn schreiben.

In vorzüglicher Hochachtung
Ihr sehr ergebener
OHintze

14 B Otto Hintze an Eberhard Faden, 14.3.1916

[handschriftlich]

Berlin W. 15, 14/III 16

Lieber Herr Faden!

Eben erhalte ich Ihren Brief und danke Ihnen daß Sie auf Ihrem Schmerzenslager Sich die Mühe gemacht haben mir so ausführlich zu schreiben. Erst seit einer Stunde wußte ich, daß Sie verwundet sind. Ihr Herr Vater hatte zwar vor seiner Abreise telephonirt, aber meine Frau, die eben Besuch hatte und ans Telephon gerufen wurde (ich selbst war nicht zu Hause) hatte den Namen ganz mißverstanden und wir ließen die Sache, da wir einen Irrtum annahmen, auf sich beruhen. Nun war meine Frau heute nach langer Zeit mal wieder auf dem Seminar, um dort etwas nachzulesen, und brachte mir von dort die Nachricht Ihrer Verwundung mit. Eine Stunde später hatten wir Ihren Brief. Bei allem herzlichen Bedauern bin ich doch froh, daß Sie ohne erhebliche dauernde Schädigung davonkommen werden. Ihre Schilderung ist sehr lebendig und anschaulich; wir haben einen lebhaften Eindruck von der Stimmung einer solchen Lage erhalten. Mit frohem Stolz und heißem Dank gedenken wir der Braven, die dort ihr Leben für das Vaterland aufs Spiel gesetzt haben; die Verluste sind ja erschreckend, aber was hilft jetzt das Klagen! Hoffentlich kommen wir noch weiter vorwärts und können uns schließlich Verduns bemächtigen; es wäre doch ein gewaltiger moralischer Erfolg und vielleicht entscheidend für den Ausgang des Krieges. Mit leidenschaftlicher Spannung verfolgen wir hier seit Wochen den Gang der Dinge. Dazu kommt die amerikanische Frage, verknüpft mit

---

59 Vater von Eberhard Faden.
60 Vgl. Anm. 57.

der USeebootsangelegenheit. Ich sende Ihnen zugleich einen kleinen Artikel von mir über diese Dinge für eine Feldzeitung.[61] Die Nachricht von der Krankheit von Tirpitz scheint mir auf eine neue Krisis in unseren Entschlüssen zu deuten.[62] Nun, Sie werden ja jetzt auch schon wieder Zeitungen lesen können oder doch bald!

Das Semester ist diesmal spät zu Ende gegangen; ich habe noch bis zum 8. März gelesen, die letzte Woche, Montag bis Donnerstag jeden Tag zwei Stunden, um die allgemeine Verfassungsgeschichte bis in die Gegenwart ausmünden zu lassen. Die Oberlehrerprüfungen sind auch ganz gut besetzt. Neulich hatte ich zwei Feldgraue (Leutnants mit E.K.) zu prüfen, darunter auch Herrn Rupprecht.[63] Beide haben bestanden, der andere mit Auszeichnung; er hatte sich während seiner Rekonvaleszenz im Lazarett sehr gut vorbereitet.

Sie werden nun auch wieder bald zu den Studien zurückkehren. Aber Sie können sagen, daß Sie inzwischen etwas erlebt und geleistet haben. Meine Frau und ich wünschen Ihnen alles Gute; schreiben Sie mir doch, ob und was ich für Sie tun oder senden kann. Hoffentlich schreitet Ihre Genesung schneller fort als Sie jetzt zu hoffen scheinen; wir würden uns über jedes Zeugnis solchen Fortschritts herzlich freuen.

Mit den freundlichsten Grüßen, auch von meiner Frau
Ihr getreuer
OHintze.

15 P   Hedwig Hintze an Eberhard Faden, 16.3.1916

[Feldpostkarte, handschriftlich]

Berlin 16.III.16

Sehr geehrter Herr Dr. Faden! Ich habe gestern ein paar Früchte an Sie abschicken lassen; hoffentlich bringen sie Ihnen eine kleine Erfrischung und sind nicht zu süss ausgefallen. Es ist nicht so einfach, das Richtige zu treffen, weil man gewöhnlich und oft ganz unberechtigter Weise von seinem eigenen Geschmack auf den anderer schliesst. Jedenfalls wars gut gemeint. Mit recht viel guten Wünschen und schönen Grüssen auch von meinem Mann

Ihre
Hedwig Hintze.

16 P   Hedwig Hintze an Eberhard Faden, 30.3.1916

[Feldpostkarte, handschriftlich]

Berlin W 15, 30.III.16.

Sehr geehrter Herr Dr. Faden! Über Ihren Brief vom 27. haben mein Mann und ich uns sehr gefreut; und da die Früchte Ihren Beifall fanden, sende ich heut wieder solch eine Kleinigkeit an Sie ab. – Hoffentlich macht Ihre Genesung ständig recht gute Fortschritte. Mit vielen guten Wünschen u. Grüssen von meinem Mann und mir

Ihre Hedwig Hintze.

---

61 Vgl. Anm. 58.
62 Großadmiral Alfred von Tirpitz hat März 1916 seinen Abschied genommen.
63 Nicht ermittelt.

17 B Hedwig Hintze an Eberhard Faden, 14.4.1916

[handschriftlich]

Berlin W.15, 14.4.16

Sehr geehrter Herr Dr. Faden!

Mein Mann lässt Ihnen heute durch mich sehr herzlich für Ihren Brief vom 9. danken. – Wir bedauern beide sehr, daß Sie Sich wieder mit Abszessen und Fieber herumquälen müssen.

Mein Mann hat mir vorige Woche eine argen Schreck eingejagt: er erkrankte plötzlich und heftig an Symptomen, die alles mögliche bedeuten konnten: Erbrechen, Schüttelfrost und hohes Fieber. Gott sei Dank erholte er sich aber nach ein paar Tagen und ist nun wieder auf; es war eine sehr heftige Magenverstimmung: gelehrter: eine Autointoxication (so heißt es ja wohl?) Heute machten wir zum ersten Mal wieder einen Spaziergang, aber mein Mann muß natürlich noch sehr geschont werden: darum nehme ich ihm auch nach Möglichkeit die Korrespondenz ab.

Ein paar Früchte, die ich heute auf die Post brachte, gewähren Ihnen vielleicht ein bisschen Erfrischung. Dann erfüllen sie ihre Bestimmung.

Mit unsern vereinten besten Wünschen und vielen Grüßen
Ihre
Hedwig Hintze.

18 B Otto Hintze an Eberhard Faden, 16.6.1916

[handschriftlich]

Berlin W. 15, 16/VI 16

Lieber Herr Doktor!

Ich will die Pfingstpause nicht verstreichen lassen ohne Ihnen einen herzlichen Gruß zu senden und mich zu erkundigen, wie es Ihnen geht. Hoffentlich ist Ihre Genesung im normalen Fortschreiten.

Von Krieg und Frieden rede ich nicht, da ich Ihnen nichts zu sagen hätte, was Sie nicht auch aus der Zeitung entnehmen können und da Betrachtungen darüber billig, aber ziemlich wertlos sind.

Unser Universitätsbetrieb geht ruhig seinen Gang. Wer an Wagners[64] Stelle berufen werden wird ist noch völlig unsicher, ebenso auch, wer an die Spitze der Monumenta Germaniae[65] treten wird. Im Seminar behandle ich dies Semester Friedrichs dGr Exposé sur le gouvernement prussien von 1776 u. überhaupt die Zustände nach dem Frieden von Hubertusburg – ein Gegenstand, der auch nicht ohne aktuelles Interesse ist.

Haben Sie schon Kjelléns[66] neue Schrift: Probleme des Weltkriegs gelesen? Ich kann sie Ihnen empfehlen! (obwohl ich nicht mit allem übereinstimme). Herzliche Grüße u. Wünsche, auch von meiner Frau

Ihr   OHintze.

---

64 Adolph Wagner starb am 8.11.1917 im Alter von 82 Jahren. Als Nationalökonom und Finanzwissenschaftler bildete er mit Gustav Schmoller und anderen den Kern des „Vereins für Sozialpolitik" (Kathedersozialisten).

65 = Sammlung mittelalterlicher Quellentexte zur deutschen Geschichte. Seit 1914 ohne Leiter, 1919 dann mit Reinhold Koser besetzt.

66 Rudolf Kjellén, Die politischen Probleme des Weltkrieges, Berlin 1916. Vgl. Anm. 97.

19 B Otto Hintze an Eberhard Faden, 26.6.1916

[handschriftlich]

Berlin W. 15, 26.VI.16

Lieber Herr Faden!

Die Nachrichten von Ihrem Zustande, die Ihr letzter Brief brachte, haben mich mit herzlicher Betrübnis erfüllt; zugleich aber hat die Art wie Sie von Ihrem Leiden sprechen und wie Sie es tragen, in mir ein Gefühl aufrichtiger Bewunderung hervorgerufen und einen freudigen Stolz auf unsere kriegerische Jugend, die <u>so</u> zu kämpfen und zu leiden versteht. Wir fühlen unauslöschlichen Dank im Herzen für die Braven, die uns vor dem Schicksal einer barbarischen Invasion, wie es uns angedroht war, bewahrt haben und deren Heldentaten hoffentlich dem Vaterland zu dauernder Stärkung verhelfen werden. Das Bewußtsein dessen, was Sie für das Ganze geleistet haben, wird Sie in Ihren Schmerzen und Fiebernächten erheben und stärken. Und endlich wird ja einmal die Genesung da sein und das Vaterland wird dann den Gelehrten brauchen wie einst den Krieger!

Ich lege Ihnen eine kleine Besprechung des letzten Buches von Kjellén[67] bei, die Sie vielleicht interessiren wird. Ich war am Sonnabend abends mit dem Verfasser zusammen, der seine Ferien in Deutschland verbringt. Ich hörte dabei von ihm, daß er sein Lehramt in Uppsala noch gar nicht angetreten hat, daß also die Vorlesungen, aus denen das Buch erwachsen ist, noch in Gothenburg gehalten sind.

Gestern war ich in einer Versammlung (keiner öffentlichen, sondern von geladenen Personen), in der u. a. D. Schäfer[68], E. Meyer[69] u. Gf Reventlow[70] über die Kriegsziele sprachen. Sie standen im wesentlichen noch auf dem Standpunkt der Gildemeisterschen Denkschrift[71], die so ziemlich mit dem Programm der 6 Verbände übereinstimmt;[72] ich muß aber gestehen, daß die Durchführung dieses Programms, das aus dem Mai des vorigen Jahres stammt, bei der gegenwärtigen Lage mir sehr unwahrscheinlich geworden ist. Die Gegenpartei, in der namentlich Delbrück, Dernburg[73] u. andere hervorgetreten sind,[74] will sich mit dem status quo ante bellum[75] (in der Hauptsache wenigstens) begnügen, und es scheint, daß die

---

67 Otto Hintze, Besprechung von Rudolf Kjellén, Die politischen Probleme des Weltkrieges, in: Sokrates, Zeitschrift für das Gymnasialwesen, Juni 1916. Im Schriftenverzeichnis O. H.s in den „Gesammelten Abhandlungen" (Bd. 1, 2. Aufl. 1962) ist die Besprechung nicht aufgeführt.

68 Dietrich Schäfer vertrat den Primat der politischen Macht als Gegenstand historischer Erkenntnis. Er war Mitglied im Deutschen Ostmarkenverein und im Deutschen Flottenverein.

69 Eduard Meyer (1855–1930), Professor für Alte Geschichte an der Universität Berlin, exponierte sich als Patriot und Monarchist.

70 Ernst Graf zu Reventlow (1869–1943), Marineoffizier und politischer Schriftsteller, gehörte zu dem annexionistische Ziele vertretenden Alldeutschen Verband.

71 Der Bremer Kaufmann Andreas Gildemeister zeichnete gemeinsam mit dem Theologen Reinhold Seeberg verantwortlich für die sog. Intellektuelleneingabe, die am 8.7.1915 dem Reichskanzler mit 1347 Unterschriften übergeben worden war. Die Eingabe forderte einen weitreichenden „Siegfrieden".

72 Petition der sechs führenden Wirtschaftsverbände vom 20.5.1915.

73 Bernhard Dernburg (1865–1937) engagierte sich als führender Beamter für eine verbesserte Kolonialwirtschaft.

74 Im Sommer 1915 hatte eine Gruppe Berliner Professoren um Hans Delbrück und Adolf von Harnack eine gemäßigtere Gegendenkschrift verfaßt. Delbrück bezeichnete sich selbst als „Gelehrter in der Politik".

75 Lat.: Vorkriegszustand.

Regierung (der Reichskanzler[76], Helfferich[77], Solf[78]) diesem Standpunkte sich mehr u. mehr nähert. Die früher sogenannten ‚nationalen' Parteien möchten am liebsten den Reichskanzler stürzen. Ich glaube, das würde in diesem Moment ein Unglück sein, zumal das Hauptmotiv auf dem Gebiet der inneren Politik liegen dürfte. Wir müssen meiner Meinung nach die vernünftigen Sozialdemokraten jetzt endgültig für den Staatsgedanken gewinnen und einen großzügigen Staatssozialismus durchführen. Dazu wäre Bethmann-Hollweg der rechte Mann, wenn ich auch seine politischen Talente nicht eben hoch einschätze. Der Hauptdifferenzpunkt in Bezug auf die Kriegführung ist natürlich noch immer die UBootwaffe; aber niemand vermag genauere Unterlagen zu geben um zu beurteilen, ob damit <u>das</u> geleistet werden kann, was nötig wäre. Selbst E. Meyer, sonst einer der entschiedensten Heißsporne, rät ab, jetzt den rücksichtslosen Ubootkrieg wieder aufzunehmen bis zur amerik. Präsidentenwahl (Nov.), um nicht für Wilson[79] Wasser auf die Mühle zu liefern.

Ich schließe, weil ich zum Seminar muß.

Herzliche Grüße, auch von meiner Frau!
Ihr in treuer Gesinnung ergebener
OHintze

20 P   Hedwig Hintze an Eberhard Faden, 6.8.1916

[Feldpostkarte, handschriftlich]

Berlin W 15, 6.VIII.16.

Sehr geehrter Herr Dr. Faden!

Vor unserer Abreise nach Bayern möchte ich Ihnen zur Erfrischung noch einen kleinen Gruß senden, vor allem zum Zeichen unseres steten Gedenkens. Mein Mann und ich wünschen von Herzen, daß Ihre Genesung gute und rasche Fortschritte machen möge und freuen uns schon darauf, Sie im Herbst hoffentlich bei uns begrüßen zu dürfen. Neulich besuchte uns Dr. Peters[80], der hier auf Urlaub war. – Mit unseren vereinten guten Grüßen u. Wünschen

Ihre
Hedwig Hintze

---

76 Reichskanzler war Theobald von Bethmann Hollweg (1856–1921), den O. H. im folgenden Brief (Nr. 21) näher charakterisiert.

77 Karl Helfferich (1872–1924) war seit Mai 1916 Leiter des Reichsamts des Innern und Stellvertreter des Reichskanzlers. Er mußte 1917 im Zusammenhang mit Bethmann Hollwegs Rücktritt seine Ämter abgeben.

78 Wilhelm Solf (1862–1936) war seit 1911 Staatssekretär des Reichskolonialamtes.

79 Woodrow Wilson (1856–1924) wurde 1916 als Präsident der Vereinigten Staaten mit geringer Mehrheit wiedergewählt. Nach Eröffnung des uneingeschränkten U-Boot-Krieges durch das Deutsche Reich erklärten die USA Deutschland am 6.4.1917 den Krieg.

80 Wolfgang Peters wurde von O. H. Anfang 1919 zum Mitarbeiter an den Acta Borussica bestellt. Hierzu Wolfgang Neugebauer, Zur preußischen Geschichtswissenschaft zwischen den Weltkriegen am Beispiel der Acta Borussica, in: Jahrbuch für brandenburgische Landesgeschichte, 50 (1999), S. 175 f. Vgl. Anm. 125.

21 B   Otto Hintze an Eberhard Faden, 11.8.1916

[handschriftlich]

Berlin W 15, 11.VIII 16

Mein lieber junger Freund!

Mit herzlichem Bedauern sehe ich aus Ihrem Briefe, daß Sie abermals einen Rückfall gehabt haben. Ich fürchtete schon so etwas und wagte nicht mich zu erkundigen. Ich will Ihnen nicht Geduld predigen; ich sehe ja, daß Sie den Mut nicht verlieren, trotz allem was Sie zu erdulden haben; nur das will ich Ihnen immer wieder sagen, mit welchem Stolz und welcher Dankbarkeit wir Heimgebliebenen auf Sie und Ihre Kameraden blicken, denen wir es danken, daß uns die eigentlich schlimme Kriegsnot bisher und hoffentlich für immer erspart geblieben ist. Hoffentlich können Sie in Ihrem nächsten Brief schon besseres von dem Fortschritt Ihrer Genesung melden. Vor einigen Wochen war auch Dr. Peters hier auf kurzen Urlaub; es geht ihm jetzt recht gut, er ist in der Champagne.

Ich glaube, es ist in letzter Zeit zu viel vom Frieden geredet worden; der Anbruch des 3. Kriegsjahres hat die Gemüter mehr als nützlich aufgeregt. Ich war mit Schäfer und seinen Gesinnungsgenossen eine Weile, obwohl mit manchen Vorbehalten, zusammengegangen, habe mich jetzt aber, anläßlich einer Aufforderung, dem „Unabhängigen Ausschuß"[81] beizutreten, von ihnen getrennt. Ihre Ziele wären nur zu erreichen, wenn England gänzlich niedergeworfen würde und die einzige Möglichkeit dazu sehen sie in dem rücksichtslosen USeebootkrieg. Ich fühle mich aber einfach gar nicht in der Lage, die überaus schwierige Frage, ob es nun wirklich möglich sein würde auf diesem Wege England zum Frieden zu zwingen, mit dem was wir darüber wissen, zu entscheiden. Alles was Schäfer u. seine Gesinnungsgenossen darüber zu wissen glauben, ist höchst unsicher und bestritten. Niemand weiß, wie viel U-Boote wir haben, wie stark die Verproviantierung Englands ist usw. Ich glaube wirklich, man muß die Entscheidung dieser Frage der leitenden u. verantwortlichen Stelle überlassen; man stiftet nur Unheil, wenn man für ein bestimmtes, sehr hoch gestecktes Kriegsziel agitirt, unbekümmert um die politisch-militärischen Möglichkeiten. Schäfer und Genossen erstreben im Grunde den Sturz des Reichskanzlers[82]; aber wer an seine Stelle treten soll, das sagen sie nicht. Gelänge das u. würde ein Konservativer, der die innere ‚Neuorientirung' bekämpfte, sein Nachfolger, so hätte man mit der übelsten Stimmung der Sozialdemokratie zu rechnen. Der Wedelsche Nationalausschuß[83], der größeres Vertrauen zur Regirung erwecken wollte, hat sich so unglücklich eingeführt, daß er auch mehr geschadet als genutzt hat. Jetzt kommt noch der Sozialdemokratische Aufruf[84] hinzu, um das Bild der inneren Spaltung zu vollenden. Ich glaube nicht daß eine größere Freiheit in der Erörterung der Kriegsziele und der Friedensbedingungen von Nutzen sein würde. Schweigen und kämpfen sollte die Losung sein, bis unsere Feinde mürbe geworden sind.

---

81 Im 1916 von Schäfer gegründeten „Unabhängigen Ausschuß für einen deutschen Frieden" sammelte sich die Kriegszielbewegung der Nationalliberalen, Konservativen und Alldeutschen.

82 Theobald von Bethmann Hollweg.

83 Die Lancierung eines „Deutschen Nationalausschusses für einen Ehrenvollen Frieden" scheiterte im Juli 1916.

84 Im August 1916 rief der Parteivorstand der SPD zu einer Unterschriftensammlung für eine Petition auf, die sich gegen die Propaganda der Annexionisten wandte.

Das Buch vom Fürsten Bülow[85] verfolgt in sehr deutlicher Weise den doppelten Zweck, einmal den Fürsten selbst gegen den Vorwurf zu verteidigen, daß seine Politik uns auf die Bahn geführt habe, auf der der Coalitionskrieg gegen uns möglich u. unvermeidlich wurde; und 2) die diplomatische Unerfahrenheit u. Ungeschicklichkeit des Nachfolgers für die Lage verantwortlich zu machen, in der wir uns den Krieg haben aufzwingen lassen. Wie ich höre soll Bülow nicht abgeneigt sein, das Steuer selbst wieder in die Hand zu nehmen. Ob es zum Heil sein würde bezweifle ich, ebenso ob der Kaiser dafür zu haben wäre.

Ruedorfer ist Pseudonym für Riezler[86]. Er ist der Neffe des Münchner Historikers[87], Geh. Legationsrat u. rechte Hand Bethmanns. Sein Buch[88] spiegelt die optimistische Auffassung der Lage in den leitenden Kreisen vor dem Kriege wider (ebenso wie die von Bethmann inspirirte Schrift: ‚Weltpolitik und kein Krieg‘ 1912).[89]

Ich würde es für das Beste halten, wenn es uns gelänge einen Separatfrieden mit Rußland zu erreichen und später das alte Bismarcksche 3-Kaiserbündnis[90] herzustellen, wobei wir freilich die Integrität der Türkei preisgeben müßten. Wir können das natürlich nicht, so lange die Türken unsere Bundesgenossen sind; aber vielleicht würde Rußland vorläufig mit dem Durchfahrtsrecht seiner Kriegsschiffe durch die Dardanellen zufrieden sein. Der große Fehler unserer Politik war u. ist, daß wir mit der Beschützerrolle gegenüber der Türkei Rußland zu gleicher Zeit entgegentraten, wo wir mit dem Bau der Flotte Englands Feindschaft auf uns luden. Dieser Fehler muß gut gemacht werden, jetzt oder in Zukunft.

Ich denke auf einige Wochen nach der Schönau bei Berchtesgaden zu gehen, Pension Köppeleck. Meine Frau grüßt Sie mit mir herzlichst.

Lassen Sie uns bald Gutes von sich hören! Ihr ergebener
OHintze

22 B   Otto Hintze an Eberhard Faden, 8.9.1916

[handschriftlich]

Schönau bei Berchtesgaden, Villa Köppeleck 8.IX.16

Mein lieber Freund!

Wir haben uns sehr gefreut, daß es Ihnen so viel besser geht und daß der Lebensmut so schön und kräftig wieder bei Ihnen zurückgekehrt ist. Möge es weiter so fortgehen!

Die wissenschaftliche Frage, über die Sie mir schreiben, hat mich, wie Sie wohl wissen, schon vor dem Kriege lebhaft beschäftigt und ich habe auch mit Penck öfter darüber gesprochen; wir sind im wesentlichen übereinstimmender Meinung. Vor dem Kriege wurde der Plan erörtert ein Auslandsinstitut zu begründen und die künftigen Abteilungsleiter durch Reisestipendien systematisch heranzubilden; dabei hatte ich

---

85 Bernhard Fürst von Bülow, Deutsche Politik, Berlin 1916.

86 Kurt Riezler (1882–1955), Legationsrat, war persönlicher Referent Bethmann Hollwegs. Seine Tagebücher wurden zu einer wichtigen Quelle für die Erforschung des Ersten Weltkriegs: Kurt Riezler, Tagebücher, Aufsätze, Dokumente, hrsg. von K. D. Erdmann, Göttingen 1972.

87 Siegmund von Riezler (1843–1927).

88 J. J. Ruedorffer, Grundzüge der Weltpolitik in der Gegenwart, Stuttgart 1914.

89 Richard von Kühlmann, Weltpolitik und kein Krieg, Berlin 1913.

90 Abkommen zwischen Deutschland, Rußland und Österreich von 1873.

Abb. 14: Das Ehepaar Hintze mit Professor Albrecht Penck, 1917

auch an Sie gedacht; ich habe Ihnen auch wohl einmal davon geschrieben.[91] Geographische und historisch-staatswissenschaftliche Bildung, dazu natürlich die Sprachen, hätten die Grundlage bilden sollen. Dieser Plan dürfte nun aber durch den Krieg begraben sein; schon aus finanziellen Gründen: der Ministerialdirektor Naumann[92] hat mir vor einiger Zeit bestätigt, daß jetzt wohl nicht mehr daran zu denken sei. Aber das Bedürfnis der Staatenkunde als einer neuen Disciplin an unseren Universitäten bleibt bestehen und wird künftig befriedigt werden müssen. Ich habe diesen Gedanken verschiedentlich nicht ohne Erfolg vertreten und u. a. den Verlag von Hirzel[93] dazu angeregt, eine Sammlung von staatenkundlichen Einzeldarstellungen anzubahnen; auch die kleine Sammlung von Perthes geht mit auf meine Anregung zurück.[94] An unserer Universität ist außer mir und Penck auch Herkner[95] und Schäfer besonders dafür interessirt. Der Privatdozent Dr Vogel[96] hat schon im letzten Semester Vorlesungen über die Weltmächte (im Sinne von Kjellén[97] etwa) gehalten. Diese Studien haben gewiß eine Zukunft, und ich kann Ihnen nur raten Ihre Bemühungen an diesem Ziel zu orientiren. Aber über das Einzelne sprechen wir besser einmal mündlich, was nun hoffentlich bald möglich sein wird. Zunächst vor allem: weitere gute Besserung! Das ist mein und meiner Frau herzlicher Wunsch!

In treuer Gesinnung
Ihr OHintze.

[Zusatz von Hedwig Hintzes Hand:]
Mit vielem Dank für Ihren ausführlichen Brief sendet Ihnen herzliche Grüße und Wünsche   Ihre Hedwig Hintze.

23 B   Otto Hintze an Eberhard Faden, 2.10.1916

[handschriftlich]

B[erlin]W[est]15, 2/X 16

Lieber Herr Faden!

Hoffentlich ist Ihre Genesung ohne erhebliche Störungen vorangeschritten, so daß die Anfrage, die ich an Sie richten möchte, nicht ganz verfehlt ist.

Ich bitte Sie den einliegenden Brief zu lesen und mir zu sagen, ob Sie Lust und Kraft fühlen, die in Rede stehende Arbeit zu übernehmen?

Also eine schlichte, gemeinverständliche historisch fundirte, anschauliche Darstellung von dem Aufbau unseres Staatswesens und seinem Wert für Jedermann aus dem Volke. Ich denke Sie werden die Seele des Soldaten genügend kennen, um das Richtige zu treffen. Auf Rückfragen will ich Ihnen gern meine Ratschläge erteilen.

Wenn Sie mit Ihrer Gesundheit soweit sind, wird es eine angenehme und nützli-

91 Vgl. Nr. 10 und Faden, Erinnerungen (Vgl. Anm. 2).

92 Nicht ermittelt.

93 Salomon Hirzel, Verlagsbuchhandlung für Naturwissenschaften und Medizin, nach 1945 in Stuttgart neu gegründet.

94 Kleine Völker- und Länderkunde im Verlag Friedrich Andreas Perthes AG (Gotha 1916–1924).

95 Heinrich Herkner (1863–1932), Nationalökonom an der Universität Berlin, war 1917–1929 Vorsitzender des Vereins für Sozialpolitik (= Kathedersozialismus).

96 Walther Vogel (1880–1938) war von 1917–1934 Professor für Geschichte an der Universität Berlin.

97 Rudolf Kjellén (1864–1922), schwedischer Geschichtsforscher und Geopolitiker, während des Ersten Weltkrieges mit betont deutschfreundlicher Tendenz.

che Ausfüllung Ihrer Mußestunden sein. Haben Sie Lust dazu, so wenden Sie sich vielleicht gleich selbst an Herrn Negenborn[98].

Für heute nur einen Gruß in Eile!

Ich will noch auf ein paar Tage nach Pommern, um meine Mutter[99] zu besuchen; dann geht das Semester an. Vorlesung über Politik. Übungen über das Problem der deutschen Verfassung im 19. Jhdt.

> Herzliche Wünsche und Grüße!
> Ihr ergebener
> OHintze

24 B Otto Hintze an Eberhard Faden, 9.10.1916

[handschriftlich]

Berlin W.15, 9/X 16

Lieber Herr Doktor!

Das Anerbieten von Herrn ORR Negenborn können Sie ruhig annehmen. Er hat natürlich kein persönliches Interesse bei der Sache, sondern handelt im Auftrage von Leuten, die nicht genannt werden wollen und denen an Verbreitung guter populärer staatsbürgerlicher Bildung liegt.[100] Es ist unter diesen Umständen auch das Beste, daß Sie ihm das Eigentumsrecht übertragen. Der Gelehrte, von dem er spricht, ist vermutlich Meinecke.[101] Doch bitte, dies unter uns. Mit herzlichen Grüßen in Eile

> Ihr ergebener
> OHintze

25 B Otto Hintze an Eberhard Faden, 10.10.1916

[handschriftlich]

Berlin W.15, 10/X 16

Lieber Herr Doktor!

Ich war noch ein paar Tage verreist und kann Ihnen daher die Abzüge erst jetzt senden. Es sind die der eben herausgekommenen zweiten Auflage.[102] Ob Sie davon für Ihr Werk[103] Gebrauch machen können weiß ich nicht. Das Hauptgewicht müßte m. E. auf die ethisch-politische Seite gelegt werden, auf den Nachweis, daß im Grunde doch der Staat nichts anderes ist als die Volksgemeinschaft. Die demokratischen, socialistischen, antimilitaristischen u. pacifistischen Irrlehren müßten nebenbei in maßvoller, gemeinverständlicher und möglichst einleuchtender Weise in ihrer Unhaltbarkeit dargestellt werden, es müßte zB. gezeigt werden, daß wir in

---

98 Oberregierungsrat Karl Georg Negenborn war ab 1919 Abgeordneter der DNVP und Verfasser der deutschnationalen Schrift „Preußen und Deutschland" (Berlin 1920).

99 O. H.s Mutter Emma geb. Munckel (1835–1928) lebte bis zu ihrem Tod in Pyritz/Pommern.

100 Vgl. Nr. 23.

101 Friedrich Meinecke (1862–1954), Historiker, Kollege und Freund O. H.s an der Berliner Universität. 1948 wurde er der erste Rektor der neugegründeten Freien Universität Berlin.

102 O. H.s Aufsätze aus „Deutschland und der Weltkrieg", 2. Aufl. 1916. Vgl. Anm. 13.

103 Vgl. Nr. 23. Fadens Schrift erschien 1918 in Berlin unter dem Titel „Vom Leben und Kämpfen der Staaten und Völker. Eine Staatslehre für deutsche Feldsoldaten", mit einem Geleitwort von Oberregierungsrat Dr. jur. Negenborn.

vielen Dingen mehr wirkliche Freiheit haben wie etwa England oder Amerika, daß wir aber wegen unserer gefährdeten Lage nicht dieselbe lockere Regierungsverfassung haben können etc. Ebenso, daß unser Staatssocialismus die einzige Form für die Verwirklichung der berechtigten sozialistischen Forderungen ist etc. Es käme darauf an, dem gemeinen Mann begreiflich zu machen, daß er auch in diesem Kriege keineswegs ,der Dumme' sein soll, der für ,die Reichen' die Kastanien aus dem Feuer holt, sondern daß er selbst aufs stärkste an dem Ausgang dieses großen Konkurrenzkampfes interessirt ist. Dabei müßte auch wohl zugestanden werden, daß in vielem Einzelnen sowie im ganzen unser Staatswesen noch volkstümlicher gestaltet werden kann und muß. In der Frage des preußischen Wahlrechts habe ich meine früheren Ansichten während des Krieges etwas verändert. Ich würde das allgemeine Wahlrecht oder ein ihm nahekommendes nicht für ein Unglück halten. Ich glaube vielmehr, daß mindestens jeder Mann, der vorwurfsfrei im Heer gedient hat, ein Stimmrecht haben müßte, das nicht durch den Steuersatz u. eine plutokratische Klassenordnung entwertet wird.

Aber Sie werden ja aus der Antwort des Herrn ORR Negenborn am besten ersehen worauf es ankommt. Hoffentlich bessert sich Ihr Gesundheitszustand bald so, daß Sie das Werk mit Lust und Erfolg in Angriff nehmen können. Es wäre gewiß eine gute Ausfüllung der vielen unfreiwilligen Mußestunden, die Sie noch haben werden und könnte unter Umständen viel Gutes stiften.

Ich stecke jetzt in den Vorarbeiten für das kommende Semester und daneben in der Arbeit an einer Uebersicht über die Ereignisse des letzten Kriegsjahres für das Hohenzollernjahrbuch[104].

Eine kleine populäre Staatskunde von Stutzer[105] lege ich noch bei; vielleicht ist sie Ihnen von Nutzen. Der Vf. hat sie mir gesandt zum Dank für die Erlaubnis einen Aufsatz von mir für sein staatsbürgerliches Lesebuch abzudrucken.[106]

Mit herzlichen Wünschen und Grüßen, auch von meiner Frau

Ihr aufrichtig ergebener
OHintze

26 B   Otto Hintze an Eberhard Faden, 19.10.1916

[handschriftlich]

Berlin W.15, 19/X 16

Lieber Herr Faden!

Ich habe Ihre Ausarbeitungen[107] gelesen und finde sie als ersten Entwurf nicht übel. Der populäre Ton, das Reden ,ad hominem'[108] ist ganz gut getroffen; es müßte nur etwas mehr Gedrungenheit und zielbewußter Fortschritt des Gedankengangs in die Ausführungen kommen; im ganzen glaube ich, haben Sie das Zeug zur Bewältigung der Aufgabe. Sie werden freilich viel schreiben und wieder verwerfen müssen; auf den ersten Wurf gelingt so etwas in Ihren Jahren noch nicht; aber lassen Sie Sich dadurch nicht abschrecken. Lesen Sie auch noch soviel Sie können.

---

104 Otto Hintze, Der Weltkrieg im Jahre 1916, in: Hohenzollern-Jahrbuch, 20 (1916/17), S. I–XXIV.
105 Emil Stutzer, Kleine deutsche Staatskunde, Leipzig 1910, 3. Aufl. 1921.
106 Ders., Lesebuch zur deutschen Staatskunde, Leipzig 1907, 4. Aufl. 1914.
107 Vgl. Anm. 103.
108 Lat.: volkstümlich.

Kennen Sie Bernheims Staatsbürgerkunde?[109] Auch auf das Büchlein von Stier-Somlo (Bonn) über ‚Politik‘ möchte ich Sie aufmerksam machen[110] ferner auf das neuerschienene Bändchen von Vierkandt (Berlin): Staat u. Gesellschaft[111], das freilich nicht ganz nach meinem Geschmack ist. Alle drei Bände in der Sammlung: Wissenschaft u. Bildung, Leipzig, Quelle & Meyer, jedes 1,25 M.

Vielleicht giebt die Antwort des Herrn Negenborn Ihnen noch einen besonderen Anstoß nach dieser oder jener Richtung. Darauf möchte ich noch warten, ehe ich Ihnen weiter schreibe. Inzwischen wünsche ich Ihnen vor allem eine stetig fortschreitende Besserung Ihres Zustandes.

> Mit herzlichen Grüßen, auch von meiner Frau,
> Ihr aufrichtig ergebener
> OHintze

P.S. Die übersandten Blätter füge ich wieder bei.

27 B Otto Hintze an Eberhard Faden, 13.1.1917

[handschriftlich]

Berlin W. 15, 13/I 17

Lieber Herr Doktor!

Ich komme erst heute dazu Ihren Brief vom 18/XII zu beantworten. Als er ankam, saß ich mitten in der dringendsten Arbeit an einem Ueberblick über die Kriegsereignisse des letzten Jahres für das Hohenzollern-Jahrbuch.[112] Jetzt sind die letzten Korrekturen erledigt und ich kann, trotz der wiedereinsetzenden Semesterarbeit, wieder etwas freier atmen.

Es freut mich, daß es, wenn auch langsam, mit Ihnen besser geht. Von dem Elektrisiren und Massiren verspreche ich mir sehr viel. Ich habe in Meran gesehen, wie ein russischer Offizier, der im japanischen Kriege schwer verwundet war, seinen ganz unbrauchbar gewordenen Arm wieder bewegen lernte.

Es ist doch gut, daß Sie eine Arbeit haben, die Ihre guten Stunden ausfüllt und Ihre Gedanken fortdauernd beschäftigt.

Ueber die Frage, ob man sich für Staatenkunde habilitiren kann, hatten wir neulich in der Fakultät eine prinzipielle Erörterung anläßlich eines Falles, der aber, auch schon aus anderen als prinzipiellen Gründen, abschlägig beschieden wurde. Es überwog dort die Meinung, daß eine Habilitation für dieses Fach, das als solches noch nicht vertreten und auch noch nicht durch wirklich anerkannte wissenschaftliche Werke eingeführt ist, nicht rätlich sei. Man hält es für besser, daß jemand, der als Dozent sich solchen Studien zuwenden will, sich für Geschichte oder auch für historische Geographie habilitirt und dann auch über Staatenkunde liest. So macht es zB. schon Dr. Vogel, unser jüngster Privatdozent. Man fürchtet, daß andernfalls Dilettanten, die weder als Historiker noch als Geographen oder Staatswissenschaftler ordentlich vorgebildet sind, sich einschleichen könnten. Ich kann die Berechtigung dieses Standpunktes nicht verkennen. Die Geschichte ist ja aber so vielfältig, daß es sehr

---

109 Ernst Bernheim, Staatsbürgerkunde, Leipzig 1912.
110 Fritz Stier-Somlo, Politik, 3. verbesserte Aufl., Leipzig 1916.
111 Alfred Vierkandt, Staat und Gesellschaft in der Gegenwart, Leipzig 1916.
112 Vgl. Anm. 104.

wohl möglich ist, als Historiker eine der Staatenkunde gewidmete Laufbahn zu beginnen. Natürlich muß man dabei wissen, was man will.

Das Buch von Hötzsch über Rußland,[113] eines der wenigen staatenkundlich-historischen Werke, die wir haben, hat soeben eine vernichtende Kritik durch Prof. Haller[114] erfahren, die Sie auch wohl lesen werden. Sie ist in dem ersten Heft einer neuen Sammlung enthalten, die Rohrbach[115] herausgiebt; den Titel weiß ich nicht; es ist wohl noch nicht erschienen; ich kenne die Schrift nur aus Korrekturfahnen. Sie wird wahrscheinlich wohl eine Erwiderung finden, auf die ich gespannt bin. H. hatte sich die Sache doch etwas zu leicht gemacht, hatte zu schnell und ohne gründliche Kenntnis des allerdings riesigen u. schwierigen Stoffes gearbeitet. Andererseits schießt aber auch Haller weit über das Ziel hinaus. Es ist etwas von dem baltischen Terrorismus in der Schrift, der uns unwiederbringlich und auf alle Fälle mit Rußland in Feindschaft halten will, bis die Balten befreit und Rußland nach Asien zurückgedrängt ist. Dazu hat es aber gute Wege!

Leben Sie wohl, mein lieber Freund, soweit Ihr Zustand es gestattet! Meine Frau wünscht Ihnen mit mir gute Besserung. Im Februar hoffen wir Sie wiederzusehen!

Ihr treugesinnter
OHintze

28 B   Otto Hintze an Eberhard Faden, 31.1.1917

[handschriftlich]

Berlin W. 15, 31/I 17

Lieber Herr Doktor!

In aller Eile will ich Ihnen, bevor ich zur Vorlesung gehe, doch noch meinen herzlichen u. freudigen Glückwunsch aussprechen zu dem EK. I. Klasse, das Ihnen doch als ein Zeichen dafür dienen kann, daß das Vaterland seine tüchtigsten Söhne wohl herauszufinden u. zu ehren weiß. Möchte es immer u. auch in jeder Hinsicht der Fall sein! Ich freue mich auch sehr, daß Ihr Plan zu dem Buch auf Zustimmung rechnen kann, und daß Sie mit Lust u. Liebe bei der Sache sind u. bleiben. Ihre Zukunftspläne finde ich sehr verständig. Wir können ja wohl näher darüber sprechen, wenn Sie erst hier sind. Ich habe Ihnen nicht gleich geantwortet, weil ich jetzt sehr viel zu tun habe, um die neue Litteratur für meine Vorlesung über Politik[116] zu verarbeiten. Sie werden das freundlichst entschuldigen, hoffe ich. Vor einigen Tagen sandte mir Dr. Haepke[117] ein paar Manuskripte, darunter auch eins von Ihnen,

113 Otto Hoetzsch, Rußland. Eine Einführung auf Grund seiner Geschichte 1904 bis 1913, Berlin 1913, 2. Aufl. 1917.

114 Johannes Haller (1865–1947), aus dem Baltikum stammender Historiker, damals Professor an der Universität Tübingen.

115 Paul Rohrbach (1869–1956), geographisch-politischer Schriftsteller und Herausgeber der Zeitschrift „Das größere Deutschland".

116 In seiner Einleitung zur 2. Auflage von Otto Hintze, Gesammelte Abhandlungen, Bd. 2: Soziologie und Geschichte, Göttingen 1964, hat Gerhard Oestreich unter dem Titel „Otto Hintzes Stellung zur Politikwissenschaft und Soziologie" (S. 30 ff.) O. H.s Politik-Vorlesung anhand der Nachschrift von Heinrich Otto Meisner von 1911 kurz vorgestellt. O. H. las sie alle drei Jahre, also 1911, 1914 und 1917. Vermutlich hat die Vorlesung bis 1917 einige Veränderungen erfahren.

117 Rudolf Häpke (1884–1930), Bibliothekar am Historischen Seminar der Universität Berlin, später Professor für Geschichte an der Universität Marburg/Lahn.

über das ‚Studium im Felde'.[118] Er will zum Uebergang in die Friedenszeit Feldkurse für die Akademiker eingerichtet haben. Auch darüber können wir ja sprechen. Vorläufig ist noch nicht abzusehen, wann das praktisch werden könnte. Mit mir freut sich auch meine Frau auf das Wiedersehen; wir grüßen Sie inzwischen herzlichst!

Ihr
OHintze

29 B Otto Hintze an Eberhard Faden, 28.5.1917
[handschriftlich]

Berlin W. 15, 28/V 17

Lieber Herr Faden!

Endlich komme ich dazu Ihnen zu antworten. Die letzten Wochen waren so voll von amtlicher und sonstiger Arbeit, daß es mir tatsächlich unmöglich war; ich benutze jetzt die Atempause der Pfingsttage dazu. Ich habe jetzt Ihre Arbeit[119] aufmerksam durchgelesen samt den Bemerkungen des Herrn N.[egenborn] (an den ich das andere Exemplar gleich nach Empfang Ihres Briefes abgesandt habe). Ich kann Ihnen nur raten, wie Sie ja auch schon selbst dazu neigen, die meisten seiner Vorschläge anzunehmen und Ihren Text danach umzuarbeiten. Was die Freiheitsfrage anbetrifft, so haben Sie, glaube ich, ein ganz richtiges Gefühl. Meiner Ansicht nach liegt die Sache so, daß die Freiheit der Persönlichkeit bei uns eben so stark, ja stärker gewährleistet ist als in Engld u. Amerika, wo die Tyrannei der gesellschaftlichen Sitte oft stärker einschränkt als bei uns staatlicher Zwang – aber was man unter politischer Freiheit zu verstehen pflegt, ist bei uns natürlich schwächer entwickelt, namentlich die Mitregierung des Volkes oder der Schein einer solchen; in dieser Beziehung müssen wir eben wegen unserer gefährdeten Lage eine straffere Regierung haben; daß diese aber noch sehr viel volkstümlicher als bisher gestaltet werden kann u. muß, ist meine entschiedene Ueberzeugung. Ich sende Ihnen zugleich ein paar Artikel von mir über diesen Punkt, die Sie wohl noch nicht kennen werden.

Ich selbst hätte natürlich zu Ihren Ausführungen mancherlei Kritisches zu bemerken. Ich glaube aber, daß sich das schriftlich nicht gut erledigen läßt und daß kein Anlaß zu Veränderungen oder Umarbeitung dadurch gegeben ist. Ich meine, daß die Schrift am besten wirken wird, wenn der ursprüngliche Ton u. Geist im ganzen unverändert bleibt.

Prof. Kjellén hat mir sein neues Buch zugeschickt;[120] ich habe aber noch nicht Zeit gefunden es zu lesen. Die Meinungsverschiedenheit wegen der Priorität von Staat oder Gesellschaft lassen Sie Sich nur nicht anfechten. Das ist eine ungelöste Streitfrage, bei der es sehr darauf ankommt, was man unter Staat versteht. Ich bin bei meinen Vorlesungen über Politik früher auch von der Gesellschaft ausgegangen, bin jetzt aber zweifelhaft, ob ich das aufrechterhalten werde. Ihre Auffassung so wie sie in dem Ms. vorgetragen ist, läßt sich gut verteidigen; ich würde daran nichts ändern.

---

118 Eberhard Faden, Mein Geschichtsstudium im Felde. Eine Sammlung von Rudolf Häpke, in: Berliner Akademische Nachrichten, Januar 1918, Heft 2, S. 19–23.

119 Vgl. Anm. 103.

120 Von Rudolf Kjellén sind 1916/17 erschienen: „Die politischen Probleme des Weltkrieges", „Der Staat als Lebensform", „Studien zur Weltkrise", „Schweden. Eine politische Monographie".

Ein wenig Vorsicht gegen allzu starke offiziöse, konservative Einflüsse werden Sie wohl walten lassen müssen. Hr. N. ist darin ja sehr maßvoll; hoffentlich bleibt es dabei.

Ich glaube, Sie verlangen von dem leitenden Staatsmann in diesem Moment zu viel. Es war gewiß ein furchtbarer Fehler, daß wir – in dieser Gruppirung der Mächte! – uns auf einen Krieg haben einlassen müssen; aber jetzt einen voll befriedigenden Ausgang zu schaffen, liegt wohl überhaupt nicht in menschlicher Kraft. Wenn wir nicht Rußland aus der Koalition unserer Gegner herauslösen u. gegen Engld wenden können, so sehe ich mit großen Sorgen in die nähere u. fernere Zukunft. Und Rußland wird so lange an Englds Seite bleiben, als Engld ungebrochen, namentlich als herrschende Macht im östlichen Mittelmeer dasteht. Hätten wir die englische Macht in Aegypten brechen können, so läge die Sache anders. Man sagt, Falkenhayn[121] habe alles auf Verdun gestellt und die 30 Millionen zum Ausbau der türkischen Bahnen versagt, deshalb seien die Niederlagen der Türken gekommen. Nun die Halsstarrigkeit der Türken, die sich unserm Oberbefehl nach Goltz'[122] Tod nicht mehr fügen wollten, spielt auch wohl dabei mit. Von deutschem Imperialismus kann m. E. nach dem Kriege noch weniger die Rede sein als vorher. In diesem Sinne habe ich mich auch in dem Vortrag geäußert, über den die Tägl. Rundschau ein irreführendes Referat gebracht hat, indem sie von rein historischer Behandlung sprach u. den zweiten politischen Teil ganz unterschlug – was diesem edlen Blatt ganz ähnlich sieht. Ich sende Ihnen demnächst einen Druck, zusammen mit den anderen Vorträgen.[123]

Ich bedaure Sie von Herzen, daß Sie nun wieder für 2–3 Monate in die Krankenstube müssen. Sie haben es wirklich schwer! Aber Sie haben Gott sei Dank! die innerliche Kraft so etwas ohne Schaden zu ertragen. Recht innig wünsche ich Ihnen ein volles Gelingen der Kur und gänzliche Befreiung von den Fisteln.

Den Brief des Herrn N. lege ich hier bei. Was soll aber mit dem Ms. geschehen? Wollen Sie das gleich auch zugesandt haben, und an welche Adresse?

Ich hoffe, diese Zeilen kommen noch rechtzeitig, um Sie vor der Uebersiedlung nach Ettlingen zu erreichen. Gestern war Hr Dr Peters hier bei uns; er ist in KgsWusterhausen zum Offizierausbildungscursus, sieht prächtig aus und ist recht gesund. Er läßt Sie bestens grüßen.

Auch von meiner Frau und mir die herzlichsten Grüße!
Ihr treu ergebener
OHintze

---

121 Erich von Falkenhayn (1861–1922), Chef des Generalstabs und zeitweilig preußischer Kriegsminister, konnte weder im Westen noch im Osten Erfolge erzielen und mußte Ende August 1916 zurücktreten.

122 Colmar Freiherr von der Goltz (1843–1916), 1913 als Generalfeldmarschall verabschiedet, war Ende des 19. Jhs. mit der Modernisierung des türkischen Heeres betraut und seit 1914 wieder in türkischen Diensten. 1915/16 erfolgreicher Führer der türkischen 6. Armee.

123 Imperialismus und Weltpolitik, in: Die deutsche Freiheit. Fünf Vorträge von Harnack, Meinecke, Sering, Troeltsch, Hintze, hrsg. vom Bund deutscher Gelehrter und Künstler, Gotha 1917, S. 114–169.

30 B Otto Hintze an Eberhard Faden, 3.8.1917

[handschriftlich]

Berlin W. 15, 3.VIII.17

Lieber Herr Faden!

Mit herzlicher Freude haben wir, meine Frau und ich, die guten Nachrichten empfangen, die Ihr letzter Brief uns gebracht hat. Ich wollte mich schon dieser Tage, sobald der Drang des Semesterschlusses vorüber sein würde, nach dem Erfolg Ihrer letzten Operation erkundigen; nun atme ich ordentlich auf, daß diese letzte Sorge geschwunden ist und Sie nun endlich, nach so langen und so heroisch getragenen Leiden wieder als ein gesunder Mensch in die Welt und in Ihre eigene Zukunft schauen.

Vor allem aber – unsere innigsten Glückwünsche zu der Wahl Ihrer Lebensgefährtin! So muß es sein! Das ist die rechte Liebe, die mit elementarer Gewalt, angezogen durch den sympathischen Kern der Persönlichkeit, alle kleinlichen Bedenken bei Seite schiebt und den vollen Einsatz wagt, um das große Loos eines echten Lebensglücks zu gewinnen. Möge es Ihnen beschieden sein! Ihrer verehrten Verlobten, deren Namen Sie uns leider noch gar nicht genannt haben, bitten wir unsere besten Wünsche zu übermitteln!

Daß Ihr Büchlein so gut einschlägt, freut mich von Herzen.[124] Es kommt darin so viel pädagogisches Geschick zu Tage, daß ich glaube, Sie sollten diesem Zuge Ihres Wesens folgen. Sie wissen, daß ich Sie gern eine Zeitlang bei den Acta Borussica[125] hätte; aber ich trage Bedenken Ihnen dazu zu raten; es würde Sie in Ihrer Laufbahn doch wohl stören. Sie haben das Zeug zu einem tüchtigen Gymnasial Direktor; und Ihre Staatenkunde können Sie dabei wahrscheinlich besser pflegen, als wenn Sie sich erst als Privatdozent durch eine verwandte Fachwissenschaft durchfressen müßten. Aber ich will Ihren Plänen nicht vorgreifen. Jedenfalls rate ich Ihnen, recht bald das Staatsexamen zu machen. Für Geschichte werden Sie ja dabei nicht mehr viel zu tun haben. Ihre Doktorarbeit könnten Sie dazu einreichen, so wie sie ist und die Vollendung später vornehmen. Daß Hr. Rogge[126] neulich den Doktor ,cum laude' gemacht hat, wissen Sie wohl schon.

Für Ihre gelungenen Bilder schönsten Dank! Ich hoffe Ihnen, wenn Sie mal hier sind, eine Gegengabe machen zu können.

Wir denken, wenn nichts dazwischen kommt, in einigen Tagen wieder nach der Schönau bei Berchtesgaden zu gehen. Mit besten Grüßen, auch von meiner Frau

Ihr treu ergebener OHintze

---

124 Faden hat hier angemerkt, daß für sein von Hintze vermitteltes, 1918 erschienenes Büchlein zum damaligen Zeitpunkt bereits 500 Bestellungen vorlagen. Vgl. Anm. 103.

125 Die 1887 begründete Quellenedition „Acta Borussica – Denkmäler der preußischen Staatsverwaltung im 18. Jahrhundert", herausgegeben von der Königlichen Akademie der Wissenschaften in Berlin, hatte im Nationalökonomen und Professor der Staatswissenschaften Gustav Schmoller ihren großen Initiator und Organisator. Bereits 1888 wurde O. H. Mitarbeiter dieser Edition und konnte damit bis zur Verbeamtung an der Universität seinen Lebensunterhalt sichern. Nach dem Tod Schmollers 1917 übernahm O. H. die verantwortliche Leitung der Acta Borussica.

126 Helmuth Rogge (1891–1976), promovierte bei Dietrich Schäfer.

Abb. 15: Eberhard Faden und seine Braut, um 1917

31 B   Otto Hintze an Eberhard Faden, 17.9.1917

[handschriftlich]

Schönau bei Berchtesgaden, Villa Köppeleck, 17/.9.17

Lieber Herr Doktor!

Schönsten Dank für Ihre freundliche Mitteilung! Ich wüßte gern etwas über Ihr weiteres Schicksal. Wenn Sie mir ein Wort darüber schreiben wollen, adressiren Sie es, bitte, nach Berlin; hier wollen wir am 21/9 unsere Zelte abbrechen und hoffen am 25. in Berlin zu sein.

Was die Beschäftigung für die Internirten anbetrifft, so habe ich mir die Sache sehr durch den Kopf gehen lassen, finde aber nichts, was ich dabei nachweisen könnte. Die Idee, Register und bibliographische Arbeiten machen zu lassen, scheint mir auch wenig glücklich. Das sind keine Arbeiten, die subjektiv ein Gefühl befriedigender Tätigkeit mit sich führen; und objektiv erfordern sie ein Maß spezieller Eignung und sind an Voraussetzungen gebunden, wie sie schwerlich ohne weiteres als vorhanden angenommen werden dürfen. Indessen will ich die Sache im Auge behalten und nach meiner Rückkehr noch mit Kollegen darüber sprechen. Hoffentlich finde ich Sie auch noch in Berlin vor. Ich meine, das Vaterland kann mit den von Ihnen geleisteten Diensten vor der Hand zufrieden sein.

Mit den besten Wünschen u. Grüßen, zugleich auch von meiner Frau

Ihr ergebener OHintze.

32 B   Otto Hintze an Eberhard Faden, 17.10.1917

[handschriftlich]

Berlin W.15, 17/X 17

Lieber Herr Faden!

Ich bedaure die ärgerliche Wendung Ihres Schicksals von Herzen und verstehe Ihre Gefühle dabei vollkommen. Aber lassen Sie Sich diesen Verdruß nicht allzusehr anfechten. Im Grunde ist es ganz gut, daß Sie von dem Kriegspresseamt losgekommen sind. Patriotische Bücher schreiben ist sehr schön; aber wenn dabei immer ein Vorgesetzter das Concept corrigirt und Geist und Richtung vorschreibt, so würde Ihnen doch bald die Lust dazu vergangen sein. Bekleidungsamt ist demgegenüber eine solidere Beschäftigung. Schade nur, daß Sie mit Ihrem Examen dadurch zurück bleiben; aber vielleicht behält es Sie nicht lange!

Zu Ihrer Verehelichung unsere herzlichsten Glückwünsche! Schade, daß Ihre Flitterwochen durch die Versetzung gestört werden. Wenn Sie wieder in Berlin sind, hoffen wir Sie und Ihre Frau Gemahlin einmal bei uns zu sehen. Am besten wäre es, wenn Sie sich dann einmal so gegen ½ 5 Uhr zum Tee anmeldeten.[127] Formelle Be-

---

127 Faden teilt in seinen „Erinnerungen" auch den Inhalt eines Briefes mit, den er von Friedrich Dorno, promoviert bei O. H. kurz vor dem Ersten Weltkrieg, erhalten hat. Dorno schildert Faden seinen Besuch bei Hintzes von Anfang Januar 1918: „[...] ich wurde sehr freundlich zum Tee eingeladen, im Lauf des Gesprächs stellte sich eine vollkommene Übereinstimmung unserer Ansichten über gegenwärtiges und künftiges Weltgeschehen heraus. Ich glaube tatsächlich, daß vom allerhöchsten Standpunkt die lockenden Annexionen sich als ganz schwere Fehler herausstellen, denn, wie H. sehr richtig sagte, wir müssen vor allem bestrebt sein, das Zustandekommen einer allgemeinen Koalition gegen uns in Zukunft zu verhindern, Annexionen nach allen Seiten jedoch müssen notwendig den Gegensatz zu unseren Nachbarn verewigen. Das so ungeheuer günstige Moment, daß Rußland freiwillig seine Fremd-

suche verfehlen ja doch meist ihren Zweck. Erhalten Sie sich die Lust am Vaterlande trotz des Kommißärgers ungetrübt! Möge sie und die Lust am Leben Ihnen in Ihrer jungen Ehe doppelt frisch u. kräftig blühen!

Mit herzlichem Gruße\
Ihr OHintze

33 B   Otto Hintze an Eberhard Faden, 26.2.1918

[handschriftlich]

Berlin W. 15, 26/II 18

Mein lieber Herr Faden!

Ich nehme an, daß Sie heute mit Ihrem Staatsexamen fertig geworden sind und daß ich Ihnen dazu Glück wünschen darf. Ich will nun auch nicht länger säumen Ihnen die Nachricht zu geben, die ich noch schulde. Leider habe ich keine Sonderabzüge mehr von meinen Artikeln für das Hohenzollern Jahrbuch über den Krieg von 1914[128] u. 1915[129] gefunden, nur einen von 1916[130], und der allein hat natürlich keinen Wert. Vielleicht ziehe ich die Aufsätze später einmal zusammen und will Sie dann gewiß nicht vergessen. Dagegen habe ich hier immer noch ein für Sie bestimmtes Exemplar meines Hohenzollernbuches liegen;[131] das sende ich Ihnen hierbei zu; ein Bild von mir habe ich auch beigefügt; ob es Ihnen gefallen wird bezweifle ich; ich habe kein Photographiergesicht.

Hoffentlich höre ich bald mal wieder etwas Gutes von Ihnen!\
Ihr herzlich ergebener\
OHintze.

34 B   Hedwig Hintze an Eberhard Faden, 3.3.1918

[handschriftlich]

Berlin W 15, 3.III.18

Sehr geehrter Herr Dr. Faden!

Mein Mann hat sich gestern einer kleinen Augenoperation – Iridektomie heißt wohl der Kunstausdruck – unterzogen. – Die Sache stand uns schon lange bevor –, der momentane Entschluß, durch Geheimrat Krückmann[132] veranlaßt, erfolgte dann doch sehr plötzlich Freitag Nachmittag. Gott sei Dank ist Geheimrat Krückmann bis jetzt mit dem Verlauf sehr zufrieden;[133] mein Mann ist in der Klinik von

---

völker loslassen will, müßte klug benutzt werden und kann Annexionen vollkommen ersetzen; wir brauchen, wenn wir klug handeln, dieses odium nicht auf uns zu laden. Die Brester Verhandlungen nehmen den von mir erwarteten Verlauf: es ist sehr, sehr schwer, mit Doktrinären einig zu werden, die das allein selig machende Programm fix und fertig in der Tasche haben." Faden bemerkt dazu: „So war solch Besuch bei dem verehrten Lehrer Trost und Labsal". Dorno ist 1918 gefallen.

128 Ursprung und Bedeutung des gegenwärtigen Krieges, in: Hohenzollern-Jahrbuch, 18 (1914), S. I–XXI.

129 Der Krieg 1915, in: Hohenzollern-Jahrbuch, 19 (1915), S. V–XVIII.

130 Der Weltkrieg im Jahre 1916, in: Hohenzollern-Jahrbuch, 20 (1916), S. I–XXIV.

131 Vgl. Nr. 4.

132 Dr. med. Emil Krückmann (1895–1994), Direktor der Berliner Universitäts-Augenklinik.

133 Diese Augenoperation war ein tiefer Einschnitt in O. H.s Leben und zwang ihn schließlich Ende März 1921 zur vorzeitigen Emeritierung. Ganz hat er seine Sehkraft niemals wiedergewonnen. Die Korrespondenz mit seiner Frau vermerkt immer wieder die Beschwernisse. Trotzdem hat O. H. Ende der

Prof. Unger[134], Derfflingerstr. 21 augenscheinlich sehr gut aufgehoben. Leider durfte ich heute noch gar nicht um ihn sein. Nur einen Augenblick war ich morgens halb per nefas[135] bei ihm drin. Mein Mann hatte mich nun beauftragt, alle eingehenden Postsachen zu öffnen, zu lesen und dann, sobald es erlaubt ist, darüber zu berichten. – So kam ich heute zur Lektüre Ihres Briefes und freue mich schon heute darauf, meinem Mann gerade diesen Brief – hoffentlich bald – unterbreiten zu dürfen. – Er wird sich <u>sehr</u> darüber freuen, aber sicherlich nicht mehr als ich selbst! So nehmen Sie denn heute zugleich mit meinem herzlichen Glückwunsch zu Ihren schönen Erfolgen zunächst <u>meinen</u> herzlichen Dank für Ihre Anhänglichkeit an meinen Mann und Ihr tiefes Verständnis seines Wesens, Forschens und Lehrens entgegen! Vielleicht interessiert es Sie, daß es mir gerade ebenso ging wie Ihnen; auch mich hat die erste Stunde, die ich bei meinem jetzigen Gemahl hörte – es war die Einleitungsstunde zur „Allgemeinen Verfassungsgeschichte" Oktober 1910 – doppelt schicksalsvoll zum „Hintzeschüler" bestimmt, und immer wieder bin ich stolz darauf, nicht nur die Gattin, sondern auch die Schülerin meines Mannes zu sein.

Nun hoffe ich sehr; daß sich Ihre mir leider noch unbekannte Frau Gemahlin, ebenso wie mein lieber Patient, rasch und gründlich erholt und daß wir Sie beide dann bald einmal bei uns sehen dürfen.

Heute habe ich noch eine Anfrage an Sie im Interesse einer meiner einstigen Studiengenossinnen, Frl. Dr. Rothbarth[136]. (Frl. Dr. R. sucht eine Nachfolgerin für ihre Stellung an einer Privatschule für Geschichte, Deutsch, Englisch (oder ähnliche Fächer) in Altona. Hat etwas besseres in Berlin u. möchte wechseln.)

Und nun leben Sie wohl und weiterhin Glück auf! Ich hoffe, morgen schon meinem Mann über das glänzende Ergebnis Ihrer Prüfung und die gedruckten Anfänge Ihrer Schriftstellerlaufbahn berichten zu können.

Mit herzlichen Wünschen und Grüßen

Ihre ergebene

Hedwig Hintze.

35 B   Otto Hintze an Eberhard Faden, 19.11.1918

[Handschrift von Hedwig Hintze]

W 15 Kurfürstendamm 44, 19./XI.18

Sehr geehrter Herr Doktor!

Ich habe mich sehr gefreut, nach so langer Zeit wieder ein Lebenszeichen von Ihnen zu erhalten und zu hören, daß Ihr Beruf Ihnen Freude macht und das Gefühl gibt, wahren Nutzen stiften zu können.[137] Ihre politischen Bemerkungen haben

---

1920er und Anfang der 1930er Jahre seine berühmtesten Aufsätze geschrieben. Seine Handschrift bleibt lesbar bis zuletzt, und zur Zeitungslektüre und zum eingeschränkten Lesen von Büchern hat er sich immer gezwungen.

134   Privatklinik des Chirurgen Ernst Unger (1875–1938).

135   Lat.: zu Unrecht.

136   Margarete Rothbarth (1887–1953) veröffentlichte 1913 eine Abhandlung über „Urban VI. und Neapel" (Berlin); sie war Privatsekretärin Friedrich Naumanns in Berlin.

137   Faden fühlte sich im Schuldienst, auf den O. H. ihn letztlich gewiesen hat – vgl. Nr. 30 und die spöttische Bemerkung O. H.s gegenüber H. H. vom 14.11.1939 (Nr. 124) – immer etwas unterbewertet; 1939 konnte Faden in den Archivdienst wechseln. O. H. hat in seiner von allen Seiten geschilderten Unnahbarkeit die Anhänglichkeit dieses Schülers vermutlich als etwas aufdringlich empfunden.

mich sehr interessiert; der Wandel, den Sie an sich verspürt haben, liegt im Zuge der Zeit und wird eine allgemeine und tiefgehende Umbildung unseres politischen Denkens herbeiführen, wenn er erst breitere Schichten der loyalen Bevölkerung ergriffen hat. Zu Monarchie und Militarismus können wir nicht mehr zurück; wir werden versuchen müssen, uns in einer demokratischen Republik einzurichten; aber es wird sich dabei nicht um eine Scheindemokratie wie in England, Frankreich und Amerika handeln, wo doch im Grunde der Geldsack regiert, sondern um eine mehr oder weniger sozialistisch eingerichtete Demokratie, mit der etwas Neues in die Welt eintreten wird, etwas, das in seinen Folgen und Wirkungen noch kaum berechnet werden kann. Die Gefahr des Bolschewismus, die dabei droht, scheint mir größer, als von vielen angenommen wird; sie würde nicht nur Bürgerkrieg, sondern auch feindliche Invasion und jahrelange Occupation zur Folge haben, wovon man die Folgen gar nicht ausdenken kann. Schon aus diesem Grunde müssen alle staatserhaltenden Kräfte jetzt die Regierung Ebert-Scheidemann unterstützen und moralisch stärken, damit die Unabhängigen in Schranken gehalten werden und die Spartakusgruppe unschädlich gemacht wird. Allerdings muß dabei unablässig die Forderung erhoben werden, daß die Nationalversammlung sobald wie möglich zusammenberufen wird und daß tiefere gesetzgeberische Eingriffe in die bisherige Ordnung bis dahin unterbleiben. Ich fürchte allerdings sehr, daß die Diktatur des Proletariats, unter die wir jetzt geraten sind, das sozialistische Programm erst in einigen Hauptstücken durchführen möchte, was zu den schlimmsten Folgen führen könnte. Es handelt sich nur darum, ob wir in Zukunft wirtschaftlich unser Leben fristen und unsere eigene Kultur erhalten können; von irgend einer Art von Machtpolitik wird in Zukunft für uns keine Rede mehr sein können; wir sind mit einem Schlage auf die Linie der Staaten zweiter Klasse gesunken und werden in Zukunft die Gewähr der Selbständigkeit nicht in unserer eigenen Kraft, sondern in der Verfassung des Staatensystems suchen müssen. Der Völkerbund nach Wilsonschem Rezept erscheint uns jetzt als ein Ideal, das unseren neuen Lebensbedingungen entspricht. Wenn wir außer Elsaß-Lothringen auch noch die Ostmark an Polen verlieren, so haben wir ganz unmögliche Grenzen, und die Angliederung Oesterreichs, die ich sehr wünsche, macht die Sache natürlich auch nicht besser. Von Kolonien wird natürlich keine Rede sein, sie könnten uns jetzt auch kaum noch etwas nützen. Da der Imperialismus für uns ganz unmöglich geworden ist, so müssen wir bestrebt sein, dahin zu wirken, daß er überhaupt aus der Welt verschwinde. Wenn die Freiheit der Meere hergestellt würde, d.h. England seine Seeherrschaft aufgäbe, so würde dies Ziel in erreichbare Nähe rücken. Das ist der Hauptpunkt im Völkerbund; aber gerade dieser Punkt wird sicher nicht verwirklicht werden, Wilson hat durch den Wahlsieg der Republikaner das Spiel verloren, und das Bild der Zukunft wird wahrscheinlich den vollen Gegensatz des imperialistischen Weltkapitalismus unserer Gegner und des organisierten Proletariats in Mittel- und Osteuropa sein. Vielleicht aber sorgt dann die Nemesis der Geschichte dafür, daß die soziale Umwälzung auch bei unseren Gegnern die herrschenden Klassen um die Früchte ihres Sieges bringt, ehe sie noch den Versuch machen können, uns vermittelst eines Pseudo-Völkerbundes zur Kriegshilfe gegen Japan zu pressen, mit dem eine Auseinandersetzung Amerikas und seiner Freunde in Zukunft doch wohl unvermeidlich ist.

Ich habe diese Zeilen diktieren müssen, weil ich selbst noch nicht imstande bin zu schreiben; das kranke Auge hat sich gebessert, bedarf aber noch der größten Schonung; für dieses Wintersemester bin ich beurlaubt; ob ich im nächsten tätig sein kann, weiß ich noch nicht. Ich leide sehr darunter, jetzt gerade so kaltgestellt zu sein; aber es ist eine Zeit, in der man lernt, sich in das Unvermeidliche zu fügen.

Mit den besten Grüßen und Wünschen zugleich auch von meiner Frau

Ihr sehr ergebener

O. Hintze.

36 B   Otto Hintze an Eberhard Faden, 29.6.1919

[Handschrift von Hedwig Hintze]

Berlin W. 15, 29.VI.1919

Lieber Herr Faden!

Meine Frau und ich haben recht herzlich bedauert, daß Ihre Wunde Sie wieder so behindert. Sie werden die Bedeutung dieser Tage wohl doppelt schmerzlich empfinden.[138] Gestern vor 8 Tagen war auch Dr. Peters bei uns; wir hatten ihm gesagt, daß wir Sie erwarteten, und er hätte sich sehr gefreut, Sie zu sehen. Über den rühmlichen Abschluß Ihrer Vorbereitung und über Ihre schnelle Anstellung habe ich mich sehr gefreut. Aber es ist jetzt ein ganz besonders schweres Ding, die reifere Jugend in Deutsch und Geschichte zu unterrichten. Hoffentlich dürfen wir Sie am nächsten Sonnabend begrüßen.

Mit den herzlichsten Wünschen zugleich auch von meiner Frau

Ihr sehr ergebener

O. Hintze.

---

138 Am 28.6.1919 wurde der Versailler Vertrag unterzeichnet.

II. Da kam Pandora!
1925–1933
Briefe und Gedichte von Otto an Hedwig Hintze

37 [ohne Jahr]

Zum 27. Juli.[139]

Ich denke dran: es war ein heißer Tag,
Semesterschluß! Sprechstunde will nicht enden.
Verdrossen saß ich zwischen Bücherwänden,
Ein fader Jüngling schwatzte ins Gelag.

Da kam Pandora![140] Wie mit Zauberschlag
Floh alle Müdigkeit aus Kopf und Händen,
Und Blumen sproßten aus den Bücherbänden,
Das Arbeitszimmer ward zum Rosenhag.

Und plötzlich ging mir innen auf ein Licht:
Ist das die holde Rosenjungfrau nicht,
Die heut zum letztenmale Dir begegnet?
O halt' sie fest! Die Stunde sei gesegnet!
Das Florentiner Hütchen war verschoben,
Ein Schicksalsband war zart u. fest gewoben!

38 [ohne Datum]

Das garstige Mädchen.

Der Regen rauscht hernieder,
Er rauscht den ganzen Tag –
Was macht mir das Herz so schwer, so schwer,
Daß ichs nicht sagen mag?

   Das sind die welken Blätter wohl,
   Die rauschen in dem Wind –
   Oder ists, daß Vater und Mutter
   Dir beide gestorben sind?

139 Der 27.7.1912 war der Verlobungstag.
140 Anspielung auf H. H.

Ach, Vater und meine Mutter
Sind ja schon lange tot,
Und um die Blätter im Walde
Hat es nicht solche Not.

Die grünen lustig wieder,
Wenn die Frühlingssonne lacht,
Ich aber muß schaffen in Küche und Stall
Von früh bis in die Nacht.

Und sinds nicht Vater und Mutter
Und ists nicht Baum und Blatt,
Hast Du ein' lieben Buhlen gewiß,
Der dich verlassen hat!

Kein' lieben Buhlen hab' ich nicht,
Wem käme denn das in den Sinn?
Es sagens die Leute ja alle,
Daß ich zu garstig bin!

Rausch' nur Du grauer Regen,
Und rausche um meinen Fuß!
Auf Wegen und auf Stegen,
Schwimmt schon Dein Überfluß!

Wollt' Gott ich würd' ein Wässerlein wild
So wollt' ich springen zu Tal,
So sähen mich alle die Leute hier
Zum allerletzten mal!

Ein altes Stück, das mir im Regenwetter wieder eingefallen ist.
Schau, ob Du das garstige Mädchen nicht etwa in St. Anton findest!

39 B 24.7.1925

24/VII 25 (Freitag Abend 7 Uhr)
Mein allerliebster Herzensschatz!
Heut bekommst Du nur einen kurzen Liebesgruß zum 27. Juli![141] Ich habe Deinen lieben Brief vom 22. d. Mts. gestern Abend erhalten. Ich fand ihn vor, als ich aus der Akademie kam und wollte Dir eigentlich wieder einen eingeschriebenen Brief senden. Aber heute Vormittag kam ich nicht dazu und Nachmittags habe ich verschlafen! Es ist eine furchtbare Hitze hier; die letzte Nacht hatte ich in meinem Schlafzimmer 28 °Cels., und habe in Folge dessen wenig und unruhig geschlafen. Heute seit Mittag fängt es an ein klein wenig frischer zu werden, und ich habe da-

141 Vgl. Anm. 139.

von gleich profitirt, indem ich nach dem leichten Mittagessen (Reis mit Kirschsuppe) 3 Stunden geschlafen habe, von ½ 3 bis nach ½ 6. Nun ist es zu spät geworden, den Brief noch einschreiben zu lassen. Ich begnüge mich daher mit ein paar Zeilen und lege Dir ein Sonnett bei, dessen Grundgedanke bei Dir, wie ich hoffe, ein freundliches Echo finden wird. Ich habe Dich wahrlich „schicksalhaft" lieb, und weiß, daß es bei Dir auch so ist. Das ist ein guter Kompaß fürs weitere Leben; „und so fortan!"[142], wie der alte Goethe sagt.

Gestern in der Akademie[143] waren weder Marcks[144] noch Meinecke noch Burdach[145]. Es war eine entsetzliche Hitze; selbst Roethe[146] ließ die Flügel hängen. Planck hielt einen Vortrag über Entropie, der nicht gehauen und nicht gestochen war, und die Geschäfte trug er auch nicht anders vor. Heute vormittag auf meinem Morgenspaziergang (den ich auch bei der Hitze nie ausgesetzt habe) genehmigte ich [mir] an der „Lände"[147] eine Citronenlimonade, die aber ziemlich matt war. Nach der Rückkehr gabs ein beständiges Telephoniren. Zu Marcks soll ich morgen Abend kommen, mit Hartung[148], der mich führen wird, und einigen anderen Jüngeren. Am Sonntag Abend soll ich zu Herkners kommen. Du siehst, man nimmt sich meiner an. Das junge Rabl-Paar[149] ist nach Tirol und Oberösterreich verreist. Die Scene mit Maßeur hat mich ergötzt (Sapientia!). Dann doch lieber noch Toller[150], möcht' man sprechen. Ich möchte Dir nochmals vorschlagen, ob Du nicht, wenn das Wetter bei Euch besser wird (was ich bei dem allgemeinen Umschwung hoffe), in Pontresina (Weißes Kreuz) oder Sils Maria unterzukommen suchen möchtest. Bessere Nahrung mußt Du unbedingt haben, koste es, was es wolle. Es ist mir schon sehr leid, daß wir uns durch die Billigkeit von Celerina[151] haben verführen lassen. Morgen oder übermorgen sende ich noch einmal 100 Fcs., damit Du für alle Fälle Geld in Händen hast.

Leb wohl mein lieber, lieber Schatz. Ich liebe Dich unendlich! Fac ut valeas![152] Es fängt zu regnen an! Die Palme ist versorgt! Franke [?][153] grüßt! Du heißt ‚Julietta'[154]

---

142 Goethe, Faust, Zweiter Teil, V, 4936: „Und so fortan, bis gestern …".
143 O. H. war seit 1914 ord. Mitglied der Preußischen Akademie der Wissenschaften, 1938 legte er die Mitgliedschaft wegen der jüdischen Abstammung seiner Frau nieder.
144 Erich Marcks (1861–1938), Historiker, seit 1922 bis zur Emeritierung 1928 wieder an der Universität Berlin.
145 Konrad Burdach (1859–1936), Professor für Germanistik an der Universität Berlin, mit Hintzes befreundet.
146 Gustav Roethe (1859–1926), Professor für Germanistik an der Universität Berlin, Erster Vorsitzender der Goethe-Gesellschaft.
147 Ein Restaurant am Neuen See im Tiergarten.
148 Fritz Hartung (1883–1967), Historiker, Schüler von O. H. und seit 1923 Nachfolger auf dessen Lehrstuhl in Berlin.
149 Friedrich Meineckes Tochter und Schwiegersohn.
150 Diese Bemerkung könnte sich auf den Schriftsteller Ernst Toller beziehen, dessen revolutionärer Expressionismus in den 1920er Jahren heftig diskutiert wurde.
151 Alle drei Orte im Oberengadin (Schweiz).
152 Lat.: Tue, damit es dir wohl sei. (Cicero, Epistulae ad familiares, XVI.)
153 Nicht ermittelt.
154 Vielleicht Anspielung auf Heinrich von Kleists „Die Marquise von O".

Zum 27. Juli 1925[155].

Wir wandeln unsre Bahnen, angetrieben
Vom inneren Gesetz so lang' wir leben,
Und wenig nur kann uns die Umwelt geben:
Am Ende sind dieselben wir geblieben!
So steht es in den Sternen auch geschrieben,
Wem wir uns zugesellt im höchsten Streben –
Wo zarteste Gefühle schwankend schweben,
Ein Schicksal zwingt das große, starke Lieben!

So fand ich Dich, es sind nun dreizehn Jahre –
Du zogest schon in Deinen eignen Bahnen,
Doch fügt sichs wohl, daß Bahn und Bahn sich paare!

Und folgtest Du auch öfters andern Fahnen,
Ich weiß, Dich hält bei mir das wunderbare
Gesetz des Lebens, das wir dunkel ahnen!

40 B   18.6.1926

18/VI 26

Der Regen regnet ohne Maß und Ende,
          Ich aber bin ein rechter „Oberaffe",
          Daß ich mir diese Sündflutpein verschaffe,
Statt heimzubleiben in dem Schutz der Wände!

Jetzt sitz' ich sicher unterm Zelt der „Lände"[156],
          Und denke nach bei einer Tasse ‚Kaffe',
          Indes ich auf den See im Regen gaffe,
Ob ich dem Hökchen einen ‚Namen' fände.

Ja, wo es weggeht, da wird schlechtes Wetter,
          Doch wo es hinkommt, wird das Wetter schön,
          Drum sei der Name: ‚Laubfrosch' ihm verlieh'n.
          Er steige aufwärts zu den lichten Höh'n,
Aus Wassersnot und Trübsinn ein Erretter!
          Der treue ‚Große Hund' beschütze ihn!
                                          P. v. P.

Beigefügtes Sonnett des berühmten Herrn P. v. P.[157] enthält den neuen Wochennamen. Sonst nichts von Belang. Hoffentlich trifft die Wetterprognose für München
zu! Viele schöne Grüße, namentlich auch an Gockel, Hinkel und Gackeleia![158]

---

155 Vgl. Anm. 139.
156 Vgl. Anm. 147.
157 Wohl Kosename O. H.s.
158 Nach dem Märchen von Clemens Brentano für die Familie von H. H.s Schwester Hildegard Schröter
     in München-Solln (auch später „die Hühner").

41 B 11.8.1927

Donnerstag 11/VIII 27

Allerliebster Schatz!

Heute früh hatte ich Deinen lieben langen Brief vom Montag 9/VIII mit der inhaltreichen Chronik. (Ich darf also wohl hoffen, daß dieser Brief, den ich nachher gleich selbst besorgen will, noch in Deine Hände gelangt, ehe Du die Uebersiedlung nach Reith[159] vollziehst; der letzte also nach Seefeld!). Ich habe ihn natürlich gleich gelesen, dann aber, weil so viel drinsteht, ihn noch mit an die „Lände"[160] genommen, wo die zweite Lesung erfolgt ist, im Freien, wie sich für so ein Dryaden- u. Najadenstück[161] geziemt. Ich freue mich ganz unbändig, daß Dir Luft und Lebensweise jetzt fühlbar gut tun, daß Du Appetit hast und gute Dinge ihn zu befriedigen. „Continuez"![162] sagt Napoleon! – Ich habe Dir gleich den nächsten Wochennamen verliehen, der diesmal hoffentlich prompt zum Sonntag eintrifft: Stella! Er paßt zwar nicht ganz zu Deinem jetzigen Nixendasein, aber Du kannst dort auch „auf Sternen gehen"! Heute früh habe ich eine schreckliche Geschichte in der Zeitung gelesen von einem Bergsteiger-Unglück in Eurer Gegend, bei Innsbruck herum: ein Schweizer Professor (aus Freiburg) samt seiner Frau abgestürzt; die Frau tot, er 4 Tage u. 4 Nächte schwerverletzt neben der Leiche liegend, bis ihn eine Hülfsexpedition auffand! Sei mir nur ja recht vorsichtig, mein gutes Oeckchen! Lieber nicht allein gehen, noch weniger freilich mit unerprobten Gefährten (wie es mit Weisbach[163] als Tourist ist weiß ich nicht!); halte Dich dabei an Manfred[164], der wohl zuverlässig und verständig ist und das Bergwesen kennt! – Daß Du den Aufruhr in der ‚Post'[165] angezettelt haben sollst, ist lustig, und wenn nicht wahr, doch gut erfunden! Das ist also der Ruf, den Du bei Deinen Nächsten genießest! – Daß die Möve nun doch nach Karlsbad gegangen ist, wußte ich noch gar nicht. Es wäre nett, wenn Du im September etwas in Wien herumflanieren könntest. Es würde Dir eine Menge neuer und bedeutender Eindrücke geben! Bei den Träumereien über eine zukünftige gemeinsame Sommerfrische dachte ich u. a. an Bad Liebenstein (Thüringen), wo ich 1912 war. Es ist Stahlbad und auch Stahl-Trinkkur, meist von blutarmen Damen besucht und von gerühmter Wirkung. Es ist natürlich keine Höhenluft, aber sehr liebliche und abwechslungsreiche Umgebung. Die netten Theaterabende meines ganz verregneten Aufenthalts sind mir in besonders angenehmer Erinnerung geblieben und die Verpflegung war gut. Uebrigens gibt es dort ein oder zwei sehr gut eingerichtete Sanatorien, die den Hauptanziehungspunkt bilden. Aber Baden-Baden wär' auch net übel. Verrons![166]

Die Chronik von Böckelweiher ist nicht so interessant wie die von Bocksberg [?] (so können wir Deinen Aufenthalt nennen!). Ein Tag wie der andere. Alles geht sei-

---

159 Bei Seefeld/Tirol.
160 Vgl. Anm. 147.
161 Baum- und Quellennymphen.
162 Franz.: Weiter so!
163 Werner Weisbach (1873–1953), Kunsthistoriker, 1921–1933 an der Universität Berlin, ab 1935 in Basel.
164 Manfred Schröter (1880–1973), Professor für Philosophie, verheiratet mit H. H.s Schwester Hildegard. 1937 mußte er wegen seiner jüdischen Frau seine Lehrtätigkeit an der Technischen Hochschule München aufgeben.
165 Die „Post" ist noch heute eins der bedeutendsten Hotels im Zentrum von Seefeld.
166 Franz.: Wir werden sehen!

nen ordentlichen Gang. Mir geht es gut, je ne suis pas à plaindre[167] (abgesehen von dem Fehlen der besseren Hälfte!). Wie sehr alles am armen Öckchen hinausgeht, zeigt der hier beigelegte Brief des alten Stengel.[168] Soweit er die Brillenangelegenheit betrifft, habe ich ihn heute schon selbst beantwortet; damit brauchst Du Dich also nicht mehr zu befassen. Die Adresse, die ich am Rande notirt habe, ist die der hiesigen Vertretung von Zeiss, wo er sich am besten selbst informirt.

Noch ein Novum von Bedeutung! Eben ließ „Juhle"[169] telephonisch anfragen, ob sie morgen (Freitag) Nachmittag gegen 6 Uhr willkommen sei. Natürlich! Ich werde einen kleinen Tee arrangiren, wollen sehen, ob sie in Amerika das Essen gelernt hat. Damit Schluß für heute! Probleme ein andermal, wenn überhaupt. Ich bin in Deinem Interesse jetzt mehr fürs Elementare! Viele Grüße an die Hühner![170] Was ist es denn mit der angekündigten Metamorphose Manfreds?! Ich habe noch nichts davon gehört! Es war wohl Wind?! „λῶστε" reden sich die Freunde öfters in den Platonischen Dialogen an. Es heißt ,Liebster, Vortrefflichster'. Ich habe die feminine Form davon gebildet. Es heißt also: allerliebster Schatz! Mit vielen Küssen Dein λωστυς.

42   11.8.1927

Zum Sonntag, 14. August 1927. Du heißest:

„Stella"[171]

Von meinem Turm blick' in die Nacht ich gern,
　　Umtost vom Lärm, der keine Ruhe kennt,
　　Und suche am bewölkten Firmament
Auf blauer Insel einen hellen Stern.

Der ist Dein Bild! Und jetzt erst, wo Du fern,
　　Und wo die Sehnsucht mir im Herzen brennt,
　　Empfind' ich: was man Glück und Freude nennt,
Für mich kommt es von Dir, wie Frucht vom Kern!

Du hast mein dunkles Loos gar schön erhellt
　　Und meine irre Fahrt zum Ziel geleitet
　　Durch Deiner Liebe holden Zauberbann –

---

167 Franz.: Ich bin nicht zu bedauern.
168 Vermutlich der von H. H. im Lebenslauf vom 11.4.1928 (Humboldt-Universität Berlin, Archiv, Phil. Fak. Nr. 1243) erwähnte verwandte Gymnasialprofessor am Joachimsthalschen Gymnasium Paul Stengel, bei dessen Familie H. H. während ihrer Abiturvorbereitungen in Berlin wohnte.
169 Vermutlich Julie Braun-Vogelstein (1883–1971), Freundin von H. H. Dazu Julie Braun-Vogelstein, Was niemals stirbt. Gestalten und Erinnerungen, Stuttgart 1966.
170 Familie Schröter. Vgl. Anm. 158.
171 Vgl. Nr. 41.

Und wie mir Sehnsucht jetzt die Arme breitet,
　　Bin ich versöhnt dem Schicksal und der Welt,
　　Die Stunde segnend, da ich Dich gewann!

　　Berlin
　　　　Kurfürstendamm 44 II
　　　　　　Donnerstag 11. August 1927.

43 B　17.8.1927

　　　　　　　　　　　　　　　　Mittwoch 17. Aug. 1927

Stella[172], mein Stern!

　　Nur einen kurzen Gruß heute; es fängt schon an dunkel zu werden und ich möchte den Brief noch selbst zur Post bringen. Hickchen[173] ist ausgegangen. Sie hatte gestern Abend nach dem Essen noch ein Pelzgeschäft gemacht. Es kam jemand – wohl eine Bekannte, um ihr billige Skunksfellchen anzubieten, die sie auch gekauft hat, das Stück zu 8M. Ich dachte erst, es handelte sich um einen Pelzmantel, und vielleicht sei der ganze Zauber vom 15ten darauf zu beziehen. Aber das scheint nicht der Fall zu sein, und ich halte an meiner Vermutung fest, daß sie „sich verändern" will. Übrigens ist sie sonst untadelig!

　　Mir geht es gut, alles ist in Ordnung. Der Neffe Hans[174] hat mir einen Gruß aus Westerland-Sylt geschickt. Er bleibt noch bis zum Ende des Jahres in Hamburg.

　　Eine für Dich eingetroffene Karte von E. Marcks lege ich ein. Ein wenig mehr, als was er mir sagte; die Opposition gegen den Schluß fehlt; aber deutlich tritt hervor die Empfindlichkeit, daß Du seinen Coligny nicht zitirt hast.[175] Ja – die Professoreneitelkeit! Sie sind schlimmer als die Schauspieler; und ein normaler Aspirant hätte sich das auch kaum zu Schulden kommen lassen![176] Ich vergaß Dir neulich noch zu schreiben, daß Me[inecke] in Masserberg[177] öfter mit Frl. Leubuscher[178] und ihrer Mutter Kaffee trinkt. Daß die „Sanften"[179] in Ragatz sind, weißt Du wohl.

　　Ich habe jetzt erst Morus ‚Utopia‘[180] vorgenommen und darin allerhand Interessantes für Dein Thema gefunden.[181] Ein zweiter Kronzeuge ist damit gewonnen – ein interessantes Gegenbild zu Machiavelli! Dabei die ‚Humanität‘ in der charakte-

172　Vgl. Nr. 41.
173　Hintzes Haushälterin.
174　Hans Schlütter.
175　Erich Marcks, Gaspard von Coligny, Bd. 1, Stuttgart 1892.
176　Es könnte sich um H. H.s Aufsatz „Staat und Gesellschaft der französischen Renaissance unter Franz I." handeln, der 1927 in der „Deutschen Vierteljahrsschrift für Literaturwissenschaft und Geistesgeschichte" (Bd. 5, S. 485–520) erschienen ist.
177　Ferienort im Thüringer Wald.
178　Charlotte Leubuscher (1888–1961), Nationalökonomin, 1929 erhielt sie eine außerordentliche Professur der Staatswissenschaft an der Berliner Universität.
179　Nicht ermittelt.
180　Thomas Morus, De optimo rei publicae statu deque nova insula Utopia, London 1516.
181　H. H. arbeitete wohl am Thema „Der nationale und der humanitäre Gedanke im Zeitalter der Renaissance", das die Philosophische Fakultät der Friedrich-Wilhelms-Universität gemäß Schreiben vom 20.7.1928 zum Probevortrag wählte. Gedruckt in: Euphorion. Zeitschrift für Literaturgeschichte, 30 (1929), S. 112–137.

ristischen Gestalt, wie sie die Engländer noch heute lieben, als ideologischen Hintergrund für ihr Kolonial-Weltreich! Was Oncken[182] darüber sagt, scheint mir richtig, bricht aber die Humanitätsspitze nicht ab. Dantes ‚humana civilitas' Morus ‚humanitas' (das Wort muß im Urtext vorkommen!) u. Montaigne sind schon 3 schöne Zeugnisse. Es werden aber noch mehr werden. Daß die Humanität in jedem Lande (bei jeder ‚Nation') besonders gefärbt ist (durch Verquickung mit ihren besonderen Interessen und Anschauungen) macht die Sache nur noch interessanter.

2 Spitzen hättest Du nun: bleibt noch die Reither-Spitze![183] Hoffentlich wird das Wetter besser als es erst schien! Karte u. Brief (Schönfeldspitze) hatte ich heute früh. Vale ut valeam![184] Herzlichst Dein

O.

Zum Sonntag, 21. August 1927
    „Humana".

Lang' ein Gefangener saß ich an der „Lände"[185],
        Wo von dem Zeltdach steter Regen träufte,
        Der heuer so viel Sommerglück ersäufte,
Ich sann und sann – Druckbogen oder Bände!

Doch dies der Wunsch, den ich an „Stella"[186] sende:
        Daß Segen ihr den Scheitel überhäufte!
        Und daß – trotz übler Zeit- und Wetterläufte –
Ich bald sie froh und kräftig wiederfände!

Denn innigst lieb' ich dieses teure Haupt,
        In dem sich Edelmenschtum offenbart,
„Humana" soll ihr nächster Name sein!

Erfülle sich, was fromme Kühnheit glaubt:
        Aus dumpfem Taldunst dunkler Gegenwart
        Hinauf zu lichten Höhn, zum Firnenschein!

44   [ohne Datum]

Es ging ein Hökchen wohl auf die Pirsch,
Es wollte jagen den ‚Weißen Hirsch'.[187]
Und als es schaut aus dem grünen Hag,
Da lockte von ferne das goldene Prag.
„O goldenes Prag, du lockst mich sehr,

---

182 Von dem Historiker Hermann Oncken (1869–1945) war 1922 „Die Utopie des Thomas Morus und das Machtproblem in der Staatslehre" erschienen.
183 Seefelds höchster Berg, 2374 m.
184 Lat.: Lebe wohl, damit es auch mir gutgeht.
185 Vgl. Anm. 147.
186 Vgl. Nr. 41.
187 Gemeint ist der Ortsteil „Bad Weißer Hirsch" in Dresden.

Doch lockt der Weiße Hirsch mich noch mehr!
Mit meinem Pöckchen[188] wieder zu zwei'n
Möcht' ich dort mal auf Ferien sein!"[189]

Der Pöckchen dacht' in seinem Sinn:
‚Am besten bliebe ich, wo ich bin.
Hier fehlt mir nichts als mein Liebchen fein,
Doch muß es erst tüchtig bei Kräften sein!
Die Tage sind kurz, der Abend ist lang
Am Ende gibt's draußen auch keine Bank!
Man ruht bis fünfe, um 6 ists stickdunkel,
Den ganzen Abend Pensions-Gemunkel!
Dazu braucht man nicht nach Dresden zu gehn,
Bei „Ruhwald" wäre es ebenso schön!'[190]
O Höckchen, versäum' nicht das goldene Prag!
Der Weiße Hirsch verschwindet im Hag!

∞ ! Otto

45 B   25.8.1927

Donnerstag 25/VIII 27

Mein geliebtes Leben!

Heute früh erhielt ich Deinen Brief vom 23. August, aus dem ich ersehe, daß Du nun wieder einige Tage Ruhe halten mußt. Umso mehr möchte ich, daß Du die Zeit, die Dir noch zu Gebote steht, dort in der guten Luft verbringst. Semmering und zum Schluß Wien wären auch nach meiner Ansicht sehr gut! Ich habe nach wie vor eine dezidirte Abneigung gegen eine jetzt noch vorzunehmende Reise. Lieber ein andermal! – Hier ist das Reinemachen auf der Höhe. Es begann am Dienstag mit dem Staubsauger; an diesem Tage war ich auf der Bibliothek (vera Humana civilitas)[191] und habe in der Stadt gegessen, im Linden Restaurant, sündhaft teuer (ein Schnitzel und eine Fachinger[192] 4 M!) mit wehmütigem Gedenken an das arme Höckchen, das sich so bescheiden hier seine Nahrung suchen mußte und wieder wird suchen müssen![193] Gestern kam das Balkonzimmer dran; und heute – wo es übrigens von früh an in Strömen regnet, ist der Küchenherd durchgeputzt und das Schrankzimmer vorgenommen worden, während ich hier vorn ungestört lesen u. schreiben kann. – Die Hickchen Affaire[194] hat geendet wie das Hornberger Schießen. Am Dienstag, am vorgestrigen Tage, wo eigentlich ihre Entscheidung fällig war, hat sie aus freien Stücken nichts gesagt – es war auch ein recht ungeeigneter

---

188 Kosename O. H.s.
189 Hintzes Hochzeitsreise hat sie Ende 1912 nach Dresden geführt. Eine Erinnerung an diese Tage folgt in dem Gedicht vom 6.2.1940. Vgl. Nr. 176.
190 Gemeint ist vermutlich die denkmalgeschützte Parkanlage am Spandauer Damm in Berlin-Charlottenburg.
191 Vgl. Nr. 43.
192 Tafelwasser.
193 Hier geht es wohl weniger um die Ausgaben als darum, daß H. H. im Gegensatz zu O. H. durch ihre Arbeit auf Restaurantessen in der Stadt angewiesen war.
194 Vgl. Nr. 43.

Moment: Frau Schuhknecht rückte mit dem Staubsauger an und der große Reine-
mache-Rummel begann! – ich selbst aber habe sie nicht noch zum drittenmal fragen wollen, weil mir das zu empressirt[195] und auch pedantisch vorkam und schließlich in diesem Trubel noch zu einer „Scene" hätte führen können. Ich weiß ja nun,
woran wir sind: meine Befürchtung, daß sie sich schon anderweitig gebunden habe,
ist hinfällig; sie bleibt offenbar sehr gern, auch ohne neue Vergünstigungen, und
fürchtet sich vor einer Kündigung Deinerseits. Andererseits ist es ihr aber gegen ihre
Biber-Ehre, das Kündigungsrecht ihrerseits ausdrücklich aufzugeben und sich von
langer Hand her weiter zu verpflichten. Es ist dumm, aber die Biberseele ist uner-
gründlich! Ich denke also, Du läßt die Sache ruhig gehen. Ich glaube nicht, daß sie
kündigen wird, und schließlich ist sie doch tüchtig und zuverlässig, und (abgesehen
von einem etwas „mausepiepsigen" Wesen in den kritischen Tagen) habe ich ihr
nicht das mindeste vorzuwerfen und glaube, daß wir mit ihr noch immer am besten
fahren, wenn das Lottchen jetzt nicht zu haben ist. Zu Anfang des nächsten Jahres
wird ja ohnehin die Wohnungsfrage in ein akutes Stadium rücken, und man kann
noch gar nicht absehen, was dann werden wird.[196] Also wäre ich dafür, diesen Winter noch nach dem Grundsatz zu handeln: quieta non movere![197] Gestern (Mittwoch) war ich auf besonderen Anruf von Frau Me[inecke] wieder zum Tee draußen
in D[ahlem] und traf dort –: Herrn u. Frau Minister Dietrich![198] Er hat mir wieder
recht gut gefallen und auch sie war sehr nett und machte einen glücklichen Eindruck. Sie läßt Dich schön grüßen ebenso wie Meineckes. – Die ‚humana civilitas'
paßt noch besser in Deinen Kram, als ich erst gedacht. Daß Dante nicht eigentlich
‚Renaissance' ist, macht natürlich gar nichts. Neben ihm kommt nun noch von den
‚outsiders' in Betracht: Nicolaus von Cues, mit dem ich mich auch einmal etwas beschäftigen will. Die Sache ist doch sehr interessant![199] Meinen Sombart[200] lasse ich
dabei nicht liegen, obwohl ich jetzt auch noch die Posnerschen Manuskripte[201]
durchsehen muß, die ich ganz vergessen hatte. Er will am 3. Sept. reisen (auch zu
Archiv-Forschungszwecken) und ich möchte ihm die Sachen vorher gerne zurück-
geben. Also an Beschäftigung fehlt es nicht; Langeweile kann nicht entstehen;
Sehnsucht nach dem Hökchen aber wird kompensirt durch die Ueberzeugung, daß
ihm der Bergaufenthalt gut tun und neue Lebenskraft geben wird. Das ist auch der
Kern des beigebogenen Sonnetts, das Dir als neuen Namen: Zoe verleiht. Ich glaube, Du hast ihn schon einmal gehabt, aber das schadet nichts und Du hast nun
auch die Motivirung dazu. Du mein Leben! das sagt alles, was ich Dir sagen kann.
Erhalte Dich für Dich und mich! Ich will das Gleiche tun! Innigst

Dein O.

---

195 Übereifrig.
196 Absender auch noch am 31.8.1931: Kurfürstendamm. Erstmals O. H. an Adolf Gasser, Basel (Nachlaß
   Oestreich) am 26.6.1933: Kastanienallee 28.
197 Dies ist in Umkehrung eines Textes von Sallust ein geflügeltes Wort von Bismarck vom 14.4.1891:
   „Was ruhig liegt, nicht stören".
198 Hermann Robert Dietrich (1879–1954) war bis 1930 Reichsernährungsminister, 1930 Reichswirt-
   schaftsminister, bis 1932 Reichsfinanzminister, 1930–1932 Vizekanzler. Er war verheiratet mit der
   Witwe von Ernst Troeltsch.
199 Vgl. Nr. 43.
200 Der moderne Kapitalismus als historisches Individuum. Ein kritischer Bericht über Sombarts Werk
   (1929); jetzt in: Otto Hintze, Gesammelte Abhandlungen, Bd. 2: Soziologie und Geschichte, 2. Aufl.,
   hrsg. von Gerhard Oestreich, Göttingen 1964, S. 374–426, 3. Aufl. 1982.
201 Für die Acta Borussica. Vgl. Ernst Posner an Gerhard Oestreich, 16.2.1964 (Nr. 264).

Zu Sonntag, 28. August 1927
Zoë (ζωή)

Erwäg' ich, was von Deinen Lieblichkeiten
     Mich immerdar am innigsten beglückt:
      Es ist der Augen Strahl, der mich entzückt,
Drin Geist und Güte um den Vorrang streiten!

Wie Licht und Wärme durch des Weltalls Weiten
     Die Ordnung aufrechthalten unverrückt,
      So Geist und Güte, menschlich ausgedrückt,
In unsres Selbst und der Geschichte Zeiten!

Das Leben ists, das gute, frohe Leben,
     Das mir aus Deinen braunen Augen lacht
Wie oft hat mir es neue Kraft gegeben!
     Drum sei der Name Zoë Dir verliehn!
Erhalte Dir die holde Wundermacht
     Dein edles Selbst – in Reith und auch in Wien!

46 B   1.9.1927

Donnerstag 1. Sept. 1927

Mein lieber Herzensschatz!

Es ist schon ¾ 7 vorbei, aber ich will Dir doch noch einen kurzen Gruß senden und den Brief dann gleich selbst wegbringen. Eben habe ich mit dem Hickchen abgerechnet und ihm den Bescheid auf meine Frage abgefordert. Es kommt nun heraus, daß ich mich doch nicht geirrt habe: sie geht zum 1. Oktober. Sie hat Dir selbst schon einen eingeschriebenen Brief, noch nach Reith, geschickt, den Du wohl auch schon erhalten haben wirst, wenn diese Zeilen Dich erreichen. Ich habe ihr nichts vorzuwerfen; sie hat alles sehr ordentlich gemacht, heute sogar noch unaufgefordert Kamm und Bürste gewaschen. Ein gutes Zeugnis verdient sie jedenfalls. Nur ihr mausepipsiges Wesen ist mir in letzter Zeit unangenehm aufgefallen. Hoffentlich kannst Du eine gute neue Wahl treffen.[202] Schade, daß gerade jetzt das Lottchen versagt!

Die 500 Schilling wirst Du erhalten haben.

Heute überraschte mich Hr. Dräger[203] mit einer Kohlenrechnung von 60 M.

Das Wetter ist wieder wärmer geworden, Barometerstand sehr hoch. Jetzt kommt das „schöne, dauerhafte Herbstwetter!" Genieße es noch recht mit vollen Zügen, ehe Du in dieses Benzolnest zurückkehrst!

Das arme Maxchen[204] mit seinen Schmerzen macht mir recht viel Kummer und Sorge. Ich schreibe heute oder morgen noch einmal an Kuni.[205] Der „Möve"[206]

202 Hickchen ist am 25.9.1928, auch am 7.4.1929 und 27.8.1929 noch bei Hintzes im Dienst.
203 Nicht ermittelt.
204 Nicht ermittelt.
205 O. H.s Bruder Konrad Hintze.
206 Nicht ermittelt.

habe ich doch selbst auf deren Glückwunsch geantwortet, ich hatte das vielfach überstempelte „Rudolfshof" übersehen. Wo wohnen doch die Hühner[207] in Solln? Albrecht Dürerstraße weiß ich, aber die Nummer?

Endlich ist auch Hr Letto[208] dagewesen u. hat die Uhr reparirt. Ich hatte, da ich keinen Schuhknöpfer besitze, einfach meine Bocksfinger gebraucht und dabei den Perpendikel ausgehakt. Jetzt passe ich aber auf!

Ich denke an Dich, mein lieber Schatz, zu allen Stunden, mit einer Sehnsucht, die gemildert wird durch die frohe Ueberzeugung, daß Dir der Aufenthalt in Tirol gut bekommt. Vale ut valeam![209]

Dein Khevenhüller.[210]

Noch ein kleines Schulmeister P.S.!

λῶστε[211] heißt es im Vocativus, ω mit ι subscriptum, weil zusammengezogen aus λω-ί-στυς

Herzlichst Dein
O.

Zu Sonntag, 4. Sept. 1927. „Flamme."

Im Walde hast Du's oft mit angesehn:
Ein Feuerlein, vom Reisig fast erstickt –
Es quält sich, bis ein Lufthauch es erquickt
Und ungeheure Schwaden Rauchs verwehn.

Das Grünzeug muß verkohlen und zergehn
Und nähren was es erst so lang' umstrickt,
Daß froh zum Himmel es die Flammen schickt,
Die aufrecht nun wie Feuersäulen stehn!

Dein Schicksal ists, mein edler Feuergeist!
Und wollen sie mit Niedertracht Dich dämpfen,
Wenn auch der lauen Freunde Stimme schweigt –

Verzage nicht und laß nicht ab zu kämpfen
Bis einst die Hülle schwarzen Rauchs zerreißt
Und himmelan befreit die Flamme steigt!

---

207 Familie Schröter. Vgl. Anm. 158.
208 Vermutlich ein Berliner Uhrmacher.
209 Vgl. Anm. 184.
210 Kosename von O. H. Anspielung auf eine „Affäre Huldreich–Khevenhüller", letzterer aus einem protestantischen Adelsgeschlecht.
211 Vgl. Nr. 41.

47 26.8.1928

Denk ich daran, wie ich vor sechzehn Jahren
Die heilige Scholastica gefreit,
Die, ob zwar kürzer stets an Haar und Kleid,
  Im Zug heut geht mit würdigen Amtstalaren –

Die treu im Lebensschiff mit mir gefahren
Durch Glück und Glanz, durch Kummer, Not und Leid,
Und nie verlor die goldne Heiterkeit,
  Und tapfrer Liebe kräftiges Gebahren –

Du liebe Frau, mein Loos dann muß ich preisen!
Ob's mir zum Schmerz auch manches hat versagt –
Eins gabs mir doch, das alles überragt –

Dahin soll meiner Sehnsucht Nadel weisen!
Ich grüße Dich, Du Polstern meines Lebens!
Wem solches ward, der lebte nicht vergebens!

Berlin 26.VIII.28

  ∞ ! Otto

48 28.8.1928

28. August 1928

  Am Neuen See[212]

Was ist das Glück? O eitle Jagd der Toren
Nach Seifenblasen, schillernd, nichtig, hohl!
Nur tief versteckt im Herzen lebt es wohl:
  Das wahre Glück es wird mit uns geboren!

Doch bleibts vergraben oder geht verloren,
Ziehts nicht mit Macht sein eigner Gegenpol,
Sei's ein lebendiger Mensch, sei's ein Idol,
  Das einsam, weltverängstigt wir erkoren.

Und hat sich Pol und Gegenpol gefunden,
Dann strömt magnetische Kraft beglückend leicht:
Des Lebens Hochziel wird nur so erreicht:

Wir spürens tief in frohbewegten Stunden.
Dafür auch heut in schwärmenden Gedanken,
Du meines Lebens Glück, will ich Dir danken!

212 Im Tiergarten mit dem Lokal „Lände".

49 B   25.–26.9.1928

Ein Feuer sah ich heut im Wald,
Gen Himmel schlug die Lohe,
Als ob es, was nur dürr und kalt,
Mit roter Glut bedrohe.

Das ist das Hökchen, dacht' ich mir,
Es hat sich durchgerungen,
Und über sich als Siegspanier
Den blauen Rauch geschwungen!

Heil Dir, Du tapfrer Geistesheld!
Sieg wird den Kampf belohnen,
Und wär' auch diese schöne Welt
Voll feindlicher Dämonen!

Nur hoch das Herz und frischen Mut
Zum Wahren, Guten, Schönen!
Vielleicht daß sich in solcher Glut
Auch Rot und Blau versöhnen!

25/IX 28

Mein lieber Schatz! Es schlägt 10 und ich will mich zurückziehen. Ich habe heute an den Rezensionen gearbeitet, Morgens war ich an der Lände,[213] wo ich das große Feuer brennen sah, von dem die einliegenden Verse handeln. An die Marquise[214] bin ich nicht wieder gekommen, sie ist mir zu langweilig. Ich habe statt dessen das Kapitel über Jefferson in Butlers „Aufbau der Ver. Staaten" gelesen.[215] Ich rasire mich jetzt immer Abends, um Morgens früher fertig zu werden u. das Tageslicht besser auszunutzen. Das Wetter war heute nicht übel und soll ja noch besser werden. Hoffentlich bekommst Du noch ein paar schöne Herbsttage. Möchte Dein Zahn sein Besserungsversprechen halten! Sei ein Elementargeist und ein vegetarisches Tierchen! Schreibe keine langen Briefe, sondern kurze Karten, wandere viel und schlafe noch mehr, vor allem: iß gut und verständig und vergiß auch nicht zu kauen! Dann wird alles in Ordnung kommen und ich werde ein gut erholtes Hökchen lobend begrüßen können.

Ich segne Dich, mein lieber Schatz, und wünsche Dir eine gute Nacht! Dein O.
26/IX Morgens 8 Uhr. Guten Morgen, mein edles Liebchen! Ich habe eben gefrühstückt, Hickchen ist weggegangen, nach ihrer Rückkehr will ich in den „Wald"[216] gehen. Der Himmel ist wolkig, aber die Sonne bricht durch. Möge sie auch Dir leuchten, Du mein Liebstes auf der Welt! Leb wohl und habe einen guten Tag!

In unendlicher Liebe Dein   O.

213 Vgl. Nr. 39.
214 Es könnte Heinrich von Kleists „Die Marquise von O." gemeint sein. Vgl. Nr. 39.
215 Nicholas M. Butler, Building the American Nation, New York 1923 (dt.: Der Aufbau des amerikanischen Staates, Berlin 1926).
216 Der Tiergarten in Berlin.

50   28.3.1929

    Wie düster wars am Bahnsteig, wo ich stand
Den Blick geheftet auf den rußigen Zug,
Der mein Holdseligstes von hinnen trug,
Bis Deines Tüchleins letzter Wink verschwand!

    Ich fühle noch den Druck von Deiner Hand!
Und wenn sonst Herz am Herzen voller schlug,
Ist jetzt auch dieses Zeugnis mir genug,
Daß unsre Seelen schicksals-ur-verwandt!

    So zieh denn hin, genieße Lenz und Leben!
Glorreich durchbricht die Sonne schon den Dunst!
Sie sei Dir gnädig, wo Du immer weilst!

    Mir aber sei der schönste Trost gegeben:
Daß Du heimkehrend in der Götter Gunst
Gesund und froh in meine Arme eilst!

        Fahr wohl, mein liebes, liebes Hökchen!
        Innigst und immer der Deine!
        Otto

51 B   30.3.1929

30/III 29

Früh beim Erwachen lauscht' ich sonst,
Ob's nebenan sich rege,
Ob wohl das traute Ehgesponst
Sich auf die Seite lege.

Doch jetzt bleibt alles still und stumm,
Kein Bettstatt tut mehr krachen,
So will ich desto früher drum
Mich aus dem Bette machen!

Ich höre nicht des Glöckchens Klang,
Das Hickchen zu zitiren,
Kein Hierodulen[217]-Watschelgang
Erfreut mich beim Rasiren.

Nun steh' ich einsam und allein,
Gezückt den „Morgensegen",
Den will ich eingewickelt fein
In dieses Blättchen legen!

---

217 Griech.: Tempeldiener.

„λῴστη"[218] (So nenne ich Dich, Du aber müßtest an mich schreiben: „λῷστε") mit Circumflex, wegen der kurzen Endsilbe!

Heute früh (Sonnabend 30.) erfreute mich Deine muntere Karte aus dem Eisenbahnwagen herzlich. Dein Telegramm aus Freiburg hatte ich, wie bereits berichtet, schon gestern. Iß um Dich: kämpfe um Luft und Licht, und werde dabei gesund und froh! Ich hoffe, Du bist auf dem besten Wege dazu! Gestern habe ich eine Epistel nach Pyritz an Trudchen[219] und die anderen Geschwister geschrieben und auch an das Burdächle[220]. Die beiden inliegenden Karten Deiner mit Besenstielen schreibenden Freundinnen ließen sich leider aus Mangel an Platz nicht umadressiren. Herzlichst und innigst
        Dein O.

52 B   7.4.1929

Sonntag 7/IV /29/ Nachm.

Geliebteste!

Dies ist nun wohl der letzte Brief, den ich nach Badenweiler schreibe. Ich denke mir Du wirst ihn Dienstag bekommen, wo Du wohl eben beim Packen bist. Hoffentlich wird es Dir diesmal leichter wie hier bei der Abreise. Wie schade, daß Du von dem Schwarzwälder Frühling so wenig gehabt hast. In Paris beginnt nun wieder sozusagen der Ernst des Lebens. Ich würde Dir aber raten, Dich mit dem Kolleg nicht viel zu plagen und lieber mit Augen und Ohren in der Wirklichkeit Stoff zu sammeln für den akademischen Unterricht. Am Ende wäre eine Einleitungsstunde über das heutige Frankreich und Paris insonderheit eine sehr empfehlenswerte Sache und würde Dir hier etwas Zeit lassen zur Ausarbeitung der schwierigen ersten Stunde der eigentl. Verfassungsgesch.[221] Ueberlege Dir das doch einmal! So etwas kannst Du ja eventuell im Kopf leicht konzipiren!

Ich denke Du kannst mir vor Deiner Abreise wohl schon Deine Hoteladresse in Paris angeben. Dann schicke ich Dir gleich nach Empfang dorthin Geld, 1000 Fr. oder 3000 Fr., je nachdem es Dir beliebt. Eine Postkarte würde für die Mitteilung der Adresse und eines Wunsches in dieser Richtung genügen. Hickchen bleibt heute wieder zu Hause, weil das Wetter hier zu scheußlich ist um auszugehen. Ich habe meine Idee, Dich vielleicht dort noch mal vors Telephon zu zitiren, deshalb aufgegeben. Ich war selbst trotz des unfreundlichen Wetters heute Vormittag am Neuen See, habe viel an das arme Hökchen gedacht und die Anwandlung zum Trübsinn, die das Wetter mit sich bringt, durch das hier beifolgende Sonnett „abreagirt", dessen Antrag auf Kontraktserneuerung Du hoffentlich annimmst! Möge Dir als einer

---

218 Griech. Vgl. Nr. 46.
219 Gertrud Hintze, die jüngste Schwester O. H.s.
220 Vielleicht Konrad Burdach.
221 Dieses Kolleg „Französische Verfassungsgeschichte" vom SS 1929 befindet sich im Nachlaß H. H.s, den Peter Th. Walther kürzlich in den USA aufgefunden hat. Vgl. Steffen Kaudelka/Peter Th. Walther, Neues und neue Archivfunde über Hedwig Hintze (1884–1942), in: Jahrbuch für Universitätsgeschichte, 2 (1999), S. 209.

richtigen „Desideria"[222] Paris gut gefallen u. bekommen.[223] Ich begleite Deine Reise mit den innigsten Wünschen. Hier ist alles in Ordnung! Vale ut valeam.[224] Esmeins Criminalprozeß[225] ist da!

Tuissimus[226]   O.

Froh war die Jugend mir, die Mannheit nicht!
Verborgnes Weh hielt stets die Lust in Banden,
Und wenn auch Geist und Wille widerstanden,
die Losung hieß nur: Arbeit, Kampf und Pflicht!

Und dann kamst Du! Auf ging ein neues Licht!
Wärs möglich? sollt' ich noch im Hafen landen,
Wo manche wohl ein spätes Glück noch fanden,

Die schon das Leben lehrte den Verzicht?!
Du <u>warst</u> das Glück! Zwar führte Schlag auf Schlag
Ein grausam Schicksal! Daß ich nicht erlag,
Ich dank es Dir und Deinem hohen Sinn!

Und herrlich, wie Du warst, bist Du geblieben!
So nimm mich weiter zum Gefährten hin!
(Variante: So nimm geduldig denn Dein Schicksal hin!)
Denn so wie ich wird nie ein Mensch Dich lieben!

Sonntags-Andacht am Neuen See
in Eis und Schnee am 7. April 1929.

53 B   14.4.1929

14/IV

Mon rieux Galliard![227] Einen schönen Sonntagsgruß!

Hier ist es kühl und wolkig. Es geht mir sehr gut. Das Burdächle[228] hat sich vorläufig Besuch verbeten, es muß sich ruhig halten und soll nicht viel sprechen. Hickchen ist aus. Ich will diesen Brief selbst noch zur Post bringen und vielleicht noch

---

222 Von Desiderat gebildet: etwas Erwünschtes, Vermißtes, Ersehntes.
223 Das klingt so, als wäre H. H. nie zuvor in Paris gewesen. Sie erwähnt aber im Lebenslauf vom Dezember 1923 „Studien auf der Pariser Nationalbibliothek" (Humboldt-Universität Berlin, Archiv, Phil. Fak. Nr. 627 Promotionsverfahren, Bl. 99–103 R.).
224 Vgl. Anm. 184.
225 Adhémar Esmein, Histoire de la procédure criminelle en France et spécialement de la procédure inquisitoire, depuis le XIIᵉ siècle jusqu'à nos jours, Paris 1882.
226 Im Lateinischen nicht möglicher Superlativ von tuus, ungefähr: der Deinigste.
227 Wortspiel mit gaillard = tüchtige Frau und Gallien = Frankreich. Vielleicht darum auch der Plural bei rieux?
228 Vgl. Anm. 220.

etwas in den Preußenpark[229] gucken. Alles Gute und Liebe dem tapferen Galiarden, der das Studium generale aufsucht. Möge er gelehrt und wohlbehalten zurückkommen. Der Königin von Cypern[230] meine Reverenz!

Tuissimus[231] O.

Bist du daheim und lebst wie's Dir gefällt,
In Arbeitslust – wie gern schau' ich Dir zu!
Mir bist des Kosmos Offenbarung Du!
Er ist, denn er hat Dich zu mir gesellt!

Das ist wie Blick in blaues Himmelszelt,
Es schafft vor peinlichen Problemen Ruh',
Fest auf die Erde setz' ich meinen Schuh
Und schreite mutig durch die arge Welt.

Doch bist Du fern – in solcher Einsamkeit
Was hülfen Kino mir und Radio-Chöre?
Dann steig' ich in mein Innres tief hinein.

Und immer tiefer, bis ich rauschen höre
Den starken dunklen Strom der Ewigkeit.
Ist dort ein Gott? Ich bin nicht mehr allein!

54 B   21.–22.8.1929

21/VIII 29

Geliebteste!
   Heute Abend kam Dein Brief vom 18.VIII. Umstehend die Reaktion darauf.

22.VIII.29

Gestern sind 2 Vorderzimmer fertig geworden, heute ist das Balkonzimmer dran. Heute Nachmittag bin ich bei Walthers.[232] Jetzt will ich in den „Wald".[233] Wetter leidlich, nicht mehr so heiß, auch kein Regen augenblicklich!
   Ein dicker Brief in der Affaire l'Héritier[234] aus Dänemark. Me[inecke] hat mir den Altamira nicht zugehen lassen.[235] Er streikt! Ich auch! Schließlich kommts noch an Dich!?

Heil! Dein Kh[evenhüller][236]

---

229 In Berlin-Wilmersdorf.
230 Caterina Cornaro (gest. 1510).
231 Vgl. Anm. 226.
232 Vermutlich der Bruder Walther Hintze.
233 Vgl. Anm. 216.
234 Franz.: Erbschaftsangelegenheit.
235 Rafael Altamira y Crevea, Historia de España y de la civilización española, 4. Aufl., Barcelona 1928/29, zur Besprechung für die „Historische Zeitschrift".
236 Vgl. Anm. 210.

Früh wird es dunkel! Wolken hängen grau.
Kein Sternentrost wie sonst vom Himmelsblau!
Verdämmert aller Werte Strahlenschein –
Ich starr' in öde Welt: was ist noch mein?

Da kommt ein Brief aus fernem, fremdem Land
Ich seh' die Züge einer teuren Hand.
Du liebe Sorge, schwer umkämpftes Glück!
Ja, Du hältst noch im Leben mich zurück!
Ich segne Dich! Sei stark, und Du sollst sehn:
Bald wirst Du wieder über Sternen gehn!

Berlin 21/VIII 29

55 B   27.8.1929

27. VIII. 1929

Dem Genius, dem dieser Tag geweiht[237],
    Vertrau' ich, oft enttäuscht, doch unerschüttert,
    Und wenn auch Herbstluft seinen Schritt umwittert,
Wohl manche Frucht reift noch vor Winterszeit!

Mein edles Wappentier das mauzt und schreit,
    Als wärs im März, es hat mich fast erbittert,
    Und wär' ich Meister, hätt' ich's eingegittert
Ob zeitlos toller Unbescheidenheit!

Der Genius aber spricht: So ist das Leben!
    Manch Fant schwelgt schon, wenn kaum die Reben blühn,
    Indes ein Biedermann sich darf bemühn,
Wenn man die Trauben schneidet von den Reben!
So spricht der Genius, und lächelt fein:
Wer liebt, der liebt, das ganze Jahr ist sein!

Ich aber liebe ∞ das kleine, den Hahnen[238] vergesellte Hökchen!

Dienstag 27 VIII 29

Liebster Schatz! Heute früh hatte ich richtig Deinen lieben, lieben Brief vom 23.
(7 Seiten lang, Du schreibst Dich ja müde, Du armes Liebes) und zu Mittag auch
die Karte vom Lautaret[239], die mich sehr tröstlich anschaute – beides die besten Ge-
burtstagsgeschenke! Ich habe Nachricht von Pyritz[240], es geht allen wohl oder besser. Hickchen hat mir einen schönen Strauß Astern hingestellt. Deine Karten hat es

---

237   Nach altrömischer Vorstellung ist der Geburtstag des Mannes das Fest des Genius, hier also O. H.s 68.
     Geburtstag.
238   Der gallische Hahn = Frankreich.
239   Paß in den französischen Alpen.
240   O. H.s Familie.

richtig bekommen, auch selbst schon geschrieben. Ueber Juhles[241] Besuch ist nicht viel zu sagen. Mit ihrer Arbeit scheint sie doch nicht so fortgekommen zu sein, wie Du meintest; sie ging nicht darauf ein, überhaupt war alles mehr sachlich, als persönlich. Meine Pfirsche u. Fachinger[242] verschmähte sie, blieb aber über eine Stunde. Ihre schönen Gudenien, oder wie sie heißen, haben mich lange erfreut. Donnerstag bin ich 10 Uhr bei Dr. Köhler[243], Nachm. bei Meineckes; es kostet mich wieder 2 Droschken[244]. Ich nehme ihm Ms. eines Aufsatzes[245] mit, den ich heute durchsah. Jetzt muß ich zu den Waldvögeln. Herzinnigen Gruß! und Dank!!

Dein O.

56   [ohne Datum]

Nachträglich zum 6. Februar 1933.[246]

Wasser rinnen, Lüfte prangen,
Winter ist vorbeigegangen,
Und der Frühling säuselt schon,
Und wie Taubenschwärme schwanken
Wunschbeflügelt ziehn Gedanken,
Enger Winterhaft entflohn.

Es schwanket die Welle
Und eilet vorüber,
Bald spiegeln sich Knospen
In schwellender Flut.

Was lispelt zum Ohre mir leise, so leise –
Verschollene Weise
Verklungene Lieder
Sie kehren mir wieder,
Vergessenes Glück.

Ja daß ich Dich zum Weib gewann,
Das will ich jubelnd preisen,
Und Werbelieder stimm' ich an
Mit Amseln und mit Meisen!

---

241 Vermutlich Julie Braun-Vogelstein.
242 Tafelwasser.
243 O. H.s Arzt. Nach dem Reichsmedizinalkalender von 1935 gab es in Berlin 6 Ärzte mit demselben Familiennamen.
244 Droschke = Taxi.
245 1930 erschien: Otto Hintze, Typologie der ständischen Verfassungen des Abendlandes, in: Historische Zeitschrift, 141 (1930), S. 229–248.
246 H. H.s Geburtstag.

Gepriesen sei der Februar,
Der Dich der Welt gegeben,
Trotz Grabesgruft und Totenbahr
Erweckt er neues Leben!

Wem Lebensglück von neuem schwillt,
Der kann das Leid verschmerzen –
Und wie der Saft den Bäumen quillt,
Steigts wieder auf im Herzen!

III. Paris ohne Zukunft
1933–1939
Briefe und Gedichte von Otto an Hedwig Hintze

57 [ohne Datum]

Zum 27. Juli 1934.[247]

> Du warst noch jung und hoher Pläne voll –
> Gesegnet sei die heiße Julistunde
> Wo Hand zu Hand sich fand und Mund zu Munde
> Zu einem Bund, der niemals brechen soll!
>
> Du warst das Glück, und riß auch noch so toll
> Hundswütig beißend Krieg uns Wund' um Wunde,
> Armut und Elend breitend in der Runde,
> Erstickend alle Lust in Gram und Groll.
>
> Doch als tyrannisch-blöder Rassenwahn
> Dich aus Beruf und Arbeit gar verstieß,
> Da kam ins Schwanken auch Dein Lebenskahn!
> „Fluctuat nec mergitur"[248] – wie Dein Paris!
> Das nimm zum Trost Dir, und dazu noch dies:
> Ich helfe Dir, wie Du einst mir getan!

58 B 2.10.1934

2/X 34, Dienstag 17 h

Geliebte Frau: Ich muß Dir immer wieder sagen, daß Du Stern u. Kern meines Lebens bist und daß Dein Wohlergehen mein höchster Wunsch und der stärkste Antrieb alles meines Strebens ist. Ich werde die Stunde segnen, wo Du wieder über unsere Schwelle trittst. Aus Deinem lieben Brief vom Sonnabend 29/IX, den ich gestern empfing und heute, nach reiflicher Ueberlegung beantworte, spricht ein solches Bedürfnis nach Ruhe und Geborgenheit, daß ich Dich bitten möchte, alle andern Gesichtspunkte dahinter zurücktreten zu lassen, und, wenn nicht eine wesentliche Besserung Deiner Kräftespannung eintritt, Deine Zelte in P[aris] abzubrechen und dorthin zurückzukehren, wo einst Deine Heimat war und wo der auf Dich

---

247 Vgl. Anm. 139.
248 Lat.: Es verändert sich, aber es geht nicht unter.

*Abb. 16 a–b: Hedwig Hintzes „Carte d'Identité" vom 10. November 1933
mit Pariser Ein- und Ausreisestempeln bis 4. Juni 1936*

Abb. 16 b

wartet, der Dich lieb hat.[249] Du brauchst Deinen Abzug gar nicht mit eigener Krankheit oder Schwäche zu motiviren, Du kannst ruhig alles auf mich schieben. Denn ich brauche Dich in der Tat. Weder Trudchen[250] noch Eva[251] können mir das geben, was Du mir giebst. Trudchen wird am 8. fahren, Eva wahrscheinlich bald darauf ankommen. Wir können sie aber ruhig auf der Couch im Eßzimmer betten. Ich glaube nicht, daß sie Dich stören wird und daß sie als Haustochter gut und nützlich sein kann für uns beide. Andernfalls können wir die Sache immer noch ändern. Sie wird schließlich auch im Lettehaus[252] oder in der Nähe unterzubringen sein. Ich möchte Dich aber keineswegs zu einem übereilten Entschluß drängen, der Dich später gereuen könnte. Wir wollen abwarten – darin stimme ich Dir vollständig zu und das habe ich selbst immer geraten, wie die Entscheidung für den Oktobertermin fällt. Ich würde Dir raten nur anzunehmen, wenn Du eine ausreichende Dotation (dh. 30 000 frcs) bekommen kannst (was ich für unwahrscheinlich halte) und wenn Dein Befinden sich soweit bessert, daß Du mit Hoffnung in das neue Jahr sehen kannst. Im Grunde verlierst Du nicht viel, wenn Du jetzt abbrichst; denn die Aussichten für eine relativ dauernde Anstellung nach diesem zweiten Jahr sind doch wohl gleich Null; und dieses zweite Jahr hätte also nur Wert für Dich, wenn es eine seelische und körperliche Erholung und Entspannung, ein Leben ohne allzu schwere Entbehrungen, ohne Aengste u. Qualen sein könnte. Was jedenfalls in dem größeren Teil des ersten Jahres nicht der Fall gewesen ist. Die Rock[efeller]-Stipendien werden doch wohl überhaupt immer nur auf 2 Jahre verliehen und nach deren Ablauf schwerlich wiederholt. Es ist eben etwas Provisorisches. Aber das Definitive dahinter fehlt! Immerhin könntest Du bei leidlicher Gesundheit in diesem zweiten Jahr mancherlei arbeiten und auch abwarten, was bei der englischen Sache herausspringt. Unbedingt gebunden bist Du ja auch dann wohl nicht und könntest, mit Berufung auf mich, immer loskommen. Also: jedenfalls solange warten, bis diese Dinge klar werden, die beiden Bedingungen: auskömmliche Dotation und Besserung des Befindens.

Hoffentlich hast Du mit den guten Seeleuten den Sonntag in leidlicher Stimmung feiern können. Uebermittle ihnen meine dankbaren und verehrungsvollen Wünsche! Daß meine Befürchtung wegen der Einschränkung der Postsendungen eingetroffen ist, hat Dir die Sendung von 10 RM statt 50 wohl schon gezeigt. Soll ich diese fortsetzen? Eine kleine Hülfe ist es immer bei Deinen engen Verhältnissen. Oppo[253], den ich heute auf der Straße traf, geht nächste Woche für längere Zeit nach Palästina, wo er zugleich für deutschen Zusatz-Export wirken soll. (wie Gustav M[ayer][254] in London wohl für journalistische Stimmungsmache.) So werden die

---

249 H. H.s Carte d'Identité, ausgestellt in Paris am 10.11.1933, weist folgende Eintragungen auf: 11.6.1934 neue Adresse in Paris; 21.6.1934 neue Adresse in Paris; 5.7.1934 départ de Paris à l'Allemagne; 10.9.1934 l'arrivée à Paris; 8.10.1934 neue Adresse in Paris; 12.12.1934 départ à Berlin; 11.1.1935 l'arrivée à Paris; 1.3.1935 départ à Berlin; 28.3.1935 l'arrivée à Paris; 22.5.1935 départ à l'Allemagne; 20.6.1935 l'arrivée à Paris; 14.7.1935 départ à Berlin; 7.10.1935 l'arrivée à Paris; 12.11.1935 départ à Berlin; 25.1.1936 l'arrivée à Paris; 4.6.1936 départ à Berlin; 20.3.1936 verlängert bis 9.11.1938.

250 Gertrud Hintze.

251 Die Tochter des Neffen Dr. med. Wolfgang Hintze.

252 Der Lette-Verein, 1866 von W. A. Lette gegründet, gehört mit seinen Berufsbildungsanstalten in die Geschichte der Frauenbewegung.

253 Nicht ermittelt.

254 Gustav Mayer (1871–1948), Historiker der deutschen Arbeiterbewegung. Trotz Meineckes und O. H.s Einsatz scheiterte 1916 seine Habilitation in Berlin. 1921 wurde er a.o. Professor ebendort. 1934

verfemten Juden von der Reg[ierun]g noch ausgenützt, natürlich nicht ohne Concessionen. – Ich bin geduldig, Schatz, u. bewundere Deine Haltung u. Tapferkeit in Deiner wirklich schwierigen Lage. Arbeiten u. nicht verzweifeln! Fluctuat nec mergitur![255] Ich bin Dein, Du bist mein. Das soll so bleiben in Ewigkeit. Amen.

Tuissimus[256]

O.

59   [ohne Datum]

Zum 27. Juli 1937[257]

Was Du mir warst in fünfundzwanzig Jahren,
Verlorene Müh', mit Worten es zu sagen!
Laß es mich dankbar still im Herzen tragen
    Und nur durch Liebestaten offenbaren!

Nicht haben wir der Zeiten Gunst erfahren!
Den Glanz von arbeitsfrohen Wandertagen
Verschlang der Sturm des Kriegs und schlimmere Plagen.
    Schwer wars da, Mut und Hochsinn zu bewahren!

Du hasts getan! Des Geistes blitzender Stahl
Beendet glorreich der Meduse Qual![258]
Und ob Dich schier auch zur Verzweiflung triebe
Der ewige Widerstreit von Werk und Liebe –
Ob Dich Barbarenwahn ins Ghetto stieße –
    Halt' aus, halt' aus, mein „Steinaar im Verließe"![259]

60   25.11.1937

25. November 1937

Ich liebe sie im kleinen Gänsestalle,
Wo uns der Zuntz[260] sein braunes Tränklein reicht,
Indessen trüb und feucht vorüberschleicht
Novembertag nach letztem Blätterfalle.

Ich liebe sie in stolzer Stadion-Halle,
Wo die Bescheidenheit dem Prunke weicht,
Und beim Cinzano[261] uns ergetzt, – vielleicht! –
Ein Radiostückchen mit gedämpftem Schalle.

---

nach England emigriert, lehrte er an der London School of Economics.

255 Vgl. Anm. 248.
256 Vgl. Anm. 226.
257 Vgl. Anm. 139.
258 Dies ist eine etwas freie Auslegung des Perseus-Mythos, die das Schwert des Perseus vergeistigt.
259 Aus Conrad Ferdinand Meyers Gedicht „Der Landgraf".
260 Kaffee-Geschäft mit Ausschank.
261 Wermutwein.

Am meisten aber lieb' ich sie daheim,
Das bleibt mir doch der allerschönste Reim –
Sei's, daß im trauten Bett der Tag uns dämmert,
Sei's, daß auf Erika[262] sie tapfer hämmert,
sei's, daß ein Hühnchen sie mit mir genießt,
Sei's, daß sie mir aus Cherrels[263] Chronik liest.

O. H.

61 [ohne Datum]

Zum 6. Februar 1938[264]

      Eine Frühlings-Meise
        Sang mir von der großen Reise,
Die das kleine Hökchen hat getan
Mitten durch den weiten Himmelsplan:
Richtig vierundfünfzig mal
Fuhr es, zwar nicht ohne Qual,
Aber ohne Knall und Fall
Um den großen Sonnenball!
O wie oft bei diesem Schunkeln
Sah's die Sonne sich verdunkeln
Und dann wieder fröhlich funkeln! –
Was der Mutter Sonne Brauch
Ist's beim kleinen Sonnchen auch!

Ja, mein liebes Sonnchen sollst Du bleiben
Wollen allen Wolkendunst vertreiben,
Liebe haucht den Himmel rein,
Morgen wieder Sonnenschein!

Dein Otto

62 [ohne Datum]

Meinem geliebten Hökchen zum 6. Februar 1939[265]

Du edle Frau, der in des Lebens Blüte
    Ein grausames Geschick das Herz zerriß,
    Der statt Medusens giftgem Schlangenbiß[266]

---

262 Schreibmaschine.
263 Wohl die „Cherrell-Chronik" von John Galsworthy (dt. Leipzig 1935).
264 Vgl. Anm. 246.
265 Vgl. Anm. 246.
266 Vgl. Nr. 59.

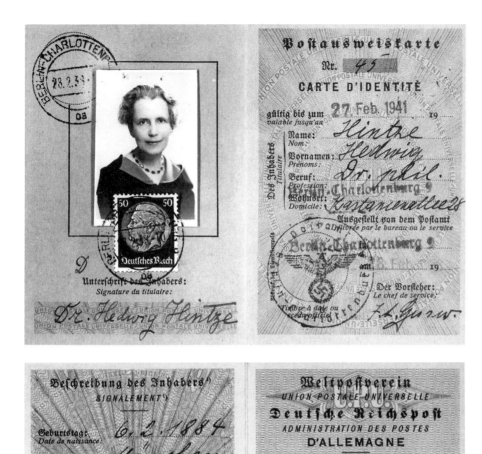

Abb. 17: Postausweiskarte Hedwig Hintzes, ausgestellt am 28. Februar 1939

(Alternative: Der – ob auch Hoffnung noch so ungewiß –)
Aus Engelsaugen strahlten Lieb' und Güte –
Daß Dich des Lichtes hoher Gott behüte
   Vor trostlos schwarzer Seelenfinsternis,
   Troststrahlen sende durch den Wolkenriß,
Daß nicht Verzweiflung Dir im Herzen wüte!

Sei eingedenk des edlen, hohen Strebens,
   Das Dich in allem Jammer nie verließ,
Des Liebesopfers, das doch nicht vergebens,
   Mir in der Hölle schuf ein Paradies!
Das soll Dich aus der Qual zu neuem Leben
Erwecken und Dir Ruh' und Frieden geben!
Totus tuus[267]
Otto

63   [ohne Datum]

Zum 22. August 1939.

   Der Kampf ist ausgekämpft, es ist entschieden,
Und wenn das Herz auch blutet, es muß sein,
Von schnödem Drucke mußt Du Dich befrein
Und dorthin fliehn, wo Freiheit winkt und Frieden![268]

Beständig ist ja keine Macht hienieden,
Darum auf Wiedersehn! es mag wohl sein,
Daß wir noch einst im traulichen Verein
Uns Tee bereiten oder Eier sieden!

Dich treibt der Genius zu Deinem Werke!
O daß er Dir die Lebensgeister stärke,
Den Mut, der jedes Hindernis bezwingt!

Dann wirst Du Dich im reinen Aether sonnen,
Dem Steinaar gleich, der dem Verließ entronnen
Auf starken Flügeln sich ins Blaue schwingt![269]
Dein
Otto.

267 Lat.: Ganz Dein.
268 Am 22.8.1939 hat H. H. Deutschland endgültig verlassen, um in den Niederlanden Zuflucht zu su-
     chen.
269 Vgl. Nr. 59.

IV. Exil in den Niederlanden
22. August 1939 bis 15. April 1940
Briefe und Postkarten von Otto an Hedwig Hintze

64 P   22.8.1939

B[erlin]-Ch[arlottenburg] 22. August 1939

Geliebte Hedl! Wir sind Deiner gewiss recht heißen u. staubigen Fahrt in Gedanken gefolgt u. hoffen, daß Du gut angekommen bist. Hier ist alles in Ordnung, nichts Neues von Belang. Lotte[270] hat an Fee[271] geschrieben wegen des Termins, zu dem Fee abreisen und ihnen das Feld räumen wird. Fee hat geantwortet, daß sie bis zum 30. bleiben möchte (Lotte hatte 27. vorgeschlagen); so auch ich 30.! Es sei alles gut eingefahren und bedürfe keiner Nachhülfe mehr. Butterfrage etc.[272] Fee wird morgen (Mittwoch) bei Tante Grete sein, Nachmittag bei Tante Käte.[273] Herzliche Grüße und Dank Deinen Gönnern! Otto

[Eigenhändiger Zusatz von Felizitas Schröter, die während der Abreise von Hedwig Hintze in Berlin war:]
   Wir hatten einen äußersten grüabigen[274] heut. Jetzt muß ich z. Kasten rasen drum nur in Kürze einen herzlichen Gruß Alles Gute wünscht d. fromme Helene[275]

65 P   23.8.1939

B[erlin]Ch[arlottenburg]. 23/VIII 39, 21^h

Liebste Hedl! Eben erfreut mich Deine liebe Karte von Utrecht-Station. Hier alles wohl, […] Ich sandte Dir heute eine Karte von Werner[276] nach, der Nachricht von Dir erbittet, Edith erwartend (Ascona-Moscia, Tessin, Casa Stanti, Schweiz). Gestern abend haben wir (Fee, Hannem.[277] u. ich) Dein gedenkend die Platten singen u. spielen lassen: „Geduld"[278], Lucienne[279], Hochzeit[280], Tom[281] u. Largo[282].

---

270   Frau von O. H.s Bruder Konrad Hintze.
271   Felizitas Schröter, Tochter der Schwester von H. H. aus München.
272   Butter war schon vor dem Krieg rationiert.
273   Tante Käte Wolff und Tante Grete waren Verwandte von H. H.
274   Im Bayerischen so viel wie „gemütlich".
275   Anspielung auf die Hauptfigur einer Bildergeschichte von Wilhelm Busch. Spitzname von Felizitas Schröter.
276   H. H.s Vetter in der Schweiz, verheiratet mit Edith.
277   Frl. Hannemann, O. H.s Haushälterin in der Kastanienallee 28.
278   Vertont von Richard Strauß.
279   Nicht ermittelt.
280   Mozarts Oper „Hochzeit des Figaro".
281   „Tom der Reimer" von Theodor Fontane, vertont von Johann Karl Gottfried Loewe, Op. 135.
282   Aus Händels Oper „Rinaldo", auch als Orchesterstück.

Hann. versteht sich auch darauf. Heute große Wäscheabholung durch den neuen Tesdorp[283]. Die <u>politische Lage</u> unverändert, <u>bin froh</u>, daß <u>Du fort bist</u>.[284] Hoffentlich kommst Du bald wieder zu Kräften.

Innig Deiner gedenkend

Behüt' Dich Gott!

Tuissimus[285]
O.

66 B [ohne Datum]

[als Fortsetzung auf der letzten Seite eines nicht erhaltenen Briefes von Felizitas Schröter zwischen dem 23. und 27.8.1939]

Geliebte Frau!

Ich will nur einige Worte hinzufügen und einen Antwortschein beilegen, damit Du Dich nicht wieder in Unkosten stürzen mußt. Nebenbei: man bekommt solche jetzt nur noch, wenn man mit einem offenen Brief kommt, in den er eingelegt wird. Karten sind leichter zu haben und werden wohl bevorzugt werden. Die Tanten sollen instruiert werden. Auch Deine zweite Karte, vom 23. gestempelt, habe ich erhalten, heute früh; sie hat mich sehr froh gemacht, ebenso der Brief vom 23., 9–10, der soeben mit der Abendpost kam. Heute Vormittag hatte ich auch die 20 RM. von Schaffner[286] aus Osnabrück. Der Tante Käte[287] will ich morgen, wenn sie mit Feechen[288] packt, die ihr bestimmten 150 RM. überreichen. Ich bitte Dich sehr, über das Konto wie ausgemacht, zu gunsten der Hühner[289] zu verfügen; das Geld muß in der Familie bleiben, ich brauche es nicht, kann mich auch so anständig ausstatten. Hier geht alles gut und glatt. Werners[290] Karte wirst Du hoffentlich auch erhalten haben. Hoffentlich trifft er in Ascona nicht gerade mit seinem Bruder Hans zusammen. Ueber die Lage wirst Du ja dort vielleicht mehr erfahren als wir hier. Die Börse war heute sehr flau; die Devisen wechseln, das Pfund fällt, aber der holl. Gulden hält sich und bleibt zur Mark wie bisher. Hoffentlich kannst Du Dein Transfer bald in Utrecht gut unterbringen. An die veränderten Verhältnisse und den Mangel der Bedienung wirst Du Dich ja bald gewöhnen. Ich hoffe, die neue Lage wird einen Auftrieb zur Gesundung mit sich bringen. Hier ist es unerträglich heiß, heute kein Gewitter. Kuni und Lotte denken bis 20. September zu bleiben, wo Evas Examen fällig ist;[291] dann wollen sie zurück nach Hause. Ich bin nicht restlos glücklich darüber, aber etwas Gesellschaft tut mir doch gut. Habe innigen Dank für alles! Dieser Brief wird hoffentlich morgen früh oder auch schon mit einem Abendzuge abgehen.

Innigst Dein Otto

---

283 Muß heißen Testorp, Berliner Textilpflegefirma.
284 Das Unterstrichene ist in griechischen Buchstaben geschrieben.
285 Vgl. Anm. 226.
286 Wohl nicht identisch mit dem Schweizer Schriftsteller Jakob Schaffner (1875–1944), der zeitweilig in Berlin lebte. Vgl. Nr. 111.
287 Käte Wolff.
288 Felizitas Schröter.
289 Familie Schröter. Vgl. Anm. 158.
290 Vetter von H. H.
291 O. H.s Bruder Konrad Hintze mit Frau und Enkelin Eva.

67 B   27.8.1939

B[erlin]Ch[arlottenburg] 27/VIII 39, 16 ½ [h]

Geliebte Frau!

Heute früh erhielt ich Deinen lieben Brief vom Freitag (25/VIII) und danke Dir doppelt, daß Du das teure Porto nicht gescheut hast, um mich zu erquicken! Ich sehe Dich an den Wassern (zwar nicht Babels, aber) der Vecht, in Deinem Zimmer zwischen den 4 Koffern und in der lutherischen Bibelstunde[292] und verstehe Deine Gefühle, zumal manches, was mir Fee[293] aus Dieters[294] Büchern und Manuskripten vorlas und die Art wie sie darüber sprach und über ihre Gespräche mit der Engelmann[295], die sie mit etwas geistlichem Hochmut behandelt und zu leiten sucht, in mir ähnliche Reaktionen hervorruft, die ich aber aus Taktgefühl unterdrücke, wie Du es auch verständigerweise tust. Obwohl ichs nicht aus dem Kibbuz oder einer alten Erbmasse habe, verstehen wir uns doch in diesem Punkte. ... – Goethe! Sieh nur, daß Du allmählich wieder zu Kräften kommst – dic cur hic![296] – Der Wegfall der fatalen amerikanischen Klausel[297] ist doch wichtig und könnte schon als Moment des Auftriebs dienen. Das Polizeiamt, bei dem Du das Führungszeugnis beantragen mußt, zuständig für Charlottenburg und Wilmersdorf, befindet sich Charlottenburg 5, Kaiserdamm 1. (Es ist dasselbe, bei dem im Juni 1938 die jüdische Vermögenserklärung[298] abzugeben war). Hier ist es sehr unruhig. Gestern, Sonnabend Mittag, wurde Fee aus ihrer Kunstbibliothek vertrieben, weil die Belegschaft eine Rede des Führers hören sollte. Er hat dann aber nicht gesprochen, es blieb bei der Vorführung einiger gangbarer Militärmärsche. Die Tannenbergfeier (27./VIII) ist abgesagt worden. Ebenso der „Parteitag des Friedens", der 2.–15. Sept. in Nürnberg tagen sollte und zu dem große Vorbereitungen getroffen waren. Dagegen bringt heute die Zeitung neben der Nachricht der großen polnischen Mobilmachung die Ankündigung, daß vom Montag ab alle „lebenswichtigen Verbrauchsgüter" (namentlich Schuhwerk, Kleider, Wäsche etc., Nahrungsmittel außer Brod und Kartoffeln, die noch frei bleiben, also namentlich Milch, Käse, Eier, Marmelade etc. nur noch auf Bezugsscheine, die jedem Haushalt zugehen sollen und in rationirten Mengen abgegeben werden – was nicht etwa „Mangel", sondern nur „Vorsicht" bedeuten soll. Das Wort „Krieg" ist noch nicht gefallen, aber wir stehen vor einer verhängnisvollen Entscheidung. Die Eisenbahnzüge fallen von heute ab zum Teil aus, allerlei andere Verkehrsbeschränkungen sind verfügt. Heute früh telephonirte Hilde[299] aus München, daß Fee sofort zurückkommen soll. Dieter ist eingezogen, die Eltern haben ihre Sommerfrische im Kloster Wessobrunn abgebrochen und wünschen sie wieder in Solln zu haben. Sie hat viele Marken und Doppelkarten gekauft,

---

292 H. H. ist mit Hilfe der ev. Kirche in die Niederlande ausgereist.
293 Felizitas Schröter.
294 Dieter Schröter, Sohn von H. H.s Schwester Hildegard, gefallen 1940.
295 Dr. Susanne Engelmann, Oberstudiendirektorin a. D. und Nachbarin O. H.s.
296 Lat.: Warum hier und jetzt.
297 Für ein normales Einreisevisum in die USA war offensichtlich der Nachweis einer regulären Lehrtätigkeit während der letzten zwei Jahre notwendig; Steffen Kaudelka/Peter Th. Walther, Neues und neue Archivfunde über Hedwig Hintze (1884–1942), in: Jahrbuch für Universitätsgeschichte, 2 (1999), S. 212, zitieren H. H. vom 14.3.1939.
298 Die Frist für die Anmeldung des Vermögens war am 18.6.1938 für deutsche Juden, die ihren Wohnsitz außerhalb Europas hatten, bis zum 31.10.1938 verlängert worden.
299 Hildegard Schröter.

hat Deine Photos bestellt, die an mich gesandt werden sollen und die ich Dir senden werde, hat mir noch 40 M. von Deinem Gelde eingehändigt, hat alles gepackt und ist nun zum Anhalter Bahnhof, um zu sehen, wann der nächste Zug nach München geht. Um 20 Uhr werde ich Nachricht haben, ob sie fährt oder vielleicht wieder zurückkommt. Lily[300], mit der sie heute früh in der Kaiser-Wilhelm-Gedächtnis-Kirche war (die Engelmann wollte sie nicht beide nach Dahlem mitnehmen), begleitet sie. Tante Käte[301] hat mir zum Geburtstag[302] 4 schöne langstielige Rosen geschenkt, die so teuer sind – eine rechte Beschämung für mich! Sie wird wohl Montag noch einmal herkommen, um in Deinen Papieren zu räumen. Der Herr Dekan (Franz Koch[303], der Träger meines Talars, Litt. hist.) hat mir auch gratulirt, außerdem die gute Clara[304], deren Sohn Hans auch eingezogen ist, sonst niemand, – außer „Elli"[305], deren Glückwünsche die Hannemann am Telephon entgegennahm, wodurch auch sie das Geheimnis erfuhr! Ob unter diesen Umständen die Pyritzer kommen werden ist mir zweifelhaft, Wolfgang wird auch wohl dran müssen.[306] Ich will versuchen, Dir den Füllfederhalterständer als Warenprobe zu schicken; hoffentlich ist das Gewicht nicht über 50 gr. Dein Plan das gesperrte Konto bei DS.&C[307] ruhig stehen zu lassen, scheint mir auch ganz vernünftig, nur ist mir die Form der Zahlungsanweisung, z. B. für die Gebühren des Polizeiamts, nicht ganz klar. Darüber müßtest Du Dich bei der Antragstellung belehren lassen. Ich glaube nicht, daß ich für Dich den Antrag stellen und die Gebühren bezahlen könnte. Aber vielleicht geht auch das.

Ich will jetzt schließen, um diesen Brief noch vor 18 Uhr in den Kasten zu bringen.

Leider kann ich Dir keinen Portoschein senden. Die Postämter hier herum haben überhaupt keine Portoscheine mehr, sondern nur Antwortkarten. Unverbürgt hörte ich, daß man am Potsdamer Platz noch einen Portoschein bekäme, wenn man einen offenen Brief vorweise. Aber das soll auch nicht stimmen und würde für mich kaum zu machen sein. Wir müssen also unsere Correspondenz mehr auf Postkarten beschränken. Das wird auch gehen. Ganz vertrauliche Stellen könnte man ja libris graecis[308] schreiben, z. B. über körperliches Befinden, über das ich demnächst gern näheres erführe. Vielleicht sende ich morgen schon wieder eine Karte mit Anhang. Ich bin mit meinen Gedanken Tag und Nacht bei Dir und merke so recht, wie wir doch zusammengewachsen sind. Es ist doch eine furchtbar ernste Sache, so eine Trennung, aber wir müssen es tragen und wollen uns desto lieber haben und behalten. Tausend innige Grüße und Wünsche!

Ganz Dein
Otto.

---

300 Vermutlich eine Freundin von Felizitas Schröter.
301 Käte Wolff.
302 O. H. ist am 27.8.1939 78 Jahre alt geworden.
303 Franz Koch (1888–1969), 1935 Professor für deutsche Literatur an der Universität Berlin.
304 O. H.s älteste Schwester Clara verh. Schlütter.
305 Nicht ermittelt.
306 Gemeint ist O. H.s Verwandtschaft; Wolfgang Hintze, der Sohn von O. H.s Bruder Konrad.
307 Bankhaus Delbrück, Schickler & Co.
308 In griechischen Buchstaben, wie bereits auf der Postkarte vom 23.8.1939 geschehen, aber später nicht mehr praktiziert.

68 P   28.8.1939

B[erlin]Ch[arlottenburg] Montag 28.VIII, 39.

Liebste Hedl!

Heute nur eine kurze geschäftliche Nachricht wegen des polizeil. Führungszeugnisses. Ein solches wird <u>nicht</u> vom Polizeiamt Charlottenburg, sondern vom Berliner Meldeamt, Alexanderstr. 10 ausgestellt. Eigentlich muß es von Dir aus Holland beantragt werden mit Angaben über Geburt, Familienstand etc. Es scheint aber, daß ich es auch für Dich beantragen u. in Empfang nehmen kann, um es Dir zu senden, wenn das Devisenamt mir die Kosten bewilligt (2 RM. + Porto: 0,25+30 (einschreiben)= 2,55 RM.) Das Devisenamt, Neue Königstr. 61, wird auf meinen Antrag etwa innerhalb 8 Tagen den Betrag bewilligen. Dann gehe ich zur Alexanderstr. 10 u. sehe das Zeugnis zu bekommen, um es Dir zu schicken. Fee[309] ist, wie ich Dir gestern schon sagte, gestern Abend um 9 Uhr abends nach München gefahren. Ihren Koffer wollen wir heute oder morgen per Fracht schicken. Die Bezugsschein-Ordnung hat eingesetzt, erschwert die Wirtschaft natürlich sehr. Herzl. Wünsche für Dein Wohlergehen. Von Walther u. Hertha[310] heute herzl. Brief.

Otto

69 P   29.8.1939

B[erlin]Ch[arlottenburg] Dienstag, 29/VIII 9[h]

L. H.! Ich antworte auf Deine Karte von Sonntag, 27.VIII. mit innigem Dank. Amsterdam eilt wohl nicht so sehr. Den Füllf[eder]h.-Ständer kann ich leider nicht schicken, wenigstens nicht als Warenprobe, da er 95 gr. wiegt und 50 gr. das zulässige Höchstgewicht ist. Ob als Päckchen nach Holland möglich muß ich erst feststellen, aber dann muß vielleicht Zoll bezahlt werden. Das poliz. Führungszeugnis habe ich Alex.str. 10[311] beantragt, ebenso Genehmigung der Gebühren u. Porto 2,55 M. bei der Devisenstelle. Es wird wohl noch 8–14 Tage dauern, eilt ja aber wohl nicht. Die neue Bezugsschein-Ordnung macht die Wirtschaft sehr schwierig; ob Konrad u. Lotte[312] unter diesen gespannten Umständen kommen werden ist zweifelhaft; abgeschrieben haben sie bis heute noch nicht. Fees[313] Koffer muß noch hierbleiben, da Frachtsendungen gesperrt u. Express bedenklich. Portoscheine giebt es nicht mehr. Sonst alles gut u. i. Ordnung. H[annemann] u. T. Käte[314] grüßen. Herzl. Wünsche!!

Otto

---

309 Felizitas Schröter.
310 O. H.s Bruder und Schwägerin.
311 Alexanderstraße 10 befand sich das Meldeamt. Vgl. Nr. 68.
312 Konrad Hintze und Frau.
313 Felizitas Schröter.
314 Käte Wolff.

70 P   30.8.1939

B[erlin]Ch[arlottenburg] 30/VIII 10ʰ

L. H. Ich antworte auf Deine Karte von Montag 28. Aug. (29 Ab[end] angek[ommen]). Liebenthal[315] schreibt mir, daß die 3 Kisten Umzugsgut wegen der eingetretenen Verkehrssperre im Hamburger Freihafen liegen geblieben sind u. dort gegen Feuer u. Einbruchsd[iebstahl] versichert werden müssen (factum 30/VIII). Du wirst also noch etwas warten müssen. Er schickt zugleich die Versich.Police der Helvetia S.Gallen, aus der hervorgeht, daß Du dich im event. Schadensfalle an die Havarie-Commissar-Firma Blom & von der Aa in Amsterdam zu wenden haben würdest. Bitte dies zu notiren! Fee[316] ist glücklich angekommen, Dieter[317] hat sich in Augsburg gestellt. Frl Hannemann bewährt sich in der sehr schwierigen Ernährungslage mit den Bezugsscheinen bisher sehr gut; wie es aber werden soll, wenn Konrad & Lotte[318] kommen, ist mir unklar. Bisher noch keine Absage! Alles in der Schwebe! Quod dii bene vertant![319] Innigst

Otto

71 B   1.9.1939

B[erlin]Ch[arlottenburg] Freitag 1 Sept 39

Geliebte Frau!

Ich antworte heute auf Deinen Brief vom 30.VIII, den ich gestern Abend erhielt und der mir zeigt, daß der Briefverkehr mit Holland noch funktionirt. Dieser Brief nimmt noch keine Notiz von meiner Karte (oder Brief?) vom 29., der die Antwort auf Deinen Brief vom 28. war und einige wichtige Mitteilungen enthielt. Damit nun etwas bessere Ordnung in unsere Korrespondenz kommt, möchte ich Dich bitten, immer erst zu schreiben, wenn Du einen Brief oder eine Karte von mir erhalten hast, und ich werde es ebenso halten; sonst schreiben wir immer an einander vorbei in sich kreuzenden Briefen, wissen nie, woran wir sind und werden gezwungen uns zu wiederholen. Ich setze nun diesmal voraus, daß Du meine Mitteilung erhalten hast, daß Deine 3 Koffer im Hamburger Freihafen lagern, weil die augenblickliche Verkehrssperre (die wohl namentlich durch den Mangel an Schiffen, bei der gegenwärtigen Mobilmachung hervorgerufen ist) die Weiterbeförderung verhindert hat und daß sie dort gegen Feuer und Einbruchsd.[iebstahl] versichert werden müssen, was in die Wege geleitet ist.[320] Ferner, daß Du weißt, welche Schritte ich wegen des polizeilichen Führungszeugnisses getan habe.[321] Ich erwarte es in diesen Tagen, werde es dann photokopiren lassen und Dir zunächst einen Abzug senden. Du sprichst von einem „großen" F.Z., ich kenne nur eine Art, wo einem bescheinigt wird, daß der Polizei nichts Nachteiliges über einen bekannt geworden ist. Diese stellt das Meldeamt aus; das „Polizeiamt" Kaiserdamm I sagte mir, daß es selbst nur

315 Herbert Israel Liebenthal, Spediteur, Berlin SW 68.
316 Felizitas Schröter.
317 Dieter Schröter.
318 Konrad Hintze und Frau.
319 Lat.: Die Götter mögen es zum Guten wenden.
320 Vgl. Nr. 70.
321 Vgl. Nr. 68.

für Ausstellung solcher Zeugnisse in Betracht käme, bei denen es sich um „Strafen" handle; das ist dann wohl die „große" Art, die aber wohl nur für verdächtige Personen in Betracht kommt. Daß Du eventuell auch nach USA. wolltest, habe ich in meinem Antrag, der überhaupt manche biograph. data enthalten mußte, gesagt. Wegen der Gebühr (2 RM.) Dein Konto heranzuziehen, schien mir nicht angezeigt; die Bewilligung der Devisenstelle ist umgehend erfolgt. Den Füllfederhalterständer hatte ich schon als Päckchen fertig gemacht und auch die Zollvaluta Erklärung und statist. Nachweisung (wie beim Umzugsgut) ausgefüllt. Aber die Post nahm dann das Päckchen nicht mehr an, weil Mittags am 30. die Weisung zur Sperrung des Güterverkehrs eingetroffen war. Während ich dies schreibe, höre ich Uebertragung einer Rede des Führers im unteren Stockwerk, d.h. ich verstehe nichts. Hannemann sagte mir, es handle sich um eine Erklärung vor dem Reichstag. Der Krieg ist ausgebrochen! Polen hat die Einladung zu einer Verhandlung, die England vermittelt hatte, abgelehnt. Danzig hat sich als Reichsgebiet erklärt und ist formell in das Reich aufgenommen worden. Eben war Walther oben, der Fliegeralarm ansagte und unsere elektr. Leitungen nachsah, die gestört waren. Wie froh bin ich, daß Du jetzt draußen bist! Allerdings ist es in Holland auch wohl jetzt recht ungemütlich! Mobilmachung u. Bezugsscheinwesen! Ich glaube, Du läßt am besten Deinen Transfer in der holl. Guldenwährung, die mir stabiler vorkommt als amerikanische Dollar, die jeden Moment abgewertet werden können. Hoffentlich bleibt Holland von einer englischen Invasion verschont, von Deutschland hat es nichts zu fürchten nach der jüngsten Erklärung. Der Führer wird, heißt es, seinen alten Soldatenrock wieder anziehen u. an die Front gehen. Er hat schon 3 Nachfolger ernannt. Gott behüte uns alle

In herzlicher inniger Liebe Dein O.

N. S. Deine Maschinenschrift ist sehr gut lesbar, ebenso wie die Federschrift. Ich passe jetzt mit Hannemann, die sich sehr gut bewährt, die Gasmasken an. Die Versammlung bei Alarm ist drüben in der Schule, im Keller. Ich werde aber nicht hingehen, ich habe es Walther schon gesagt; Sitzgelegenheit ist da natürlich nicht für unsereinen.

Hoffentlich – auf Wiedersehn!
Dein O.

72 P   2.9.1939

B[erlin]Ch[arlottenburg] 2/9 39. 10ʰ

L. H.! Ich antworte auf Deine Karte vom 31/8. die ich gestern Abend erhielt. Hoffentlich bleibt die Postverbindung ungestört, trotz des Krieges, der gestern begonnen hat. Gestern Luftschutzübung u. Verdunkelung bis auf weiteres. Konrad u. Lotte[322] haben ihre Reise bis auf weiteres aufgegeben oder vielmehr aufgeschoben. Wenn ich nur wüßte, wie Dein großes F[ührungs]Zeugnis sich von dem kleinen unterscheiden soll. Ich kann Dir nur wiederholen, was mir von dem Polizeiamt gesagt worden ist. Es handelt sich vielleicht um ein Mißverständnis Deiner Gewährs-

---

322 Konrad Hintze und Frau.

leute. Man müßte mal einen amerik. Konsul befragen, aber das hat wohl noch Zeit. Muffe u. Füllfederhalter sollen besorgt werden, wie Du wünschest. Jetzt wirst Du wohl die holl. Zeitungen lesen müssen. Eine Neuigkeit noch: Stählin[323] ist gestorben, 75 J. alt, kurz nach Abschluß seiner russischen Geschichte[324]. Wie gern hörte ich etwas über Dein Befinden! Herzlichste Wünsche!

innigst Dein O.

73 B   4.–5.9.1939

B[erlin]Ch[arlottenburg] 4 Sept 39, 21^h Montag

Mein innig geliebtes Hökchen!

Die letzte Nachricht, die ich von Dir habe, ist von Donnerstag 31/8. Freitag habe ich Dir auf einer Karte (mit Antwort) geantwortet, ich könnte also vielleicht morgen Nachricht von Dir haben[X], und damit es morgen mit meiner Antwort schneller geht, will ich heute schon anfangen zu schreiben. Es ist ja vieles u. Verhängnisvolles geschehen in diesen Tagen, und eine dunkle Zukunft liegt vor uns. Dunkel auch im unbildlichen Sinne, weil Häuser u. Straßen jetzt beständig verdunkelt sind u. bleiben; auch in der Wohnung mangelte es bei uns ein paar Tage an Licht, in der Diele, im Speisezimmer und an den Leselampen; neu eingesetzte Sicherungen brannten immer bald wieder durch. Nach vielen Bemühungen ist es mir heute gelungen einen Installateur zu finden, der den Schaden geheilt hat. Das Karnickel war meine kleine Stehlampe, deren Schnur ganz verrottet war. Der Mann hat sie mitgenommen u. will sie morgen wiederbringen. Heute traf ich vom Branitz[325] heimkehrend, Fr. Dr. Engelmann, die sich natürlich sehr lebhaft nach Dir erkundigte und Dich vielmals grüßen läßt. Ihrer alten Mutter geht es gut, der Bruder ist noch hier. Sie sprach etwas davon, daß sie Dir noch Papiere ordnen sollte; ich war aber nicht im Bilde und glaubte, das sei alles durch Dich u. die Tante K.[326]erledigt. Die Muffe bei Olmes hat sich verabredetermaßen Fee'chen[327] ein paar Tage nach Deiner Abreise abgeholt; sie hat mir nur leider gar nichts davon gesagt, sonst hätte ich es Dir mitgeteilt. Frau Olmes war dann auch etwas erstaunt über die Rückfrage. Nach dem Füllfederhalter will Hannemann sich in den nächsten Tagen erkundigen. Wirtschaft u. Ernährung sind jetzt nicht leicht, aber Hannem. macht es sehr geschickt und ordentlich und wir haben noch keine Not leiden müssen. Das polizeiliche Führungsattest[328] habe ich jetzt zugesandt bekommen. Es besagt nur, daß Du 28 Dez 1912 bis 22 Aug. 1939 hier polizeilich angemeldet gewesen bist und daß Du nach dem Polizeiregister unbestraft bist. Andere Zeugnisse stellt das „Meldeamt" nicht aus; das „Polizeiamt" aber ist nur zuständig, wenn Strafen etc. vorhanden sind, und dann kann das Register so lang werden, wie das des Teufels gegen Nap[oleon] I. Das ist wohl das „große" Führungszeugnis, das Du meinst. Ich denke nun Dir dieses Blatt photokopieren zu lassen (etwa 3mal). Eine von den Photokopien werde ich Dir dann senden, zur vorläufigen Kenntnisnahme; die andere u. das Original kön-

---

323 Karl Stählin (21.1.1865 – 29.8.1939), Professor für Osteuropäische Geschichte in Berlin 1920–1933.
324 K. Stählin, Geschichte Rußlands von den Anfängen bis zur Gegenwart, Bd. 1–4, Berlin 1923–1939.
325 Zum Branitzer Platz führte O. H.s täglicher Spaziergang.
326 Käte Wolff.
327 Felizitas Schröter.
328 Vgl. Nr. 68.

nen später folgen. Wie Hannem. heute auf der Post erfuhr, ist dort von einer Behinderung des Briefverkehrs nichts bekannt. Nur finden große Verzögerungen statt. Der Verkehr ist überhaupt und überall verstopft und unregelmäßig; auch Fee'chens Koffer wird noch liegen bleiben müssen. Hoffentlich wird der Transport Deiner Kisten[329] von Hamburg nach Holland durch den Englandkrieg[330] nicht in Frage gestellt. Wir haben hier zur Erhebung unserer Gemüter nach den bösen Nachrichten gestern wieder etwas Musik gemacht: Largo, Ave Maria von Bach-Gounod, auch die Platte mit dem Gesang von Gigli[331], die ich noch nicht kannte; „Und morgen" Schlusnus[332]; „Geduld"; schließlich Mondscheinsonate Cis moll.[333] Du siehst: wir lassen uns nicht unterkriegen. In der Judenfrage nichts Neues. Ich bin aber doch recht froh, daß Du jetzt draußen bist; die jetzige Lage wäre eine allzu schwere Belastung für Dich gewesen. Hoffentlich erholst Du Dich allmählich in der halkyonischen Sphäre[334] Hollands, obwohl es auch dort an Sorgen, Nöten u. Befürchtungen nicht fehlt. Ich las dieser Tage einen Aufsatz von H. H. Schäder[335] über Mani, der im 3. Jhdt. post Chr. n. auf Grund der alten Zarathustra Religion eine neue Religion der „Selbsterlösung durch den Geist des Lichtes" propagirt hat, die die Sassaniden erst duldeten, dann aber den orthodoxen Zoroastergläubigen opfern mußten. In Huysmans Roman „La bas"[336] unterhalten sich Pariser Studenten über diese „vernünftigste" Erlösungsreligion. Aber für heute genug. Es ist ¾ 10 geworden u. das Papier ist zu Ende. Gute Nacht, Du liebe Gebenedeite! Möchtest Du wieder, auch ohne das Pöckchen, eine „selige Fraue"[337] werden! Es ist alles möglich! Gute Nacht!

x Ist angekommen Dienstag früh 5/9 Karte folgt O.

74 P   5.9.1939

B[erlin]Ch[arlottenburg] 5/9 39 Dienstag

L. H.!

Heute früh erhielt ich Deine Karte vom 1/9, die lange unterwegs gewesen ist, zu meiner Beruhigung. Die beiden guten Tanten hatten heut früh schon angerufen, um mir das gleiche mitzuteilen. Du erhältst heute einen Brief zugleich, mit näheren Mitteilungen. Eben hat der Elektriker die Lampe wiedergebracht und den Wechselschalter im Schlafzimmer repariert. Vielleicht schaffen wir statt des allzu schadhaft gewordenen Eisschranks einen elektr. Kühlschrank an. Es fehlt uns seit Tagen an Eis, da die Lieferung stockt (Pferde requirirt), und die Kühlung kann man auch bei der Heizung wohl gebrauchen. Im übrigen geht es mir gut, Du brauchst um mich nicht zu sorgen. Alles Gute u. Liebe! Herzlichst u. innigst Dein   O.

329 Vgl. Nr. 70.
330 England hatte Deutschland am 3. 9. 1939 den Krieg erklärt.
331 Benjamino Gigli (1890–1957), einer der berühmtesten Tenöre des 20. Jhs.
332 „Morgen /Und morgen wird die Sonne wieder scheinen" vertont von Richard Strauß. Heinrich Schlusnus (1888–1952), seit 1917 an der Berliner Staatsoper, auch berühmter Liedersänger.
333 „Largo" von Händel; „Geduld" vertont von Richard Strauß, „Mondscheinsonate" von Ludwig van Beethoven. Vgl. Nr. 65
334 = Bereich glücklicher Ruhe.
335 Hans Heinrich Schaeder (1896–1957), war seit 1931 Professor für orientalische Philologie in Berlin.
336 Joris-Karl Huysmans, Là bas, 1891. Deutsch: Tief unten, Leipzig 1903 und Potsdam 1921.
337 Vielleicht Zitat aus Wagners Oper „Walküre": „Dich selige Frau hält nun der Freund …"

75 P   7.9.1939

B[erlin]Ch[arlottenburg] 7/9 39 Donn. 12 ½ h.

L. H.

Ich antworte auf Deine Karte vom 5. Sept. (Dienstag), die ich heute früh erhielt, zu einigem Trost in der trüben Zeit. Mir geht es gut. Frl. H.[annemann] bewährt sich sehr u. läßt schön grüßen. Ich hatte statt des Photokopirens eine zweite Ausfertigg des P[olizeilichen] F[ührungs]-Zeugn[isses] bestellt; es ist ganz kurz, wie ich Dir schrieb, „für Auswanderungszwecke" und nur 3 Monate gültig! Das „große" ist wohl das mit dem Strafregister, das vom „Polizeiamt" ausgestellt wird. Da bin ich abgewiesen worden, wegen Mangels der Strafen.[338] Montblanc giebt es 2 in der Tau[entzien]str. Dein F[üll]f[eder]h[alter] konnte aber nicht gefunden werden ohne Nummerzettel, weil die Zahl der Reparaturen zu groß ist. Ich probire noch, wie ich die Photos am besten schicken kann. Sie gingen am Ende alle in ein Kuvert, ich müßte den Brief dann einschreiben lassen. Viel Schreiberei mit dem Finanzamt. Luftschutzkeller jetzt im Hause! Verdunkelung andauernd. Laß uns hoffen! Herzlichst u. innigst

O.

76 P   8.9.1939

B[erlin]Ch[arlottenburg] 8/9 39, 11ʰ

LH!

Heut früh Deine Karte von Mittwoch 6/9 mit der Aussicht auf Uebersiedlung. Quod felix faustum fortunatumque sit![339] Deine Kisten[340] liegen Schuppen 9 Hamburg, Freihafen, sind bis 25. Okt. versichert; werden bei der engl. Blockade wohl noch länger liegen müssen. Schade! Aber was will man machen? „Eiserne Zeit, Beilzeit, Wolfszeit" (Edda). Die Photos will ich Dir doch lieber einzeln senden (in Briefen) wenns auch länger dauert. Ich werde jetzt oft an „Cement"[341] erinnert. Frl. H.[annemann] will sehen, ob sie Bezugsschein für ein Paar Netzjacken bekommt, später für ein Paar Socken. Man hätte früher dafür sorgen sollen, Du ahnungsvoller Engel Du! Ich danke Dir für Deine Tapferkeit, die auch mich stärkt. Ernährung leidlich, Befinden gut. Das „Fädchen" funktionirt![342] Wie stehts mit Bergen?[343] Wie denkt Prof. F.[344] darüber? Herzl. u. innige Wünsche für Dein Wohlergehen!

O.

---

338 Vgl. Nr. 68.
339 Aus der lat. Eingangsformel „Quod bonum felix faustum fortuna" = es möge Dir gut gehen.
340 Vgl. Nr. 70.
341 Vermutlich eine verschlüsselte Anspielung (Holzkopf, Zementschädel, Betonkopf).
342 Hiermit ist sicher die postalische Verbindung zwischen beiden gemeint.
343 Gemeint sind Auswanderungspläne nach Bergen in Norwegen. Vgl. Nr. 81.
344 Es könnte sich bei dem noch öfter (auch Fr. und Frid. abgekürzt) Genannten um den namhaften (jüdischen) Gelehrten Professor Hermann Frijda (1887–1944) von der Universität Amsterdam handeln, Ökonomist an der Jura-Fakultät. Hinweis von Professor Ivo Schöffer, Leiden. – Norbert Elias bedankt sich im Vorwort zum 1. Band von „Über den Prozeß der Zivilisation", S. LXXXI, beim Steun-Fond, Amsterdam, für Unterstützung sowie bei den Professoren Frijda, Amsterdam, und Bouglé, Paris.

77 B 11.–12.9.1939

Geliebte Frau!

Ich fange diesen Brief an, obwohl ich noch nicht wieder von Dir Nachricht habe. Aber die Post funktionirt sehr unregelmäßig, und außerdem wirst Du wieder zu packen haben, Du Armes, für den kommenden Umzug. „Uns ist gegeben auf keiner Stätte zu ruhn"![345] Vor einigen Tagen kam an Dich eine Abrechnung von D[eutsche] Verlagsanstalt für die Zeit 1. Juli 37 – 30 Juni 39.[346] Verkauft 4 geb. Exemplare zu 36 M., 15% = 5.40 M., die er demnächst schicken wird. Ich darf sie doch annehmen? – Ferner ein etwas voluminöser Brief von I. G.[347] Oranienburgerstr., den ich nicht geöffnet habe, weil auf dem Umschlag gebeten wurde, ihn – falls Adressat verzogen – uneröffnet an Absender zurückgehen zu lassen, mit neuer Adresse. Ich habe Zuilen b./Utrecht angegeben (nicht Zuilenveld,). Hoffentlich keine neue Bettelei! In diesem Falle rate ich Dir, einfach gar nicht zu antworten. Du hast wahrhaftig genug gezahlt! Außerdem ist es gar nicht zulässig. Wie viel Du auf Deinem gesperrten Konto noch hast, werde ich demnächst feststellen müssen, wenn ich wegen Neuveranlagung der Vermögenssteuer an das Finanzamt schreibe. Uebrigens sind die neuen Kriegssteuern so hoch, und natürlich wieder auf das „fette" Jahr 1938 basirt, daß meine ganze Rechnung dadurch umgestoßen wird und ich am Ende doch genötigt sein werde, Dich zu bitten, mir den Rest des Kontos doch zu überweisen, damit ich einen Rückhalt habe zur Aufrechterhaltung des Haushalts, der sich jetzt, trotz H[annemann]'s Tüchtigkeit, sehr schwierig gestaltet. Das Interesse der Hühner[348] kann ja dabei gewahrt werden, nach Deinem Ermessen. Darüber werden wir wohl noch näher zu verhandeln haben, sobald ich klarer sehe.

Fees[349] Koffer steht immer noch hier. Ihre kleineren Sachen hat Frl. H. in ein Päckchen zusammengepackt, das heute zur Post soll u. dem ich einen Brief beigefügt habe. Die beiden Exemplare des poliz. Führungszeugnisses, die mir vom Meldeamt zugehen sollten, sind noch nicht da. Es stockt eben jetzt alles. Den Füllfederhalter bei Brauns & Co. behalten wir im Auge (das andere Geschäft ist nicht in der Tauentzienstr. sondern nebenan in der Joachimstaler Str., das kommt wohl nicht in Frage). In einigen Tagen soll noch einmal nachgefragt werden, ob er sich gefunden hat. Vielleicht lege ich hier einige Photos bei, wenn es sich fügt. Ich breche hier ab und warte, ob vielleicht noch Post von Dir kommt. Vorläufig nur einen innigen Liebesgruß und tausend herzliche Wünsche! Otto

(Fortsetzung Dienstag, 12 Sept.) Es ist noch keine Nachricht von Dir da. Auch die Zeugnissendung noch nicht, auch der Briefträger mit den 5.40 RM noch nicht. Vielleicht lasse ich das Geld auch zurückgehen, wenn sich Bedenken erheben. Vorige Woche hatten wir den ersten Fliegeralarm „im Ernstfall". Es war aber nicht schlimm, dauerte aber doch eine halbe Stunde (Morgens 3 – 3 1/2, also mitten in der Nacht). Ich war „bettlägerig", werde aber das nächstemal wohl „geholt" werden. Socken haben sich noch in ausreichender Zahl gefunden; Netzjacken werden heute

---

345 Hölderlin, Hyperions Schicksalslied.

346 H. H.s Habilschrift „Staatseinheit und Föderalismus im alten Frankreich und in der Revolution", Stuttgart 1928.

347 I.G. = Jüdische Gemeinde.

348 Familie Schröter. Vgl. Anm. 158.

349 Felizitas Schröter.

angefordert. Der Tante Käte[350] will ich den versprochenen Koffer durch die Paketfahrt kostenlos senden lassen. Walther hat ihn schon bereitgestellt. Dein Konto bei Delbrück, Schickler & Co. beträgt noch RM. 3485 (nach Abzug der ersten am 10./9. fälligen Steuerzahlung). Nach Abzug der noch restirenden Steuerzahlungen (1632 M), werden übrig bleiben RM 2253. Ob Du frei darüber verfügen kannst, weiß ich nicht. Für die Hühner sehr wenig! Für mich auch kaum zulässig, übrigens für die Kriegssteuer nicht zu verwenden, da diese vom Gehalt abgezogen werden soll. Also überlege Dir, quod faciendum, ne fiscus omnia rapiat[351]. Konrad[352] schreibt mir, daß Wolfgang[353] eingezogen und er selbst die Praxis wieder übernehmen muß, bis sich Ersatz findet, da die Aerztin versagt. Ihr Besuch also weiter aufgeschoben. O, wie viel schöner war das Leben mit Dir, als die Gegenwart. Aber Du hast recht, wir wollen hoffen und uns gegenseitig stärken. Uebrigens Paßvorschriften verschärft, für Grenzübertritt deutscher Sichtvermerk auf der Burgstraße einzuholen. Ich segne Dich in ∞ Liebe u. Sehnsucht

Totus tuus[354] O.

78 P   13.9.1939

B[erlin]Ch[arlottenburg] Mittwoch 13/9 39

L. H!

Brief vom Freitag 8/9 u. Karte v. Sonntag 10/9 heute früh zugleich erhalten. Mein Brief von gestern (12/9) mit den Photos wird hoffentlich richtig ankommen; die übrigen behalte ich hier. Die 2 Original-Führungszeugnisse[355] sende ich an die neue Adresse. Für Auswanderungszwecke scheinen sie unbeschränkt zu gelten, sonst nur 3 Monate. Dieter[356] befindet sich zur Ausbildung in der Kaserne in Augsburg, näheres weiß ich nicht. Fr. Dr. Engelmann wird noch einen Portoschein von früher her gehabt haben; ich habe heute wieder auf der Post nachfragen lassen. Es giebt keine mehr. Deine Kisten[357] in H. sind keineswegs verloren. Sie könnten, wenn die Blockade länger dauert u. der Landtransport wieder flüssiger wird, wohl auf dem Landwege über Bremen-Oldenburg nach Utrecht geschickt werden; ich muß dann mal mit Liebenthal verhandeln. Laß Mut u. Hoffnung nicht sinken. Lies möglichst viel Zeitungen, trotz der Lügen. Vielleicht steigt die Humanitas mal wieder im Kurse. Zarathustra wird nicht so bald veralten.[358] Das tüchtige Frl. H.[annemann] grüßt schön. Alles Liebe u. Gute in innigem Gedenken Vale ut valeam[359]

O.

350 Käte Wolff.
351 Lat.: was zu tun ist, damit der Fiskus nicht alles raubt.
352 Konrad Hintze.
353 Wolfgang Hintze.
354 Vgl. Anm. 267.
355 Vgl. Nr. 68.
356 Dieter Schröter.
357 Vgl. Nr. 70.
358 Vgl. Nr. 73.
359 Vgl. Anm. 184.

79 P 14.9.1939

B[erlin]Ch[arlottenburg] Donnerstag 14/9 39

L. H.!

Ich antworte auf die liebe Karte, die ich heute früh von Dir erhielt, vom Dienstag 12/9. Die bevorstehende Uebersiedlung macht Dir wohl viel Packarbeit. Quod dii bene vertant![360] Ich habe mit allerhand Schreiberei für das Finanzamt zu tun, wenig erquicklich. Für Netzjacken ist der Bezugsschein da, sie sollen heute gekauft werden. Socken ausreichend. Ich bin also keineswegs schlecht versorgt. Von Aage Friis hatte ich einen neuen dicken Band; immer dasselbe Thema![361] Ich werde ihm aber sehr obligeant schreiben, auch eine Empfehlung von Dir aus Holland beizufügen [!], in Anbetracht seiner Bedeutung für Dich. Die Nachbarin[362] habe ich lange nicht gesehen, telephoniren mag ich nicht jedesmal, wenn Du schreibst u. sie grüßen läßt, es müßte schon ein besonderer Auftrag sein; sie ist ja wohl immer besetzt mit Stunden etc. Ich denke in Wehmut unserer guten Stunden; aber es ist doch besser, daß Du jetzt draußen bist. Arbeiten u. nicht verzweifeln! Vale ut valeam[363]

tuissimus[364] O.

80 P 17.–18.9.1939

B[erlin]Ch[arlottenburg] Montag 18/9 39

L. H.!

Ich antworte auf Deine 1. Karte von Samstag 16/9. Das sind ja unerfreuliche Nachrichten. Ich hatte gerade gestern ein Sonnett zur Begrüßung in der neuen Behausung niedergeschrieben; ich will es doch absenden, trotz der schlechten Aussichten, die sich doch noch vielleicht bessern werden. Und wo bleibt der gute Dr. Slotemaker?![365] [...] Wo kann ich das j[üdische] Kulturblatt abbestellen?[366] – Hier gehts schlecht u. recht. Ich muß mich mal mit Schlenzka[367] wegen Ernährung etc. besprechen. Frl. H.[annemann] läßt grüßen; wir machen oft Musik – trotz allem! Ich danke Dir, daß Du Mut u. Hoffnung nicht verlierst. Gott mit Dir! Innigst Dein O.

---

360 Vgl. Anm. 319.

361 Der dänische Historiker Aage Friis (1870–1949) beschäftigte sich vor allem mit der Nordschleswig-Frage. Er hat 1918 deswegen in Berlin verhandelt und von 1921–1946 drei Bände über die dänische Regierung und Nordschleswigs Wiedervereinigung mit Dänemark herausgebracht.

362 Vielleicht Susanne Engelmann.

363 Vgl. Anm. 184.

364 Vgl. Anm. 226.

365 Jan Rudolph Slotemaker de Bruïne, Theologe und Politiker (1869–1941), war von 1935–1939 niederländischer Unterrichtsminister. Es dürfte sich bei dem noch öfter Genannten um dessen Sohn Dr. M. C. Slotemaker de Bruïne handeln, einen Freund des späteren Propst von Berlin Heinrich Grüber, dessen „Büro Pfarrer Grüber" protestantischen Juden bei der Ausreise behilflich war. Slotemaker leitete für die Niederlande die „Hilfsstelle für Juden und Nichtarier" in Berlin.

366 Es kann wohl nur das „Jüdische Nachrichtenblatt" des Jüdischen Kulturbundes gemeint sein, das vom 23.11.1938 bis 31.12.1942 unter Kontrolle der Gestapo erschien und neben den jüdischen Gemeindenachrichten vor allem die antijüdischen Verordnungen veröffentlichen mußte.

367 Dr. Adolf Schlenzka, Urologe und Hautarzt, hatte nach dem Reichsmedizinal-Kalender von 1935 seine Praxis in der Passauer Str. unweit von Hintzes alter Wohnung am Kurfürstendamm.

Joyeuse entrée!   17/IX 1939
Blijde incomste!368

Dem Ritter gleich, der zwischen Schreckgestalten
Gerüstet, furchtlos seines Weges reitet,
Der sieghaft wider Tod und Teufel streitet,
Weil über ihm weit höhere Mächte walten –

So sollst auch Du im Eifer nicht erkalten
Für Ideale, die Dich früh geleitet,
Die Dich durch Not und Trübsal treu begleitet,
Mocht' auch der Jammer Dir die Seele spalten –

Einst wird aus Trümmern neues Leben sprießen,
Verjüngtes Blut wird durch die Adern fließen,
Die bösen Geister fliehn und bleiben fern.
Dein Dämon giebt Dir Kraft und Zauberstärke
Zu dem beglückend schweren Lebenswerke –
Und über Dir glänzt hold der Liebe Stern!

Totus tuus
O.

81 B   18.–19.9.1939

B[erlin]-Ch[arlottenburg] Montag Abend 18/IX 39

Geliebte Frau!

Die Schwierigkeiten Deiner Uebersiedlung in ein Winterquartier beschäftigen mich unausgesetzt. Welch ein Abstand gegen die Anerbietungen, die Dir durch Dr. Sl.369 und Frau Sl. gemacht worden waren und auf die hin Du Deine ganze Existenz aufs Spiel gesetzt hast! Ist nicht Dr. Sl. irgendwie erreichbar, daß Du an ihn appelliren könntest? Die Sache ist ja sehr delikat, aber Du darfst es den Leuten nicht zu leicht machen, sich den moralischen Verpflichtungen zu entziehen, die sie gegen Dich übernommen haben. Uebereile Dich nicht mit dem Angreifen des Notgroschens, den wirst Du anderswo noch dringender gebrauchen, als in Holland, wo man Dir freie Station und angemessene Unterkunft zugesagt hat. Bestehe darauf, daß man Dir Wort hält. Ich hatte auch angenommen, daß die Stiftung370 sich um Deine Unterbringung in irgend einer festen Stellung auswärts bemühen würde, daß sie in dieser Beziehung Vorschläge u. Anerbietungen machen würde. Davon scheint bisher gar nicht die Rede gewesen zu sein. Sei nur nicht allzu bescheiden und zurückhaltend in diesem Punkte! Von Bergen371 hast Du noch gar nicht zu sprechen

---

368 Franz. und niederl.: Glücklicher Einzug! Joyeuse entrée ist die Freiheitsurkunde der brabantischen
     Stände von 1356.
369 Martinus Cornelis Slotemaker de Bruïne.
370 Der später oft erwähnte Steunfonds. Vgl. Anm. 408.
371 Vgl. Anm. 343.

gewagt; ich verstehe das: die Sprache! Hast Du Dich mal wieder an Lederer[372] gewandt oder an dessen Frau? Oder an Julie B-V. wegen Flaggstaff?[373] O, wie schwer wird es Dir gemacht, Du mein liebes, liebes Hökchen, und ich sitze hier und kann nichts für Dich tun. Die Weltereignisse überstürzen sich. Hoffentlich kommt es bald zu einer allgemeinen Verständigung. Ueber Dein Sperrkonto verfüge nur ohne weitere Rücksicht auf mich. Vielleicht können Deine Kisten[374] auf dem Landwege von Hamburg nach Holland gebracht werden, aber erst mußt Du angemessen untergebracht sein. Ich will diesen Brief erst morgen schließen. Verzeih meine Reimereien, liebe Elfenkönigin[375]! Aber wenn ich stundenlang an Dich denke, kommen sie von selbst. Gute Nacht für heute!

Dienstag 19/9 39 Geliebte! Ich setze heute diesen Brief fort. Von Dir ist nichts weiteres gekommen. Dagegen hat Liebenthal geschrieben u. schlägt vor, die 3 Kisten, die im Hamburger Freihafen lagern, da der Seeweg gesperrt ist, zu Land über Köln nach Amsterdam zu befördern, was allerdings Mehrkosten im Vergleich zu dem Seeweg von RM 29 pro 100 kg (es sind 422 kg) also von ca 123 RM machen würde. An sich wäre ich sehr dafür, wollte das ja auch selbst schon vorschlagen; aber jetzt bei den aufgetauchten Schwierigkeiten wegen Deiner Unterbringung habe ich doch Bedenken die Ueberführung nach Holland schon jetzt vorzunehmen, da mir zweifelhaft scheint, ob Du dort lange bleiben wirst. Ich werde also L. schreiben, er solle die Sache vorläufig noch auf sich beruhen lassen, bis ich ihm weiteres schreiben kann u. bitte Dich die Sache zu überlegen und mir Deine Meinung mitzuteilen. Natürlich müßten die Kosten aus Deinem Sperrkonto gedeckt werden. Hier ist es bei der beständigen Verdunkelung schwer den Hinterausgang ohne Taschenlampe zu passiren. Es sind aber nirgendwo solche zu bekommen; sie sind, wie mir ein Fachmann mitteilte, weg gehamstert worden. Auch Batterien Ersatz ist nicht zu haben. Für Netzjacken habe ich zwar den Bezugsschein; aber Grünfeld[376] hat keine mehr u. sagt, sie würden auch nicht mehr geliefert. Ich muß also etwas Aehnliches Poröses, Durchbrochenes aus Kunstseide nehmen, was natürlich lange nicht so passend ist. Du wirst über diese kleinen Sorgen lächeln, Du, die so große hat! Nimm das beiliegende Versgestammel als Abdruck meiner Seelenstimmung u. meines wehmütigen Gedenkens an das, was mir das Liebste auf Erden ist! Mit Schlenzka will ich noch warten, bis die Milchlieferung aufhört (25./9); dann werde ich morgens wohl Haferbrei nehmen; es fragt sich, ob mit oder ohne Brot. Brot u. Kartoffeln giebt es genug, anders wie im vorigen Kriege; aber Milch, Käse, Butter gab es damals mehr; das ist gerade für mich wichtig. Von Konrad u. Lotte[377] erwarte ich noch nähere Nachricht, Frl. H.[annemann] glaubt es leisten zu können. Sie nimmt sehr Anteil an Deinem Schicksal u. läßt das Beste wünschen. Laß uns hoffen, Geliebte, bleibe stark u. mutig u. gehe Deinen Weg! Treulichst der Deine   O.

372 Emil Lederer (1882–1939), Nationalökonom, emigrierte in die USA, seit 1933 Dekan an der New School for Social Research.

373 Die Sternwarte von Flagstaff im Staate Arizona stellte damals Julies Nichte Hertha Vogelstein ein, um ihre Bibliothek zu ordnen. Julie Braun-Vogelstein, Was niemals stirbt. Gestalten und Erinnerungen, Stuttgart 1966, S. 380.

374 Vgl. Nr. 70.

375 Gestalt in Shakespeares „Sommernachtstraum" und/oder Theodor Fontanes Gedicht „Tom der Reimer", vertont von Johann Karl Gottfried Loewe. Vgl. Nr. 65.

376 Jüdisches Textilkaufhaus in Berlin, das 1938 „arisiert" wurde.

377 Konrad Hintze und Frau.

18 September 1939

Den grauenden Tag begrüßt an Hahnes statt
Die Nebelkrähe mit verdrossnem Schrei'n –
Mir aber fallen Nietzsches Verse ein –
Du weißt: ,weh dem, der keine Heimat hat!'[378]

Und schleunig dreht sich das Gedankenrad:
Ich seh' den Dichter – ahnst Du, wer es sei?
Zur kalten Kammer steigt er, stolz und frei,
Von seines Gönners warmer Feuerstatt.[379]

Bei alledem denk' ich doch nur an Dich
Du edler Flüchtling hältst Dich ritterlich!
Könnt' ich Dir helfen, ließ' ich gern mein Leben!

Du trachtest wahrlich nicht nach Glanz und Glück,
Nach Deinem Werke sehnst Du Dich zurück –
Orpheus [?] wird Dir dazu die Kanzel geben!

O.

82 P   20.9.1939

B[erlin]Ch[arlottenburg] Mittwoch 20/IX 39, 11ʰ
L. H.

Ich antworte auf die liebe Karte vom Montag 18/9 Ich verfolge mit gespannter An-
teilnahme Deine schwierige Wohnungssuche u. wünsche innigst ein gutes Ergebnis.
Wie schön, daß Du dabei noch Sinn hast für Natur u. Kunst! […] J[uden]druck
nicht verschärft bisher. Es wird Herbst! Hoffentlich habt Ihr dort noch mildes Wetter.
Haag wäre sehr gut für Dich – wegen der i[nter]n[ationalen] Institute, an die Du
doch vielleicht herankommen könntest. Hoff[entlich] nimmt pol[itische] Lage noch
günstige Wendung. Du bist mit all meinem Denken u. Tun verbunden. Herzl., innige Wünsche! Dein

O.

83 P   23.9.1939

B[erlin]Ch[arlottenburg] Sa. 23/9 39
L. H.!

Ich antworte auf Deine liebe Karte von Mittwoch 20 u. Donn. 21/9 u. zwar
gleich an die neue Adresse. Joyeuse entrée, blijde incomste![380] Vom 25. ab hier neue
Lebensmittelkarten. Rationen wie bei der Zwergenhochzeit; aber irgendwie wird

---

378 Letzte Zeile des Gedichts „Vereinsamt" von Friedrich Nietzsche.
379 Horaz.
380 Vgl. Anm. 368.

man wohl auskommen. Verdunkelung fortdauernd. T. Käte[381] läßt vielmals grüßen. Sie hat mir richtige geknüpfte Netzj[acken] vermittelt. Uebermorgen (Montag) soll ihr Walther den Koffer bringen. Schlenzka nächstens! Wie denkst Du über den Landtransport Deiner Kisten?[382] Tromp[383] war (mit DeRuyter) der große Seeheld im 17. Jhdt. im Kriege mit England. Fuhr, den Besen am Mast, die Themse hinauf.[384] Und heute!! Hoffentlich respektirt man auch von Engld aus die Neutralität! Hat nicht der heil. Augustinus Recht? Und Spengler?![385] Deine Spatzen vermissen Dich sehr! Wir machen noch oft Musik Abends, alte, liebe Stücke! Vielleicht schaffe ich auch noch neue Platten an. Was kann das evtl. Leben helfen! Mit innigen Wünschen u. Grüßen totus tuus

O.

84 P   25.9.1939

B[erlin]Ch[arlottenburg]. Montag 25/9 39

LH!

Ich erhielt erst heute Deine liebe Karte vom Freitag 22/9 Ich habe gestern schon an die neue Adresse geschrieben; hoffentlich ist die Karte Dir zugekommen. Ja die Raumnot! (in der Politik sagt man Volk ohne Raum[386]). Wie wirst Du das arrangiren! Aber Du wirst es alles meistern! Laß Dich nur nicht niederdrücken! […] Mit Schl[enzka] warte ich noch, bis Ernährungslage klarer. Keine Eile! Wetter sonnig aber kalt. Geheizt! Frl. H[annemann] bewährt sich nach allen Seiten. Liest auch gut vor. Um mich brauchst Du keine Sorge zu haben. Laß Dir Zeit mit Schreiben; ich bin nicht ungeduldig. Daß ich immerfort in Gedanken bei Dir bin, weißt Du ja wohl! Möge Dir draußen eine rota aurora erblühen. Hier wäre es wohl nichts für Dich! Von K[onrad] und L[otte][387] noch nichts. Will jetzt „branitzen"[388] gehen.

Leb wohl   Innigst Dein O.

85 B   26.–27.9.1939

B[erlin]Ch[arlottenburg] Dienstag 26/9 39

Geliebte Frau!

Der inhaltreiche Brief v. Sa. 23/9, den ich heute früh von Dir hatte, mit seinen wenig erfreulichen Nachrichten (er war übrigens von der Devisenkontrolle geöffnet worden), hat mir doch zugleich den Trost gegeben, daß Du eine starke, edle, gefaßte Seele hast, die sich nicht niederdrücken läßt und sich schließlich auch durchset-

381 Käte Wolff.
382 Vgl. Nr. 81.
383 H. H. ist nach Den Haag in die Trompstraat Nr. 332 gezogen.
384 Die niederländische Flotte drang 1667 in die Themsemündung ein.
385 O. H. bezieht sich auf des Hl. Augustinus' Lehre von der Unfähigkeit der menschlichen Natur zum Guten und auf Oswald Spenglers Werk „Der Untergang des Abendlandes".
386 Der Titel des Buches „Volk ohne Raum" von Hans Grimm von 1928 wurde zum Slogan der NS-Propaganda.
387 Konrad Hintze und Frau.
388 Vgl. Anm. 325.

zen wird. Immer hoffen u. tätig sein; es kommen auch wieder mal bessere Nachrichten – oder der Himmel fällt ein – u. dann – – Ich spüre Deine große Liebe u. wünsche mir nichts Schöneres, als wieder mit Dir vereint zu sein, hier oder sonstwo, denn Du bist u. bleibst die bessere Hälfte meines Lebens! Im einzelnen kann ich Dir jetzt schwer raten; im ganzen aber möchte ich Dir sagen: spare jetzt nicht zu ängstlich, laß Dir nichts abgehen, genieße jede schöne Stunde, sauge Kraft aus jeder kleinen Freude und wenn Du mit einem kleinen Zusatz aus Deinen Notgroschen Dir das Leben erträglicher machen kannst, so tu es ja – wozu ist denn das Reserverad! Den Kameraden[389] könntest Du ruhig verkaufen u. vielleicht auch ein u. das andere Stück aus Deiner Garderobe. Mit der Sendung der Kisten nach Amsterdam will ich doch noch warten, bis sich der pol. Horizont mehr geklärt hat.[390] Wie schade, daß Du nicht bei K's wohnen kannst. Da steckt sicher wieder die latente Eifersucht der geistig unbedeutenden Frau dahinter, der Du schon so oft begegnet bist. Ich erinnere mich an Prof. K.[391] nicht; seine Rolle bei meinem Königsberger Dr. jur. h.c. kann wohl nur untergeordnet gewesen sein.[392] Ich weiß, daß die Sache von Otto v. Gierke[393] gemacht worden ist, der seinen Sohn, Julius v. G.[394], damals Dekan der Juristenfac. in Königsberg dazu veranlaßt hat. In der Berliner Jur.fac. schwankte damals die Wahl des einen Dr. jur. h.c., den sie zum Jubiläum creiren wollte, zwischen mir u. Koser, Gierke war für mich, Brunner[395] für Koser. Die beiden einigten sich dann in der angedeuteten Weise, damit die Wahl, wie notwendig, nomine contra dicente[396] geschehen könne. Heute früh war Schlenzka bei mir; er hat mich untersucht u. war sehr zufrieden mit meinem Gesundheitszustand. Er wird mir ein Attest schreiben, daß ich mehr Fett (Butter) bekommen soll; hoffentlich hilft es, was Frl. Hannem.[ann] sehr trösten würde. Er hat ein Fläschchen mitgenommen, u. wenn wieder nichts ist, wollen wir die Zügel in Bezug auf Mehlspeisen (Gries, Graupen, Nudeln, Spagetti etc.) etwas lockern, was auch sehr helfen wird. Ich glaube also, was mich anbetrifft kannst Du ohne Sorge sein. Eben hat Doro Irmler[397] angerufen, von der Paula[398] Nachricht über Dich verlangt hat. Ich habe ihr Bescheid gesagt, ohne Deine Sorgen zu stark zu unterstreichen. Axel v. Harnack[399] hat auch angerufen u. wird Freitag 29/9 Nachmittag bei mir vorsprechen. Da werde ich wohl allerlei hören.

Von Taschenlampen hat Frl. H.[annemann] in Deinem Zimmer nichts gefunden. Es wäre natürlich für sie bei den dunklen Treppen u. Gängen mit dem Ascheimer sehr wesentlich. Aber hier ist alles dergl. beschlagnahmt für mil. Zwecke. Mars

---

389 Das Einheitsradio: der Volksempfänger.
390 Vgl. Nr. 81.
391 Der Staats- und Völkerrechtler Erich Kaufmann (1880–1972), später vermutlich mit Mercatori verschlüsselt. Er emigrierte 1939 in die Niederlande und wurde Verwalter des Nachlasses von H. H.
392 Vgl. jedoch Brief Nr. 239.
393 Otto von Gierke (1841–1921), Professor für Staatsrecht in Berlin.
394 Julius von Gierke (1875–1960), Professor für Bürgerliches Recht, 1938 wegen seiner jüdischen Abstammung emeritiert.
395 Heinrich Brunner (1840–1915), ab 1873 Professor für Rechtsgeschichte in Berlin.
396 Lat.: einstimmig.
397 Joseph Irmler war Kollege O. H.s an der Berliner Universität.
398 Vermutlich eine Freundin H. H.s.
399 Axel von Harnack (1895–1974), Bibliothekswissenschaftler, Sohn des berühmten Theologen und Historikers Adolf von Harnack (1851–1930) und Bruder des Widerstandskämpfers Ernst von Harnack (1888–1945), ein treuer Freund des Hauses Hintze.

regiert die Stunde. Muss[olini] bläst zum Frieden, aber die Engl. stellen in Frankr. eine Expeditionsarmee auf; wer weiß was sie vorhaben u. ob Deine Kisten nicht sicherer in Hamburg als in Amsterdam lagern. Es ist schade, daß mit Norwegen nichts zu sein scheint.[400] Augenblicklich ist man auch dort sehr im Druck – wegen der engl. Blockade. Wir bekommen hier die guten Hummern aus Norwegen nicht mehr, dafür aber Langusten aus dem Mittelmeer, die über Italien kommen. An Georg Stein[401] denkst Du wohl gar nicht mehr und der Vetter Hans hat wohl nichts von sich hören lassen. Weiß er überhaupt Deine Adresse? Frau Käte W.[402] war nicht zu Hause, als Walther den Koffer brachte; er hätte ihn beinahe zurückbringen müssen. Dabei hatte Frl. H. mit ihr Tag u. Stunde verabredet. Sie scheint viel „eingeladen" zu sein. Walther hat sich übrigens wieder sehr nett benommen bei der Sache. – Du liebes, liebes Menschenkind Du, Du höheres Wesen: „Du bist von dieser Erde nicht"[403] – mein Morgen- u. mein Abendstern, meine Sonne, die von fern durch die ach just so trüben Wolken leuchtet! Meine Liebe zu Dir nimmt, möchte ich sagen, im Quadrat der Entfernung zu – die Aequinoctialzeit[404] stimmt astronomisch! Dein Teewagen leistet Frl. H. beim Auf- und Abtragen der Speisen die allerbesten Dienste und wird viel gelobt. Eben quietscht er wieder, es wird zum Abendbrot gedeckt. Auch Du Liebes, wenn alle Stricke reißen, kommst Du wieder zu mir zurück. Der Consul wird schon ein Einsehen haben, daß Du nicht ins „feindliche" Ausland willst u. kannst. Die neue Freundschaft mit Rußland könnte auch manches ändern. Aber keine Politik, sondern Liebe, Liebe, Liebe! Gute Nacht für heute: Sleep dwell on your eyes, and peace in your breast![405] In innigem Gedenken mit Gruß u. Segen Dein O.

Mittwoch 27. Sept. Hoffentlich hast Du das Sprüchlein besser wahrgemacht als ich. Mir lag Dein Schicksal zu sehr in den Gliedern. Heute früh habe ich zwei liebe Karten von Dir, die ich noch besonders beantworte. Es ist jetzt 9 Uhr, Frl. H. kommt eben von „dem" Fischladen zurück, hat ein Stück Rheinlachs erbeutet (gut, aber teuer!) u. geht nochmals zu Rollenhagen[406], da Laudach[407] keine Tomaten hat. Sie nimmt diesen Brief mit u. läßt schön grüßen. Tausend innige Wünsche von Deinem

O.

86 P 28.9.1939

B[erlin]Ch[arlottenburg] Donn. 28/9 39, 12ʰ

L. H.

Erhielt 2 Karten v. Montg 25/9, heute Brief (geöffnet) Sa. 23/9. Heil im neuen Heim! […] Glaubte, St-F.[408] würde sich mehr für Deine Placirung einsetzen. Univ.

400 Vgl. Anm. 343.
401 Nicht ermittelt.
402 Käte Wolff.
403 Aus Theodor Fontanes Gedicht „Tom der Reimer". Vgl. Anm. 281.
404 Zeit der Tag- und Nachtgleiche.
405 Shakespeare, Romeo und Julia, II, 2.
406 Ein Feinkostgeschäft der Spitzenklasse.
407 Vermutlich ein Gemüsegeschäft.
408 Vielleicht der Academisch Steunfonds, eine von niederländischen Hochschullehrern für emigrierte Wissenschaftler gegründete Hilfsorganisation.

u. dgl. jetzt wohl überall schlechte Konjunktur (Hier nur noch Berlin, Leipzig, München in Betrieb). Desto mehr pol. Prop[aganda]. Gutes Studierobjekt wäre jetzt die bewaffnete Seeneutralität gegen England 1780, wo Holland eine Rolle spielte (1781 Doggerbank!), ferner 1800, wo Rußland an der Spitze. Rolle Rußlands im pazifist[ischen] Sinne von der Heil. Allianz bis 1899 (Haager Schiedsger[icht]). Auf der Fr[iedens]Bibl. sicher viel Material! Internat. Bekanntschaften möglich. Wäre nicht Prof. Fr.[409] dafür zu gewinnen? Hugo Grotius! (1609) Ich schreibe vielleicht noch näher darüber.[410] Es ist hier kalt geworden und es wird gut geheizt. [...]

87 P   1.10.1939

B[erlin]Ch[arlottenburg] Sonntag 1. Okt 39

LH!

Deine liebe Karte vom Mittwoch 27/9, die heute früh ankam, erfüllt mich mit tiefer Sorge. Ich sinne wie Dir zu helfen wäre, u. finde keinen Weg, der Aussicht bietet. Du wirst doch wohl das Kap[ital] (!) angreifen müssen, wenn Dir nicht mehr bewilligt wird. Sendungen von hier sind jetzt ganz ausgeschlossen. Ich sandte Dir als eingeschriebene Drucksache Grieben u. Langenscheidt[411] mit dem Zusatz zur Adresse: bei Couvée, damit in Deiner Abwesenheit von dieser Stelle quittirt werden könnte. Hoffentlich angekommen. Um mich brauchst Du nicht besorgt zu sein. 3 neue Oberhemden hat Fee[412] von Deinem Gelde noch vor ihrer Abreise besorgt, wie ich erst jetzt erfahre. Socken etc sind auch da. Nahrung ausreichend. Axel H[arnack] läßt grüßen, ebenso Wilcken, der Nachbar[413], der übrigens im Sommer seine Frau verloren hat u. von 2 Töchtern betreut wird [...] Elektr. Licht hast Du wohl nicht? Kann Dir Prof. F.[414] nicht einen Spirituskocher u. eine Leselampe verschaffen? Die Bezahlung der 15 M. für Köhler[415] macht große Schwierigkeiten. Devisenstelle Genehmigung! Neue Finanzamts-Unbedenklichkeit, da die alte 15/9 abgelaufen. Was wird erst mit Liebenthal[416] werden! Ich danke Dir für Deine Tapferkeit, laß den Mut nicht sinken!

In ∞ Liebe und Sorge Dein O.

88 B   3.10.1939

B[erlin]-Ch[arlottenburg] Dienstag 3/10 39 11ʰ

Geliebte Frau!

Deinen lieben Brief vom Freitag 29/9, dessen Herzenstöne mich sehr gerührt haben (wie häßlich, daß auch der wieder „zollamtlich" geöffnet war), erhielt ich erst

---

409 Vermutlich Hermann Frijda. Vgl. Anm. 344.
410 Vgl. Nr. 88 vom 3.10.1939.
411 Reiseführer und Wörterbuch.
412 Felizitas Schröter.
413 Es könnte der Althistoriker und Geh.Rat Professor Ulrich Wilcken (1862–1944), aus der Nußbaumallee 24 gemeint sein.
414 Vermutlich Hermann Frijda. Vgl. Anm. 344.
415 Vgl. Nr. 91.
416 Vgl. Nr. 81.

heute früh. Ich finde, Briefe u. Karten brauchen jetzt sehr lange Zeit (gewöhnlich 4 Tage, früher 2!), wahrscheinlich wegen der Censur, die sie passiren müssen! Ich bin in Gedanken immer bei Dir u. denke, Du wirst das auch wohl spüren. Du mußt jetzt sehen, Dich in einen leidlichen Gesundheitszustand zu bringen u. dazu gehört natürlich auch die Ernährung. Wenn die dargebotenen Mittel nicht reichen, nimm ruhig etwas von dem Notgroschen, etwa 10–20 Gulden im Monat; damit könntest Du vielleicht zur Not auskommen. Das „Zarathustra"studium wird jetzt wohl ruhen müssen. Wie haben sich in Frankreich die Parteiverhältnisse geändert![417] Die Comm.Partei verboten, Humanité u. Soir desgl.[418], die komm. Deputirten, Marrés im cons[eil] munic[ipal][419] unmöglich geworden. Daladier[420] fast diktatorisch! Hoffentlich gelingt es einen neuen Weltkrieg zu vermeiden. Für Dich ist es sehr schlimm, daß Dir auch das Empire jetzt verschlossen ist. Auch mit Norwegen, das sehr im Druck ist, wird kaum mehr zu rechnen sein. Bleibt also eigentlich nur noch Amerika. Kein Echo von Lederer?! wie ist es mit Cuba? Hattest Du da nicht schon Fäden angeknüpft? Die große Welt wird doch ein Plätzchen haben für einen fahrenden Scholaren, der voll guten Willens ist und seine Kräfte zum Wohl der Mitmenschen betätigen möchte! Laß den Mut nicht sinken und tu alles, um Deine Leistungsfähigkeit zu erhalten und zu steigern! Deine Tapferkeit und hohe Gesinnung sind mein Trost und meine Freude! Du bist u. bleibst die Sonne, die mich wärmt und mir leuchtet! Um mich brauchst Du Dich nicht zu sorgen. Ich habe jetzt auch auf Schl.[enzkas] Attest eine kleine, willkommene Zulage an Butter u. Käse erhalten; Frl. H.[annemann] sorgt gut für mich. Sie ist sehr gescheidt u. umsichtig, was bei der Komplizirtheit des Kartensystems sehr nötig ist. Das Musiziren macht ihr viel Freude; ich denke auch ein paar neue Platten anzuschaffen, Beethoven, Schubert, Hugo Wolf! Am Kurfürstendamm sind ja Geschäfte dafür. Wir haben jetzt hier 8 Tage Siegesfeier mit Fahnen u. Glockengeläut.[421] Könnten sie erst den Frieden einläuten! Nun, wir wollen hoffen und nicht verzagen. Ich glaube wohl, die Fragen der Neutralität und des Seekriegsrechts sind Dir eine fremde u. wenig sympathische Materie; aber da Du gerade im Lande von Hugo Grotius weilst[422], und diese Dinge gerade jetzt von so aktueller Bedeutung sind, findest Du vielleicht doch Lust dazu, Dich etwas damit zu beschäftigen. Ist die Encycl. of social sciences[423] dort auf der Bibl. de la paix[424] zu haben? Seit der Declaration des Seekriegsrechts auf dem Congreß v. Paris 1856 (nach dem Krimkrieg) ist wenig mehr in dieser Materie geschehen. Interessant ist die Rolle, die Rußland dabei gespielt hat, namentlich seit 1899 (Haager Schiedsgericht etc), aber auch früher schon, 1780 bei der „bewaffneten Seeneutralität" u. 1800 bei der „Nordischen Convention" (Kaiser Paul). Es handelte sich immer um die Fragen der Kaperei, der Contrebande, der Blockade.

---

417 Das rein bürgerliche Kabinett seit April 1938 bedeutete das Ende der „Volksfront".
418 = die beiden führenden Zeitungen der französischen Kommunistischen Partei.
419 Deputierter im Pariser Stadtrat.
420 Edouard Daladier (1884–1970), französischer Politiker, 1939 ist er Regierungschef.
421 Die Siegesfeier markierte das Ende des Polenfeldzugs.
422 Gemeint sind die beiden berühmtesten Werke von Hugo Grotius: „De mare libero" von 1609 (= Von der Freiheit der Meere) und „De iure belli ac pacis" von 1625 (= Über das Recht des Krieges und des Friedens).
423 Encyclopedia of the Social Sciences, hrsg. von Edwin Seligman/Alvin Johnson, 15 Bde., New York 1930–1935.
424 Bibliothèque du Palais de la Paix in Den Haag.

Du erinnerst Dich an das Wort aus Faust II: Krieg, Handel und Piraterie – dreieinig sind sie, nicht zu trennen![425] Das ist das Signum für die Zeit der nord. Konvention 1800!

Die Frage des Besuchs von Konrad u. Lotte[426] ist immer noch in der Schwebe. Von Lotte hatte ich gestern einen Brief. Gerhard hat seine Stellung verloren, da die „Gehörlosen"Gesellschaft jetzt aufgelöst worden ist; Eva ist als Führerin von 40 Arbeitsmaiden in Freienwalde tätig u. scheint sich dort zu bewähren u. wohl zu fühlen. Wolfgang ist eingezogen, ebenso Hans, die Vertretungsfrage ist noch ungeregelt u. die Wohnungsfrage desgleichen.[427] K.[onrad] hat auch jetzt schon Diab[etiker]-Zulage. Ich habe jetzt viel mit der komplizirten Materie der Kriegssteuerzuschläge zu tun. Das Finanzamt überläßt dem Publikum, sich das Nötige selbst nach Zeitungsnotizen zu errechnen – offenbar wegen zu starker Belastung. Bei Meilchen[428] nebenan wird ein großer Luftschutzkeller angelegt; einen Alarm haben wir aber noch nicht wieder gehabt. Daß Lotte Dir die herzlichsten Grüße u. Wünsche sendet, habe ich vorhin vergessen zu erwähnen. Auch das will ich noch nachholen, aus der Unterhaltung mit Axel v. Harnack, daß Slotemaker der Vater, ein Theologe, ein bevorzugter Schüler von Harnack[429] ist und der Name in der Familie wohlbekannt. Was ist eigentlich das Fach von Prof. Frijda?[430] Die Theologen scheinen in Holland eine große Rolle zu spielen. Das Wetter ist hier kalt u. unfreundlich, Wind und Regen; aber gut geheizt. Hoffentlich brauchst Du nicht zu frieren in Deiner Dachkammer, und hast ein gutes Bett u. guten Schlaf. Gott behüte Dich, Du mein Liebstes auf der Welt! Vale ut valeam[431]: Tuissimus[432] O.

89 P 4.10.1939

B[erlin]Ch[arlottenburg] Mittwoch 4/X 39

L. H!

Heut früh erhielt ich Deinen lieben Brief v. 2/X (Montag), diesmal nicht geöffnet! Ich glaube, Du hast ganz recht getan mit dem neuen Zimmer. Notlage – Notgroschen! Zunächst ist die Hauptsache, daß Du Dich erholst und von den seelischen u. physischen Strapazen etwas ausruhst. Das Weitere wird sich schon finden! Ich danke Dir für den Mut u. die Standhaftigkeit, die Du in Deinem Schicksal beweisest und die auch mir die Gewähr geben, daß Du Dich durchbringen wirst. Von hier ist nichts Neues zu melden; es wird kälter u. ich habe meine Winterkluft angelegt. Freitag kommt Flügel. Frl. H.[annemann] bewährt sich weiter u. spielt mir Abends vor. Gestern Mondscheinsonate[433] mit Concert von Liszt u. Unvollendete von Schubert (Satz 2 habe ich der Hauptmelodie die Worte untergelegt „O Du selige Frau!"[434]) Ich dachte nur an Dich und an schönere Tage, wo Du diese Anrede

---

425 Goethe, Faust, Zweiter Teil, V, 11187.
426 Konrad Hintze und Frau.
427 Sämtlich Mitglieder der Familie Konrad Hintze.
428 Hauswirt der Kastanienallee 28.
429 Adolf Harnack.
430 Vgl. Nr. 76.
431 Vgl. Anm. 184.
432 Vgl. Anm. 226.
433 Vgl. Anm. 333.
434 Vgl. Nr. 73.

gern hattest. Vielleicht kommen sie noch einmal wieder! Wir wollen hoffen und nicht verzagen. Das Finanzamt sendet die Mitteilung über die Kriegssteuer noch immer an uns beide. Ich muß ihm doch endlich klar machen, daß Du nicht mehr hier bist. Innige Grüße und Wünsche!   Dein O.

90 P   5.10.1939

B[erlin]Ch[arlottenburg] Donnerstag 5/X 39, 11^h

L. H.

[…] Hast Du die Gugg[enheim(er)]-Liste New York bei Dir? Wie wärs mit einer Anzapfung dort? Vielleicht giebt es auch Gugg. in Amsterdam[435]?! S.O.S.! Herzlichst u. innigst Dein

O.

91 B   7.10.1939

B[erlin]Ch[arlottenburg] Sonnabend 7./X 39

Meine innig geliebte Frau!

Ich war ziemlich erstaunt, als ich gestern, am 6. Okt. Deinen lieben Brief vom 1. Okt erhielt, nachdem ich bereits einen solchem vom 2. Okt. u. auch eine Karte vom 3. Okt. erhalten hatte. – Er war wieder zollamtlich geöffnet und man scheint sich nicht mit der Devisenkontrolle begnügt zu haben; sonst hätte es wohl nicht so lange gedauert. Hoffentlich hat man aus der Lektüre einen Hauch Deiner großen und edlen Seele gespürt, deren Ausdruck gerade in diesem Briefe mich wieder beglückt und mir die tröstliche Gewähr giebt, daß Du trotz Deiner schwierigen Lage Dein edles Selbst und das Kleinod unserer Liebe behauptest und niemals preisgeben wirst. Ja, Du Geliebte: in dieser Liebe ist doch etwas Göttliches, das höher ist als alle Vernunft und wir wollen daran festhalten, komme auch was da wolle! Laß uns hoffen und arbeiten, um die kleinen Sorgen des Tages zu meistern und Raum zu schaffen für eine größere sinnvolle Arbeit! Ich schreibe erst heute, weil ich gestern noch nicht wußte ob ich an die alte oder die neue Adresse meine Zeilen richten soll. Heute schreib' ich natürlich an die neue: Timorstr. 10. (NB. Timor ist doch wohl die Insel im malaiischen Archipel, die, wenn ich nicht irre, zur Hälfte den Niederländern und zur anderen Hälfte den Franzosen gehört.[436] Mit „timor" = Furcht[437] hat sie hoffentlich nichts zu tun! (Und Mevrow Jongjans[438] ist wohl nichts anderes als Jung-Jahn, wie wir sagen würden). Ich hoffe, daß Du Dich dort etwas behaglicher fühlen kannst als in dem alten Quartier. Wenn Du Dich erst etwas orientirt hast, wo die wichtigsten Sachen sich befinden, wird auch „aus dem Koffer" leidlich zu leben sein. Die Frage der Kisten[439] ist nicht ganz einfach. Du wirst sie in Deinem Quartier jetzt doch wohl nicht brauchen können, und wenn sie nach Amsterdam kommen, wirst Du die Sche-

435 Verwandtschaft Guggenheimer. Vielleicht auch die berühmten Unternehmer Guggenheim. Vgl. Nr. 91.

436 Die andere Hälfte gehörte zu Portugal.

437 In lateinischer Sprache.

438 Muß heißen: mevrouw (= Frau) Jongejans, vielleicht auch zu übersetzen mit Frau Junghans, H. H.s Vermieterin.

439 Vgl. Nr. 81.

rerei der Zollabfertigung haben und Lagergeld bezahlen müssen. Aus dem, was L.[440] mir schrieb, geht nicht hervor, daß in Hamburg Lagergeld zu zahlen ist; er schreibt nur von der Versicherung, die noch bis 25 Okt. läuft u. etwa gegen 40 RM betragen mag, alles in allem. Der Transport würde aber nicht zur See, wie ursprünglich geplant, erfolgen, sondern per Bahn bis Köln und dann den Rhein hinab bis Holland. Das würde Mehrkosten verursachen von 19 RM pro 100 kg., also für die 420 kg. etwa 80 RM, so daß wir auf etwa 120 RM. kämen. Die Kosten sind in deutscher Währung frei Amsterdam berechnet. L. denkt sich wohl, daß ich das aus meiner Tasche an ihn bezahlen könnte; aber das wird nicht zulässig sein, und die Bezahlung aus Deinem Sperrkonto wird auch Schwierigkeiten machen, wie die der 15 M. für Köhler, über deren Bezahlung ich von Delbrück etc.[441] immer noch keinen Bescheid habe. Unter keinen Umständen aber dürfte diese Last Dir zugeschoben werden. Darum möchte ich mit dem Transport noch warten bis etwa 20. Okt. und eventuell lieber die Versicherung in H. noch verlängern. Ob die Kisten in Amsterdam sicherer sein werden als in Hamburg ist noch sehr die Frage u. hängt von der weiteren Gestaltung der politischen Weltlage ab. Es ist wieder so, wie Schiller um 1800 es sah: „Seine Flottenschwärme streckt der Brite – gierig wie Polypenarme aus, und das Reich der freien Amphitrite will er schließen wie sein eigen Haus"[442]. Hoffentlich hält Amerika an der Neutralität fest, trotz Patman[443] u. Roseveld[444], sonst wäre Dir ja die ganze Welt verschlossen. Mein Einfall wegen der Gugg. Verwandtschaft in Amsterdam (oder New York) ist natürlich ein Strohhalm.[445] Aber Du solltest jetzt keine Chance unversucht lassen. Vielleicht geschieht auch einmal ein Wunder. Das Schicksal hat Dir bisher so übel mitgespielt, daß es auch einmal wieder lächeln könnte. Wie ich von Fl.[446] hörte, soll hier den J[uden] jetzt das Radio gesperrt worden sein[447], was mir um der T. Grete willen sehr leid wäre. Die enormen j. Gemeindeabg[aben] sollen von der G.St.P.[448] kontrollirt werden, was gewiß sehr wirksam wäre. „Bereuen Sie es nicht", sagt Dorn[449] . Mir geht es ganz gut – bis auf die Sorge um Dich! Vale ut valeam![450] Sieh vor allem, daß Du gesundheitlich vorwärts kommst. In Treue Dein

O.

440 Spediteur Liebenthal.
441 Bankhaus Delbrück Schickler & Co.
442 Schiller, Der Antritt des neuen Jahrhunderts. Strophe 5 beginnt: „Seine Handelsflotten streckt der Brite [...]" Das Gedicht endet: „Freiheit ist nur in dem Reich der Träume, Und das Schöne blüht nur im Gesang."
443 John William Wright Patman (1893–1976), Kongreßmitglied.
444 Franklin D. Roosevelt (1882–1945), amerikanischer Präsident.
445 Vgl. Nr. 90.
446 Fräulein Flügel (vielleicht Fußpflegerin?).
447 Am 20.9.1939 wurde Juden der Besitz von Rundfunkempfängern verboten.
448 Gestapo = Geheime Staatspolizei.
449 Vielleicht Walter L. Dorn gemeint. Vgl. die Einleitung von Brigitta Oestreich, S. 33 und S. 37. Walter L. Dorn, Inspektionen in der US-Zone. Notizen, Denkschriften und Erinnerungen aus dem Nachlaß, übersetzt und hrsg. von Lutz Niethammer, Stuttgart 1973.
450 Vgl. Anm. 184.

92 P   8.10.1939

B[erlin]Ch[arlottenburg]. Sonntag 8/X 39

L. H!

Ich bin eben von meiner Siesta auf und will meinem gestrigen Brief, den Du hoffentlich richtig erhalten hast, noch eine Karte nachsenden, damit Du antworten kannst ohne Dich in Unkosten zu stürzen. Das gute Frl. H.[annemann] hatte wieder für ein gutes Mittagessen gesorgt (Rinderschmorbraten mit Selleriesalat u. Sauerkraut, dazu Apfelmus). Du siehst wir leben nicht schlecht hier u. ich habe immer so etwas wie ein schlechtes Gewissen, wenn ich an Dich denke! Gestern Abend auch wieder Musik: Schuberts „unvollendete", Bach-Gounod Ave Maria u. Händels Largo. Alles Gebete für die Rettung einer geliebten Seele aus schwerer Not. Heute die Volkszählungsliste ausgefüllt, auf der die Steuerkarten beruhen sollen. Dein Name kommt nicht mehr vor! Ich denke Tag u. Nacht daran, wie man helfen könnte und bleibe wieder an Habana haften.[451] Ist eine Möglichkeit, da etwas zu tun? Die Correspondenz müßte von „Neutralien" doch eigentlich überall hin offen sein? Von Deinem „Heimatschein" verlautet gar nichts.[452] Der Krieg verwischt das alles. Hier noch immer Flaggen u. Glocken. Mortuos plango![453] Innigst Dein

O.

93 P   10.10.1939

B[erlin]Ch[arlottenburg] Dienstag 10/X 39

L. H.

Deinen lieben Brief von Donnerstag 5/X 39 habe ich erst heute früh erhalten! Natürlich war er wieder geöffnet worden! Ich antworte heute nur kurz; es ist so dunkel, daß ich, trotzdem es ½ 12 ist, doch nicht ohne Licht schreiben kann. Ich will dann auf den Br[anitz][454] und Deine schwierige Lage noch erst reiflich überdenken. [...] Steuerfragen sind jetzt mein tägliches Brod. In Oslo wird jetzt über Neutr[alitäts]- u. Seekriegsrechtsfragen verhandelt. Die Neutralen sollten ein Prop[aganda]Institut organisiren! Nächstens mehr. Innige Grüße u. Wünsche! Vale ut valeam[455]   O.

---

451 Damals hoffte Pfarrer Grüber noch, „daß das Protestantische Hilfskomitee in Amsterdam den Brückendienst zu den überseeischen Ländern übernehmen könne". Hartmut Ludwig, „So gehe hin und tue desgleichen!". Zur Geschichte des „Büros Pfarrer Grüber" 1938–1940, in: Bevollmächtigt zum Brückenbau. Heinrich Grüber. Judenfreund und Trümmerpropst. Erinnerungen, Predigten, Berichte, Briefe, hrsg. von Jörg Hildebrandt, Leipzig 1991, S. 11–40, hier S. 34.

452 Hier taucht zum ersten Mal der „Heimatschein" auf, der später eine so verhängnisvolle Rolle spielen sollte. Ein solcher Staatsangehörigkeitsnachweis findet sich z. B. im Nachlaß Emil Lederers in der Universitätsbibliothek von Albany/ USA.

453 Lat. Das vollständige Zitat lautet: Vivos voco, mortuos plango (Wir, die Lebenden, rufen die Toten). Lat. Leitspruch von Schillers Gedicht „Die Glocke".

454 Vgl. Anm. 325.

455 Vgl. Anm. 184.

94 P   11.10.1939

B[erlin]Ch[arlottenburg] Mittwoch 11/X 39, 12 [h]

L.H!

Heute früh – nach trübem Tag u. unruhiger Nacht, trotz des Nachklangs des Themas von der „seligen Frau"[456] aus der gestern wieder gespielten „unvollendeten" – beglückte mich Deine liebe Karte vom Montag 9/X wie ein durch Wolken brechender Sonnenstrahl. Möchtest Du es bald mutig sagen können: vivere juvat![457] Dank Deiner guten Wirtin, vielleicht darf ich ihr meine ergebenste Empfehlung machen? Mit der Karte zugleich kam der Brief v. Freitag 6/10, der wieder geöffnet war und mir den Ernst der Situation wieder recht eindringlich vor Augen stellte. Daß die Unterredung mit TM.[458] so verlaufen würde, wie Du es beschreibst, hatte ich schon vermutet; immerhin ist der Rockefellerbrief noch eine Chance, an die ich gar nicht mehr gedacht hatte. Ueber die Kisten habe ich Dir kürzlich geschrieben; Du wirst es wohl bald erhalten.[459] In Oslo tagt jetzt die NeutralenConferenz. Wenn sie dort ein Prop[aganda]bureau einrichten, würde jemand, der die Materie des Seekriegsrechts kennt, Aussicht auf Verwendung haben. Das war der Grund, weshalb ich Dich auf diese Materie aufmerksam machte, die ebenso historisch wie juristisch zu fassen ist, ja mehr histor. als jur.! Vielleicht schreibst Du doch noch mal an Herrn Koht[460]. Mit Bergen scheint es nichts zu werden.[461] Die Kriegskonjunktur hat Deinen ganzen Plan verdorben. ¾ der Welt ist Dir jetzt verschlossen. Aber Mut u. Hoffnung. Schließlich, wenn alles versagt – Tu ovis![462] Dein

O.

95 P   12.10.1939

B[erlin]Ch[arlottenburg] Donnerstag 12/X 39

[…] Der Cuba-Plan stammt wohl aus dem Bureau Pf[arrer] Grüber u. war durch Dr. Slotem[aker] vermittelt.[463] Könntest Du nicht mal wieder mit diesem in Verbindung treten? Prof. Fr.[464] scheint dazu wohl weniger geeignet. Daß der St.-F.[465] sich so wenig um Deine Placirung kümmern würde hätte ich nicht gedacht. Wie ist es denn mit den holl. Kolonien? Ist zwar weit weg, – aber… Irgend eine Lehrstelle! oder ein häusliches Arrangement – au pair: Hauslehrer, house keeper, „Tante" in einem guten Hause, etwa einem Gugg.[enheimer] in Amsterdam. Weiß Fr. nicht dgl zu vermitteln? Professorstellen sind überall rar, u. heute meist mit nationaler Propaganda verknüpft. Am besten für Dich wäre Neutralen-Prop[aganda]. Ob nicht Prof.

---

456 Vgl. Nr. 89.
457 Lat.: Es erfreut zu leben.
458 Vielleicht H. H.s späterer Testamentsvollstrecker Dr. ter Meulen, Direktor der Bibliothek des Europäischen Friedenspalastes Den Haag.
459 Vgl. Nr. 91.
460 Der Historiker Halvdan Koht (1873–1965) war von 1935–41 norwegischer Außenminister.
461 Vgl. Anm. 343.
462 Mittellat.: Du bist ein Schaf [aus der Herde Gottes].
463 Vgl. Nr. 92.
464 Vermutlich Hermann Frijda.
465 Vgl. Nr. 89.

Halfdan Koht dafür zu interessiren?[466] Ja, wenn Du Arzt oder Ingenieur oder Chemiker wärst! Aber Historiker ist heute nicht mehr Wissenschaft, sondern wie gesagt, Prop.! Wie lange gilt Dein Paß noch? wäre nicht am Ende Rückkehr ins Auge zu fassen? Hier ists allerd[ings] n[icht] schön. Der Krieg hat alles verdorben. Kuni[467] hat „Befehl" erhalten von Stettin, noch weiter zu praktizieren, trotz seiner 73 Jahre „Einwände ausgeschlossen". So gehts überhaupt. Frl. H.[annemann] hat sich eine kl. Bronchitis zugezogen beim stundenlangen Stehen in der Kälte beim Einholen. Mir gehts gut, bis auf die Sorgen. O diese Fata Morgana des St-F!! […]

96 P   13.10.1939

B[erlin]Ch[arlottenburg] Freitag 13/X 39, 12^h

L. H.!

Deine liebe Karte von Mittwoch Abend 11/X habe ich heute früh erhalten. Herzlichen Dank! Es freut mich, daß Du Dich in dem neuen Heim wohl fühlst u. auch auf der Bibl[iothek] ein angenehmes Arbeitsplätzchen hast. Dein Aufenthalt in H[aag] wird doch wohl so lange dauern, daß es sich lohnt die Kisten zu schicken (Amsterdam). Ich möchte aber erst Deine Zustimmung haben. Dann werde ich so gegen 20/X Schritte bei L[iebenthal] tun.[468] Für die Zukunft möchte ich noch an die Goldschmidt-Schule[469] erinnern. Weißt Du was daraus geworden ist? Anlaß dazu giebt mir eine Zeitungsnotiz, die ich Dir zugleich hiermit als Drucksache sende u. die Dich auch unterrichten wird, über j[üdisches] Schulwesen hier.[470] Man muß doch alle Möglichkeiten im Auge behalten. Mit Norwegen wird es wohl kaum etwas werden, bei den Kriegsverhältnissen.[471] Hättest Du nicht Lust, Dein großes Buch[472] in einen kleineren Band umzuarbeiten mit entsprechendem Titel etwa L'unité nationale en France et la Revolution. Ich glaube, Martinus Nijhof[f][473] würde geneigt sein, so etwas zu verlegen, in deutscher, franzö s. oder englischer, vielleicht auch niederländ. Sprache! Vielleicht geht das neben dem Zarath[ustra]! Ueberlegs Dirs doch. Las heute einen Artikel über das verdunkelte u. still gewordene Paris – jetzt wie hier! […]

---

466 Steunfonds. Vgl. Nr. 94.

467 Konrad Hintze.

468 Vgl. Nr. 91.

469 Es handelt sich um eine jüdische Privatschule am Roseneck, begründet 1935 durch Dr. Leonore Goldschmidt mit bis zu 350 Schülern. Die Begründerin ging im Juli 1939 nach England, die Schule wurde im November des gleichen Jahres auf staatliche Anweisung geschlossen. Im September 1939 begannen sie und ihr Mann Ernst Goldschmidt in Folkestone neu mit ungefähr 100 Schülern und bemühten sich, jüdische Kinder aus Deutschland herauszuholen. Das Unternehmen endete mit der Evakuierung Folkestones.

470 Die „Deutsche Allgemeine Zeitung" berichtete in der Abendausgabe vom 9.10.1939, daß das gesamte jüdische Schulwesen in Form von Privatschulen mit allen Rechten und Pflichten und unter Aufsicht deutscher Stellen an die jüdische Zwangsorganisation, die „Reichsvereinigung der Juden in Deutschland", übergegangen ist. Möglichkeit eines jüdischen Abiturs in Deutschland. Die Lehrkräfte erhalten Privatdienstvertrag. Die Lehrpläne sind auf Auswanderung auszurichten.

471 Vgl. Anm. 343.

472 Staatseinheit und Föderalismus im alten Frankreich und in der Revolution, Stuttgart/Berlin/Leipzig 1928, Neudruck Frankfurt am Main 1989.

473 Niederländischer Verlag mit Sitz in Den Haag.

97 P   14.10.1939

B[erlin]Ch[arlottenburg] Sonnabd 14/X 39, ½ 12ʰ
L. H!

Deine liebe getippte Karte von Donn 12/X kam heut früh an. Ich danke Dir für Deine so reichhaltige u. anschauliche Berichterstattung u. freue mich, daß die niederl. Studien u. die häusliche Wirtschaft Dir so zusagen. O, wohl! sagt Ranke.[474] Von dem dunkel-grauen Einerlei des hiesigen Lebens ist nicht viel zu sagen. Die brave H.[annemann] hat heute einen Seelachs erstanden, d.h. 2 Pf. dieses Riesentiers, das heute mit Senfsauce unser Mittagsmahl bilden wird. Zeitung, Forsch[ungen] & Fort[schritte][475], Nachsehen in „Quellenbüchern" etc. nimmt mir die Stunden weg. Es ist meist so dunkel, daß Licht gebrannt werden muß. „Verwirrtes Europa" – ob Dir nicht Hr. Valkenier-Kips[476]dort mal begegnet? Gestern hatten wir ein richtiges Gewitter, glücklicherweise hat es sich aber nicht zu sehr abgekühlt. Ich will jetzt „branitzen" gehen[477] u. fortfahren an meinen edlen Liebling zu denken, denn das ist doch meine Hauptbeschäftigung. Hier sieht mich alles so verwaist an, alles fragt: Wo ist das H'chen? Ubi bene ibi patria![478] Vielleicht geschieht noch ein Wunder! Merkwürdig, daß ich jetzt immer an Haus Dorn[479] denken muß. Du siehst, ich komme ins Phantasiren. Kein Wunder in dieser Lage. Tobias tobt mit Töpfen! Deine frische Lebendigkeit ist aber bei alledem ein großer Trost für mich. Habe Dank, daß Du mir den immer wieder spendest! Hoff. kommen noch Sonnentage, die Du genießen kannst! Eine kurze Spanne Zeit ward uns zugemessen.[480] Vale ut valeam![481] Tuissimus[482]   O.

98 P   15.10.1939

B[erlin]Ch[arlottenburg] Sonntag 15/X 39
L. H.

Dank für die schöne Bildkarte von Freitag 3/X. Es freut mich, daß Du noch goldene Herbsttage erlebst. Vivere aude![483] Hier hats gestern Abend wieder gewittert u. heute geregnet; auch aus dem „Branitzen"[484] ist gestern wegen des Regens nichts

474 Leopold von Ranke (1795–1886), Historiker. Zitat nicht ermittelt.
475 Nachrichtenblatt der Deutschen Wissenschaft und Technik, Akademie-Verlag Berlin.
476 Der niederländische Historiker Jan Hendrik Valckenier Kips (1862–1942) war im März 1918 in Berlin, um einen Vortrag in der „Deutschen Gesellschaft" zu halten. Meinecke schildert, daß dem Gast alles imponierte, „was er bei uns erlebte, bis auf die schlechte Kriegsseife herab." Friedrich Meinecke, Autobiographische Schriften, hrsg. von Eberhard Kessel, Stuttgart 1969 (Friedrich Meinecke, Werke, Bd. 8), S. 289. Ich danke Wolfgang Neugebauer für diese Recherche. In den 1930er Jahren wurde Kips zum Vordenker der niederländischen Faschisten und pflegte persönliche Kontakte zu Rudolf Hess und Reichspressechef Otto Dietrich.
477 Vgl. Anm. 325.
478 Lat.: Wo es mir gut geht, da ist mein Vaterland.
479 Huis te Doorn, von 1920–1941 Wohnsitz Kaiser Wilhelms II. in den Niederlanden.
480 Aus dem Gedicht „Lebenspflichten" von Ludwig Christoph Heinrich Hölty (1748–1776). Die erste Strophe lautet: „Rosen auf den Weg gestreut, / Und des Harms vergessen! / Eine kleine Spanne Zeit / Ward uns zugemessen.
481 Vgl. Anm. 184.
482 Vgl. Anm. 226.
483 Lat.: Wage zu leben!
484 Vgl. Anm. 325.

geworden. Aber mild. Frl. H.[annemann] hat sich mit ihrem „Brusttee" schnell von ihrem Katarrh befreit u. läßt schön grüßen. Gestern wieder Musik, das bekannte Programm. Ich habe noch 5 blaue 2 ½ C. Marken 1839–1939, werde sie gelegentlich senden (die Aufschrift 100 jaar nederlands Spoorwegen[485] fehlt aber; nur die Zahlen 1839–1939. Sind das die gewünschten?) Ich bin jetzt zum Wasserkakao übergegangen, ein braunes, nasses u. warmes Getränk. Erhielt heute von Stählins Wittwe[486] einen postumen Artikel aus H. Z.[487]: Nekrolog von Erich Marcks! Memento mori! Tu vero vivere aude![488] Es hellt sich auf, ich will doch versuchen zum Branitz zu kommen. Sammeltag.[489] Las in der Daz.[490] über Felix Timmermans Heim in Lier (bei Antwerpen). Du weißt, das Schokoladenschiff![491] Hieß nicht auch so der holl. Schützling von Mutt. Stengel[492] der uns mal Goudakäse schickte? Den könnte man jetzt brauchen hier! Lese in Turgeneffs Gedichten in Prosa.[493] Erinnern stark an Baudelaire (Fleurs du mal)[494] Du siehst ich bin in der Stimmung wie Frobenius 1914![495] Sei weiter stark u. mutig! Fortes fortuna adjuvat![496]

Dein O.

99 P   16.10.1939

B[erlin]Ch[arlottenburg] Montag 16. Okt. 1939

L. H.!

Deine liebe Karte von Samstag Abend (14/X) hatte ich heute früh. Ich verstehe vollauf, daß Du bis jetzt mit Deiner Einrichtung genug zu tun hast; aber Deine Karten sagen mir genug u. gehen schneller als Briefe! Ich will mit L[iebenthal] verhandeln, fürchte aber, daß er sich auf Haag nicht einlassen wird, da er nur den Wasserweg bis Amsterdam im Auge hat u. auch mit der Zollabfertigung u. Umladung auf die Eisenbahn in Holland nichts zu tun haben will.[497] Die Briefmarken haben mir doch noch Bedenken verursacht; ich erinnere mich jetzt gelesen zu haben, daß ähnliche Sendungen beanstandet worden sind u. möchte jedenfalls erst bei der De[visen]Stelle anfragen. Liegt Dir sehr viel daran? Ich habe mich etwas vorschnell bereit erklärt, weil ich jeden Deiner Wünsche gern erfüllen möchte. Die ganz natürlichen Gerichte, die Du liebst, fallen hier fast ganz weg; wie Du hier ernährt wer-

---

485 2 ½ Cent-Sondermarken „100 Jahre niederländische Eisenbahnen".

486 Frida Stählin. Vgl. Nr. 72.

487 Historische Zeitschrift.

488 Lat.: Gedenke des Sterbens! Du aber wage zu leben!

489 Straßensammlung. Meist für das Winterhilfswerk.

490 Deutsche Allgemeine Zeitung. Seit 1926 in der Norddeutschen Buchdruckerei und Verlagsgesellschaft, überparteilich-national. Wurde 1940 in den nationalsozialistischen Deutschen Verlag übergeführt.

491 Eine Geschichte des flämischen Volksdichters Felix Timmermans (1886–1947).

492 Vermutlich die Frau des Gymnasialprofessors Paul Stengel. Vgl. Nr. 41.

493 Iwan Sergejewitsch Turgenjew (1818–1883). Sein letztes Werk, von ihm „Senilia" betitelt, erschien 1882 auf Russisch, 1883 auf Deutsch unter dem Titel „Gedichte in Prosa".

494 Der Gedichtband „Les fleurs du mal" von Charles Baudelaire (1821–1867) erschien 1857.

495 Herman Frobenius, Des deutschen Reiches Schicksalsstunde, Berlin 1914, oder Leo Frobenius, Schicksalskunde im Sinne des Kulturwerdens, Leipzig 1932, S. 14: „Daß im Juli 1914 für die euramerikanische, auch okzidentale Kulturwelt genannt, eine vulkanische Katastrophennacht begonnen hat, darüber sind sich wohl alle einig […]."

496 Lat.: Den Mutigen hilft das Glück.

497 Vgl. Nr. 91.

den solltest ist schwer zu sagen.[498] Aber vorläufig kannst Du ja das Gute dort noch genießen. Das Wetter ist auch hier mild geworden, nur regnet es viel; aber auf den Br[anitz] gehts noch.[499] Gestern Abend wieder Musik. Frl. H. [annemann] war Nachmittags bei ihrer Schwester in Steglitz, die uns manchmal mit Fett aushilft, war aber gegen 6 wieder zurück. Bei der absoluten Dunkelheit sind Abendausgänge kaum möglich. Ob es noch so etwas wie „Nachtleben" gibt? In Paris scheint es ähnlich zu sein, obwohl man kaum etwas davon erfährt; der Korrespondent der DAZ[500] sitzt jetzt in Brüssel. Herzliche innige Grüße und Wünsche! Dein O.

100 B   17.–19.10.1939

27. Okt. 1939 (3–4 Uhr nachts)
[von Hedwig Hintzes Hand:] soll wohl 17. heißen

Denk' ich daran, wie Dich des Schicksals Tücken
Verfolgt von Jugend auf und lebenslang,
Zu hemmen Dir des Geistes Schöpferdrang,
Die edle Lust, zu helfen, zu beglücken –

Wie man von Werten, die den Geist entzücken,
Dich trennte und zu schnödem Nichtstun zwang,
Bis Dir die Seele wurde matt und krank,
Und ließ sich dennoch nicht zu Boden drücken –

Denk' ich daran, so möcht' ich schier verzagen!
Doch seh' ich tapfer Dich das Unglück tragen,
In edler Haltung, mit erhobnem Haupt –
So will ich mit Dir kämpfen, hoffen, harren,
Und hält das Schicksal schließlich uns zum Narren –
Wir haben doch an Gottes Reich geglaubt!

[Von Hedwig Hintzes Hand in eckigen Klammern und rot angestrichen:]
Auf der 4. (oder 1.) Seite Gedicht

Donnerstag 19/X 39 12ʰ
Mein innig geliebtes Weib! Ich muß nun diesen Brief doch absenden, ohne die blauen Marken einzulegen. Nachdem ich gestern die Devisenstelle befragt habe, bin ich heute in die Ober-Postdirektion gegangen und habe auch dort den Bescheid empfangen, daß kein anderer legaler Weg bleibt um die 5 Stück Jubiläumsmarken nach Holland zu schicken, als mit dem ganzen Brimborium der Valuta Export Deklaration! Ich habe mich nun entschlossen diesen Weg zu beschreiten und lasse mir die nötigen Formulare besorgen. Wenn jetzt wieder Päckchen nach Holland befördert werden, will

---

498 Frühere Aufenthalte von H. H. im „Bad Weißer Hirsch" deuten auf eine Verbindung mit der aufkommenden Naturheilkunde und der von ihr propagierten Lebensweise.
499 Vgl. Anm. 325.
500 Deutsche Allgemeine Zeitung. Vgl. Anm. 490.

ich nun auch den Ständer zum Füllfederhalter absenden, der vor einiger Zeit zurückgewiesen wurde, weil damals der ganze Verkehr gesperrt war. Daß er es jetzt nicht mehr ist, schließe ich daraus, daß ich heute früh Dein Packert mit Liebesgaben erhielt. Wir waren sprachlos, als wir es auspackten, und freuten uns wie die Kinder über eine Weihnachtsbescherung. Diese köstlichen Gaben, eine immer schöner als die andere – und das alles hat sich das arme Hökchen vom Leibe abgespart – Hökchen, wie es leibt und lebt, mit seinem „edlen Drang zu helfen, zu beglücken"![501] (s. o.!) Aber das geht so nicht weiter! Einmal und nun nicht wieder! Dazu reichen Deine Mittel wahrhaftig nicht. Aber jeden falls heißen, innigen Dank! Was diese Gabe unter diesen Umständen bedeutet – ist der ein Mensch, der das nicht spürt! – Von Liebenthal kann ich noch keine Antwort haben[502]; dagegen hat Delbrück Schickler & Co.[503] die Bezahlung der 15 RM. für Dr. Köhler angezeigt auf einem Durchschlag, den ich nur mit großer Mühe entziffern konnte. Was das alles für Umstände sind, um Lappalien! Jetzt giebt es neue Karten für 4 Wochen, auch die Frage der Reisekarten und der Gaststätten-Karten ist neu geregelt, d. h. verschärft; lange Zeit war es an den Gaststätten frei! Gestern meldete sich der Neffe[504] telephonisch; er läßt Dich schön grüßen. Wie es ihm geht, weiß ich noch nicht, wohl kümmerlich. Sein Auto ist außer Betrieb gestellt; er hat sich gar nicht erst um den „roten Winkel" beworben.[505] Ich habe ihn zum Sonntag über 8 Tage Vormittag vorläufig festgemacht; will sehen, ob wir ihn zum Mittag da behalten können (vielleicht giebt es mal wieder ein Huhn oder so etwas). Es ist heute wieder so dunkel, daß ich bei Licht schreiben muß. Die Dunkelheit in den Straßen ist so, daß man niemand veranlassen kann, einen Nachmittags oder gar Abends zu besuchen. Man riskirt sein Leben, wenn man auf die Straße geht, weil man die Hand vor Augen nicht sieht. Der Autoverkehr hat übrigens sehr fühlbar nachgelassen; aber die Straßenbeleuchtung ist gleich null. Wir leben hier wie die Eskimos in der Winternacht. Ich denke, ein Jährchen wirst Du wohl noch im Haag bleiben können. Wie dann die Welt politisch aussehen wird wissen die Götter. Alles deutet auf einen längeren Krieg hin. Wer weiß wie er ausgeht. Erhalt' Dich für mich, wie ich mich für Dich. O Du selige Frau![506] Herzlichst u. innigst Dein O.

101 P 18.10.1939

B[erlin]Ch[arlottenburg] Mittwoch 18/X 39

L. H.

Besten Dank für die liebe Karte vom Montag 16/X, die ich heute früh erhielt. „Iß um Dich" solange Du noch in einem so nahrhaften Lande bist. Unsere hiesige Kost wäre wohl nichts für Dich. Heute Schellfisch – ein großer Markterfolg. Butterration für die nächsten 4 Wochen auf fast 500 g. (im ganzen) erhöht. Habe an

---

501 Vgl. die 1. Strophe des Eingangsgedichts.
502 Vgl. Nr. 99.
503 Vgl. Nr. 91.
504 Vermutlich Walther Hintze.
505 Für kriegswichtig befundene Fahrzeuge erhielten zum Zeichen der Fahrgenehmigung einen roten Winkel auf dem Nummernschild.
506 Vgl. Nr. 73.

Liebenthal[507] geschrieben u. erwarte seine Antwort. Habe mich bei der Devisenstelle erkundigt wegen der Marken. Besondere Genehmigung nicht nötig, aber einfache Briefsendung nicht zulässig. Versendung nur mit dem ganzen Apparat der Zollinhaltserklärung Valuten Exporterklärung, im ganzen 4 Formulare, eins mit Kohlendurchschrift anzufertigen. Ich werde es machen, wenn Dir viel daran liegt, möchte aber erst Deine Antwort darüber abwarten. Es regnete den ganzen Morgen, scheint jetzt (12 Uhr) aufgehört zu haben, ist aber so dunkel, daß ohne Licht nicht zu schreiben. Sonst ist von hier nichts besonderes zu vermelden. Alles in Ordnung. Gestern wieder Musik mit feinen Nadeln, auch für Orchestermusik, was doch besser klingt als mit den gröberen. Immer noch das alte Repertoir. Du bist dann ungesehen dabei! Fühle innig, wie viel ich Dir zu danken habe, welchen Wert Du für mein Leben bedeutest! Totus tuus![508] Vale ut valeam[509]

O.

102 P   20.10.1939

Freitag 20. Okt. 1939

L. H.

Herzlichen gerührten Dank für das Käsepacket und die beiden lieben Karten von Dienstag 17/10! Liebenthal hat jetzt geschrieben, schlägt vor, den ganzen Transport der Kisten durch Bahn bis Den Haag vorzunehmen, was allerdings von der Grenze ab in niederländ. Valuta zu bezahlen wäre, mit etwa 5,50 hfl., die Du wohl berappen müßtest.[510] Neues damnum emergens![511] Wenn Dir das recht ist, schreib mirs, dann will ich ihm gleich den Auftrag erteilen. Das Markenbriefchen ist mittels viel Gefackles fertig gestellt u. wird eben von Frl. H.[annemann] zur Post gebracht. Hoffentlich ist alles in Ordnung u. erwachsen Dir keine Kosten daraus. Der „Ständer"[512] folgt auch bald. Auf Dienstag hat sich T. Käte[513] für Nachmittag angesagt, die kühn mit einer Stalllaterne die verdunkelte Stadt durchstreift. Es ist heute etwas heller, das Laub ist in Massen gefallen, ich will noch auf den Branitz.[514] O Du selige, wie lieb habe ich Dich!

Vale ut valeam![515] Tuissimus [516]   O.

Eben Frl. H. zurück von der Post. Alles in Ordnung mittels 50 Pf. Zoll wirds nicht kosten. Die Sonne ist hervorgekommen und wird hoffentlich auch meinem edlen Liebling einen guten Tag bereiten. Sie wird Dich von mir grüßen! Totus tuus[517]
O.

---

507 Vgl. Nr. 99.
508 Vgl. Anm. 267.
509 Vgl. Anm. 184.
510 Vgl. Nr. 99.
511 Lat.: Neu aufgetauchtes Ärgernis!
512 Gemeint ist der Füllfederhalter-Ständer. Vgl. Nr. 69.
513 Käte Wolff.
514 Vgl. Anm. 325.
515 Vgl. Anm. 184.
516 Vgl. Anm. 226.
517 Vgl. Anm. 267.

103 B 24.10.1939

B[erlin]Ch[arlottenburg] Dienstag 24. Okt. 1939

Mein innig geliebtes Hökchen! Heute schon wieder eine so reiche Sendung – zu Hannemanns Entzücken, das aber bei mir mit Sorge um die abermalige Schmälerung Deiner Existenzgrundlage gemischt ist, zumal Dir noch die Ausgabe für den Kistentransport (5 Gulden 50 Cent.) in Aussicht steht. Ob Du diese auf Dich nehmen kannst, darüber hätte ich gern bald eine Erklärung, auf Grund derer ich dann das Transportgeschäft beschleunigen würde.[518] Dazu liegt jetzt ein besonderer Grund vor. Durch Verordnung des Finanzministers ist die Juden Vermögensabgabe erhöht worden durch weitere 5 % vom angemeldeten Vermögen (zusammen also 25 statt 20 %), die schon am 15. November 1939 bezahlt werden müssen.[519] Ich fürchte, man wird dabei auch an die Auswanderer-Sperrkontos gehen. Die Zahlungen müssen ohne besondere Aufforderung von den dazu Verpflichteten geleistet werden. Die Summe würde für Dich 7500 RM. betragen, also weit mehr, als auf dem Sperrkonto noch vorhanden ist. Da die Bank die Höhe deiner Verpflichtungen aus der Kontribution wohl nicht kennt, wird sie wohl nicht von sich aus ohne weiteres eine Zahlung vornehmen. Sie wird auch die für Steuerzwecke reservirten Gelder nicht dazu verwenden dürfen, und ich möchte nun, daß auch die zu erwartenden Mehrforderungen von Liebenthal, die mit dem Transport der Kisten verbunden sein werden, möglichst bald durch Einsendung seiner Rechnung an die Bank angemeldet werden sollten, um auch diese vor dem eventuellen Zugriff zu befriedigen, was doch wohl ohne besondere Genehmigung der Devisenstelle möglich sein würde nach dem, was ich darüber von dir gehört habe. Denn eine solche Genehmigung würde wohl jetzt Schwierigkeiten machen. Nach Abzug der Steuerzahlungen bleiben auf Deinem Konto noch RM 2253; die Forderungen von Liebenthal werden kaum über 1–200 RM. betragen, denke ich. Ob Du über diesen Rest jetzt noch irgendwie verfügen kannst ohne Genehmigung der Devisenstelle, ist mir zweifelhaft, und eine solche Genehmigung wird jetzt auch wohl kaum zu erlangen sein. Es wäre freilich bitter, wenn dieser Rest auch noch der Kontribution verfallen sollte.

Ich hatte heute einen sehr besetzten Tag. Vormittags war Meinecke[520] eine Stunde lang bei mir. Er hatte gehört, daß ich jetzt „ganz vereinsamt" sei und wollte sich mal nach mir umsehen. Ich konnte es nicht gut abschlagen, u. die Unterredung war auch nicht besonders interessant. Etwas neues habe ich kaum dabei erfahren. Von Akademie u. Uni ist er ebenso degoutiert wie ich selbst auch, und überhaupt lagen unsere Ansichten über die Gegenwart u. Zukunft nicht sehr weit auseinander. Erwidern werde ich natürlich den Besuch nicht, hoffe auch, daß er sich nicht so bald wiederholt. Meine Einsamkeit hat doch auch ihre Vorzüge, u. bei dem Geklöhn kommt nichts heraus. Nachmittags war Tante Käte[521] da, die von Deinem Kaffee

---

518 Vgl. Nr. 99.

519 Gemeint ist die 2. Verordnung zur Durchführung der Verordnung über Sühneleistung der Juden vom 19.10.1939; vgl. Joseph Walk (Hrsg.), Das Sonderrecht für die Juden im NS-Staat, 2. Aufl., Heidelberg 1996, S. 307.

520 Friedrich Meinecke war in jüngeren Jahren ein enger Freund O. H.s. Spätestens seit der Aufkündigung der Mitarbeit von H. H. an der von Meinecke herausgegebenen „Historischen Zeitschrift" 1933 ist diese Freundschaft brüchig geworden. Vgl. Nr. 245.

521 Käte Wolff.

bekommen hat, obgleich sie ihrer Augen wegen eigentlich keinen trinken soll. Sie ist sehr munter u. erzählte u. a., daß aus Jägerslust ein großer Flughafen gemacht worden ist, mit Soldaten in den Wohn- u. Wirtschaftsgebäuden. Der Tante Grete geht es nach ihrem Bericht ausgezeichnet; sie fühlt sich sehr wohl in dem Milieu, das Du ihr besorgt hast. Was bist Du überall für ein „Wohlthäter"! Eben wird der Abendtisch gedeckt. Dein leckerer Käse ist eine Wonne! aber bitte nicht wieder so etwas schicken! schon das Porto hat fast 2 Gulden betragen!! Um ½ 7 ist die Tante mit ihrer reizenden kleinen Laterne wieder abgezogen in Nacht u. Nebel hinaus. Eine kühne, tapfere Frau! Hier hält der Blätterfall noch immer an, man kommt kaum durch auf den Branitz.[522] Ich zerbreche mir den Kopf darüber, was für Brillen das Hökchen etwa schleifen könnte, finde aber nichts. Stundengeben ist wohl ausgeschlossen u. Stundennehmen ist keine einträgliche Beschäftigung! Aber man muß jetzt für den Tag leben: Unser täglich Brot gieb uns <u>heute</u>! Möge der gnädige Gott uns allen helfen, ganz besonders aber Dir, Du liebster mir von allen Gottesgedanken! Ich fühle tief u. innig, was ich an Dir habe u. danke Dir für alles! Treulichst Dein O.

104 P   25.10.1939

B[erlin]Ch[arlottenburg] Mittwoch 25/X 39

[…] Tag und Nacht kreisen meine Gedanken um Deine Zukunft. Aber die Gegenwart hat auch ihr Recht! Dank Deiner Munifizenz können wir sagen iowohl.[523] O daß ich Dir helfen könnte wie Du mir! Und ich habe nur Wünsche, Wünsche, Wünsche! Gestern abend wieder Musik. Wir raten jetzt an dem Text des „Geduld"liedes[524] herum (schöne Musik von Rich. Strauß, gesungen v. Schlusnus); sind schon dazu gekommen, daß wir Schlusnus fragen wollen! Eine Art Rätselraten. Lesen außerdem Roman der DAZ[525]. „Der verrückte Ferdinand"[526] von Pohl. Du siehst, unser Niveau ist nicht sehr hoch! Carpe diem! sincere et constante![527]

105 P   26.10.1939

B[erlin]Ch[arlottenburg] Donnerstag 26/X 39

L. H.!

Heute früh wieder ein Päckchen von Dir! Heißen Dank; ich sehe das Schelten hilft nichts! Ich brauche gar nicht das Laternchen anzuzünden und Dir ins Herz leuchten, ich weiß, wie es drinnen aussieht, und das macht mich glücklich, trotz alles Kummers u. aller Sorgen. Du bist doch ein ganz besonderer Typ! Gott erhalte Dich! – Den angekündigten Masch[inenschrift]-Brief habe ich noch nicht erhalten;

---

522 Vgl. Anm. 325.
523 Dies ist ein Wortspiel mit Magnifizenz, dem Titel der Universitätsrektoren, und stellt den Bezug zu München her, der Geburtsstadt H. H.s, und zum „jawohl" auf Bayrisch.
524 Gedicht „Geduld" von Hermann von Gilm zu Rosenegg, vertont von Richard Strauß (1864–1949), Op. 10, Nr. 5.
525 Deutsche Allgemeine Zeitung. Vgl. Anm. 490.
526 Erschienen Berlin 1939, Verfasser: Gerhart Pohl (1902–1966).
527 Lat.: Nutze den Tag! ehrlich und unwandelbar!

er wird im Cabinet noir[528] eingehend studirt werden! Habeant sibi![529] Frl. H.[annemann] hat Dir einen Brief geschrieben, den Du hoffentlich früher bekommst; sie bedankt sich wohl auch. Aber sie sorgt gut für mich. Etwas Besseres hättest Du kaum finden können. Hoffentlich bleibt sie gesund, es ist ein rechtes Wetter zum Erkälten; es regnet den ganzen Tag, so daß heute an Ausgehen kaum zu denken. Die Bäume sind bald kahl. Aber die Sonne wird wieder scheinen u. soll Dir etwas Freude u. Trost bringen! Ich aber denke Dein, bei Regen und Sonnenschein! Innigst
Dein O.

Vielleicht gelingt es mal wieder einen Portoschein zu erjagen; ich lasse jedesmal auf der Post danach fragen, aber sie sind äußerst selten. In Paris tagen jetzt die Immortels[530] in einem bombensicheren Kellergewölbe ihres Gebäudes! Hartung[531] ist bei uns auch in die Reihe der Unsterblichen aufgenommen – die einzige Neuigkeit von Belang, die ich von Me[inecke] erfuhr, der übrigens seine Saarbrücker Kinder u. Enkel jetzt bei sich hat!!

106 P   27.10.1939

B[erlin]Ch[arlottenburg] Freitag 27/X 39 17ʰ
[…] Ich schreibe heute zu ungewöhnlicher Zeit, weil heute Vormittag Dr. Kaeber bei mir war, der sich Dir bestens empfehlen läßt. Er ist jetzt auch in vorzeitigen Ruhestand versetzt propter feminam.[532] Auch hatte ich einen Feldpostbrief zu beantworten an einen Comp.chef, der sich nach Elli[533] erkundigte, deren Heirat bevorsteht – natürlich positiv. Es ist kälter geworden, Heizung nur mäßig, ich werde jetzt wohl wieder die Daunendecke in Gebrauch nehmen. Sonst hier nichts Neues. Frl. H.[annemann], die schön grüßen läßt, wird diese Karte noch trotz der Dunkelheit (nur etwas Mondlicht!) an den Kasten besorgen. Ich bin Dir nahe und fühle mich nicht „vereinsamt"! Dein O.

107 P   29.10.1939

B[erlin]Ch[arlottenburg] Sonntag 29/X 39
LH!
Heute früh erfreute mich Deine liebe Karte von Mittwoch 25/X. Ich hatte heute Vormittag den Besuch des Neffen Olly[534], dem es ganz leidlich geht, nur daß er sein Auto hat kaltstellen müssen, was ihm sehr schmerzlich ist. Leider konnte er nicht zum Essen bleiben, worauf wir uns die ganze Woche vorbereitet hatten, ohne

---

528 Zensur.
529 Lat. (frei übersetzt): Sollen sie doch!
530 Mitglieder der Französischen Akademie, die „Unsterblichen".
531 Fritz Hartung (1883–1967), Schüler und Nachfolger O. H.s auf seinem Lehrstuhl an der Berliner Universität; seit 1939 Mitglied in der Preußischen Akademie der Wissenschaften.
532 Lat.: wegen seiner Frau. Dr. Ernst Kaeber, Stadtarchivdirektor in Berlin, Schüler O. H.s, wurde 1937 in den vorzeitigen Ruhestand versetzt, da er sich nicht von seiner jüdischen Frau, mit der er seit 1929 verheiratet war, trennen wollte. Vgl. Nr. 121. Im Juni 1945 wurde er reaktiviert.
533 Vgl. Nr. 67.
534 Walther Hintze.

daß ich ihn freilich geradezu eingeladen hätte (was jetzt nicht gut geht). Nun werden wir von dem guten Schweinebrätle auch morgen noch essen u. von dem guten franz. Wein trinken. Seine Cigarretten sind gut u. die Lampe (wo mag die sein?) brauchte nicht in Tätigkeit gesetzt zu werden.[535] Ich habe nach manchem Räumen das Me[inecke]-Heft gefunden und gedenke es einfach als Brief zu schicken, was morgen geschehen soll. Der kluge Hans [Delbrück] handelt über die Revolution u. die Rev.heere in seiner „Gesch. d. Kriegskunst" Bd. 4, S. 447 ff. u. 457 ff. Du hast mir den Band noch schön binden lassen.[536] Ueberhaupt – Du! Auf Schritt u. Tritt rühren mich die Spuren Deiner Tätigkeit. Es muß Dir gelingen, wieder in den Sattel zu kommen, wenn nicht im Westen, so im Osten. Vergiß Cuba nicht![537] Lese mit Bedauern, wie Holland unter der Blockade[538] leidet. Die Nachrichten aus USA sind auch nicht gut. Flori[539] trotzdem! Vale ut valeam[540] Tuissimus[541]

O.

108 B   30.10.1939

B[erlin]Ch[arlottenburg] Montag 30. Okt. 1939

Liebste Hedl!

Ich sende Dir hier das gewünschte Heft aus Deiner Studienzeit.[542] Wenn es sich um Deine Arbeit über die Militärverfassung der Französ. Revolution handelt, wird aber, wie ich Dir schon auf der letzten Karte andeutete, die Benutzung von Hans Delbrücks Geschichte der Kriegskunst Bd. 4 (Neuere Zeit)[543] unerläßlich sein. Er handelt S. 445–455 über „Revolution u. Invasion" S. 455–483 über „die Revolutionsheere", wobei die Ausbildung der allg. Wehrpflicht und die dazu getroffen gesetzl. Maßregeln etwas summarisch behandelt und das Hauptgewicht darauf gelegt wird, daß die neue Heeresverfassung eine neue Taktik, und diese schließlich auch eine neue Strategie hervorbrachte. Damit geht er über zu der bekannten Doktrin über die Napoleonische Strategie. Ich denke, Du wirst auf den Bibliotheken im Haag das Buch wohl finden. Sollte es nicht der Fall sein, so könnte ich es Dir wohl schicken oder Dir die betreffenden Abschnitte photokopieren lassen, was freilich wie Du siehst, 30–40 Seiten würde umfassen müssen.

Ich erwarte Deine Entschließung darüber.

Sonst habe ich heute nichts wesentliches mitzuteilen und will die mir verbleibende Zeit, da Nachmittags die Sendung expedirt werden soll, dazu benutzen, sie fertig zu machen.

Mit innigsten Wünschen u. Grüßen
Tuissimus[544]   O.

---

535 Wahrscheinlich ein elektrischer Rauchverzehrer.
536 Hans Delbrücks „Geschichte der Kriegskunst im Rahmen der politischen Geschichte" ist in zahlreichen Lieferungen erschienen.
537 Vgl. Nr. 92.
538 Gemeint ist die britische Seeblockade, die sich auch gegen die neutralen Niederlande richtete.
539 Lat.: Blühe.
540 Vgl. Anm. 184.
541 Vgl. Anm. 226.
542 Von Friedrich Meinecke ohne nähere Angabe.
543 Erschienen Berlin 1920.
544 Vgl. Anm. 226.

109 P   31.10.1939

B[erlin]Ch[arlottenburg] Dienstag 31/X 39

L. H.!

Heute auch hier großer Postsegen. Zwei Briefe, der vom 21/X und einer vom 28/X, beide nicht geöffnet! Es muß also wohl eine vorübergehende Postsperre bestanden haben. Ich bin sehr froh über den Inhalt. Außerdem wieder un petit paquet[545]. Heißen Dank! Wir kommen mit dem, was wir erhalten, ganz gut aus; nur macht es viel Umsicht, Zeitaufwand u. Lauferei nötig; das kennst Du ja! Ich muß nur sehen, daß ich die schlanke Linie nicht wieder verliere. Frl. H.[annemann] bewährt sich ausgezeichnet. Sie hat mir das Kochbuch ausgeliefert, das demnächst als Drucksache kommen wird. Ebenso einen Lappen, der als Brief reisen soll. Gilms unglücklichen Text[546] wollen wir uns doch alters halber heraussuchen. Uebrigens gehen die Nadeln zu Ende, u. dann wird es auch wohl neue Schallplatten geben. Wer weiß … Die Kisten sind auf dem Marsch, Du wirst demnächst wohl avisirt werden.[547] Ob u. was Du eventuell in Sachen der 5 %[548] ans P[ostscheck] A[mt] Charl[ottenburg] schreiben sollst, überlege ich mir noch. Die Sache eilt noch nicht. Bock u. Thies.[549] brauche ich auch noch nicht. Habe zu meiner Freude die verramscht geglaubten 3 Bde Stählin Russ. Gesch.[550] in Deinem Zimmer gefunden, studiere die Rolle R[ußland]s in der Neutralitäts- u. Friedensfrage. Vale![551] O.

110 P   1.11.1939

B[erlin]Ch[arlottenburg] Mittwoch 1. Nov. 39

L. H!

Die Yoghurt ist genommen, die DAZ[552] noch nicht da, das Licht brennt[553] und ich kann nichts besseres tun, als von meinem beständigen Denken an Dich etwas in die Feder fließen zu lassen. In Bezug auf die 5 % bist Du, scheint es, nicht ganz im Bilde. Eine fünfte Rate à 7500 ist gemeint. Aber Du als émigrée brauchst davon nichts zu wissen und mich gehts nicht an. Das ist mein Standpunkt. […] Ich studire jetzt Rußlands Rolle in der bewaffn. Seeneutralität unter Katharina II (Panin)[554]. Hauptquelle eine große Denkschrift des preuß. Gesandten Gf Görz[555] 1800 (unter Paul), die in dem großen Recueil de traités etc. von Martens zu finden sein wird.[556]

---

545   Franz.: ein Päckchen.
546   „Geduld", Gedicht von Hermann von Gilm zu Rosenegg (1815–1864), von Richard Strauß vertont. Vgl. Nr. 104.
547   Vgl. Nr. 99.
548   Am 19.10.1939 wurde die sog. Judenabgabe von 20 % auf 25 % des Vermögens erhöht. Vgl. Nr. 103.
549   Nicht ermittelt.
550   Karl Stählin, Geschichte Rußlands von den Anfängen bis zur Gegenwart, 5 Bde., Stuttgart 1923–39.
551   Lat.: Lebe wohl.
552   Deutsche Allgemeine Zeitung. Vgl. Anm. 490.
553   Also keine Stromsperre.
554   Nikita Petrowitsch Panin (1770–1837) war unter Katharina II. Gesandter im Haag und in Berlin, unter Paul I. Vizekanzler und Außenminister.
555   Graf Johann Eustach Görtz v. Schlitz (1737–1821), preußischer Diplomat.
556   Friedrich von Martens, Recueil des traités et conventions conclus par la Russie, 15 Bde., Leipzig 1874–1909.

(Könnte nicht Rockef[eller] durch Frid.[557] veranlaßt werden, Dir zum Studium dieser Frage ein Forschungsstip. unter holl. Kontrolle zu gewähren?)[558] Die Sache wird heute alle Welt interessiren. 1780 ist der Plan gescheitert, weil Holland von England brüsk angegriffen wurde (Seeschlacht an der Doggerbank).[559] Das engl. Buch von Cap. Mahan über Seekriege wäre dabei heranzuziehen.[560] – Hauswart Walther seit 14 Tagen im Kr.haus wegen Ischias. Heizung durch arme Frau!
Tausend Liebes. Dein   O.

111 P   2.11.1939

B[erlin]Ch[arlottenburg] Donn. 2/XI 39

[…] Der eingeklammerte Passus in meiner gestrigen Karte scheint mir nach neuester Information nicht mehr opportun; ich ziehe meinen Vorschlag zurück. – Die Liedertexte haben wir richtig gefunden; der von Gilm[561] lautet ganz anders, als wir verstanden hatten. Er ist nicht nach meinem Geschmack; aber es muß doch etwas darin sein, was R. Strauß inspirirt hat, denn die Musik ist doch sehr schön! Hast Du besondere Wünsche u. Vorschläge für Neuanschaffungen von Platten? Wäre Dir sehr dankbar dafür. Sarastro?[562] Löwe Prinz Eugen?[563] Etwas von Hugo Wolf? Beethoven As-dur Sonate wäre mein Wunsch (altes Studiobjekt meiner jungen Jahre), vielleicht 9. Symph. od 7te? Der DazRoman[564] (Der verrückte Ferdinand von Gerh. Pohl) ist nicht übel. Jetzt hat Jak. Schaffner[565] einen autobiogr. Roman veröff (Kampf u. Reife)[566] u Gerh. Pohl einen über die Göttin der Vernunft aus der Revolution.[567] Der kalte Ostwind macht sich auch hier unangenehm bemerklich. […] Recht herzliche Grüße u. Wünsche für Fr. Huldr.[reich][568]
Khevenhüller[569]

112 B   3.11.1939

B[erlin]Ch[arlottenburg] Freitag 3 Nov. 1939

Geliebte Frau! Ich habe heute auf der Post wieder anfragen lassen wegen Portoschein. Sie hatten wieder welche, aber nur für offene Briefe, die vorgewiesen wer-

---

557 Vermutlich Professor Hermann Frijda. Vgl. Nr. 76.
558 Diese Stelle ist mit Bleistift in eckige Klammern gesetzt und durchgestrichen. Vgl. Nr. 111.
559 Die Seeschlacht fand am 5.8.1781 statt.
560 Wahrscheinlich Admiral Alfred Th. Mahan, Der Einfluß der Seemacht auf die Geschichte 1660–1812, 2 Bde., Berlin 1898–99.
561 Vgl. Nr. 109.
562 Aus Mozarts Oper „Zauberflöte".
563 „Prinz Eugen, der Edle Ritter." Text von Ferdinand Freiligrath (1810–1876), Musik von Johann Karl Gottfried Loewe (1796–1869), Op. 92.
564 Vgl. Nr. 104.
565 Jakob Schaffner (1875–1944), Schweizer Schriftsteller.
566 Stuttgart 1939.
567 Sturz der Göttin, Berlin 1938.
568 Damit ist H. H. angesprochen – die „Huldreich–Khevenhüller-Affäre". Vgl. Anm. 210.
569 Vgl. Anm. 210.

den, in die einer hineingetan wird und die dann geschlossen und abgesandt werden müssen. Darum setze ich mich heute Nachmittag hin und schreibe diesen Brief, damit er morgen früh auf die beschriebene Weise vorgelegt u. expedirt werden kann. Sollten dann die P[orto]scheine schon wieder vergriffen sein, so muß der Versuch wiederholt werden. Ich habe dir heute nichts Besonderes zu sagen, nur daß ich wieder ganz voll von Dir, Du Geliebte, von Deinem Wesen und Schicksal, Deinem „Dämon" und Deinem „Werk" bin und recht innig fühle, wie Großes und Unverlierbares ich Dir danke und wie wenig ich das zum Ausdruck zu bringen vermag. Ich habe mich selbst jetzt in das Studium der Rolle Rußlands als Vorkämpfer für die Freiheit der Meere gegen England und die Aufrichtung eines allgemeinen Dauerfriedens versenkt. Stählins Werk[570] leistet mir gute Dienste dabei. Aber für Dich – das wird mir jetzt erst klar – ist das doch wohl nicht, wenigstens jetzt nicht, die geeignete Aufgabe. In Holland wirst Du kein Entgegenkommen dabei finden. H. will absolut neutral sein und alles vermeiden, was wie eine Spitze gegen England aussehen könnte, u. Du als Gast des Landes mußt Dich dem natürlich anpassen. Was die Frage eines Verlegers für ein anderes Werk von Dir betrifft, so habe ich Dir schon früher den Namen der Firma „Martinus Nijhoff" genannt, der G. M. Engels[571] verlegt hat, eine weltbekannte Firma, leider weiß ich nicht, Haag oder Amsterdam? aber das wirst Du ja von Prof. Fr.[572] leicht erfahren können. Liebenthal hat jetzt vorläufige Abrechnung geschickt, bis auf die noch ausstehende Transportversicherung der Kisten von Hamburg-Haag.[573] Es macht bisher noch nicht RM 50 aus, da er nur noch die Versicherung etc. in Rechnung bringt. Das wird wohl keine Schwierigkeiten machen. Ich bin jetzt unter Deinen Büchern auf Gundolfs Goethe[574] gekommen und bin begeistert von der Einleitung. Ich freue mich sehr auf die Lektüre u. werde wohl öfter darauf zurückkommen. Wenn Du mir bei den Musikalien raten könntest, wäre es mir eine große Freude, was neues anzuschaffen. Ich fühle doch wie sehr man der Musik bedarf! Und sie bringt mich immer mit Dir Du liebe, Ferne, in den innigsten Kontakt. Folge Deinem Dämon, sei und bleibe das Hökchen, meine „selige Frau"[575]. Gott mit Dir! Innigst Dein O.

113 B   4.11.1939

B[erlin]Ch[arlottenburg] Sonnabend 4/XI 39

Eben kommt Deine liebe Karte vom Mittwoch I/XI. Ein Päckchen ist auch wieder da, wir haben es noch gar nicht geöffnet; es eilt, daß Frl. H.[annemann] zum Fleischer kommt, weil sonst die Ware fort ist. Sie soll zugleich bei der Post nach einem Portoschein jagen.

Da Kochbuch (Drucksache) und der Lappen (Brief) sind am vorigen Montag oder Dienstag, glaube ich, abgegangen (30. od. 31./10) Du wirst hoffentlich beides bekommen haben. Ich schreibe sehr in Eile, wie Du merkst, weil Frl. H. gleich fort

570 Vgl. Nr. 109.
571 Gustav Mayer, Friedrich Engels. Eine Biographie, 2 Bde., Den Haag: Martinus Nijhoff, 1934.
572 Vermutlich Hermann Frijda.
573 Vgl. Nr. 99.
574 Friedrich Gundolf, Goethe, Berlin 1916, 13. Aufl. 1930.
575 Vgl. Nr. 73.

muß. Hier ist es Nordostwind, kalt u. Reif, Heizung mäßig, Walther immer noch im Krankenhaus. Sonst gehts aber gut. Ich segne Dich, mein Engel! Innigst Dein Otto

Heißen Dank für die Sendung aber – soyez sage![576]

114 P   5.11.1939

L.H![577] „Mit einem heiteren, einem nassen Auge"[578] erhal-
Heute früh wieder un p.p.![577] „Mit einem heiteren, einem nassen Auge"[578] erhalten. Köstlich, aber unverantwortlich. Hedl wie sie leibt und lebt: „der edle Drang
zu helfen zu beglücken".[579] Aber wie sagte Me?[580] „Denke auch an dich!" […] Uns
geht es hier ganz gut, auch ohne p.p., ich denke stets an Dich. Carpe diem, sed re-
spice finem![581]

Innigst Dein
O.

115 B   6.11.1939

B[erlin]Ch[arlottenburg] Kast[anien]allee 28 Montag 6.XI,39

Geliebte Frau!

Es ist ein Geschäftsbrief, den ich heute schreibe. Aber im Voraus ein paar herzliche Liebesworte! Nochmals innigen Dank für die letzte Liebesgabe (NB. was sollte
die metallene Schaufel in dem p.p. – ist es ein Irrtum des Einpackers oder zu was
soll dieses niedliche Geschirr?). Ich komme mir vor wie die Made im Speck. Aber
ich muß mich erhalten – für Dich! Wer weiß …

Es handelt sich nun heute namentlich um den Transport Deiner 3 Kisten.[582] Ich
habe eben mit Herrn Engelmann[583] telephonirt – der sich Dir übrigens bestens
empfehlen läßt –; er denkt, daß Du spätestens bis zum 20. Nov. im Besitz der Kisten sein wirst, hoffentlich schon früher. Ich lege Dir einen roten Zettel hier bei, der
Dein Verhalten betrifft für den Fall, daß ein Mangel oder eine Beschädigung beim
Empfang der Kisten sich herausstellen mußte, was der Post bzw. Bahn gleich angezeigt werden müßte. Die Mitteilung, die die Versicherungsfirma erbittet, könntest
Du einfach an mich gelangen lassen, ich schicke sie dann ev. an Liebenthal, und
dieser an die Versicherungsfirma (St. Gallen). Hoffentlich geht aber alles glatt.

Ich habe auch mit Delbrück Schickler & Co. telephonirt über die Deckung der
Kosten, die aus Deinem Konto ohne weitere devisenrechtl. Genehmigung erfolgen
kann. Ich sondere die 5 Rechnungen L's aus der Correspondenz aus und sende sie
im eingeschriebenen Brief an Delbrück etc., der dann die Bezahlung an Liebenthal

---

576   Franz.: sei vernünftig.
577   P.p. = petit paquet = Päckchen.
578   Shakespeare, Hamlet I, 2.
579   Vgl. Nr. 100.
580   So wird durchgängig Friedrich Meinecke abgekürzt.
581   Lat.: Nutze den Tag, aber bedenke das Ende.
582   Vgl. Nr. 99.
583   Vermutlich ein Mitarbeiter der Spedition Liebenthal.

vornimmt. Die fünf Rechnungen machen zusammen 65 RM 35 Pf. aus. Ich denke, die Sache wird damit in Ordnung kommen.

Wir haben eben den Installateur Heidrich aus der Ulmenallee hier, der die Glocken in Deinem Arbeitszimmer, die wohl ausgebrannt sind, erneuern soll. Es ist eine diffizile Arbeit, die Frl. H.[annemann] nicht selbst machen kann, und Walther ist immer noch im Krankenhaus. Er fehlt hier sehr, zumal auch der Portier von Nr 27 fehlt und die arme Frau Walther die Heizung und sonstige Portierarbeit für beide Häuser besorgen muß. Wir haben jetzt nach den kalten Nordosttagen wieder mildes Wetter, Südwestwind mit Regen und grauer Dunkelheit. Ich fahre fort in meinen russischen Studien und in der Lektüre von Gundolf (mit etwas abnehmender Begeisterung).

Eben meldet mir Frl. H., daß die Installation erledigt ist. Wenn alle Schwierigkeiten sich so leicht beheben ließen! Herr Heidrich ist ein nützlicher Mann.

Möchte es Dir gutgehen Du liebe, herrliche Frau! Du bist u. bleibst der beste Inhalt meines Lebens! Erhalte Dich für mich, wie ich es für Dich tue. Vale ut valeam![584]

In innigster Liebe stets Dein
O.

116 P   7.11.1939

B[erlin]Ch[arlottenburg] Dienstag 7/XI 39

LH!

Deine Karte vom Do. 2/XI (Delfter Ausflug) ist erst heute früh hier angekommen, also 5 Tage! Ob diese schneller reisen wird? Recht bedauerlich, wie die Verkehrsstockung überhaupt, die Störung Deiner Pläne u. Aussichten, die Schädigung der holl. Wohlfahrt! Wir wollen trotzdem den Mut nicht sinken lassen. Die Kisten wirst Du ja nun bald erhalten.[585] Könnten die Bücher nicht bei der Biblio[586] deponiert werden? Hoffentlich kannst Du noch längere Zeit in H.[aag] bleiben. [...] Das „Kaasschaaf"[587] ist ein komisches Ding; wir wissen nicht, wie es zu handhaben ist; aber angelacht habe ich es gerade deshalb! Gesundheit gut, Ernährung ausreichend auch ohne p.p., nur etwas umständlich! Ich fürchte, ich nehme an Gewicht zu, und Du?!! Ich fürchte mich, diese Frage zu stellen! viv[at], cresc[at], flor[eat]![588] Die Bäume sind jetzt kahl, aber das Wetter ist wieder milder geworden. Heute scheint sogar die Sonne u. ich will wieder „branitzen" gehen[589] u. diese Karte einstecken. Lektüre wie bekannt. „Frobenius"[590]. Nächstens sollen neue Musikalien beschafft werden. Ich warte auf T. Käte[591], um ihr Photos u. Cigaretten zu überreichen.

Tausend innige Grüße u. Wünsche! Dein
O.

---

584 Vgl. Anm. 184.
585 Vgl. Nr. 115.
586 Die Bibliothek des Europäischen Friedenspalastes, Bibliothèque du Palais de la Paix in Den Haag.
587 Käsehobel; vgl. Nr. 115 „metallene Schaufel".
588 Lat.: Lebe, wachse, blühe!
589 Vgl. Anm. 325.
590 Vgl. Nr. 98.
591 Käte Wolff.

117 P   9.11.1939

L. H!

Heute früh erst kam Dein lieber, großer Brief von Sonntag 5/XI an. Ich danke Dir für die ausführlichen Mitteilungen und behalte mir vor, auch ausführlich darauf zu antworten. Für heute nur ein kurzes Wort der Liebe, Sehnsucht und – Sorge. Daß Du noch kein Avis wegen der Kisten erhalten hast, wundert mich nach dem was mir Engelmann-Lieb. darüber geschrieben hat; es wird wohl bald kommen.[592] Seine Rechnung ist bezahlt. Heute kam an Deine Adresse ein „Bescheid" des Finanzamts, der bis 15/XI 7550 RM. fordert als neue 5 % Rate der „Sühneabgabe" ohne jede Andeutung der Tatsache Deiner Auswanderung und der Erschöpfung Deines angemeldeten Vermögens. Ich werde den Bescheid wohl zurücksenden mit der Begründung, daß ich ihn für irrtümlich halten müßte. Dann werden wir weiter sehen. Es wird sofort Execution angedroht; man wird also an dein Konto gehen (wie ich voraussah), auf dem aber nur noch ca. 1500 RM stehen (wenn die Steuerleistungen abgezogen werden). Schade, daß Du über die nicht auch schon verfügt hast. Aergere Dich aber nicht weiter darüber, andere Sorgen sind wichtiger. Deine großartige Haltung freut mich. Morgen zum Tee Tante Käte[593].

Herzl. Gruß
O.

118 P   11.11.1939

L. H.!

Ich hatte mir Deinen wundervollen „Plauderbrief" vom Sonntag wieder vorgenommen, um ihn auch durch einen Brief zu beantworten; aber die Lektüre des umfangreichen Schriftstücks (5 Bogenseiten!) hat über eine halbe Stunde in Anspruch genommen, und da ich vorher außer der Zeitung noch die Wirtschaftsbücher durchzusehen und manches andere zu erledigen hatte, ist es nun über 12 Uhr geworden und das schöne Wetter mit dem seltenen Sonnenschein lockt mich doch auf den unvermeidlichen Branitz[594], so daß ich mich entschlossen habe den Brief noch zu verschieben und mich heute wieder mit einer Karte zu begnügen, die ich gleich mit nehmen kann. Gestern war Tante K.[595] da, sehr munter bei einer Tasse Tee, mit Frl. H.[annemann], sie brachte doch wieder etwas mit u. nahm dafür die Photos u. die Cigarretten mit. Der Tante Gr[ete] geht es gut, alle lassen Dich schön grüßen. Den „Bescheid" habe ich dem F[inanz]A[mt] zurückgeschickt. Vielleicht lassen sie ihn Dir auf „dipl. Wege" zugehen, Du brauchtest aber gar keine Notiz davon zu nehmen. Herzlichen Dank und viele sehnsuchts- u. sorgenvolle Grüße! Dein
O.

---

592 Vgl. Nr. 115.
593 Käte Wolff.
594 Vgl. Anm. 325.
595 Käte Wolff.

119 B   12.11.1939

Geliebte Frau! An diesem verregneten Sonntagmorgen komme ich endlich dazu, etwas ausführlicher auf den lieben, langen Brief zu antworten, den Du mir vor 8 Tagen geschrieben hast. Ich bin sehr froh, daß es Dir mit Gesundheit und häuslicher
Einrichtung zur Zeit leidlich geht, so daß Du Sinn für Natur, Kunst u. Geist behalten hast. „Rosen auf den Weg gestreut, und des Harms vergessen!"[596] Daneben
bohrt natürlich immer noch die Sorge um Deine Zukunft in meiner Seele, und
meine Gedanken kreisen beständig um das Problem, ob und wie es Dir gelingen
könnte, die Chance auszunutzen, die gerade im Haag sich an die Möglichkeit
knüpft, bei der Friedensbibliothek oder bei dem Internationalen Schiedsgericht irgend eine bescheidene Stellung zu gewinnen. Wenn R[ockefeller] Dir aus Amerika
die Mittel dazu gewährte, würdest Du ja keinem Holländer im Wege stehen. Du
schriebst doch einmal, daß Prof. Fr[ijda] diese Möglichkeit ins Auge gefaßt habe,
aber er fühlt sich wohl selbst nicht ganz sicher (A.-Z. wie Anschütz[597] zu sagen
pflegte) und ist daher etwas ängstlich u. über-vorsichtig in seiner Protektion. Sonst
hast Du wohl niemand, dessen Wohlwollen Dir helfen könnte? Wie ist es denn mit
dem Direktor der Biblio?[598] Und wie steht es mit der Organisation des Personals
des Internat. Schiedsgerichtshofs? Ich dachte immer, eine Arbeit über die „bewaffnete Seeneutralität von 1778–80[599] oder auch eine solche über die Bemühungen
Rußlands um den allgemeinen Frieden, namentlich 1899 ff.[600] könnte Dich nach
dieser Richtung empfehlen. Daß man in holländischen Kreisen nicht geneigt sein
wird, namentlich das erstere Thema in Angriff zu nehmen oder dessen Bearbeitung
zu protegiren, ist mir allerdings inzwischen klar geworden, weil es notwendigerweise
die Front gegen Engld nehmen müßte u. man in Holland auf das ängstlichste an
absoluter Neutralität festhält und auch in den Protesten gegen die Völkerrechtsbrü-
che E's. sehr gemäßigt vorgeht. Gebe der Himmel, daß Du irgend einen Weg und
einen Fürsprecher bei dieser Sache finden mögest! Mit Cuba ist es, wie mir scheint,
auch wohl nichts. Die Univ. Habana steht mit den hiesigen offiziellen Kreisen in einer gewissen Verbindung, die für Dich kaum günstig sein wird. Neulich war hier
eine kleine Feier am Humboldt-Denkmal vor der Uni. Die Cubaner wollten Alex.
v. H. ehren, der durch seine Reisen u. sein Buch „Nouvelle Espagne"[601], wie man
sagt, zum 2ten Entdecker Cubas geworden ist. Sie verbanden sich dabei mit der
Deutsch-iberisch-amerikanischen Gesellschaft, die jetzt unter Leitung des Gesandten und Generals a. D. Faupel[602] steht und einen offiziösen Stempel trägt; und
wenn auch der Vertreter der Univ. Habana, der dabei sprechen sollte, am Erscheinen verhindert war, so trat doch die Verbindung dieser exotischen Univ. mit dem

---

596 Vgl. Nr. 97.
597 Gerhard Anschütz (1867–1948), Staatsrechtler, war von 1908–14 Professor in Berlin. Sein Familien-
     name erhielt mit dem „von A bis Z" eine gute Gedächtnisstütze. Aber ein Bezug zum Text ist hieraus
     kaum herzustellen.
598 Jacob ter Meulen.
599 Vgl. Nr. 113.
600 Rußland regte 1899 die I. Internationale Friedenskonferenz im Haag an.
601 Alexander von Humboldt, Essai politique sur le royaume de la Nouvelle-Espagne, Paris 1811 (= Ver-
     such über den politischen Zustand des Königreichs Neu-Spanien, 5 Bde., 1809–1814).
602 Wilhelm Faupel (1873–1945) war seit 1934 Präsident des Ibero-Amerikanischen Instituts in Berlin.

hiesigen Wissenschafts Minister[603] ziemlich deutlich hervor. Bleibt also noch USA., dessen Neutralität allerdings immer zweifelhafter wird. Tante K.[604] wußte von jemand zu erzählen, der sich seine Namensvettern auch aus dem NY. Adreßbuch ausgezogen hatte und bei einem derselben ein Assiderat[605] erlangte. Er hatte aus der Masse der Namen 12 ausgewählt, an die er entsprechende Briefe schrieb, die Möglichkeit einer Verwandtschaft andeutend. Elf davon blieben unbeantwortet. Der zwölfte aber erzielte die Antwort: daß der Adressat zwar nicht glaubte, daß eine Verwandtschaft bestände, daß er aber, da er in guten Verhältnissen sei, dem „Vetter" das Assiderat leisten wolle. Why cannot we be like that old bird?[606] Den Anfang hast Du ja gemacht. Wie wärs, wenn Du auch so verfahren würdest? Das sind so die Gedanken, die mich hauptsächlich beschäftigen. Im übrigen macht mir jetzt doch die Lektüre von Gundolf viel Freude. Ich komme nur leider wenig dazu. Die Zeitung u. auch die russischen Dinge, dazu allerlei Geschäftliches (namentlich Finanzamt etc.) nehmen viel Zeit weg. Langeweile habe ich gewiß nicht. Die von Dir gewünschten Hefte[607] von Troeltsch u. Herkner habe ich herausgesucht und werde sie nächstens schicken, in derselben Art wie das von Me[inecke]. Von Herkner nehme ich nur die Theoretische Nat.ök. Es ist auch ein Heft „Praktische Nö" da, aber nur Teil 1, den Teil 2 habe ich vergeblich gesucht, und die „Finanzwissenschaft" meinst Du wohl nicht. Für die guten Ratschläge hinsichtlich der Schallplatten danke ich bestens und werde davon Gebrauch machen, wenn ich mich zu dem Einkauf entschließe. Ich hätte ganz gern auch einen schönen Choral, wie den: lasset die musicam hören![608] Walther ist aus dem Krankenhaus zurück, wo er es nicht länger aushielt. Aber er ist zur Zeit noch nicht wieder arbeitsfähig; gebe der Himmel, daß er es wieder wird, und zwar bald! Die arme Frau muß immer noch die beiden Häuser versorgen, da die Frau von 27 zusammengebrochen ist und die Stelle des Eingezogenen nicht anderweitig besetzt werden darf. Der Junge, Gerhart, scheint noch durch Schule oder sonstigen Dienst verhindert viel zu helfen. Mit der Heizung geht es aber bei dem milden Wetter ganz gut.

Ich lege Dir einen Brief von Lotte[609] bei. Hoffentlich giebt es auch wieder einmal einen Portoschein. Frl. H.[annemann] grüßt schön. In ∞ Liebe, Sehnsucht u. Sorge

Dein Khevenhüller[610]

---

603 Bernhard Rust (1883–1945) war 1939 Reichsminister für Wissenschaft, Erziehung und Volksbildung.
604 Käte Wolff.
605 Der offizielle Begriff war Affidavit (=Bürgschaft) als Voraussetzung für die Einwanderung in die USA.
606 Vers aus dem Lieblingsgedicht des amerikanischen Präsidenten Calvin Coolidge (1872–1933).
607 Gemeint sind Sonderdrucke.
608 „Lobe den Herren, den mächtigen König der Ehren ... Lasset den Lobgesang hören!" Text von Joachim Neander, Stralsund 1665.
609 Lotte Hintze.
610 Vgl. Anm. 210.

120 P   13.11.1939

[…] Am besten wärs, wenn die Bücher in der Biblio.[611] aufgebaut werden könnten, als Depositum. Aber das wird wohl Schwierigkeiten machen. Wir hatten uns das alles ja anders gedacht. Bei dem Grillparzer Citat wird es sich doch wohl um eine einbändige Ausgabe von Minor[612] handeln. Deine Große ist von Sauer[613] u. da finde ich bei oberflächlichem Blättern dieses Epigramm nicht. Aber die Hauptsache ist, daß mans jetzt fest formulirt hat. […] Wie gut, daß Du mir noch Seife hinterlassen hast, was man hier jetzt bekommt ist abominabel u. unzureichend. Ueberhaupt: Für Dich wärs hier nichts mehr! Die Flut steigt wieder! Herzlichst und innigst grüße ich Dich – in Sehnsucht u. Sorge!

Dein Khevenhüller[614]

121 P   14.11.1939

B[erlin]Ch[arlottenburg] Dienstag 14/XI

L.H!

[…] Ich will nun heute die beiden Hefte schicken (Herkner u. Troeltsch). Den Spinoza Abschnitt habe ich durchgesehen u. wundere [mich] wie wenig darin von seiner Philosophie enthalten ist, auch von seiner Staatsph[ilosophie], die so ziemlich auf den totalitären u. autoritären Staat hinauskommt: Hobbes, Cromwell im Hintergrund! Daß Hansens strategische Kost[615] Dir nicht munden würde, dachte ich mir wohl, es kann aber nichts schaden, wenn Du diese Anwendung der neuen mil. Organisation auch kennst. Deine Lebensführung und Gemütsverfassung kann ich nur billigen. Wir sind ja alle etwas wie der Mann im Syrerland[616]. Es wird Dich interessiren zu erfahren, daß Sering[617] kürzlich gestorben ist, nach kurzer Krankheit, im 83. Jahr. Und auch, daß Eberh. Faden (wenn ich vor meiner Prima steh')[618] zum Direktor des Berl. Stadtarchivs ernannt worden ist: (wie Kaeber einst zum Dir. der Stadtbibliothek[619] beides Schüler von O. H.). Schade, daß bei dem Lunch mit Prof. Fr[620]. nicht mehr herausgekommen ist. Es wäre doch sehr schön, wenn Du

---

611 Vgl. Anm. 586.
612 Franz Grillparzers Werke. Mit einer Skizze seines Lebens und seiner Persönlichkeit, hrsg. von Jakob Minor, Stuttgart 1903.
613 Franz Grillparzer, Sämtliche Werke. Historisch-kritische Gesamtausgabe, hrsg. von August Sauer, fortgeführt von Reinhold Backmann, Wien 1909 ff.
614 Vgl. Anm. 210.
615 Hans Delbrück, Geschichte der Kriegskunst im Rahmen der politischen Geschichte, 7 Bde., Berlin 1900–1936.
616 Vermutlich Anspielung auf die Parabel von Friedrich Rückert (1788–1866) „Es ging ein Mann im Syrerland".
617 Der Nationalökonom Max Sering verstarb am 12.11.1939.
618 Faden war zuerst im Schuldienst.
619 Nicht Stadtbibliothek sondern Stadtarchiv. Faden war der Nachfolger von Ernst Kaeber. Direktor der Stadtbibliothek war vom 1.5.1934 an Wilhelm Schuster. Seltsam, daß Hintze dieser Fehler unterläuft, statt die Nachfolge im Amt seines „propter feminam" entlassenen Schülers Kaeber zu erwähnen (vgl. Nr. 106).
620 Vermutlich Hermann Frijda.

mit Hilfe von R.[621] bei einer der Haager Institutionen ankommen könntest. Das ist mein Wunschtraum! In Sorge u. Sehnsucht

Dein O.

122 P   15.11.1939

B[erlin]Ch[arlottenburg] Mittwoch 15/XI 39

L. H!

Deine liebe Karte vom Do. 9/XI ist erst heute früh hier angekommen. Die Bücherkistenfrage[622] beunruhigt mich sehr. Die Sendung geht ohne Vermittlung eines Spediteurs direkt durch die Bahn, von der Du nach Eintreffen benachrichtigt wirst. Die Kisten bleiben also zunächst auf dem Güterbahnhof. Da mußt Du sie, nach Erledigung der Zollfrage, durch einen Spediteur abholen lassen. Der müßte sie aufbewahren, wenn keine andere Unterbringung möglich ist, aber das kostet natürlich Geld! Wenn die Bibliotheken Schwierigk[eiten] machen (ich glaube selbst eine Schenkung würde wohl nicht ohne weiteres angenommen werden), wäre zu erwägen, ob man sie nicht bei einem Buchhändler unterbringen könnte; das wäre immer noch besser als ein Spediteur. Informire Dich doch einmal über die Verlagsfirma Martinus Nijhof, ob die im Haag ist (oder Amsterdam oder Leiden?) G. Maiers Verleger![623] Vielleicht kannst Du mit dem auch über Publikationspläne reden; am Ende kann er Dich vielleicht sogar in seinem Geschäft gebrauchen! Sonst müßtest Du sehen, ob Mercatori[624] oder sonst einer Deiner Bekannten die Bücher bei sich unterbringen könnte. Ich habe diese Schwierigkeiten vorausgesehen u. war deshalb für weiteres Lagern in H., was von hier aus bezahlt werden konnte. Es wäre gut, wenn Du Dir für alle Fälle aus dem Gedächtnis einen ungefähren Katalog der Bücher aufstelltest, den Du vorweisen könntest. Wir leben hier schlecht und recht wie bisher. Es giebt jetzt auch neue Kleider- u. Wäschekarten, 100 Abschnitte für das Jahr. Ein Studium! […] Ich sehe zu meinem Verdruß, daß ich in meiner Weltverängstigung die Karte verschmiert habe, aber ich will sie nicht noch einmal umschreiben, sondern lieber die Antwortkarte preisgeben […]

123 B   16.–17.11.1939

Sehnsucht und Sorge halten mich wach,
Reisen und kreisen und folgen Dir nach,
Sei'st Du im Kämmerchen unter dem Dach,
Oder im erdnahen Bürgergemach.

Sehnsucht und Sorge um Dich, um Dich
Bannen mich, spannen mich, peinigen mich.
Sorge späht ängstlich: wirds ihr gelingen?

621 Vermutlich Rockefeller.
622 Vgl. Nr. 116.
623 Vgl. Nr. 112.
624 Vermutlich Erich Kaufmann.

Oder wird sie der Abgrund verschlingen?
Bleibt nicht noch irgend ein Hoffnungsstern?
Helfen, ach helfen möcht' sie so gern!

Sehnsuchtsvoll flattert zu Dir mein Gedicht –
Helfen, ach helfen kann es Dir nicht!

Mittwoch 16. Nov. 1939
abends

B[erlin]Ch[arlottenburg] Freitag 17.XI. 1939

Geliebte Frau! Heute früh hatte ich erst Deine liebe Karte vom 14. u. dann, mit dem p.p.[625] zusammen, den Brief vom 13/XI. Gerührten, innigen Dank! Aber so geht es nicht weiter mit den p.p. Wir haben nun Tee für ein Jahr, sagt Frl. H.[annemann] Sie wird der Tante[626] ev. aus ihrer Büchse abgeben, von Dir darf diese gar nichts erfahren. Das ist nun wieder eine Ausgabe von über 2 Gulden für Dich, und das andere noch zu erwartende wird noch mehr ausmachen. Wie kannst Du nur mit Deinen geringen Mitteln so wirtschaften! Du vermehrst dadurch meine Sorgen, von denen Dir das angetragene Versgestammel eine Vorstellung geben kann. Ich bitte Dich dringend u. inständigst, künftig nur noch zu schicken, wenn ich darum bitte, dies oder jenes zu senden. Vorläufig haben wir keinen Mangel u. mit Tee sind wir nun für ein Jahr versorgt, sagt Frl. H., da weder sie noch ich sehr danach sind. Daß man Dir den Kistentransport von der Grenze bis Den Haag ersetzen will ist sehr schön und tröstet mich etwas; aber die Unterbringungsfrage macht auch mir viel Kopfzerbrechen. Es ist eben alles so ganz anders geworden, als wir es uns vorgestellt hatten. Vielleicht können K's[627] helfen, wenn es mit Biblio.[628] u. Buchhändler nichts ist. Deine Güte und Gebefreude ist wahrhaft rührend – boundles[s] as the sea![629] Aber Du mußt wirklich Deine paar Gulden mehr zusammenhalten. Den Fiscus kennst Du noch lange nicht. Die 5.te Rate wird wie die vorigen von dem im Juni 38 angemeldeten Vermögen berechnet: 150 000 RM. Der Fiscus rechnet: 4 Raten sind davon bezahlt (à 5 % = 20 %) jetzt kommt die 5.te = 25 % im ganzen, behält „der Jude" immer noch ca. 100 000 RM, die man ihm später noch abknöpfen kann. Hoffentlich erledigt sich die Sache ohne die Hilfe des Vetters Julius[630], der wohl Dir, aber nicht mir Assistenz leisten kann; so verzwickt sind jetzt die Sachen. Uebrigens habe ich das Polizeiamt auch über die Lage aufgeklärt u. hoffe, die Sache wird damit erledigt sein. Die politische Lage wird immer verrückter. Die Friedensvermittlung von Holland u. Belgien ist leider gescheitert an der Hartnäckigkeit der Engländer; kein Mensch kann sagen, wie dieser Krieg weitergehen u. wie er einmal endigen soll. Wir leben hier schlecht u. recht weiter u. es kann lange so gehen. Die verfluchte Zeitung kostet jetzt schrecklich viel Zeit zum Lesen; ich komme zu gar keiner anderen Lektüre mehr. Gundolf[631] wird fortgesetzt, aber ohne

---

625 Vgl. Anm. 577.
626 Vermutlich Käte Wolff.
627 Kaufmanns.
628 Vgl. Nr. 120.
629 Shakespeare, Romeo und Julia II.2, V. 139–41: „My bounty is as boundless as the sea".
630 Im Julius-Turm in Berlin-Spandau lag einst der Kriegsschatz des Deutschen Reiches. Anspielung auf H. H.s „eiserne Reserve".
631 Vgl. Nr. 112.

Begeisterung; die Methode wird ein bischen langweilig; man merkt zu sehr das Seminar von Erich Schmidt.[632] Sering ist gestern beerdigt worden, ich habe mich auf einen Condolenzbrief beschränkt. Jetzt werde ich mir auch noch eine Kennkarte[633] besorgen müssen; ebenso Frl. H. Ich werde aber die Sache nicht beeilen. Dir, mein geliebtes Hökchen, kann ich nur raten: genieße das Leben, soviel Dir davon noch vergönnt ist, aber denke dabei mehr an Dich als an andere und verpulvere Deine Mittel nicht mit Wohltun! Der arme Walther hat noch immer seine Schmerzen, versucht aber wieder zu heizen, um die Frau zu entlasten. Wenn ers nur durchhält! Der Junge, der Gerhard, geht noch immer zur Schule, wird erst nächstes Jahr eingesegnet. Heute wieder naßkalt, Nordwest; ich will aber sehen noch ein paarmal um den Branitz[634] zu kommen. Frl. H. läuft in einem fort von einer Stelle zur andern, um die angekündigte frische Wurst zu kriegen. Es ist schon eine Hatz! Zu Goethes Zeit war das Leben einfacher. Es giebt heute zu viel Menschen in der Welt! Das sehen die Leute nicht ein! Aber es wird auch wieder anders kommen, so oder so.

Nun nach all dem Gefasel, noch einen innigen Liebesgruß! Du bist u. bleibst doch das Beste, was mir im Leben beschert worden ist; um Dich kreisen alle meine Gedanken und Wünsche, ohne Dich hätte das Leben keinen Sinn mehr für mich! Wenn es Dir wohl geht, bin ich froh; wenn Dein Schicksal sich in Wolken hüllt, plagt mich die Sorge, und die Sehnsucht hört niemals auf. Sorge – und Sehnsucht – das sind jetzt meine ständigen Begleiter. Davon sollen die angelegenen Verse Dir Kunde geben.

Leb wohl, Du innig geliebte, erhalte Dich für mich, wie ich mich für Dich erhalten will. You never can tell … [635]

Innigst Dein
O.

124 P   18.11.1939

B[erlin]Ch[arlottenburg] Sonnabend 18/XI 39

[…] Die hiesige theol. Fak.[ultät] veranstaltet in der Petrikirche (Gertraudenstr., nahe Spittelmarkt) in sonntäglichen Matineen 12 Uhr vom 19/XI – 31/XII eine Aufführung des Bach'schen Orgelwerkes. Würde es gerne hören; vielleicht geht es. Heute kommen neue Lebensmittelkarten, übermorgen die Kleiderkarte. Gestern konnte ich noch einen Portoschein senden; der Vorrat scheint aber bald zu Ende zu sein. Was wirst Du mit den Bücherkisten[636] anfangen? Die Sorge darum plagt mich sehr. Hugo Grotius[637] hatte selbst in seinem Gefängnis Platz dafür! Du kennst doch die Geschichte, wie er herausgebracht wurde von seiner Frau! Jetzt auf zum Br.[638], noch kälter geworden, NW. Innigst

Dein O.

632 Erich Schmidt (1853–1913), Professor für Germanistik in Berlin.
633 Heute = Personalausweis.
634 Vgl. Anm. 325.
635 Vielleicht Anspielung auf George Bernhard Shaws gleichnamige Komödie (1898).
636 Vgl. Nr. 122.
637 Hugo Grotius (1583–1645), holländischer Staatsrechtler. Grotius' Frau Maria organisierte seine Flucht in einer angeblich mit Büchern gefüllten Kiste.
638 Vgl. Anm. 325.

125 B   19.11.1939

Geliebte Frau!

Heute früh kam wieder ein p.p.[639] von Dir (nicht von Eichholtz[640]), L[ie-bes]g[aben][641], T[ee] u. K[akao], zu meinem nicht geringen Erstaunen über Deine unerschöpfliche Pandorabüchse u. Deine „bounty boundless as the sea"[642], die trotz aller Mahnungen nicht an sich denkt und mir das eine, heitere Auge auch noch nass machen wird. Ich danke Dir innig gerührt von dieser maßlosen Selbstlosigkeit; aber das geht so nicht weiter und ich bitte Dich inständigst: spare, spare, spare Deinen kleinen Notgroschen! Wir kommen hier schon so durch und ich mag nicht schlemmen auf Kosten des kirchenmausarmen Hökchens, das sich lieber selbst wieder auf ein vernünftiges Gewicht bringen sollte, während ich besorgt sein muß, die schlanke Linie ganz zu verlieren! Mit T. sind wir jetzt so gut eingedeckt, daß wir nicht nur selbst auf absehbare Zeit nichts weiter brauchen, sondern auch der Tante[643] abgeben können für einen ebenfalls nicht geringen Zeitraum, ob in Deinem Auftrage oder nicht, das möchte ich aus den früher angedeuteten Gründen von Dir gern bald erfahren. Die Tante war übrigens gestern Mittag, kurz vor meiner Heimkehr vom Branitz[644], wieder auf einen Sprung herangekommen (irgendwo zu Mittag eingeladen, sagte sie) und hatte 1/4 Pfd. Schalmandeln mitgebracht, weil ihr Frl. H.[anne-mann] früher mal verraten hatte, daß ich darin einen Ersatz für den seit einiger Zeit vergriffenen Diabetikerkuchen von Kempinski zu finden geglaubt hatte (eigentlich meinte ich Haselnüsse, die aber auch verschwunden sind). Jetzt will ich mich mit T. revanchiren wie früher mit Cigaretten. Aber diese ganze do-ut-des[645] Wirtschaft ge-fällt mir nicht, wie ich Dir schon einmal schrieb. Nimm nur um Gotteswillen kei-nen Anlaß daraus mir auch so etwas zu schicken! Jetzt haben wir auch im Reform-haus eine Art von Sojabohnenmehl (kein reines, sondern eine Mischung) aufgetrieben, aus dem sich eine vorzügliche Suppe herstellen läßt, die nach Milch, Eiern und Hülsenfrüchten schmeckt und recht nahrhaft zu sein scheint. Heute gabs zu Mittag Rostbeaf (gekocht) und Blumenkohl mit roten Rüben u. Kürbiskompott – eine recht gediegene Mahlzeit. Du siehst, wir leben nicht schlecht. Den Plan, heute zu dem ersten der Bach-Orgel-Konzerte in der Petrikirche zu gehen, haben wir aufge-ben müssen, weil es den ganzen Tag stark regnete (es hat noch jetzt nicht aufge-hört). Uebrigens wäre es eine komplizirte Unternehmung gewesen. Das Konzert sollte um 12 Uhr beginnen (also kurz nach Schluß des Gottesdienstes, wo die Kir-chenbesucher, die jetzt überall sehr zahlreich sind, wahrscheinlich ihre Plätze noch behalten hätten, um als Lohn ihrer Tugend diesen Genuß noch mitzunehmen. Mit der UBahn braucht man etwa eine Stunde vom A[dolf] H[itler] Platz bis Spittel-markt (14 Stationen!). Wir hätten dann im Wirtshaus essen müssen, hatten die Weinstube Ahornallee oder das Berliner Kindl am Platz in Aussicht genommen, wo

639 Vgl. Anm. 577.
640 Wird in Nr. 127 als Kaufmann bezeichnet.
641 Liebesgaben = die offizielle Angabe für die Postzollabfertigung.
642 Vgl. Anm. 629.
643 Vermutlich Käte Wolff.
644 Vgl. Anm. 325.
645 Lat.: Ich gebe damit du gibst.

um 2 Uhr (denn eher wären wir nicht dazu gekommen) wahrscheinlich schon alles Gute fortgewesen wäre. Entschuldige den Klecks: ich habe mir heute frische Tinte eingefüllt und die Feder etwas voll genommen. Jetzt ist das Abendbrot aufgetragen und ich will eine kleine Pause machen; der Brief soll dann morgen auf die Post; vielleicht ist noch ein Portoschein zu erwischen.

So – jetzt ist das Abendbrot verzehrt: ein Ei, etwas Leberwurst und der herrliche Holl. Käse, alles mit leidlich gebuttertem Brod. Ich will nun den Brief noch beenden, ehe wir zum „verrückten Ferdinand"[646] mit anschließender Musik übergehen. Dein Teewägelchen ist eben mit dem abgeräumten Abendtisch fortgefahren. Es ist eine wertvollste Errungenschaft. Dieser Brief ist reichlich materiell. Aber über Politik mag ich nichts schreiben und in der Gundolflektüre[647] komme ich nur langsam vorwärts; es ist ein „hartes Brod"! Deine Probleme gehen mir immerfort im Kopf herum, aber es hat keinen Zweck viel darüber zu schreiben; es bedrückt mich sehr, daß ich Dir so wenig helfen u. raten kann – oder eigentlich gar nicht! Mögen die guten Geister für mich eintreten und für Dich sorgen! Du lieber, lieber Schatz! Du liebster von allen Gottesgedanken! Aus innig liebendem Herzen einen Gruß zur guten Nacht! Sei weiter stark und klug und möge das Schicksal Dir hold sein! Dein

O.

126 P   20.11.1939

Montag 20/XI 39

[...] Zur Abwechslung haben wir einen kleinen Rohrbruch in der Besenkammer; das warme Wasser ist abgesperrt, die Reparatur soll aber morgen erfolgen. [...] Für Deine Studien: General Weygand hat 1938 eine Histoire de l'armee française geschrieben, die jetzt in deutscher Übersetzung erscheint.[648] Scheint zwar vorzugsweise Kriegsgeschichte zu sein, aber sicher doch auch Organisation, namentlich in der Revolut.zeit. Das Buch von Jean Giraudoux (Prop.chef) „Pleins pouvoirs"[649] wird hier viel besprochen. Ich „bemühe mich" mit Gundolf[650]. Herzlichste Grüße u. Wünsche! Totus tuus[651]

O.

127 B   21.11.1939

B[erlin]Ch[arlottenburg] Dienstag 21/XI 39
Geliebte Frau!

Mit dem Portoschein war es gestern noch nichts: Vertröstung auf heute! Ich habe deshalb den Brief noch zurückgehalten und lieber zunächst eine Karte gesandt. Heute hoffe ich besseres Glück zu haben, aber erst gegen 1 Uhr. Jetzt ist Frl. H.[an-

---

646 Vgl. Nr. 111.
647 Vgl. Nr. 112.
648 Maxime Weygand, Die Geschichte der französischen Armee, Berlin [1939].
649 Paris 1939. Jean Giraudoux (1882–1944) war 1939/40 französischer Propagandaminister.
650 Vgl. Nr. 112.
651 Vgl. Anm. 267.

nemann] zum Einholen aus. Ein Brief von Fee[652] ist gekommen mit herzlichem Gruß für „Dante"[653]. Dieter[654] ist jetzt als Soldat an der Westfront, wo nach wie vor nichts los ist. Nani[655] fühlt sich sehr befriedigt bei ihrem Arzt, war kürzlich zu kleinem Urlaub in Solln. Fee selbst arbeitet fleißig an ihren Sachen zu Weihnachten (aber wo werden die Käufer bleiben?) und hilft im Haushalt. Ich lese mit Bedauern von dem neuen Schiffsverlust der Holländer. Den Dänen geht es nicht besser. Wann wird diese Seetyrannei aufhören? Ich muß jetzt immer an die „Stumme von Portici"[656] denken: „und greift den Meertyrannen an!" Damals war es Spanien. Das hat ein Ende genommen. Mit England wird es auch nicht anders sein. Aber das Wort: „Vereinigt werden auch die Schwachen mächtig"[657] scheint bei den Neutralen noch keinen Anklang zu finden, obwohl auch recht Starke ihnen zur Seit stehen könnten, wie Rußland u. Italien. Frl. H. hat jetzt zunächst neue Nadeln für unser Grammophon besorgt, weil die alten zu Ende gegangen sind. Wir ziehen jetzt die feinen vor, weil die Worte u. die Melodien dabei deutlicher herauskommen und das Ganze etwas gedämpfter klingt. Ich will nun mal zunächst schreiben, sie sollen uns einen Prospekt oder Verzeichnis senden mit Hervorhebung dessen, was wir besonders wünschen; dann wollen wir auswählen. Heute oder morgen Nachmittags will ich mich mal mit Schlenzka in Verbindung setzen wegen der Zusatz-Nahrung, die ich mehr auf Milch dirigiren möchte, wenn es auch nur Magermilch sein kann, die für den Kakao ganz gut ist und jetzt nicht regelmäßig geliefert werden kann. Für die milchlosen Tage soll dann Tee an die Stelle von Kakao treten. Von dem Kaufmann Eichholtz, von dem Du vor einiger Zeit schriebst ist noch nichts gekommen. Heute wieder kalt u. klar. Herzliche innige Grüße Dein

O.

128 P   23.11.1939

Donnerstag 23/XI 39

[...] Ueber die Wehrpflicht habe ich nur gesagt: das Fundament sei eine Erklärung des Gen. Jourdan[658] im Konvent gewesen: que tout Français en naissant contracte l'obligation de servir la patrie.[659] Also ein naturrechtl. Axiom, nach dem praktisch verfahren sei.[660] (Bei Aulard[661] finde ich nichts darüber. Meine Quelle weiß ich

---

652 Felizitas Schröter.

653 Vermutlich die „Tante" H. H. Vgl. auch Anm. 689.

654 Dieter Schröter.

655 Nicht ermittelt.

656 Oper von Daniel François Esprit Auber (1782–1871), Text von Augustin-Eugène Scribe (1791–1861).

657 Schiller, Wilhelm Tell, I, 4: „Verbunden werden auch die Schwachen mächtig."

658 Jean-Baptiste Jourdan (1762–1833), französischer General.

659 Franz.: Alle Franzosen haben die mit der Geburt begründete Verpflichtung, dem Vaterland zu dienen.

660 O. H.s Aufsatz „Staatsverfassung und Heeresverfassung" (Gesammelte Abhandlungen, Bd. 1, S. 52–83) als seine einschlägige Veröffentlichung bringt diesen speziellen Gedankengang nicht. Wie aus dem späteren Brief vom 12.12.1939 hervorgeht, stammt er aus einer Vorlesung, die H. H. während ihres Studiums mitgeschrieben hat.

661 Vermutlich François Alphonse Aulard, Histoire politique de la Révolution française, Paris 1909, dt. Übersetzung München 1924, mit einer Einleitung von H. H.

nicht mehr, vielleicht Chéruel Dict[ionnaire][662] oder sonst eine Eselsbrücke. Es ist ähnlich wie in Preußen mit den „Cantonreglement" von 1733, das auch nicht existirt, sondern auf bloßer Praxis beruht (erst 1792 conficirt). Ich will aber noch weiter nachforschen, soweit es mir mit meinen Augen u. Hilfsmitteln möglich ist. Jetzt möchte ich noch etwas an die Luft, es ist schon 1 Uhr. Ich danke, danke, danke Dir u. wünsche alles Gute u. Liebe! Totus tuus[663]

O.

129   26.11.1939

An des Jahres dunkelstem Tage: 26. November 1939

> Mit Deinem Bilde, das hier vor mir steht,
> Hab heimlich stumm ich Zwiesprach heut gehalten: –
> Es sprach mir von dämonischen Gewalten,
> Die aufglühn, wenn Pandora kommt und geht –
> Doch auch von Liebe, die nur der versteht,
> Der ihrer Kräfte tief beglückend Walten
> In tausendfältigen Licht- und Huldgestalten
> Durch achtundzwanzig Jahre ausgespäht.
> Und tröstend sprichst Du mir von Deiner Not:
> „Nicht werd' im Flüchtlingselend ich verschmachten –
> Du weißt, ich folge hohem Pflichtgebot:
> Nach meinem Werke muß ich rastlos trachten,
> Und führt mein Pfad in dunklen Tunnelschachten –
> Einst strahlt mir glorreich doch das Morgenrot![664]"

Tuissimus[665]
O.

130 P   27.11.1939

B[erlin]Ch[arlottenburg] Montag 27/XI 39

L. H.!

Heute früh hatte ich Deinen lieben, langen Brief von Donn. 23/XI, den ich noch ausführlicher zu beantworten vorhabe. Vorläufig herzlichen Dank! Den Huizinga, Erasmus[666] habe ich in dem großen Bücherschrank glücklich gefunden und sende ihn heute „eingeschrieben" als Drucksache. Den kleinen Wandschrank (der übri-

---

662 Adolphe Chéruel, Dictionnaire historique des institutions, moeurs et coutumes de la France, Paris 1880.
663 Vgl. Anm. 267.
664 Vgl. „rota aurora" in Nr. 84.
665 Vgl. Anm. 226.
666 Der berühmte niederländische Historiker Johan Huizinga (1872–1945) war damals Professor in Leiden und Präsident der philologisch-historischen Klasse der Kgl. Akademie der Wissenschaften in Amsterdam. – Hier sein Buch „Erasmus", dt. Übers. Basel, 2. Aufl. 1936.

gens halb so groß sein könnte, nach dem Inhalt) könnten wir nur in einer Kiste schicken, u. wenn ich ihn auch als „Umzugsgut zum persönl. Gebrauch" declarirte, könnte ich nicht garantiren, daß er nicht doch Zoll kostet und zwar so viel, daß Du Dir dafür auch einen neuen kleineren Behälter anschaffen könntest. Ich erwarte also noch weitere Weisung, ehe ich an die Versendung gehe. Ich bin jetzt mit der Besorgung der Kennkarte[667] geplagt und will eben zum Photographiren gehen. Wir haben hier seit gestern Schnee und Matsch. Sonst alles in Ordnung. Herzl. Gruß, auch von Frl. H.[annemann], Totus tuus [668]

O.

131 B   27.11.1939

B[erlin]Ch[arlottenburg] Montag 27. Nov. 1939

Geliebte Frau! Deinen lieben, langen, stoffreichen Brief vom Donnerstag 23/XI kann ich nur stückweise beantworten. Der Karte von heute Vormittag folgen diese Zeilen nach, die ich am Abend, nach 9 Uhr (21 h) niederschreibe, damit sie morgen früh mitgenommen und „eingeschrieben" werden können. Die angekündigte Drucksache (auch eingeschrieben) (Huizinga, Erasmus) konnte heute Nachmittag wegen Sturm und Regen nicht mehr befördert werden u. bleibt auch für morgen. Heute vormittag habe ich das Photographiren besorgt. Außer der Kennkarten-Scherei[669] hatte ich noch einmal einen großen Schreibebrief der Militärbehörde wegen Ellis[670] Heirat zu beantworten. Hoffentlich ist das nun endlich Schluß in dieser Angelegenheit. Dr. Schlenzka hat in meinem Fläschchen auch diesmal nichts gefunden, und ich bin froh, daß ich auch auf die doch sehr veränderte Kost mit den vielen Kohlehydraten (Kartoffeln!, die ich jetzt namentlich in gebratener Form sehr goutire) normal reagire, also ohne Bedenken diese Diät fortsetzen kann. Deinen Bestrebungen nach Beschäftigung wünsche ich von ganzem Herzen Glück u. Gelingen. Ich sende Dir heute hierbei die beiden polizeilichen Führungsatteste. Sie gelten für Auswanderung unbeschränkt, für Inländer die hier bleiben, nur auf ein Vierteljahr; diese letztere Beschränkung trifft Auswanderer nicht. Andere Führungszeugnisse giebt es nicht, es sei denn solche mit Strafregister (das sind wohl die „großen".) Das Polizeiamt, wo ich erst vorsprach, hat mich causa cognita[671] abgewiesen, weil Bestrafungen nicht vorliegen, und ans Meldeamt verwiesen, das dann das Zeugnis in doppelter Ausfertigung ausgestellt hat.

Meine Schwester Clara[672] ist gerührt über Deinen Geburtstagsglückwunsch und läßt Dir recht herzlich danken. Von Tante Grete hatte ich eine nette Karte als Dank für den Blumengruß zu ihrem 85. Geburtstag. Die Elektrola hat mir noch keinen Katalog ihrer Platten geschickt. Der Prophet wird wohl zum Berge kommen müssen. Die Verse, in die die Polizeischeine eingewickelt sind, nimm nachsichtig und liebreich auf. Eigentlich sollte man gar keine mehr machen, wenn man den stren-

---

667 Vgl. Anm. 633.
668 Vgl. Anm. 267.
669 Vgl. Nr. 130.
670 Vgl. Nr. 106.
671 Lat.: nach Prüfung der Sachlage
672 Clara Schlütter.

gen Gundolf[673] liest, in dem ich übrigens nur sehr langsam vorrücke. Morgen soll ich meine Bilder bekommen. Wenn sie nicht gar zu scheußlich sind, sende ich Dir auch mal eins. Für heute: gute Nacht, mein Engel, meine „Julia".[674] Du erinnerst Dich doch wohl noch des Grußes von Hrzg Bogislaw von Pommern![675] Den wiederhol' ich Dir

> Tausend innige Grüße
> Dein
> RO.meo

132 P   28.11.1939

B[erlin]Ch[arlottenburg] 28/XI 39

[...] Die Frage der Conscription in der franz. Rev. betreffend[676], kann ich leider trotz aller Nachforschungen die Quelle nicht mehr namhaft machen, aus der ich schöpfte. Elie[677] versagt ebenso wie Aulard[678]. Ich glaube jetzt, daß ich einer Armeegeschichte die Notiz verdanke, deren Kern ja, wie die Formel zeigt, die in Deiner Quelle wiederkehrt, richtig sein muß. Ich habe alle Stellen bei Aulard nachgeschlagen, wo General Jourdan, vorkommt – vergeblich! Wer war der Redner des Konvents, von dem Du sprichst? Könnte er nicht auf die Erklärung von Jourdan angespielt haben? oder ist etwa Jourdan selbst gemeint? Jetzt müßte ja das Buch des General <u>Weygand</u> Hist. de l'armée franc. Auskunft geben, das 1938 erschien und jetzt ins Deutsche übersetzt ist.[679] Ich habe möglicherweise aus Max Jähns geschöpft (Gesch. der Kriegswissenschaften, 3 Bde, München 1889–91 Teil 21 des großen Sammelwerks: Gesch. d. Wissenschaften i. Dtschld. (München. Ak[ademie]). All right! Herzl. Grüße Dein

O.

673 Vgl. Nr. 112.
674 Das Pendant zur Unterschrift Romeo, wobei RO.meo (= mein RO) natürlich für beide Partner auch eine Bedeutung hat.
675 „Gott mit uns" findet sich als häufige Grußformel der pommerschen Herzöge in ihrer Privatkorrespondenz bis ins 17. Jahrhundert. Von Bogislaw X. (1454–1533) ist ein eigenhändiges Gedicht an seine Frau Anna von Polen überliefert:
„armede in vele dusent guder nacht,
as ein schip von hundertdusent lesten rosenbledere dregen mach,
und so mennich sandes korne, als in dem
mehre is, unde so mennich drape waters
also tho Rugenwolde de schluse lopt."
Vgl. Diplomatische Beiträge zur Geschichte Pommerns aus der Zeit Bogislafs X., Berlin 1859. – Ich danke Kyra Inachin, Greifswald, für diese Hinweise.
676 Vgl. Nr. 128.
677 Französischer General der Revolutionskriege.
678 Vgl. Nr. 128.
679 Vgl. Anm. 648.

133 P 29.11.1939

Mittwoch 29/XI 39

[…] Von Deiner Gewichtszunahme habe ich seinerzeit mit großer Freude Notiz genommen. Weniger angenehm ist mir, daß dasselbe bei mir der Fall ist; ich muß mich mal bei Pech[680] wiegen lassen. Das machen die bisher vermiedenen Kartoffeln, und die Liebesgaben! Was die Goldschmidtschule anbelangt, so hatte ich früher verstanden, daß sie nach USA. überführt werden sollte, nicht nach England, wie Du neulich schriebst. Ist das vielleicht ein Irrtum.[681] Schade, daß es mit den Quäkern von Ommen[682] nichts zu sein scheint. Und Flaggstaff ist ganz verschwunden?[683] Schade! Hoffentlich macht die Aufenthaltserlaubnisverlängerung keine Schwierigkeiten – aber wenn, was dann?! Der Wandschrank würde doch wohl Zoll kosten, und vorausbezahlen kann man den leider nicht. Ja, das Schokoladenschiff![684] Ich würde mich gern zu St. Nicolaus revanchiren, wenn nur der Zoll nicht wäre! Es ist heute wieder so dunkel, daß ich ohne Licht nicht schreiben kann. Will jetzt zum Branitz[685] hinaus, damit ich nicht ganz einroste. Denke an Dich bei Tag und Nacht. Heil für Frau Huldr[eich].[686] Getreulichst Khevenhüller[687]

134 P 1.12.1939

B[erlin]Ch[arlottenburg] Freitag 1/XII 39

L H! Heute früh wieder eine liebe Karte von Dir, von Dienstag 28/XI Bravo Baccalaureus! Du wirst dies Problem gewiß noch lösen, um das die franz. Historiker sich so wenig gekümmert haben. Man sieht, daß sie von den Juristen und Advokaten herkommen, sie haben wie Aulard nur Sinn für abstraktes Staatsrecht u. Parteipolitik, wie die Handelnden der Rev[olution] selbst. Man sieht auch daraus, wie notwendig ein Bonaparte war. Aulard verliert sehr in meinen Augen! – Die amerikanischen Aussichten sind ja sehr gering. Wo soll ein teaching contract herkommen, wenn man nicht an Ort u. Stelle ist und sich persönlich vorstellen kann! Das Problem der Seeneutralität[688] wird immer dringender; USA. „cane"[689], Japan ist der einzige Draufgänger. Der Himmel behüte Holland! Die Neutralen leiden mehr als

---

680 Drogeriewaren-Geschäft.
681 Vgl. Nr. 96.
682 Ort in den Niederlanden. Auch die Quäker stehen im Zusammenhang mit dem Büro Pfarrer Grüber in Berlin. Vgl. Hartmut Ludwig, S. 18, wie Anm. 451.
683 Die Sternwarte von Flagstaff im Staate Arizona stellte damals Hertha Vogelstein ein, um ihre Bibliothek ordnen zu lassen. Julie Braun-Vogelstein, Was niemals stirbt. Gestalten und Erinnerungen, Stuttgart 1966, S. 380.
684 Vgl. Nr. 98.
685 Vgl. Anm. 325.
686 Vgl. Anm. 568.
687 Vgl. Anm. 210.
688 O. H.s Thema ist sehr aktuell. Erst mit dem Internationalen Seegerichtshof mit Sitz in Hamburg von 1996 ist ein Seeweltgericht auf Dauer erreicht worden.
689 Franz., ungefähr: USA kneift, hat die Hosen voll. Ein anderer Bezug: Der Hof von Cane della Scala in Verona hat ghibellinischen Emigranten großzügig Gastfreundschaft geboten. Dort fand Dante Zuflucht. Felizitas Schröter bestellte, wie in Nr. 127 vermeldet, an „Dante" – ihre Tante Hedwig – einen Gruß.

Deutschland, England hat enorme Verluste durch den Kursschwund seiner Auslandswerte, auch Amerika verliert mehr durch den europ. Krieg, als es gewinnen kann durch Waffenausfuhr. Totus mundus stultizeat![690] Kennt man dort noch Herrn Valkenier-Kips[691], den Enkel des „Verwirrten Europa?" Sei weiter so großzügig wie bisher! Je t'adore, mon ange![692]

Tuissimus[693] Khevenhüller[694]

135 P   2.12.1939

B[erlin]Ch[arlottenburg] Sonnabend 2/XII 39

[...] Die Audienz bei M. N.[695] hat mich natürlich sehr interessirt. Schade, daß er für die Idee kein Interesse beweist; das ist aber unter den gegenwärtigen Verhältnissen sehr verständlich. Immerhin wäre es gut, wenn Du diese Verbindung irgendwie aufrecht zu erhalten versuchtest, um sonstiger Möglichkeiten willen, die sich daraus ergeben. Für Historiker ist heute durchaus die auswärtige Politik Trumpf. Ich lese eben in der Daz.[696], daß sich in USA. Rock[efeller] für das Institute on foreign affairs in NYork interessirt, dem jetzt ein japanisches Institut für Pacific-Interessen gegenübertritt.[697] Und dann komme ich immer wieder auf die Seeneutralität zurück. Die Hauptsache ist u. bleibt aber, daß Du für Deine Gesundheit sorgst u. in mutvoller Stimmung bleibst. [...]

136 P   3.12.1939

B[erlin]Ch[arlottenburg] Sonntag 3/XII 39

[...] Deine Schwierigkeiten bedaure ich. Hatte so eine Vision: Hökchens Bücher bei einem Mäcen aufgestellt, Emigrant oder Holländer (etwa M[artinus] Nij[hoff]) Hökchen als Sprachmeisterin deutsche Litteratur vermittelnd (wie die jetzt wieder auftretende Friedel Hintze)[698] vielleicht in einer Teestunde wie einst bei uns mit kleinem Kreis von Freunden. Sl[otemaker] könnte auch dabei sein! Will sehen, ob ich heute mal wieder auf den Br[anitz][699] komme, rauher Nordwest, Regen droht. Zum Briefschreiben reicht es heute Vormittag nicht, Du mußt mit diesem Karten-

690 Lat.: Die ganze Welt spielt verrückt!
691 Vgl. Nr. 97.
692 Franz.: Ich verehre Dich, mein Engel!
693 Vgl. Anm. 226.
694 Vgl. Anm. 210.
695 Vermutlich Martinus Nijhoff. Vgl. Nr. 122.
696 Vgl. Anm. 490.
697 In der Morgenausgabe vom 2.12. ist unter der Überschrift „Forderungen Japans im Pazifik" die Rede vom Institute for Pacific Relations mit der Hauptstelle in New York und Schwesterorganisationen in allen pazifischen Hauptstädten von irgendwelcher Bedeutung, auch von den Parallelen in London (Royal Institute of International Affairs), Paris und in New York selbst (Council on Foreign Relations). Die Finanzierung all dieser privat-diplomatischen Gründungen sei ursprünglich sehr stark mit Rockefeller-Geld vor sich gegangen. Mehr ist über Rockefeller nicht gesagt.
698 Im Berliner Telefonbuch von 1940 als Sprecherin aufgeführt.
699 Vgl. Anm. 325.

gruß vorlieb nehmen, der hoffentlich nicht allzu lange reisen muß. Sonst – all right. Mit Gundolf[700] geht es sehr langsam vorwärts. Die Methode ist etwas ermüdend! Ich möchte Dir noch etwas recht liebes sagen, aber was sind Worte. Vielleicht spürst Du es auch so! Innigst

Dein O.

137 P 7.12.1939

B[erlin]Ch[arlottenburg] Donn. 7/XII 39

[…] Ich muß mich entschuldigen, daß ich nicht früher schrieb. Aber hier war viel Spannung u. Unruhe. Frl. H.[annemann] hat einen VerdunklungsUnfall erlitten, in Steglitz, letzten Sonntag, wo sie ihre Schwester, Frau Sabinski, besucht hatte, als Nicolas bei den Kindern. Fiel über eine Menschenfalle, Speichenbruch (rechtes Handgelenk). In Narkose eingerichtet am Dienstag (Frau Dr. Jungm[ann][701] H. hatte die Sache zu leicht genommen, Sonntag Abend – Montag Nachm.) Jetzt rechter Arm in Gips, natürlich sehr behindert, Aushilfe nötig, aber noch nicht da; sehr schwer jetzt so etwas zu bekommen. Heute etwas in Aussicht. Frau Walther kann wenig helfen, da der kranke Mann vorgeht. Frl. H. ist jetzt wieder zum Arzt (Prof. Schöne[702], Bundesallee), in dessen Klinik, Landhausstr. sie operirt wurde, aber nicht bleiben konnte. Dienstag war Tante Käte[703] hier, hat ihren Tee bekommen u. sich an der Suche nach Aushilfe beteiligt. Mir geht es gut, habe immer noch hier verpflegt werden können. Kleiderkarte, Kennkarte erledigt. Beides auch Mittwoch. Freue mich sehr über Deine Nachrichten. Continuez![704] In innigstem dankbaren Gedenken!

O.

138 B 7.12.1939

B[erlin]Ch[arlottenburg] Do. 7/XII 39

Liebste Hedl!

Noch einmal setze ich die Feder an, um den Brief mit Zettelchen u. Photos fertig zu machen.

Es ist 12 Uhr durch u. T. Käte[705] ist noch nicht da, auf die ich gewartet hatte. Grüße an Dich hat sie mir ohnehin aufgetragen und Frl. H.[annemann] ist zurück; die wird sie empfangen und vielleicht zum Nüsseknacken anstellen, nachdem sie den lange vermißten Nußknacker in der Küche entdeckt hat. Am Spandauer Berg[706] konnte man ihr noch nichts gewisses sagen; wir hoffen aber morgen oder übermorgen eine Stundenfrau zu bekommen, die Frl. H. die schwierigsten Arbeiten

---

700 Vgl. Anm. 574.

701 Im Reichsmedizinalkalender von 1935 ist eine Frauenärztin mit Namen Dr. Anna Jungmann-Hermann mit Praxis in Charlottenburg erwähnt.

702 Prof. Dr. med. Georg Schöne (1875–?).

703 Käte Wolff.

704 Vgl. Anm. 162.

705 Käte Wolff.

706 Dort befand sich eine Dienststelle der NS-Volkswohlfahrt, an die sich Frl. Hannemann gewendet hatte.

abnehmen kann. Vorläufig wird für Bettmachen, Abwasch etc. Frau Walther eintreten. Ich muß noch einmal zur Apotheke, um meine Bestände zu ergänzen, die in dem Trubel der letzten Tage etwas vernachlässigt worden sind. Darum will ich es mit diesem kurzen Gruß bewenden lassen. Der Besuch von Konrad u. Lotte[707], der ohnehin kaum noch ernsthaft in Betracht kam, wird nun wohl auf längere Zeit verschoben werden müssen. Ich habe eben deswegen nach P[yritz] geschrieben.

Hoffentlich beunruhigst Du Dich nicht meinetwegen und läßt Dir keine gute u. schöne Stunde trüben. Deine wundervollen Briefe geben mir ein so deutliches Bild Deines dortigen Daseins, daß ich Deine Kunst im Briefeschreiben immer wieder bewundern muß. Aber bitte keine Liebesgaben mehr! Lieber eine kleine Collation mit guten Freunden auf Hökchens Bude. Vale ut valeam[708], das bleibt die Losung.

Dein getreuer
Khevenhüller[709]

139 P   8.12.1939

Freitag 8/XII 39

L. H.! L[iebes]g[aben] p.p.[710] am laufenden Bande!

[...] Die „Aushülfe" soll heute in die Erscheinung treten. Frl. H.[annemann] strengt sich offenbar zu sehr an. Vielleicht hätte ich von Anfang an im Wirtshause essen sollen, trotz der Karten-Schwierigkeiten. Mit mir zusammen dort zu essen hat sie abgelehnt, wegen ihres Zustandes. Nächstens will ich Nußbrei als Mittag nehmen. Die Konzerte haben nun auch aufgehört; ich habe noch nicht gelernt die Nadeln einzustecken und das Werk aufzuziehen. Vielleicht lerne ichs aber noch. Gundolf reicht vorläufig. Eine Biographie ist es nicht, sondern eine Monographie über die Entwicklung des dichterischen Schaffens von G[oethe] nach an sich richtigen, aber etwas pedantisch durchgeführten Gesichtspunkten.[711] Nachbarin E[ngelmann] teilte mir gestern mit, daß sie nun die Aus- u. Einreiseerlaubnis für Türkei haben und die Abreise vorbereiten. Läßt vielmals grüßen. Daß Sl[otemaker] ein Liebl[ings]schüler von Harnack ist[712], habe ich Dir wohl schon geschrieben. Herzliche Grüße u. heißen Dank! Dein

O.

---

707 Konrad Hintze und Frau.

708 Vgl. Anm. 184.

709 Vgl. Anm. 210.

710 Vgl. Anm. 577.

711 Vgl. Nr. 112.

712 Im Brief vom 3.10.1939 hatte O. H. aus der Unterhaltung mit Axel von Harnack berichtet, daß Slotemaker der Vater, ein Theologe, ein bevorzugter Schüler seines Vaters (Adolf von Harnack) sei. – Es kann durchaus sein, daß H. H. den inzwischen 70jährigen Vater ihres Ausreisevermittlers kennengelernt hat und dieser hier auch gemeint ist. Vgl. auch Nr. 80.

B[erlin]Ch[arlottenburg] Sonntag 10/XII 39 11[h]

Geliebtes Hökchen! Heute früh schon wieder ein eingeschr. p.p.[713] mit Liebesgaben. Du überschüttest mich förmlich mit diesen beglückenden Zeugnissen Deiner großen Liebe und Deines edlen Dranges „wohlzutun und mitzuteilen"; aber dabei giebt mir immer der Gedanke einen Stich ins Herz: Du schwelgst auf Kosten von Hökchens Notgroschen! Also, Geliebte, folge meiner Mahnung und mache Schluß mit diesen kostspieligen Sendungen! Außerdem heute früh eine undatirte Karte, dem Poststempel nach am 5/XII aufgegeben, aber wohl schon am 4/XII geschrieben, da sie auf den „gestrigen Sonntag" mit dem Ausflug nach Scheveningen Bezug nimmt. Von dem dortigen St. Nikolas-Betrieb erhalte ich aus Deinen letzten Briefen eine recht lebendige Vorstellung. Dein gestern früh angekommener Brief vom Nikolastage selbst 6/XII 39 hat also die Karte überholt! Die Einladung nach Brüssel hat mich innig gefreut und zeigt Dir, daß Du doch nicht ganz vergessen bist in der gelehrten Welt! Du hast vollkommen recht, daß das Thema der bewaffneten Seeneutralität für Dich dabei wohl kaum in Frage kommt u. daß Du besser auf Deinem alten vertrauten Gebiet bleibst, das Du quellenmäßig so beherrschst wie wenige Gelehrte in der Welt! Die Frage der allgemeinen Wehrpflicht scheint mir ein sehr geeignetes Thema; es müßte dabei nur genügend hervorgehoben werden, wie vollkommen die franz. Geschichtsschreibung in diesem Punkte versagt, der doch nach unserem Gefühl so wichtig ist, nicht nur für Frankreich, sondern für die ganze moderne Völkergeschichte. Zu dumm, daß ich die Quelle meiner Jourdan-Anekdote[714] nicht mehr nachweisen kann. Ganz aus der Luft gegriffen kann sie nicht sein, wie schon die später wiederkehrende u. aktenmäßig beglaubigte Formel beweist (die übrigens durchaus im Stil von 1793, gar nicht in dem von 1872/5 ist). Was sagt denn General Weygand über den Ursprung der allg. Wehrpfl.?[715] Was die Episode mit Isnard[716] im Septbr. 1793 anbelangt, so möchte ich auf die Kosten, die die Verbreitung seiner „Adresse" verursacht haben würde, selbst in dieser kritischen Zeit, nicht allzuviel Gewicht legen; eine wirksame Propaganda hätte wohl eine solche Ausgabe gerechtfertigt; daß es meist Phrasen sind, ist eine Sache für sich, entspricht aber auch dem Stil der Zeit. Ich muß dabei an Sign. Settembrini aus dem Zauberberg[717] denken: „die Republik und der schöne Stil"! Etwas theatralische Pose und ideologische Phrase gehört nun mal zum Naturell der Romane und auch zum Stil der Zeit. Als Gegensatz dazu schwebt mir die rührende Figur vor, die mir aus Anatole France (Les Dieux ont soif)[718] in Erinnerung geblieben ist: der arme kleine, kranke, schwindsüchtige Patriot, der in der Stille, unbekannt und unbelohnt, unter Aufbietung seiner letzten Kräfte rastlos in der so notwendigen realistischen organisatorischen Detailarbeit, mit Aufstellung von Listen und Rechnungen etc. das Massenaufgebot auf die Beine zu bringen hilft. Ein rechter Gegensatz zu den großsprecherischen Führern im Konvent und auch noch in den Versammlungen der Di-

---

713 Vgl. Anm. 577.

714 Vgl. Nr. 128.

715 Vgl. Nr. 126.

716 Henri Maximin Isnard (1758–1825), Girondist, Politiker der Französischen Revolution.

717 Roman von Thomas Mann, Frankfurt am Main 1924.

718 Paris 1912. Besteht aus Szenen aus der Französischen Revolution.

rekt[oriums]-Zeit, wo immer viel mehr von den Rechten als von den Pflichten der Bürger die Rede ist, viel mehr von Freiheit u. Gleichheit, als von Wehrpflicht u. Steuerpflicht – eine Haltung, die auch auf die Historiker der Revolution bis auf Aulard[719] u. Jaurès[720] abgefärbt hat und welche die bedauerliche Lücke in der Geschichtsschreibung erklärt, die Du auszufüllen unternommen hast. Möge Dir das wohl gelingen! Und möge diese Excursion nach Brüssel Dir überhaupt weiterhelfen! Was Du von Julie[721] in Amerika schreibst, ist ja recht bedauerlich. Ist denn von Lederer[722] gar nichts mehr zu hoffen? Nun, verliere jedenfalls nicht den Mut und genieße jede gute Stunde, die Dir das Schicksal gönnt. Du hast ganz recht: Noch ist nicht aller Tage Abend!

Wir sind hier noch immer in einer bedrängten Lage. Frl. H.[annemann] hat einen komplizirten Speichenbruch am rechten Unterarm erlitten und ist noch immer im Gipsverband, kann nur mit Mühe die wichtigste Arbeit leisten – daß sie es überhaupt tut ist ein Glück u. muß ich ihr hoch anrechnen. An Ersatz ist gar nicht zu denken, so groß ist der Mangel weiblicher Arbeitskräfte für den Haushalt, wenigstens in der Stadt. Hoffentlich kann in einer Woche der Gipsverband abgenommen werden, dann folgt aber noch die eigentliche Behandlung, die dazu führen soll, den Gebrauch der rechten Hand zu erhalten oder wiederherzustellen. Es ist keine leichte Sache, wie ein einfacher Knochenbruch, da der Speiche-Knochen fein ist und in Splitter gegangen ist. Die Aushilfe, die uns von der N.S.V.[723] in Aussicht gestellt war, ist auch leider ausgeblieben; wir haben gestern den ganzen Tag vergeblich darauf gewartet; es hieß zuletzt, sie sei krank geworden. Jetzt liegt alles auf der armen Portierfrau Walther, die außerdem noch die Familie Schütte betreuen muß, die gar keine Stütze hat für den Kleinen. C'est comme à la guerre.[724] Dafür leitet meine Nichte Eva H.[725] in Brüssow (Sitz des Herrn Gen.feldmarschall v. Mackensen, der kürzlich unter großer Teilnahme seinen 90. Geburtstag feierte) bei Prenzlau eine Schaar von 80 Arbeitsmaiden für die Landwirtschaft! Ich muß jetzt schließen, um noch etwas Luft zu schöpfen u. diesen Brief zu besorgen, da um ½ 2 gegessen werden soll, u. Frau W[alther] um 2 zum Aufwaschen kommt. Tausend innige Grüße und herzlichen Dank für Liebe u. Liebesgaben! Dein getreuer „Cornet"[726]

O.

Portoscheine giebts leider vorläufig nicht mehr.
Gestern Tante Wanda[727], läßt schön grüßen.

---

719 Alphonse Aulard (1849–1928), französischer Historiker.
720 Jean Jaurès (1859–1914), französischer Historiker und Sozialistenführer.
721 Julie Braun-Vogelstein.
722 Emil Lederer war bereits am 29.5.1939 im Alter von 56 Jahren gestorben.
723 Nationalsozialistische Volkswohlfahrt.
724 Franz.: Es ist wie im Krieg.
725 Eva Hintze, Enkelin von Konrad und Lotte in Pyritz.
726 Rainer Maria Rilke, Weise von Liebe und Tod des Cornets Christoph Rilke, Prag 1904.
727 Nicht ermittelt.

141 B 12.12.1939

Geliebte Frau! Ich denke jetzt viel an die Arbeit, die Du vorhast und krame in meinen Paperassen[728], ob sich etwas findet, was Dir dabei von Nutzen sein kann. Nun fand ich in der Tat etwas Einschlägiges, aber – wie ich gleich vorweg bemerken will – für Dich kaum besonders Interessantes: nämlich einen mir ziemlich aus dem Gedächtnis entschwundenen Vortrag in der Gehe-Stiftung zu Dresden vom 17. Febr. 1906 über „Staatsverfssg u. Heeresverfassg"[729], worin natürlich auch von der Franz. Revol. u. der Frage des Ursprungs der allg. Wehrpflicht die Rede ist – übrigens sehr kurz, summarisch u. ohne nähere Quellenstudien. Ich komme dabei nicht auf die legendäre Erklärung eines Generals in einer revol. Volksvertretung zu sprechen (NB. ich bin nicht ganz sicher, ob es sich bei dieser Legende um Jourdan oder nicht etwa um Moreau[730] oder sonst einen Revolutionsgeneral handelt, und ob es sich als Schauplatz um die Executive oder nicht etwa um die Legislative handelt). Ich begnüge mich bei dem „Ignoramus"[731] und hebe nur hervor, daß die napoleon. Conscription eigentlich noch keine allg. Wehrpflicht gewesen sei, wegen des Grundsatzes der Stellvertretung, daß vielmehr die wirkliche allgemeine Wehrpflicht mit ihrem ideologischen Gehalt erst in dem Preußen Scharnhorsts[732] u. Boyens[733] auftrete. Das ist also im wesentlichen dasselbe, was später Hans Delbrück in seiner Gesch. der Kriegskunst[734] ausgeführt hat. Daß Delbrück die wirklichen Verhältnisse in der Frz. Rev. nicht näher gekannt hat, aber gerne kennen gelernt hätte, ist Dir wohl durch seine späteren Anfragen bei Dir klar geworden. Damals handelte es sich für ihn um die Fassung der Frage für seine Weltgeschichte.[735] Ich kenne sie leider nicht und kann nicht ohne große Umstände dahinter kommen, da ich keine Benutzungserlaubnis für die Bibliothek habe u. Axel Harnack mir kaum Auskunft wird geben können. Ich glaube aber nicht, daß Delbrück in der Weltg. wesentlich mehr geben wird als in der ausführlichen Behandlung der Frage in der Gesch. d. Kriegskunst. Seine Weltg. wird dort wohl kaum zu haben sein (12 Bände, der letzte kommt wohl namentlich in Betracht.) Als mutmaßliche Quelle für die Legende habe ich Dir früher schon Max Jähns, Gesch. der Kriegswissenschaften[736] angegeben; von demselben Autor (einem früheren Oberst, Rivale von Hans D. in der Kriegsgeschichtschreibung) giebt es auch noch ein kleineres Werk: „Heeresverfassungen u. Völkerleben", Berlin 1885, das auch noch in Betracht käme. Es könnte aber auch sein, daß meine Weisheit für die Vorlesung aus einem französ. Dictionnaire nach Art des Cheruel stammt; das ist Maurice Block (Bloch) Dictionnaire politique de la France moderne, oder so ähnlich,[737] etwa unter

---

728 Franz.: alte Papiere.
729 Gedruckt in Otto Hintze, Gesammelte Abhandlungen, Bd. 1, S. 52–83. Vgl. Nr. 128.
730 Jean Moreau (1763–1813), französischer General.
731 Berühmtes Wort des Physiologen Emil Du Bois-Reymond (1818–1896) von 1872: Ignoramus et ignorabimus = Wir wissen es nicht, und wir werden es nicht wissen.
732 Gerhard David Scharnhorst (1755–1813), preußischer Militärreformer.
733 Hermann Boyen (1771–1848), preußischer Generalfeldmarschall.
734 Vgl. Anm. 536.
735 Weltgeschichte.Vorlesungen, gehalten an der Universität Berlin 1896/1920, 5 Bde., Berlin 1924–1928, 2. Aufl. 1931.
736 Vgl. Nr. 132.
737 Maurice Block, Dictionnaire de l'administration française, Paris 1856 ff. oder ders., Dictionnaire géné-

„conscription". Vielleicht ist Dir dieses dort erreichbar. Das Interessanteste, was Du bisher gefunden hast, scheint mir zu sein, daß Monmayou[738] in einer Rede im Konvent dieselbe epigrammatische Formel braucht, die in der Legende einem General in den Mund gelegt wird und die den ideologischen Gehalt der all. Wehrpflicht, der später bei der Conscription verdunkelt ist, in leuchtender Prägnanz herausstellt. Woher hat er diese Formel? Hat er sie damals improvisirt? oder spielt er auf eine Erklärung an, die früher einmal ein General in einer Versammlung (es brauchte nicht gerade der Konvent zu sein) gemacht hat? Die Formel paßt besser in den Mund eines Generals, als in den eines Advokaten oder Freiheits-Ideologen. Monmayou kommt an 2 Stellen bei Aulard vor, die aber beide sachlich bedeutungslos sind. Vielleicht ist er das Urbild des unbekannten schwindsüchtigen Organisators der levée en masse[739] bei Anatole France![740]

Entschuldige, daß ich Dich mit diesen Bemerkungen öde, die Dir vielleicht ganz überflüssig erscheinen. Aber sie werden Dir das lebhafte Interesse bekunden, das ich an Deinen Bestrebungen nehme. So viel Talent und guter Wille, soviel Fleiß und Spürsinn, wie sie Dir eigen sind, dürfte das Schicksal nicht unbelohnt lassen. Meine innigsten Wünsche begleiten Dich! Ich schreibe fast im Dunkeln, obwohl es Mittags 12 Uhr ist. Unsere Elektricitätsanlage, in der sämtliche Studirlampen in den beiden Arbeitszimmern samt Speisezimmer u. Diele auf _eine_ Leitung montirt sind, versagt wieder einmal mit beständigem Kurzschluß und unser Elektriker, Heidrich, Ulmenstraße, ist „anderweitig" (Krieg!) so beschäftigt, daß vorläufig keine Remedur möglich. Abends esse ich jetzt in der Küche; zum Mittagessen wird das Licht im Speisezimmer ja vielleicht ausreichen. Heute Brief von Lotte, daß sie wohl diesen Winter kaum mehr von P[yritz] fort können, wegen der Praxis von Kuni.[741] Wolfgang[742] exercirt Rekruten, seine Frau[743] erzieht einen Boxer zum Wachthund in der Villa, wo einst „Oppo"[744] hauste. Wie soll ich Dir die überströmende Liebe schildern, die mich immer wieder zu Dir und Deinen Beschäftigungen führt. Je vous admire, je vous adore![745] In innigster Verbundenheit

Dein O.

142 P   14.12.1939

B[erlin]Ch[arlottenburg] Do. 14/XII 39

[...] Polizei beanstandete, daß ich in Deiner Vertretung 11/11 39 eine Meldung über den Verlust Deines Vermögens erstattet habe _ohne_ die _Nummer_ und Art Deiner Kennkarte beizufügen. Vielleicht teilst Du mir diese Nummer einmal gelegent-

ral de la politique, Paris 1863–1864, 2. Aufl. 1884.
738 Joseph Monmayou (1756–1821), Mitglied des Sicherheitsausschusses der französischen Revolutionsregierung.
739 Franz.: Massenerhebung = allgemeine Wehrpflicht.
740 Vgl. Nr. 140.
741 Lotte und Konrad Hintze.
742 Wolfgang Hintze.
743 Maria Hintze.
744 Nicht ermittelt.
745 Franz.: Ich bewundere Dich, ich verehre Dich!

lich mit. „Ihre Sorgen möchte' ich haben!" Sonst geht alles gut, Ernährung ausreichend. Jetzt sogar ein Suppenhuhn. Ein Hase wäre auch zu haben, wenn nicht H.[annemann]'s Krankheit u. d. Bratofen wäre! Alles Liebe
innigst Dein O.

143 P   16.12.1939

B[erlin]Ch[arlottenburg] Sonnabend 16/XII 39

[...] Das Thema für Brüssel finde ich sehr gut, vielleicht kannst Du dabei auch einflechten, wie beim Einmarsch in Belgien wegen der zurückgewiesenen Assignaten[746] die Befreiungsexpedition in Eroberung umschlug. Das hat mich immer besonders interessirt. [...] Mit Gundolf freunde ich mich wieder mehr an.[747] Das ist wirklich, was Dilthey[748] mir so nannte: das Erlebnis aus der Dichtung! Mein ganzes „Ich" strömt Dir entgegen, Du mußt es merken! Vale ut valeam![749] Innigsten Dank!
O.

144 P   17.12.1939

Sonntag 17/XII 39

L. H!

Gestern Abend (d. h. jetzt schon um 16½ h.) erhielt ich Deinen lieben Brief von Mittwoch 13/XII (toi Jourdan) Deine Quelle Monmayou[750] wird immer interessanter. Wo hat der die prägnante Formulierung her? – Von hier ist nichts Neues von Belang mitzuteilen. Frl. A. Hannemann war heute (Sonntag!) beim Arzt, der den Gipsverband abgenommen hat u. Massage anordnete um Steifwerden zu verhindern (bei 58 Jahren!) Viel Schererei mit der Kasse. Größte Vorsicht nötig; die rechte Hand soll ganz geschont werden (da sie nicht mehr „geschient" ist). Ich bin natürlich sehr ängstlich bei allen Diensten, die sie mir noch immer leistet. [...] Ich habe mir den kl. Plötz vom Buchhändler bestellt[751], er scheint aber nicht leicht zu beschaffen. Deine Sophismen über Notgr[oschen] – Liebesg[aben] überzeugen mich nicht – aber – Herzliche Grüße und alles Gute!
Vale ut valeam[752]. Tuissimus[753]
O.

---

746 = eine Art Papiergeld der Französischen Revolution, das sich 1794 beim Einmarsch der Revolutionstruppen in rasantem Wertverfall befand.
747 Vgl. Nr. 112.
748 Wilhelm Dilthey (1833–1911), deutscher Philosoph.
749 Vgl. Anm. 184.
750 Vgl. Nr. 141.
751 Der später häufig erwähnte „Kleine Ploetz", Hauptdaten der Weltgeschichte. 1863 erschien die erste Fassung zunächst in französischer, bald auch in deutscher Sprache. 1980 zum 100jährigen Verlagsjubiläum in 33. Auflage.
752 Vgl. Anm. 184.
753 Vgl. Anm. 226.

145 P   19.12.1939

LH!

Heute früh erfreute mich Deine liebe Karte vom Samstag 16/XII sowie ein neues p. p.[754] (Boter & Kas)[755], wodurch mein Nahrungsstand auf eine fabelhafte Höhe gebracht wird. [...] Mit Hilfe von Frau W.[alther] geht mein Leben seinen geordneten Gang; wir machen auch Abends hin u. wieder Musik, sogar mit weihnachtlicher Festbeleuchtung durch einen Adventsteller mit 4 schönen Wachskerzen – eine Einrichtung bei der ich immer an Deinen Weihnachtsteller mit seinem Licht denke. Du bist mir überhaupt immer gegenwärtig, als ob Du noch da wärest. Das Finanzamt, mit dem ich jetzt viel zu tun habe, behandelt Dich noch immer als „beschränkt steuerpflichtig" (wie W.II)[756] ich möchte daher die Bitte wiederholen mir die Nr. Deiner Kennkarte mitzuteilen. Den Grieben Belgien[757], hast Du hoffentlich inzwischen erhalten? Im Gundolf[758] stehe ich jetzt bei Egmont, was mich besonders interessirt.[759] Hier ist es klar u. kalt, bei Euch ist auch, wie ich aus der DAZ ersehe, Frost eingetreten. Die rechte Weihnachtsstimmung wird aber ohne Dich nicht kommen. Plage Dich nicht viel mit Schreiben, genieße die Tage! Mir verstängen[760] uns doch! Dein O.

146 P   20.12.1939

[...] Sonst geht hier alles seinen gewöhnlichen Gang. Das innere Licht muß das äußere ersetzen. Vielleicht kommen diese Zeilen zum 24. in Deine Hände. Dann sollen sie Dir innige Weihnachtsgrüße bringen mit dem Gedenken an frühere schöne Stunden. Dies Fest ist ja doch <u>unser</u> Fest![761] Ich nehme Abstand davon Dir irgend etwas zu schicken, was Du schließlich am Ende noch verzollen müßtest. Die Sache mit Deinem Heimatschein[762] wird jetzt akut. Die Gebühr dafür (10 M.) wenn in RM. bezahlt bedarf der Genehmigung durch die Devisenstelle; überall wo ich als Dein Vertreter mit Behörden zu tun habe, muß ich die <u>Nummer Deiner Kennkarte</u> angeben. Also bitte teile mir diese <u>so bald wie möglich</u> mit! Es spart mir allerhand Schererei. Für T. K.[763] habe ich extra feine Cigaretten gekauft. Im „Goethe"[764] rücke ich nur langsam vor. Gestern wieder Konzert: Cismoll Sonate Beethoven, Liszt

---

754 Vgl. Anm. 577.
755 Niederl.: Butter und Käse.
756 Wilhelm II., der deutsche Kaiser.
757 Reiseführer.
758 Vgl. Nr. 112.
759 Goethes Trauerspiel „Egmont" spielt im 16. Jh. während des Freiheitskampfs der Niederlande gegen Spanien.
760 Bayerisch: Wir verstehen.
761 Vgl. den folgenden Brief.
762 Vgl. Nr. 92.
763 Vermutlich die Tante Käte Wolff.
764 Friedrich Gundolf, Goethe, Berlin 1916, 13. Aufl. 1930.

Konzert, Schubert Unvoll. Symph. Bei alledem nur an Dich gedacht! Mit herzlichen Festwünschen Totus tuus[765] O.

147 B   21.12.1939

B[erlin]Ch[arlottenburg] Donnerstag 21.XII 1939

Geliebte Frau! Heute Nachmittag erfreute mich Deine liebe Karte von Montag 18/ XII, dagegen habe ich den Sonntagsbrief vom 17 mit der „blassen" Schrift noch nicht erhalten; vielleicht kommt er morgen; es ist ja nicht das erstemal, daß eine spätere Karte dem früheren Brief vorausläuft. Nach dem Sonntagsbrief vom 10/XII habe ich von Dir noch erhalten Briefe oder Karten vom 11./XII, 13./XII, 16./XII. Unter den Sachen, die bei Dir eingelaufen sind, befindet sich hoffentlich auch Griebens Reiseführer für Belgien, den ich durch die Buchhandlung direkt habe senden lassen und dessen Eingang Du nicht besonders bestätigt hast. Ich schreibe heute einen Brief, nicht weil ich besonders wichtiges mitzuteilen habe, sondern namentlich, weil ich gern einen Portoschein für Dich erwischen möchte, um nicht von der Tante K.[766], die übrigens morgen zum Tee kommen will, ausgestochen zu werden. Ich kann den Brief leider nicht selbst besorgen; denn der Gang zur Post mit allem was drum u. dran hängt, ist mir etwas beschwerlich, wie ich vor einigen Tagen merkte; Frl. H.[annemann] ist aber bereit den kleinen Abstecher aufs Postamt zu machen, wenn sie morgen zum Massiren zum Nollendorfplatz mit der UB[ahn] fährt. Es geht ihr glücklicherweise bisher ganz leidlich mit der schwierigen und schmerzhaften Kur; Prof. Schöne ist sehr zufrieden mit dem Verlauf und wir wollen das Beste hoffen. Ueber Deine teilnahmsvolle Karte hat sie sich sehr gefreut und sendet mit mir die besten Festwünsche für Dich. Hier ist schon alles zu Weihnachten ausverkauft. Ich hätte den Schwestern gern das übliche „Geröchts" gesandt, und war heute Vormittag an den betreffenden Stellen in der Reichsstraße – aber alles schon ausverkauft bis auf die letzte Flasche Kölnisch oder Lavendelwasser. Das Wetter ist kalt und klar, Nachts mildert der zunehmende Mond ein wenig die Verdunklung. Ich gehe aber nach 5 Uhr nicht mehr aus dem Bau. Danke für die Mitteilung Deiner K[enn]K[arten]Nummer. Ich will dieser Tage versuchen, ob nicht die Gebühr für Deinen Heimatschein[767] (10 RM.) aus Deinem Auswanderer-Sperrkonto bezahlt werden kann, aus dem doch solche Zahlungen ohne besondere Genehmigung der Devisenstelle erfolgen können; das würde mir die Umstände ersparen, die mit dem Antrag auf Genehmigung durch die Devisenstelle verbunden wären, wenn ich die Summe für Dich bezahlen wollte. Eines besonderen Auftrags an die Bank Deinerseits bedarf es dazu wohl nicht; sollte es aber der Fall sein, so schreibe ich Dir noch deswegen. Die Sache eilt ja nicht. Uebrigens erfolgt die Auslieferung der Urkunde nicht an mich zur Uebersendung an Dich, sondern durch den „zuständigen" Generalkonsul in Holland; wo dessen Sitz ist, wurde nicht angegeben.

Ob dieser Brief Dich noch zum Weihnachtsfest erreicht, scheint mir zweifelhaft nach den bisherigen Erfahrungen; aber bis zum 28. wirst Du ihn ja doch wohl in

---

765 Vgl. Anm. 267.
766 Käte Wolff.
767 Vgl. Nr. 92.

Händen haben, und das ist ja eigentlich <u>unser</u> Weihnachtsfest.[768] Ich werde diesmal mit besonderer Inbrunst an die heiligen zwölf Nächte vor 27 Jahren denken, diese schöne Semesterpause in Dresden. Jetzt endet an unseren Universitäten zu Weihnachten eins der 3 Trimester, in die das Studienjahr zerfällt. Die Ferien sind überall sehr verkürzt; der kleine Meier[769] würde nicht mehr Professor sein wollen! Betrieb, Betrieb ist jetzt die Losung. Der junge Skalweit[770] macht jetzt die Acta Borussica unter Hartungs Leitung; ist aber zur Zeit zum Wehrdienst eingezogen, so daß dieser Betrieb ruht.[771] Zu Deinen Studien für die Brüsseler Vorträge wünsche ich Dir glückhafte Erleuchtungen. Du wirst auch wohl dafür sorgen, daß nicht blos „graue Theorie" zum Vortrag kommt, sondern auch lebendige Erläuterung an historischen Beispielen. Vogue la galère![772] Zeitung u. Goethe[773] sind immer noch mein täglich Brod.

Innige Grüße   Tuissimus[774] O.

148 P   23.12.1939

B[erlin]Ch[arlottenburg] Sonnabend 23/XII 39

[…] Ich sende heute eine kleine Drucksache mit, die Dich interessiren wird: ein Bericht der Daz.[775] über amerik. Colleges u. Universitäten, Lehrer, Studenten u. Präsidenten. Bei den weibl. Colleges spielen die Ladies patronesses eine große Rolle. Die Zahlung der Gebühr für den Heimatschein[776] habe ich der Bank übertragen. Hoffentlich klappt es mit der Uebermittlung durch das d. Generalkonsulat in Nederland. Man nimmt wohl an, daß diesem Deine Adresse bekannt ist. Wir sehen den 3 Feiertagen gerüstet entgegen. Frohe Festtage wünscht Dir
Dein Lover O.

149 B   26.12.1939

B[erlin]-Ch[arlottenburg] Dienstag 26. Dez. 1939
Geliebte Frau!
Wie durch ein Wunder kam mir gestern, am ersten Weihnachtsfeiertage, Dein lieber langer, wunderschöner Brief vom Sonntag 17. Dez. 39 zu, also genau 8 Tage nach der Niederschrift, und zwar ohne jedes Anzeichen einer Oeffnung. Ich habe ihn mit Genuß gelesen (Gott gönns Dir, was bist Du für ein Brief-Schriftsteller!), es war ein rechtes Weihnachtsgeschenk und hat mich in dieser trüben Zeit wieder ordentlich froh gemacht. Vorgestern gegen 6 Uhr Nm. hatten wir hier eine kleine Be-

---

768 Eheschließung und anschließende Hochzeitsreise fanden 1912 statt.
769 Nicht ermittelt.
770 Stephan Skalweit (1914–2003), später Professor in Bonn.
771 Näheres auch im größeren Zusammenhang mit O. H. bei Wolfgang Neugebauer, Zur preußischen Geschichtswissenschaft zwischen den Weltkriegen am Beispiel der Acta Borussica, in: Jahrbuch für brandenburgische Landesgeschichte, 50 (1999), S. 169–196, hier S. 195 f.
772 Franz. Sentenz: Lassen wir die Sache laufen, warten wir ab.
773 Vgl. Anm. 764.
774 Vgl. Anm. 226.
775 Vgl. Anm. 490.
776 Vgl. Nr. 92.

scherung. Frl. H.[annemann] hatte sichs nicht nehmen lassen ein eingepflanztes Tannenbäumchen mit schönen Wachslichtern anzuschaffen, sie hatte in Deinen Weihnachtssachen gekramt und auch die schönen Glöckchen angehängt, die Du einst angeschafft hattest – alles mit ihrer einen brauchbaren (linken) Hand! Sie hat mir einen Umlegekalender für den Schreibtisch verehrt, ich ihr eins von Deinen Seifestückchen, die jetzt in höchster Schätzung stehen und ein Kuvert mit 100 RM. in Anbetracht ihrer heroischen Leistungen unter den schwierigsten Umständen. Mit Hülfe von Frau Walther geht der Haushalt ganz leidlich. Die Kosten für diese Hülfe bestreitet sie durch das ihr mit der Post zugesandte „Krankengeld". Die Kassenhülfe macht sich überhaupt recht nützlich geltend. Hoffentlich gelingt es, die Gebrauchsfähigkeit der Hand wiederherzustellen. Der Gipsverband ist jetzt abgenommen, es wird jetzt die Heißluft- u. Massagebehandlung vorgenommen. Morgen wieder Vorstellung beim Professor, Donnerstag wieder Massage. Unsere Verköstigung im Fest war wirklich festlich. Heute am 2ten Feiertag, wo alle Wälder ruhen, setzte auch der Bolle-Junge[777] aus; da haben wir uns an die von Dir gesandte Milch gehalten und einen tadellosen Kakao habe ich wieder gehabt. Sonntag zu Mittag Schwein, Montag Kalb. Was will man mehr? Mit dem Kasschaaf[778] verstehe ich gut umzugehen; die Nüsse sind gemahlen verzehrt worden, sie schmecken namentlich mit Apfelmus zusammen ausgezeichnet; nur läßt sich leider schwer bewerkstelligen, beim Mahlen die Schalensplitter auszusondern, die beim Knacken entstehen. Aepfel u. Wallnüsse gab es übrigens auch wieder zum Fest. Fee[779] hat mir einen netten Brief geschrieben und mir ein Traktätchen gesandt von Otto Dibelius.[780] Es ist der, der einst um 1903 als Theologiestudent mein Adjutant bei der Leitung der akademischen Ortsgruppe des Vereins für das Deutschtum im Auslande war und mich später als General-Superintendent der Provinz Brandenburg besuchte und zu einem Vortrage bei der Pfingstsynode der Versammlung aller Superintendenten („Ephoren") der Provinz Brandenburg veranlaßte über Bilder aus der Kirchengeschichte Berlins u. Brandenburgs unter Friedrich d. Gr. (ein Vortrag, der auch gedruckt worden ist)[781]. Ich habe ihr dafür die mystischen Minnelieder gesandt, Dubl.[etten], die bei mir in einem Insel-Bändchen vorhanden waren. Ich glaube wohl, daß ich Deine Sammlung meiner Separata seinerzeit in die meinige übernommen habe, will aber, sobald Zeit und Licht es gestatten, noch einmal an der von Dir bezeichneten Stelle nachsehen, wo noch ein paar verdächtige Häuflein liegen. Deine Ausführungen über die Gesichtspunkte, die Dich bei dem Rekrutirungsgesetz interessiren, sind mir sehr wichtig. Daß sie nicht militärischer, sondern soziologischer Natur sind, konnte ich mir schon denken. Im übrigen hast Du Recht, daß der Ursprung der allg. Wehrpflicht ein unlösbares Problem zu sein scheint – in Frankreich nicht anders wie in Preußen,

---

777 Milch-Lieferdienst der Firma Bolle.

778 Vgl. Nr. 116.

779 Felizitas Schröter.

780 Otto Dibelius (1880–1967), 1925 Generalsuperintendent der Kurmark, 1933 amtsenthoben und seit 1934 aktiv in der Bekennenden Kirche tätig.

781 Die Verhandlungsprotokolle der Ephorenkonvente der Kurmark geben keinen Hinweis auf diesen Vortrag. Vorträge waren bei solchen Gelegenheiten auch nicht üblich. Ebensowenig ließ sich ein entsprechender Titel in den Bibliotheksbeständen noch in einschlägigen Bibliographien und kirchengeschichtlichen Jahrbüchern finden. Ich danke dem Evangelischen Zentralarchiv in Berlin für diese Auskunft.

ja selbst im alten Rom! Ich habe darüber den klugen Hans[782] nachgelesen, der natürlich wieder anderer Meinung ist als die „herrschende". Ich glaube, das Wesentliche ist, daß die Gewalthaber zu allen Zeiten es als ihr natürliches Recht betrachtet haben, die Untertanen des Staats oder des Monarchen zum Kriegsdienst zu „pressen", wie man es bei der englischen Flotte nannte, und das in mehr oder weniger rechtlich normirte Formen zu bringen. Der Idealismus patriotischer Freiwilligkeit der Verpflichteten, der in Preußen zur Zeit Scharnhorsts eine so große Rolle spielte und auch in der Fr[anzösischen] Rev[olution] wohl schon vorkam, tritt hinter dem Zwang doch sehr zurück. Was meint aber Jaurès, wenn er in der von Dir citirten Stelle sagt, der Konvent habe mit dem „effort exalté de la patrie" verbunden (associe) „l'espérance naissante des proletaires"?[783] Mir scheint, ihm hat, wie der ganzen Revolutionszeit, das Beispiel des alten Rom vorgeschwebt. Schon die Bezeichnung „Proletaires" deutet darauf. „Proletarii" nannte man in Rom die unterste Bürgerklasse der (übrigens durchaus legendären) Klassenordnung des Servius Tullius, welche die Bürgerschaft in 5 Vermögensklassen einteilte und danach die Selbstausrüstung der Bürgermiliz für den Kriegsdienst abstufte. Diese unterste Klasse diente dem Staat nicht mit dem Vermögen, sondern nur mit dem „Nachwuchs" der Bevölkerung (proles) und wurde im allgemeinen überhaupt nicht zum Kriegsdienst herangezogen, wenn es aber im Notfall doch dazu kam, vom Staat mit der Ausrüstung versehen. Dieses System der Bürgermiliz bestand, obwohl stark abgewandelt im Lauf der Zeit, in der Theorie noch bis in die Zeit der Gracchischen Unruhen (133 v. Ch.), wo die leges agrariae aufkamen, durch die auch den Proletariern, namentlich solchen, die Kriegsdienst geleistet hatten, Landbesitz zugeteilt werden sollte. Es wurde endgültig beseitigt erst durch Marius, der gegenüber der Kimbern-Gefahr 103–101 das Heer durch Massen von Proletariern verstärken mußte, die geworben waren, vom Staat ausgerüstet wurden u. Sold erhielten. Die Bürgermiliz wandelte sich damit zu einem Soldheer (nach Art der späteren Landsknechte) um, der Soldatenstand wurde ein Berufsstand für besitzlose Leute, die dem erfolgreichen Feldherrn blind ergeben waren und später in den Bürgerkriegen für sie den Ausschlag gaben zur Gewinnung der politischen Macht. Die Hoffnung der Proletarier aber war damals, daß sie nach geleistetem Kriegsdienst als Veteranen („evocati") Landbesitz zugeteilt bekamen. Das ist die „espérance naissante des prolétaires", die Jaurès meint; es ist die Hoffnung auf die „Loi agraire" des Gracchus Baboeuf und seiner Anhänger, die hier in das Rekrutirungswesen hineinspielt. Merkwürdig nur, daß es sich im alten Rom um die Auflösung der auf allgemeiner Wehrpflicht beruhenden Bürgermiliz handelt, in der Frz. Rev. aber umgekehrt um die Begründung der allgemeinen Wehrpflicht des Volkes in Waffen, in dem auch der besitzlose Proletarier einen Platz erstrebt, um dadurch später zu Besitz zu gelangen, einen Besitztitel zu erwerben. So denke ich mir den Zusammenhang.

Entschuldige diese lange Epistel, zu der Dein lieber langer Brief mich verführt hat. Es ist heute extra trübe, ein nasser Schnee fällt langsam vom grauen Himmel und bleibt vorläufig noch auf der Straße liegen, die dadurch ziemlich ungangbar wird. Ich verzichte heute auf den Branitz[784], Frl. H. will aber diesen Brief mit anderen Postsachen noch an den Kasten befördern. Hoffentlich reist er nicht auch

---

782 Hans Delbrück. Vgl. Nr. 141.
783 Diese und die weiteren franz. und lat. Texte werden im folgenden durch O. H. selbst erläutert.
784 Vgl. Anm. 325.

8 Tage lang! Mögen Dir die heiligen 12 Nächte gesegnet sein![785] Meine Gedanken sind stets bei Dir, meine Wünsche und Hoffnungen schweben beständig über Dir!
Vale ut valeam![786]

Totus tuus![787] O.

150 P   27.12.1939

Mittwoch 27/XII 39

L. H! Heute früh brachten mir Deine beiden lieben Karten vom 21/ u. 23/XII die zusammen ankamen, einen erfreulichen Abglanz Deiner Weihnachtsstimmung, der auch post festum[788] noch erquickt. Mit der Correspondenz ist jetzt wohl alles im reinen. […]

151 P   28.12.1939

Donnerstag 28 Dez 1939

L. H. Ich habe den heutigen Gedenktag nicht vorübergehen lassen wollen, ohne Dir einen herzlichen Gruß zu senden in Erinnerung an die Zeit vor 27 Jahren. Ich habe den ganzen Vormittag gekramt in Deinen u. meinen Paperassen[789] u. kann Dir jetzt sagen, daß ich alles von Dir gesammelte in meinen Mappen habe; was Du noch in Deinen Mappen hast, ist Henri Sée[790] u. Separata von Freunden aus den 20er Jahren, namentlich Troeltsch, Burdach, Stählin [?], Bonjour, Wieruschowsky[791] etc. etc. Eine Abh[andlung] von H. Sée über Renans[792] Geschichtsphilosophie interessirt Dich vielleicht besonders. Ich habe nun auch noch ein zweites Exemplar von der Sombart-Bespr[echung] gefunden u. werde Dir also eins zusenden, dazu eine Ergänzung, die vielleicht auch interessirt.[793] Habe heute bei Delbrück[794] angerufen, wegen der 10 M. für den Heimatschein[795]. Die Sache ist eingeleitet, der Bescheid der Devisenstelle aber noch nicht eingetroffen. Mit Frl. H.[annemann] geht es langsam vorwärts. Heute hier kaltes klares Wetter mit Schneedecke u. 8° C. unter Null. Ich will vor Tisch noch etwas auf den Branitz[796] und bitte Dich mit die-

---

785 Vgl. Nr. 147.
786 Vgl. Anm. 184.
787 Vgl. Anm. 267.
788 Lat.: nachträglich.
789 Vgl. Anm. 728.
790 Henri Sée (1864–1936), französischer Historiker.
791 Vermutlich Helene Wieruszowski (1893–1978), Schülerin von Meinecke in Berlin.
792 Ernest Renan (1823–1892), französischer Schriftsteller und Historiker.
793 „Der moderne Kapitalismus als historisches Individuum. Ein kritischer Bericht über Sombarts Werk", sowie „Wirtschaft und Politik im Zeitalter des modernen Kapitalismus", beide jetzt in: Otto Hintze, Gesammelte Abhandlungen, Bd. 2: Soziologie und Geschichte, 2. Aufl., hrsg. von Gerhard Oestreich, Göttingen 1964, S. 374–452, 3. Aufl. 1982.
794 Bankhaus Delbrück, Schickler & Co.
795 Vgl. Nr. 92.
796 Vgl. Anm. 325.

sem Kartengruß vorlieb zu nehmen. Herzlichste Wünsche für das neue Jahr! Es hat viel gutzumachen! Totus tuus[797]   O.

152 P   30.12.1939

Sonnabend 30. Dez. 1939

[…] Gestern hatte ich ein schweres u. inhaltreiches Lebensmittelpaket von Trud-chen[798], das mich wahrhaft gerührt hat und Frl. H.[annemann] in Begeisterung versetzte. Die Arme leidet noch immer sehr bei der Massage; hoffentlich hilft sie, den Arm u. die Hand wieder gebrauchsfähig zu machen. Gestern Abend Konzert: Cismoll Sonate Beeth.[oven], Konzert Etude Liszt, Es dur, Schubert Unvoll. Symph. H moll, Bach u. Händel. Heute wieder 10° Kälte, scharfer Wind mit Schnee, wohl nicht zum Ausgehen, wenigstens nicht über den Briefkasten. […]

153 P   30.12.1939

Sonnabend 30/XII 1939 (II)

[…] Deine Befürchtungen wegen Dieter[799] teile ich nicht, ebenso wenig wie Fee[800], die mir darüber schrieb. Er hat übrigens die Erlaubnis erhalten, zu Weihnachten seinen Kameraden einen Fest-Gottesdienst zu halten u. wird Eindrücke sammeln, die ihm später sehr wertvoll sein werden. Mehr beunruhigt mich die zunehmende Schädigung des holl. Wirtschaftslebens, von der ich in der DAZ[801] lese. Hoffentlich wirst Du nicht auch davon betroffen. […]

154 P   1.1.1940

Montag 1. Januar 1940

L. H. Mit den besten Wünschen für dein Ergehen in dem neuen Jahr 1940 sende ich Dir hiermit zugleich als Drucksache die beiden Abhandlungen über Sombarts Kapitalismus[802], von denen mir die zweite noch wichtiger ist als die erste und hoffentlich auch Herrn Merc[atori][803] interessiren wird. Der Traktat von Dibelius[804] folgt in ein paar Tagen (ich möchte ihn erst zu Ende lesen.); ich denke er wird

---

797 Vgl. Anm. 267.
798 Gertrud Hintze.
799 Dieter Schröter. Die Art der Befürchtungen geht auch aus dem vorausgehenden Text nicht hervor. Na-
      heliegend ist aber die Sorge wegen Dieters „jüdischer Versippung".
800 Felizitas Schröter.
801 Vgl. Anm. 490.
802 Vgl. Nr. 151.
803 Vermutlich Erich Kaufmann.
804 Vgl. Nr. 149.

Herrn Pastor T. B.[805] interessiren. Die Gebühr für Deinen Heimatschein[806] ist nunmehr bezahlt. Nach der Angabe des Polizeipräsidiums soll die Urkunde nun ungesäumt dem zuständigen Generalkonsulat zugehen. Ob das deutsche Generalkonsulat im Haag oder in Amsterdam sich befindet, weiß ich nicht. Du wirst Dich wohl dort melden müssen und die Urkunde abholen oder Dir schicken lassen, wozu wohl Legitimation (Paß od. Kennkarte) erforderlich sein wird. Hier nichts Neues, Frost u. Schnee, Ostwind u. heller Himmel. Will zum Branitz.[807] Herzliche innige Grüße! Totus tuus[808]   O.

155 P 3.1.1940

Mittwoch 3.I.1940

[…] Die beiden Drucksachen[809] sind gestern (in <u>einem</u> Kuvert) abgegangen; in der 2ten steht viel von meiner eigensten Weisheit. Den Dibelius-Traktat[810] sende ich nächstens; ich kann nichts rechts damit anfangen, trotz des Interesses für den Autor. Bin neugierig, was Euer Pastor[811] dazu sagt, wenn er es überhaupt lesen mag. Unkritisch u. wortgläubig wie Fee u. Dieter.[812] Harnack ist anders! aber wie er sein Chr[isten]tum mit den heidnischen Gotth[eiten] vereinigt, ist eine besondere Frage.[813] Im Gundolf[814] bin ich tüchtig vorwärts gekommen; es ist doch eine Lektüre, von der man etwas hat! Die dank' ich Dir auch. Den Renanaufsatz von H. Sée[815] will ich auch noch hervorsuchen. Heute einen Brief in Versen an Dich, der morgen abgehen soll. Hoffentlich mit Portoschein! Morgen ist ja der Einzahlungstag. Sonst nichts besonderes hier. H.[annemann] hatte gestern Besuch von der Kusine. Abends Concert. Auch wir haben Citronen!

Herzlichst Dein O.

---

805 Hier könnte der Judenmissionspastor Willem ten Boom gemeint sein, der in Vorträgen und Schriften über die Lage der Juden aufklärte und sich aktiv für sie einsetzte. 1928 promovierte er in Leipzig über „Die Entstehung des modernen Rassen-Antisemitismus, besonders in Deutschland". Ger van Roon, Protestants Nederland en Duitsland, 1933–1941, Utrecht/Antwerpen 1973, S. 35, S. 89. (Dt.: Zwischen Neutralismus und Solidarität. Die evangelischen Niederlande und der deutsche Kirchenkampf, 1933–1942, Stuttgart 1983).

806 Vgl. Nr. 92.

807 Vgl. Anm. 325.

808 Vgl. Anm. 267.

809 O. H.s Sombart-Besprechungen. Vgl. Nr. 154.

810 Vgl. Nr. 149. Vielleicht handelt es sich hier um Martin Dibelius, der 1938/39 seine Heidelberger Akademieabhandlung „Paulus auf dem Aeropag" erscheinen ließ. Sie wird auch von Meinecke an Kaehler diskutiert: Friedrich Meinecke, Ausgewählte Briefwechsel, hrsg. von Ludwig Dehio und Peter Classen, Stuttgart 1962, S. 356.

811 Vermutlich Willem ten Boom. Vgl. Anm. 805.

812 Felizitas und Dieter Schröter.

813 Harnacks Vorlesung vor Studenten aller Fakultäten über „Das Wesen des Christentums" im WS 1899/1900 machte ihn weltbekannt. (Im Druck 190 S., 1.–3. Aufl., Leipzig 1900).

814 Vgl. Nr. 112.

815 Vgl. Nr. 151.

156   3.1.1940

An Hedl.

Es war im schlimmsten Strudel meines Lebens,
Als mit der Jugend Mut und Hoffnung schwand –
Da reichtest Du mir Deine helfende Hand,
Und ich ergriff sie – heil mir! – nicht vergebens!
Du warst die Göttin mit den Rosenwangen,
Die dem Alciden[816] reichte den Pokal –
Aus braunen Augen weckte mir ein Strahl
Aufs neue Lebenslust und Glücksverlangen!
Du öffnetest des blauen Gartens Tür –
Du holde Frau, ich danke Dir dafür!
Doch ach! Das Götterglück, der Gartenfrieden,
Wie bald sind sie im Sturm der Zeit zerschellt!
Des Krieges Furien rasten durch die Welt,
Und herbes Loos ward Dir und mir beschieden!
Als in den Adern mir das Blut dann stockte
Und Dunkelheit bedroht' das Augenlicht,
Da wars Dein liebes, liebes Angesicht,
Das wieder mich zu Licht und Leben lockte!
Du liebe Frau, wie könnt' ich das vergessen!
Mein Dank und Dankesschuld bleibt unermessen!

Dich aber trieb mit neuerwachter Stärke
Der Genius zu Deinem Lebenswerke:
In jahrelangem unverdrossnem Fleiß
Athletisch rangst Du um den Ehrenpreis,
Bis Du nach schweren Kämpfen, stolzen Siegen
Zu des Katheders Stufen aufgestiegen!

Wie freut' ich mich des neu erblühten Lebens,
Des frohen Spiels der ungehemmten Kräfte,
Die hold verjüngten Deine Lebenssäfte!
Doch ach! der edle Aufschwung war vergebens!
Nicht konnt' ich schützen Dich vor dem Verderben,
das grausam dann in Acht und Bann Dich stieß
Zerstört ward unsrer Liebe Paradies,
Und manche stolze Hoffnung mußte sterben.

Medusens Haupt sah ich in Qual sich winden,
Bis Perseus' Schwert ihm die Erlösung brachte,
Vom Rumpf es trennend, der sie elend machte,
Daß es beflügelt segle mit den Winden,

---

816 Beiname des Herkules.

Um fern, doch qualbefreit und arbeitsfroh
Noch eine Freistatt in der Welt zu finden –
Ein Dach, ein Bett, und wärs auch nur aus Stroh!
Und wenn dann noch in heiligen weißen Nächten
Ein Sehnsuchtsseufzer ihren Schlummer stört –
Sie weiß doch, er verhallt nicht ungehört,
Wo Lieb' und Treue starke Bande flechten.

Ein Echo findet er in meiner Brust –
Das sei, Geliebte, immer Dir bewußt!
So harren wir der dunklen Schicksalswende,
Die dies verworrene Trauerspiel beende!

3. Januar 1940
Otto

157 P   4.1.1940

Donnerstag 4. Januar 1940

L. H.! Heute ging an Dich ein Brief von mir ab mit einer Elegie über unsere 27j[äh-rige] Schicksalsgemeinschaft, der hoffentlich unbeanstandet in Deine Hände gelangen wird. Ein Portoschein war leider nicht zu haben. […] Wie mein Bruder Konrad[817] bei diesem Wetter seine sehr anstrengende Landpraxis noch besorgen kann ist fast ein Wunder. Ich hatte heute einen Glückwunsch von Weisbach für uns aus Basel, will ihm gleich antworten u. Deine Adresse angeben. Ich habe Dir von Sée die Artikel über Geschichtsphil[osophie] von Renan (und auch v. Bodin[818]) vorgesucht. Sie gehen heute als Drucksache an Dich ab. Wie ist es mit dem Generalkonsulat u. dem Heimatschein?[819] […]

158 P   6.1.1940

Sonnabend 6. Januar 1940

L. H.! Deine liebe Karte vom 4/I, die heute früh ankam, hat mir diesen Dreikönigstag schön erhellt. Ich danke Dir für die gute Nachricht und bewundere Deine künstlerische Berichterstattung, die mit wenigen charakteristischen Strichen so lebendige Bilder giebt! Ueber das Rollen=Verschen habe ich mich sehr amüsirt und werde es mir zu Herzen nehmen. Der Traktat Dibelius[820] gefällt mir je länger je weniger. Für mich ist das nichts, – für Dich auch wohl nicht; aber immerhin wird Dichs interessiren, weil es die Richtung Fee-Dieter[821] ist; […] Auf dem Branitz[822]

817 Konrad Hintze.
818 Jean Bodin (1530–1596), französischer Staatstheoretiker.
819 Vgl. Nr. 92.
820 Vgl. Nr. 149.
821 Felizitas und Dieter Schröter.
822 Vgl. Anm. 325.

ist gute Schneebahn, festgetreten zum Gehen. Heut wieder 10° Kälte, die Heizung ist sehr mäßig. Der Koks kommt in so großen Klumpen, daß er geklopft werden muß, was Walther allein nicht machen kann, die Hausbewohner sollen dabei helfen. H.[annemann] lacht mich aus, daß ich mich auch dabei beteiligen will. Die Massage geht weiter. Ernährung nicht stoppen! Continuez![823]

Goet Uwegang![824]   Vale![825]
Tuissimus[826] O.

159 P   8.1.1940

[…] Ich freue mich, daß Du so gut im Zuge bist und bewundere Deine Koch- u. Haushaltkünste, die sich in dem neuen Milieu besonders bewähren. Es lebe der Verleger und der neue Prof.! Den Dibelius-Traktat[827] will ich heute als Drucksache absenden. Gestern hatte ich am Vormittag Besuch vom Neffen Walther (Olly)[828], der über Weihnachten wieder bei seiner alten Freundin Frl. Walther in Stettin war. Er rauchte natürlich wieder die unvermeidliche Cigarette, ich hatte ihn deswegen schon in Deinem Arbeitszimmer empfangen, weil das Lüften bei der scharfen Kälte schwierig ist. Im Beruf scheint es ihm nicht schlecht zu gehen, aber sein Auto hat er einstellen müssen. Trudchen[829] lernt jetzt Latein für ihre Schüler u. läßt sich darin von mir beraten. […] Gut, daß es doch nicht so schlimm ist wie die Daz[830] es macht! Und daß Dich das Blümchen am Wege noch freut. Auf zur Sonne, mein Steinaar[831]! Ich segne Dich! Tuissimus[832]

O.

160 B   11.1.1940

B[erlin]-Ch[arlottenburg] Donnerstag 11. Januar 1940

Geliebte Frau!

Heute früh hatte ich Deine liebe Karte vom Sonntag 7/I 40, die mich sehr beruhigte, weil ich seit dem 4/I nichts von Dir hatte: so hast Du mich verwöhnt durch Dein fleißiges Briefschreiben. Hier ist bei Ostwind seit einigen Tagen eine hahnebüchene Kälte eingetreten (heute sollen es 25° C. unter Null sein) und die Heizung ist sehr ungenügend, weil der Hauswart Walther wieder an seinem Ischias daniederliegt und die Frau 2 Häuser beheizen muß, was erschwert wird dadurch, daß der Koks in großen Stücken geliefert worden ist, die erst zerkleinert werden müssen.

---

823 Vgl. Anm. 162.
824 Niederl.: goed overgang = guter Übergang! Vgl. die folgende Postkarte – die Adresse ändert sich nicht.
825 Lat.: Laß es Dir wohlergehen.
826 Vgl. Anm. 226.
827 Vgl. Nr. 155.
828 Walther Hintze.
829 Gertrud Hintze.
830 Vgl. Nr. 153.
831 Vgl. Nr. 59.
832 Vgl. Anm. 226.

Der Schnee ist liegen geblieben und festgetreten, was keine angenehme Gehbahn ergiebt, so daß ich meine Gänge sehr einschränken muß. Frl. H.[annemann] hat immer noch mit ihrem Armbruch zu tun; die Massage ist sehr schmerzhaft, aber sie scheint doch zu helfen. Ich schreibe Dir heute einen Brief statt eine Karte wie sonst, trotzdem auf einen Portoschein nicht zu rechnen ist, weil ich allerlei Geschäftliches mitzuteilen habe, was nicht grade angenehm ist, Dich aber nicht weiter stören soll, jedenfalls aber nicht für eine offene Karte sich eignet. Ich schrieb Dir früher schon einmal, daß auf Grund eines Minist.erlasses vom 23.X.39[833] eine 5te Rate der Judenkontribution verhängt worden ist, 2 Monate also nach Deiner Auswanderung, und daß ich hoffte Dich davon befreien zu können. Das ist nun leider nicht gelungen und das Finanzamt hat gleich Vollstreckung eintreten lassen, indem es Dein Sperrkonto bei Delbr.[ück] Schickler & Co. beschlagnahmt und Einziehung des ganzen Restbetrages angeordnet hat – womit nun also das ganze Konto aufgelöst ist. Du wirst von der Bank wohl demnächst eine Benachrichtigung darüber bekommen. Ich will sehen, ob ich beim Finanzamt durchsetzen kann, daß mir der Betrag, der für Steuern bestimmt war, gut geschrieben und zur Deckung der Termine im März und Juni verwandt werden kann – wenn nicht, muß es auch so gehen. Zugleich kam nun auch ein gedrucktes Circular von der Jüdischen Gemeinde, Oranienburgerstr. 29[I], die Dich als Mitglied der neu begründeten „Reichsvereinigung der Juden in Deutschland", der die Kosten für jüdische Schulen u. jüd. Armenpflege („Wohlfahrt") obliegen, besteuern will. Ich habe ihnen geantwortet, daß Du nach Zahlung der 7550 RM. am 10/V 39 zu keinen weiteren Leistungen verpflichtet, auch wirtschaftlich dazu nicht im Stande seiest und die von ihnen verlangten Steuerdokumente nicht besäßest, da Du immer nur mit mir zusammen veranlagt worden seiest etc. Ferner: daß Du nach dem Gesetz vom 7 Juli 1939 als Ehefrau eines <u>nicht</u> jüdischen Mannes <u>nicht</u> Mitglied der Reichsvereinigung geworden seiest, daß Du bei der Auswanderung Dein ganzes Vermögen bis auf den Rest auf dem Sperrkonto eingebüßt hättest, und dieser Rest nun auch beschlagnahmt u. eingezogen sei. Das alles sehr höflich, aber bestimmt, ohne Angabe Deiner jetzigen Adresse. Ich habe nur geschrieben, daß du nach einer Stellung im Auslande, etwa U.S.A. suchtest, dabei von einem protestantischen Hilfskomitee betreut würdest, aber noch nichts gefunden hättest. Ich hoffe sie werden sich dabei beruhigen. – Es fällt mir auf, daß Du noch gar nichts von Deinem Heimatschein[834] geschrieben hast und von dem „zuständigen Generalkonsulat", an das er abgegangen sein soll. Erkundige Dich doch einmal, wo dieses Generalkonsulat ist und ob der Heimatschein dort angekommen ist. Sonst muß ich beim Pol[izei] Präs[idium] noch einmal deshalb anfragen. Laß Dich durch alles dies in Deinen Studien und Erholungen nicht stören. Ich segne Dich und sende Dir meine herzlichsten Grüße u. Wünsche.

Totus tuus[835]

O.

833 Die entsprechende Verordnung ist vom 19.10.1939. Vgl. Nr. 103.
834 Vgl. Nr. 92.
835 Vgl. Anm. 267.

161 P   13.1.1940

[…] – Die Gebühr für Deinen Heimatschein (10 M.) ist am 30/XII 39 eingezahlt worden; nach dem gedruckten Bescheid des Pol[izei] Pr[äsidiums] sollte der Schein nach der Einzahlung ungesäumt „an das zuständige d[eutsche] Gen[eral-]Kons[ulat]" abgehen.[836] Hoffentlich habe ich bei der Bestellung erwähnt, daß Du in Holland bist; die genaue Adresse habe ich aber sicher nicht angegeben. Frage doch einmal telephonisch bei dem Konsulat an, ob der Schein da ist. Das Konsulat (ist es ein „General"-K.?) wird sicher nicht die Initiative dabei ergreifen, Du wirst ihn abholen u. jedenfalls danach fragen müssen. Ehe ich nicht weiß, ob der Schein dort ist oder nicht, möchte ich das Pol. Präsid. nicht weiter behelligen. Ist er aber nicht da, so will ich gleich Schritte tun, damit die Sache nicht in Vergessenheit gerät. Habe heute hiesige Nüsse selbst geknackt (sauber!) Dein großer Käse hat bis jetzt vorgehalten. Herzl. Dank u. Gruß Dein O.

162 P   14.1.1940

[…] Aus meinen Paperassen[837] habe ich den Aufsatz über Tröltsch-Historismus ausgegraben u. gelesen, mit großer Achtung vor dem Vf.[838] Es wäre der Stoff zu einem dicken Buch gewesen, nicht so sinnig, aber tiefer greifend als Me[inecke]s Schriften über den geschichtlichen Sinn. Ich besitze nur 1 Exemplar, leider, sonst würde ich es Dir schicken. Aber es ist vielleicht besser, Du bleibst in dem Gedankenkreis von Zarathustra ungestört. Mit Gundolf[839] werde ich wohl etwas stoppen, nachdem ich bei Italien angelangt bin. […] Die Formulare für die Steuererklärungen liegen vor mir (Verm[ögens]st[euer] u. Eink[ommens]st[euer]). Die Arbeit ist diesmal besonders schwierig, wegen der neuen Gesetze. Allzeit bei Dir, Du liebe gute Eule! Möge es Dir wohl ergehen! Ich segne Dich u. grüße innigst. Dein O.

163 P   15.1.1940

L. H! Aus Deiner lieben Karte von Donnerstag 11/I, die ich heute an einem grauen Morgen erhielt, ersehe ich u. a., daß Dir doch die Uebersendung meiner Tröltsch-Studien, von denen ich in meiner letzten Karte schrieb, bei Deinen gegenwärtigen Studien nützlich u. angenehm sein würde, gewissermaßen als Ersatz für eine Unterhaltung mit mir über geschichtsphilos[ophische] Probleme. Sie enthält alles, was ich zur Sache zu sagen habe, in einer Fassung, die mich noch heute befriedigt. Es ist

836 Vgl. Nr. 92.
837 Vgl. Anm. 728.
838 Otto Hintze, Troeltsch und die Probleme des Historismus. Kritische Studien, in: Otto Hintze, Gesammelte Abhandlungen, Bd. 2, S. 323–373.
839 Vgl. Nr. 112.

zwar mein einziges Exemplar, aber es stammt aus Deiner Sammlung u. trägt die Spuren Deiner Durcharbeitung. Der Tröltsch-Rahmen wird Dir auch vertraut u. förderlich sein in Erinnerung an die Studienzeit. Ich kann mir leicht Ersatz schaffen, indem ich bei Oldenburg das betr. Heft des 135 Bandes der H. Z.[840] bestelle. Es bedarf also nur eines Winkes, so kommt das Heft als Drucksache! Heimanns Stutz-Nachruf[841] in der Ak[ademie] habe ich mit Interesse gelesen. Die Eigenkirche ist die große Angelegenheit seines Lebens u. Studiums. Wohl ihm! Breysig[842] sendet mir den 2ten Band seiner Geschichte der Menschheit: Die Völker ewiger Urzeit (jetzt bei DeGruyter, früher bei Bondi.)[843] Sonst hier nichts Neues. Herzliche innige Grüße u. Wünsche!　　　　　　　　　　O.

164 P　19.1.1940

Freitag 19.I.1940

[...] Heute wieder scharfe Kälte (15°–), die Schneedecke ist festgetreten. Heizung und Ernährung noch ausreichend. In Breysigs „Völker ewiger Urzeit" sagen die Eskimos: „edmy" (Hart ist das Leben, wie einst Herr Honigmann). Dieses Wort brauche ich auch.[844] Wie steht es mit dem Generalkonsulat und dem Heimatschein?[845] Walther ist wieder sehr leidend, die Frau ist bewundernswert leistungsfähig; möge sie es bleiben! Gestern wieder das bekannte Konzert: Cismoll Sonate, B.[eethoven] Concert, Etude Liszt, Schuberts Unvollendete. Zu einem Neukauf haben wir uns noch nicht aufschwingen können. Eben will ich noch etwas in den Schnee gehen; inzwischen kommt die Masseuse. Gute Reise für Ste! [?]
Herzliche Grüße　　O.

Ich sehe eben zu meinem Schrecken, daß ich in meiner „Weltverängstigung" die richtige Seite verfehlt und also die Karte ganz verschmiert habe. Ich schicke sie trotzdem ab und bitte Dich, bei der Antwort Dich auf die Vorderseite zu beschränken u. so zu tun, als ob die von mir beschriebene Seite ein „Klostergang des Doms von Utrecht" oder sonst eine schöne Ansicht sei. Du könntest sie auch blau durchkreuzen oder einen Eselskopf darüber malen! Sonst war mirs schon öfter passirt, daß ich die Adresse vergessen hatte und vor dem Briefkasten, wo ich das bemerkte, stehend mit einem Copierstift, den ich bei mir trage, die Adresse mit erstarrten Händen nachträglich zufügte. Es geht nichts über einen „zerstreuten" Gelehrten! Der Baccalaureus hat ganz recht: „Am besten wärs etc."[846] Aber sonst sa'n mr xund![847] Nochmals alles Gute, innigst　　　　　　　O.

840　Die „Historische Zeitschrift" erschien im Verlag Oldenbourg, München.
841　Nachruf des Vizepräsidenten der Preußischen Akademie der Wissenschaften Ernst Heymann (1870–1946) auf den am 6.7.1938 verstorbenen Kirchenrechtshistoriker Ulrich Stutz (1868–1938).
842　Kurt Breysig, Völker ewiger Urzeit, Berlin 1939.
843　Gemeint ist der Berliner Verlag Georg Bondi.
844　Vgl. Nr. 167.
845　Vgl. Nr. 92.
846　Goethe, Faust, Zweiter Teil, II, 6789 : „Bakkalaureus: [...] Am besten wär's, euch zeitig totzuschlagen..."
847　Bayerischer Dialekt.

165 B 20.1.1940

B[erlin]Ch[arlottenburg] Kast[anien]-Allee 28
Sonnabend 20. Januar 1940

Geliebte Frau!

Dein lieber, langer Brief von Montag 15/I ist erst wieder heute Nachmittag in meine Hände gelangt (übrigens geöffnet und „geprüft" vom O.K.W.)[848]. Da die H.[annemann] sich heute schon früh zurückgezogen hat, um noch das warme Wasser zu benutzen, das von Montag (22/I ab nur noch einmal wöchentlich gestattet ist, so habe ich mich (statt des Konzerts) hingesetzt, um Dir gleich zu antworten; wenn ich den Brief auch heute nicht mehr zu Ende führen kann, so will ich doch wenigstens die geschäftlichen Punkte schon vorweg erledigen. Es hat mich sehr beruhigt, daß Du meine Hiobspost vom 11/I so gefaßt und gleichmütig aufgenommen hast. Von Delbrück Schickler & Co, dessen Brief vom 12/I Du ja in Abschrift erhalten hast, habe ich bisher noch nichts Weiteres gehört. Die „J[üdische] G[emeinde]" hat auch nichts mehr verlauten lassen, so daß ich glaube, die Sache ist erledigt und sie werden von den angedrohten weiteren Schritten (Veranlagung nach Schätzung) Abstand nehmen. Ich habe sehr höflich u. sachlich geschrieben, obwohl mich die Art ihres Vorgehens geärgert hat.[849] Es war nötig ihnen zu sagen, daß Du niemals Mitglied einer jüdischen Kultgemeinde gewesen bist und nach dem Gesetz auch nicht Mitglied der neu begründeten „Reichsvereinigung der J.[uden] in D.[eutschland]" geworden bist, sowie daß Dein Sperrguthaben beschlagnahmt u. eingezogen ist und Du sonst über keine nennenswerten Mittel verfügst also auf fremde Hülfe angewiesen bist, bis Du eine bezahlte Stellung (in U.S.A. oder anderswo) gefunden hast. Und damit sie nicht auf den Gedanken kämen, daß Du aus den Mitteln eines jüdischen Hilfsfonds unterstützt würdest, habe ich, nebenbei, einfließen lassen, daß Du zunächst von einem protestantischen Hilfskomitee bei der Stellungsuche „betreut" würdest. Den Steunfonds[850] wollte ich nicht nennen, weil ich nicht wußte, ob das so verbreitet werden soll. Ich glaube nicht, daß Du nötig hast, von Dir aus etwas hinzuzufügen; das könnte leicht zu neuen Ansprüchen und Forderungen führen, und dir sonst nichts nützen. Denn evangelisch getauft bist Du nun einmal, und mit einem deutschblütigen Mann verheiratet, desgleichen. Das wird Dich immer von den Zionswächtern in Erez trennen, während es Dir in U.S.A. zugute kommen kann. Ich rate Dir also nicht dazu. Dagegen möchte ich Dir nochmals dringend raten, bei dem Konsulat Schritte zu tun wegen des Heimatscheins[851]. Es muß jetzt festgestellt werden, ob er bei dem Konsulat im Haag eingetroffen ist, oder ob er anderswohin gesandt werden ist oder ob er überhaupt noch nicht abgegangen ist. Ich habe Dir schon geschrieben, daß ich nicht mehr weiß, ob ich erwähnt habe, daß Du jetzt in Holland bist.[852] Ich habe angenommen, man würde mir den Schein übersenden und es mir überlassen ihn Dir zuzustellen. Statt dessen bekam ich die (gedruckte) Antwort, er würde sofort nach Bezahlung der Gebühr (10 M) „an das zuständige Generalkonsulat" abgesandt werden. Daraufhin

---

848 Oberkommando der Wehrmacht.
849 Vgl. Nr. 160.
850 Vgl. Anm. 408.
851 Vgl. Nr. 92.
852 Vgl. Nr. 161.

habe ich D. Sch&Co[853] zur Zahlung der Gebühr veranlaßt, die am 30/XII 39 erfolgt ist. Es ist also anzunehmen, daß der Schein abgesandt worden ist; wenn er nicht da ist, muß reklamirt werden. Ich muß aber wissen ob er bei dem „zuständigen Generalkonsulat" eingetroffen ist oder nicht, bevor ich bei dem Polizeipräsidium weitere Schritte tun kann. Es geht nicht, so lange damit zu warten, bis Du den Schein zur Erneuerung des Passes brauchst. Es könnte dann lange dauern, bis die Sache aufgeklärt werden würde. Du bist doch sonst bestrebt, Deine Papiere in Ordnung zu bringen. Warum sträubst Du Dich denn so gegen diesen notwendigen Schritt? –

Deine nächtlichen Discussionen mit Merc[antori][854] erinnern mich an die russischen Intellektuellen bei Turgeniew, Tolstoi u. Dostojewski. Es kommt nicht viel heraus bei solchen Religionsgesprächen. Die Stellung von Adolphe Thiers[855] kenne ich nicht; Goethe scheint aber in Euren Gesprächen keine Rolle zu spielen, was ich sehr auffallend finde, wie mir überhaupt die geistige Struktur des Kollegen Merc. noch unklarer ist, wie Dir selbst. Ich rate Dir in solchen Unterhaltungen die Rolle von Hutten gegenüber seinem geistlichen Freund zu spielen.[856] Fee'chen[857] fällt mir auch etwas auf die Nerven mit ihrer Neigung zum Konventikeln. Am 7.I. schrieb sie mir, sie habe noch ein Büchel von Dibelius: „Die Jünger"[858], das wolle sie mir auch schicken, wenn sie's gelesen habe. Diese Büchl wären recht zum Vorlesen für mich; sie hätte dann auch noch mehr davon; jetzt wüßte sie schon nicht mehr recht, was in dem ersten gestanden habe. Das gute Kind! Dabei hat sie alle Hände voll zu tun, da sie immer neue Aufträge bekommt für den Brennofen. Sonst würde ich fast glauben, sie möchte mal wieder nach Berlin kommen – was jedoch bei H.[annemann]'s Zustand gar nicht möglich wäre, da sie noch immer die rechte Hand nicht brauchen kann u. auf die tägliche Hilfe von Frau W.[alther] angewiesen ist, die auch viel mit dem kranken Mann zu tun hat. Es ist wieder viel Schnee gefallen, alles eine weiße Wüste. Zimmertemperatur nicht über 12° R.[859] Flori[860] trotzdem! Die Eskimos haben es noch schlimmer. Edmy![861] Du aber bleibst meine Sonne u. vom 6. Febr.[862] ab werden wieder Frühlingslüfte wehen. Heil Hökchen![863]

Your lover Khevenhüller[864]

853 Bankhaus Delbrück, Schickler & Co.
854 Vermutlich Erich Kaufmann.
855 Louis Adolphe Thiers (1797–1877), französischer Politiker und Historiker, Führer der Opposition gegen Napoleon III., führte 1872 die Allgemeine Wehrpflicht ein.
856 Der Reichsritter Ulrich von Hutten (1488–1523) stand vorübergehend im Dienst des Erzbischofs Albrecht von Mainz, bis seine Stellung unhaltbar wurde.
857 Felizitas Schröter.
858 Otto Dibelius, Die Jünger. Ein Bericht von der Nachfolge damals und heute, Hamburg 1939.
859 Es ist fraglich, ob O. H. hier tatsächlich die Zimmertemperatur nach Réaumur angibt. Später schreibt er immer von Celsius-Graden.
860 Vgl. Anm. 539.
861 Vgl. Nr. 164.
862 H. H.s Geburtstag.
863 Hier erscheint zum ersten Mal O. H.s „Heil Hökchen!" im Heil-Hitler-Deutschland.
864 Vgl. Anm. 210.

166 P   23.1.1940

L. H.! Zugleich mit der Sockensendung erhalte ich die 3 Tage früher datirte Karte vom 16/I, die also volle 8 Tage gebraucht hat. Die Socke ist wohl für Frl. H.[anne-mann] bestimmt, für mich wäre sie natürlich viel zu klein; sie hat übrigens auch schon so ein Ding. Herzlichen Dank! Aber ein zweites ist <u>nicht</u> angebracht! Das angemeldete p[etit] p[aquet][865] ist noch nicht angekommen. Mit Cac[ao] sind wir auf Monate versorgt. Butt. u. Käs. können wir immer brauchen, doch solltest Du überhaupt jetzt mit Liebesgaben eine Weile stoppen! Jetzt ist die Kälte bei Euch auch wohl eingekehrt, wir haben heute 14, gestern 16° C. u. viel Schnee. Deinen großen Brief vom 15/I habe ich schon gestern beantwortet.[866] Portoscheine gibt es bis Ostern nicht mehr; man vermißt hier die Gegenseitigkeit. Wegen des Heimatscheines solltest Du an das G[eneral]K[onsulat] in Rotterdam einmal schreiben, ob er da ist oder nicht. Vielleicht haben sie ihn <u>hier</u> gar nicht abgesandt u. warten auf Mitteilung der Adresse.[867] Die Sache soll doch nicht in Vergessenheit geraten. Dein Mathiez-Aufsatz freut mich[868]; da bist Du doch mal wieder in flotter Fahrt. Vivat sequens![869] Emmi Leisner[870] ist in Kopenhagen mit ihren Schubertliedern etc. noch einmal aufgetreten. Großer Erfolg! Alte liebe Schatten steigen auf! Ich aber sage mit Horaz: „Dulce ridentem Lalagen amabo, dulce loquentem.[871] Je vous aime."[872]
O.

167 P   25.1.1940

L. H.! Heute früh erfreute mich D. liebe Karte von Donn. 18/I. Sie ist eine volle Woche gereist. Die Winterlandschaft, die uns erst entzückt, verliert bald ihren Reiz für den, der nicht gerade Wintersport treibt. Hier zieht man schon auf Skiern durch die Kastanienallee! Nach dem Branitz[873] ist auch Gletscherwanderung! Die Konzerte in dem fußkalten Zimmer sind vorläufig eingestellt. Meilchen, obwohl Kohlenhändler, hat uns schlecht versorgt. Deine Drosseln verschmähen Kartoffeln, aber das Tannenbäumchen mit Schneelast ziert den Balkon. Wie schön, daß Du Dich an Musik erfreuen kannst! Ich beschäftige mich jetzt mit den „Völkern ewiger Urzeit", Eskimo u. dgl. „Ich fühle ihnen mit". „Edmy!"[874] [...] Existiert eigentlich Hr. Kips (Valckenier) noch? und ist er in Deinen Kreisen bekannt. Ich denke an die Zeit wo

---

865 Vgl. Anm. 577.
866 Am 20.1.
867 Vgl. Nr. 92.
868 Hedwig Hintze, Albert Mathiez (1874–1932), in: Tijdschrift voor Geschiedenis, 55 (1940), S. 42–49. Kritisch hierzu Heike Brandstädter, Hedwig Hintze: Kleine Schriften. Versuch einer Lektüre, in: Jahrbuch des italienisch-deutschen historischen Instituts in Trient, 22 (1996), S. 433–449, hier S. 448 f.
869 Lat.: Es lebe das Weitere!
870 Emmi Leisner (1885–1958), deutsche Opernsängerin.
871 Horaz, Carmina I, 22: „Ich liebe die süß lächelnde Lalage, die süß redende."
872 Franz.: Ich liebe Euch.
873 Vgl. Anm. 325.
874 Vgl. Nr. 164.

er hier eine Gastrolle gab.[875] Wiederkehr aller Dinge! Damals spielte auch wohl die Huldr. Khevenhüller Affaire.[876] Jetzt ist es Frau Holle geworden, die ihre Betten schüttelt. Aber Fabian-Sebastian[877] ist auch schon gewesen u. die Mandelbäumchen werden wieder blühen. Ich aber segne mein Liebstes auf der Welt: vivat crescat floreat![878]

Totus tuus[879]   O.

168 P   26.1.1940

Freitag 26. Januar 1940

L. H.! Eben kommt das angekündigte p.p.[880] an, uneingeschrieben, aber wohlerhalten. Wärmsten Dank! Wenn das Ablehnen doch nichts hilft, möchte ich bemerken, daß Bu[tter] u. Kä[se] uns am meisten erfreuen, mit Ca[cao] sind wir auf lange versehen. Eben werden Kohlen abgeladen, was auch sehr notwendig war. Ein großes Feuer brennt auf der Straße im Schnee vor unsern Fenstern, über das Du Dich freuen würdest, eine wahre Waberlohe, wohl Packmaterial von einer Ladung für das Haus drüben, das große, neue, das dem Luftfahrtamt zugehört u. auch eine große Kantine zu bekommen scheint. Gestern Besuch von Tante K.[881] Unverwüstlich, wie immer, obwohl jetzt das Trauerspiel Jägerslust[882] zu Ende ist mit dem ungünstigsten Abschluß und den unangenehmen Consequenzen. Alexander[883] ist in Amerika untergekommen als Landwirt, die Frau wird demnächst folgen. Hans S.[884] bleibt in Ascona. Der Tante Grete geht es gut, auch Lily. Lassen alle schön grüßen. Wüßte ich nur, was ich Dir zum 6/II antun könnte.[885] Am besten wäre wohl ein Buch zu schicken, aber was? Könntest Du nicht einen Wunsch äußern? Ich habe übrigens daran gedacht, ob <u>ich</u> nicht von hier aus an das deutsche G[eneral] K[onsulat] in Rotterdam schreiben sollte, ob der Heimatschein dort angekommen ist.[886] Wie denkst Du darüber? Jetzt will ich noch etwas in den Schnee hinaus, der sich immer mehr häuft. Alles Gute u. Liebe!

Dein O.

---

875 Vgl. Nr. 97.
876 Vgl. Anm. 210.
877 Der 20. Januar.
878 Lat.: lebe, wachse, blühe!
879 Vgl. Anm. 267.
880 Vgl. Anm. 577.
881 Käte Wolff.
882 Offensichtlich Zwangsverkauf eines Gasthauses in jüdischem Besitz.
883 Vermutlich aus der Familie von Tante Käte.
884 Vetter H. H.s.
885 H. H.s 56. Geburtstag.
886 Vgl. Nr. 92.

169 P   27.1.1940

Sonnabend 27. Januar 1940

L. H. Dank für die liebe Karte, vom 21/I, die erst heute hier eintraf. Bedaure das Mißgeschick Deiner Freundinnen, schaudere über die Gefahren, die Dich umgeben, bei der Kälte u. der Glätte. Sei recht vorsichtig u. bleibe heil u. gesund. Ich schrieb Dir gestern eine Karte den Empfang des p.p.[887] bestätigend, eben so vorgestern, allerdings etwas „verblödet". Aber die Post braucht jetzt anscheinend 8 Tage! Frl. H.[annemann] soll von Montag ab „gesund" geschrieben werden, dh. nichts mehr aus der Kasse bekommen; sie ist aber noch keineswegs voll arbeitsfähig u. wird auch weiterhin Hülfe brauchen. Ueberhaupt: „edmy", wie die Eskimos sagen.[888] Der alte Prof. Güterbock ist gestorben, 82 Jahre alt.[889] Ein Sohn Prof in Ankara, ein anderer in Buenos Ayres. Ich denke, sie werden Dir wenigstens dem Namen nach bekannt sein. Uni[versität] u. Aka[demie] haben russischen Besuch gehabt, der hoch geehrt wurde. Ich muß jetzt an die Steuererklärung für Vermögen u. Einkommen heran, wo mir manches noch unklar ist. Wir werden jedenfalls noch immer zusammen veranlagt. Ich scheue mich von „dauernd getrennt" zu reden oder vielmehr zu schreiben. „You never can tell."[890] Hier wird jetzt Shaws „Pygmalion" im Staatstheater gegeben. Er scheint jetzt der Hauptrepräsentant der engl. Dichtung zu sein. Mich reizt der Stoff wenig. Das „Sinngedicht"[891] ist mir lieber. Ich will jetzt wieder in den Schnee gehen, der sich noch immer vermehrt. Spürst Du den Zug des Fädchens? Ich segne Dich   O.

170 P   28.1.1940

Sonntag 28 Januar 1940

L. H.! Heute früh erfreute mich Deine liebe Karte vom 24/I, die ja wieder verhältnismäßig schnell gereist ist. Es ist gut, daß Du in Rotterdam mal nachfragst, denn von selbst werden sie Dir den Schein kaum schicken. Sehr gut, daß Du bei der Bestellung Holland erwähnt hast.[892] Sei nur recht vorsichtig bei dem Glatteis. Hier schneit es unaufhörlich weiter; der Schnee liegt in großen Massen an den Straßen. Wenn das mal an zu tauen fängt! Bei näherem Studium aller technischen Fragen bin ich doch zu dem Entschluß gekommen, in der Steuererklärung die Trennung als „dauernd" zu bezeichnen, einmal, weil Du bei der Zählung am 10/X nicht aufgeführt werden konntest u. dann, weil Du sonst als „unbeschränkt steuerpflichtig" gelten würdest, also auch einen etwaigen späteren Berufserwerb im Auslande hier versteuern müßtest. Bei der Eink.st. 1939 giebts allerdings noch Zweifel. Ich werde wohl deswegen noch beim Finanzamt anfragen müssen, obwohl ich Deinen Grundsatz auch befolge. Hier keine wesentliche Aenderung im Hause. Fee'chen[893] hat mir

887 Vgl. Anm. 577.
888 Vgl. Nr. 164.
889 Bruno Güterbock (1858–1940), Orientalist, verstorben am 24.1.1940.
890 Vgl. Nr. 123.
891 Novelle von Gottfried Keller.
892 Der Heimatschein. Vgl. Nr. 92.
893 Felizitas Schröter.

jetzt die „Jünger" von Dibelius zugeschickt[894], das gute Kind lebt ganz in diesen Geschichten. Wollen sehen, was daran ist. Vielleicht darf ich es Dir dann auch noch zusenden? Ich will sehen, ob ich diesen Gruß noch durch den Schnee an den Kasten bringen kann; weiter gehe ich heute nicht! „Und morgen wird die Sonne wieder scheinen!"[895] Innigst grüßt

Dein O.

171 P   1.2.1940

Donnerstag 1. II 1940

L. H.! Es war mir eine rechte Beruhigung, daß ich heute früh wieder Nachricht von Dir bekommen habe. Es waren gleich 2 Karten, eine vom 26., die andere vom 28.I. Zu Bouglés Tod[896] kondolire ich Dir, es war ein wertvoller Gönner für Dich. So geht einer nach dem andern; die Welt wird immer leerer und – kälter. Wir haben hier wieder 16–20 Grad Kälte (im Zimmer nicht über 10° C), so daß ich heute wohl nur zum Briefkasten kommen werde u. höchstens noch Cigarretten für Tante K.[897]u. ein Kuvert für Fee[898] einkaufen kann, der ich die Meister Eckehart Blütenlese[899] aus unseren Inselbüchern schicken will für ihre „Jünger"[900]. Daß Dein Packet richtig angekommen ist, auch ohne Einschreiben, habe ich Dir ja schon vor Tagen gemeldet. Wir beraten jetzt, wie die Schlagsahne am besten verwendet werden könnte. Frl. H.[annemann] hat Maronen erbeutet, weiß aber nicht wie sie behandelt werden müssen; Tante K. weiß es auch nicht aus eigener Erfahrung, hat sie aber nach einem alten Kochbuch beraten. Ich bin für Vermischung mit geriebenem Brot. Frl. H. wird von der Kasse sehr geplagt, muß morgen wieder zur Vorstellung u. vorher zum Arzt, heute Nachmittag zur Massage. Sie berichtete mir eben darüber, dabei habe ich nicht aufgemerkt und auf der falschen Seite weitergeschrieben. Bitte verwende diese Karte doch als „Ansichtskarte", wie ich Dir früher in einem gleichen Falle schon (allerdings wie es scheint vergeblich) geraten habe.[901] Deine Vögel haben sich vom Balkon verzogen; sie haben es übel genommen, daß wir ihnen gekochte Kartoffeln zugemutet hatten. Nun, mögen sie zu „besseren Leuten" gehen. Die Zeitung und die Finanzarbeiten lassen mir jetzt wenig Zeit zu „geistiger" Beschäftigung. Was machen Deine Brüsseler Vortragsarbeiten? Ich wundere mich, daß Du gar nichts davon schreibst. Hoffentlich kommen diese Zeilen vor dem 6/II an.[902] Sonst sollen sie zugleich die herzlichsten Wünsche bringen. Liebe friert nicht ein wie die Zuyderzee!

Innigst Dein O.

---

894 Vgl. Nr. 165.
895 Vgl. Anm. 332.
896 Célestin Bouglé (1870–1940), französischer Soziologe, hat über Henri Saint-Simon und Pierre-Joseph Proudhon gearbeitet.
897 Käte Wolff.
898 Felizitas Schröter.
899 Vermutlich Meister Eckhart. Ein Breviarium aus seinen Schriften, Leipzig 1935 (Insel-Bücherei, 280).
900 Vgl. Nr. 170.
901 Vgl. Nr. 164.
902 H. H.s Geburtstag.

187

172 P   2.2.1940

L. H. Gestern Nachmittag kam eine Karte von Dir vom 22/I 40 (!) in sehr lädirtem Zustand an, so daß ich das Mißgeschick mit der von mir verschmierten Karte nur erraten konnte. Die h[olländische] Post sollte doch wirklich nicht so streng sein! Heute früh 3 p.p.[903] u. der Sockenbrief (alles hier verzollt u. vom OKW.[904] geprüft, auch dieser! Die große Liebe beglückt mich, aber die Ausgaben sind mir schon schmerzlich! Dies neue Paar Socken wird passen, die früher gesandten sind zu klein. Die Butter ist neulich gut angekommen. Das ist immer der erwünschteste Artikel. Auch der Käse! Alles andere minder wichtig. Milch haben wir jetzt genug. Ich bitte überhaupt mit Sendungen zu stoppen; schon das Porto ist ja enorm. Auf meine Kleiderkarte kann ich u. a. noch 6 Paar Socken bekommen, wenn ich sie brauche. Die Kälte ist hier entsetzlich, heute wieder 20° unter Null (im Zimmer 10 +) Glatteis und Schnee. Die Kalenderchen sollen besorgt werden, NB.[905], wenn es dergleichen noch giebt. Frl. H.[annemann] wird immer noch behandelt; sie ist in schwerer Sorge um eine 36jährige Schwester mit 3 kl. Kindern, die von Kinderlähmung betroffen, im Krankenhaus Rüdersdorf liegt. Auch Walther geht es nicht gut. Entschuldige diese unerfreulichen Mitteilungen, sie bestätigen Deine Vermutung über das Weltregime. Sed amor vincit omnia[906]. Wo ist die Zeit der Mandelbäumchen hin! Jetzt bleiben mir nur herzliche u. innige Wünsche!
Dein O. Dank! Matthiez[907] wird bald gelesen!

173 P   3.2.1940

L. H.! Das ist die Höhe! Heute früh erhalte ich Deine liebe inhaltreiche Karte vom 19/I 40 (abgest[empelt] 20/I 40) Also 14 Tage unterwegs! Du mußt Dich gewundert haben, daß ich gar nicht darauf reagirte! Die Aussicht auf den Verlust der guten Wohnung u. Wirtin betrübt mich sehr. Eine große Freude aber war mir die Lektüre Deines Mathiez Artikels[908], der wirklich vortrefflich ist u. mich an die Zeiten erinnert, wo Hökchen mir ein fertiges Kapitel vorlas. Ein Beweis des Geistes und der Kraft! Continuez![909] Den Tröltsch-Artikel[910] schicke ich nächstens, muß noch einen Umschlag besorgen. Auch Feechens[911] Jünger[912] werden kommen; besonders interessant sind sie nicht. Leider hat sich in keinem Geschäft mehr ein Exemplar der gewünschten Kalenderchen gefunden. Sie waren da, sind aber längst alle ausver-

---

903 Vgl. Anm. 577.
904 Vgl. Anm. 848.
905 Lat.: Abkürzung von Nota bene = merke wohl!, beachte!
906 Lat.: Aber die Liebe besiegt alles.
907 Vgl. Nr. 166.
908 Vgl. Nr. 166.
909 Vgl. Anm. 162.
910 Vgl. Nr. 163.
911 Felizitas Schröter.
912 Vgl. Nr. 165.

kauft, u. die Fabrik stellt keine neuen mehr her. Ich habe einen ungebrauchten Notizkalender von ähnlichem Format, den ich Dir schicken könnte; aber der wird wohl zu wenig Raum haben für Deine Notizen. Du müßtest Dir „Tages- u. Jahreshefte" anlegen! Hier ist immer noch sibirische Kälte und Glatteis. Sei nur recht vorsichtig. Bei Besuch im Krankenhaus nie etwas essen! Sei weiter tapfer. Dein Weg geht aufwärts, trotz allem. Stets bei Dir!   Dein O.

174 P   4.2.1940

Sonntag 4/II 1940.

[...] Ueber Deine Horazkenntnisse staune ich! Lalage gehört, wenn ich nicht irre, zu „integer vitae".[913] [...] Ich bin wieder zu den Eskimos zurückgekehrt, es ist eine so zeitgemäße Lektüre![914] 20° – Dein Matthiez-Aufsatz hat Dich mir so genähert, daß ich geträumt habe, ich spräche mit Dir darüber.[915] Wohlgelungen. Vivat sequens![916] Ich spüre einen rechten Amor intellectualis![917] Was ist Zeit u. Raum?! Tecum vivere amem, tecum obeam lubens[918], wiederhole ich.

        O.

175 B   5.2.1940

Berlin Charlottenburg 5. Februar 1940 (Montag)

Geliebte Frau!

Heute früh hatte ich Deinen lieben, langen Brief vom Donnerstag 1/II, der also nicht allzu lange gereist ist und auch nicht geöffnet war. Die Angelegenheit mit Prof. Posthumus[919] interessirt mich natürlich im höchsten Grade. Möchte sie doch zu einem erfolgreichen Ende führen! Hoffentlich findet sich eine „Formel". Gerade dieser Tage las ich in der DAZ[920], daß ein Abkommen zwischen der Deutschen und der holländischen Regierung getroffen worden sei, wonach die fremden Angestellten in beiden Ländern eine Verlängerung ihres Anstellungsverhältnisses bewilligt erhalten haben. Es scheint also eine günstige Atmosphäre zu herrschen. Den Auftrag an die Deutsche Verlagsanstalt zur Sendung Deines Buches an Prof. Posthumus habe ich soeben geschrieben und will ihn nachher gleich zum Postkasten bringen. Was Deinen Heimatschein anbetrifft, so habe ich noch eine Rückfrage zu stellen, bevor ich beim Polizeipräsidium reklamire. Es hieß doch in der Mitteilung des Polizeipräsidiums, daß die Sendung des H.[eimat] Sch.[eins] nach Bezahlung der Gebühr „umgehend an das zuständige Generalkonsulat" erfolgen werde. Nun schreibst

---

913 Vgl. Anm. 871.
914 Vgl. Nr. 164.
915 Vgl. Nr. 166.
916 Vgl. Anm. 869.
917 Lat.: geistige Liebe. Titel eines Gedichts von Oscar Wilde (1854–1900).
918 Horaz, Carmina III, 9: Ich lebte gern mit Dir, ich stürbe gern mit Dir.
919 Nicolaas Wilhelmus Posthumus (1880–1960), niederländischer Wirtschaftshistoriker in Amsterdam, Gründer des Internationaal Instituut voor Sociale Geschiedenis, hat sich in hohem Maße für deutsche Emigranten eingesetzt.
920 Vgl. Anm. 490.

Du mir neulich, das zuständige Generalkonsulat befinde sich in Rotterdam und Du wolltest Dich dort brieflich erkundigen, ob der H. Sch. angekommen sei. Ist das geschehen? Heute schreibst Du, bei der Deutschen Gesandtschaft im Haag sei er nicht eingegangen. Kann ich also dem Polizeipräsidium mitteilen, daß der H. Sch. weder beim deutschen Generalkonsulat in Rotterdam, noch bei der deutschen Gesandtschaft im Haag eingetroffen sei? Oder stimmt das mit Rotterdam nicht?[921] – Wegen der Frage auf dem Formular zur Vermögenssteuererklärung: „Lebte Ihre Ehegattin am 1. Januar 1940 dauernd getrennt von Ihnen? ja oder nein!" habe ich mich soeben telephonisch mit der Auskunftsstelle des Finanzamts in Verbindung gesetzt und fand auch dort eine große Unsicherheit, so daß ich mich jetzt entschlossen habe, statt der Beantwortung mit „ja oder nein" eine Anlage zu machen, in der ich den Tatbestand darstelle, wie er ist. Wollen sehen was dann weiter wird, und ob sie nicht von mir verlangen, auch Dein kleines Transfer-Vermögen anzugeben und zu versteuern. Es macht ja alles nicht viel aus, aber ich möchte doch korrekt verfahren.

Unsere häuslichen Verhältnisse sind nicht sehr erfreulich. Wir frieren, weil Meilchen nicht rechtzeitig für Kohlen gesorgt hat, obwohl, oder vielleicht gerade weil er Kohlenhändler ist. Jetzt sind endlich welche angefahren worden und es wird nun hoffentlich besser werden. Frl. H.[annemann] ist mit ihrer Hand noch immer nicht in Ordnung. Ob sie die volle Arbeitsfähigkeit wieder erlangen wird, ist noch immer ungewiß. Es war ein zu schlimmer, komplizirter Fall. Dazu hat sie jetzt den großen Kummer, daß ihre jüngere Schwester, 36 Jahre alt, 3 kleine Kinder, die plötzlich von der spinalen Lähmung betroffen war, am Sonntag 4/II im Krankenhaus gestorben ist. Sie wird am Mittwoch beerdigt und die Schwester wird also am Mittwoch zum Begräbnis nach Fangschleuse fahren, das bei Erkner liegt. Sie wird das Mittagessen für mich zubereiten (Eintopf!) und von Frau Walther wärmen lassen. So wird es gehen, ohne daß ich im Wirtshaus essen muß, was bei den Kartenverhältnissen Schwierigkeiten machen würde. Der Tröltschaufsatz[922] geht heute Nachmittag als eingeschriebene Drucksache an Dich ab; die „Jünger"[923] folgen uneingeschrieben. Sie sind meiner Ansicht nach weniger interessant; ich kann wenig damit anfangen, Eurem Pastor werden sie auch kaum gefallen. Immerhin ist es ein Conversationsgegenstand. Die angekündigte Karte von Lotte lege ich bei. – Wanda[924] rief dieser Tage bei mir an, ob nicht ein Ehepaar v. Rumpler (wenn ich recht verstand) für den Februar bei mir unterkommen könnte. Ich habe aber mit Rücksicht auf den bevorstehenden Besuch Konrads[925] abschlägig geantwortet; die Sache hätte auch sonst mir und Frl. H. nicht gepaßt. Dir, Liebste, alles Gute und Schöne, zum 6.[926] und weiterhin. Es muß ja auch wohl endlich mal Frühling werden.

Stets bei Dir!   Dein O.

---

921 Vgl. Nr. 92.
922 Vgl. Anm. 838.
923 Vgl. Nr. 165.
924 Lotte Hintze; Wanda, eine Verwandte.
925 Konrad Hintze.
926 H. H.s Geburtstag.

176 P   6.2.1940

Dienstag 6. Februar 1940[927]

Dies festus![928] Aus der Ferne gratuliert – der, der dieses Blatt hier schmiert. Was ist Zeit und was ist Raum – Hatte einen schönen Traum – So im letzten Morgenschlummer – Reiste ohne Sorg' u. Kummer Mit Dir in der Welt umher, Als wie wenns in Dresden wär' Dresden war ein schöner Platz Für Herrn v. B. und seinen Schatz! Auch hatte selbiger Herr v. B. – Bei sich einen schönen Stock. Dieser Stock war ein Talisman, Der brachte alle Dinge heran, – die nötig und nützlich sind beim Reisen – Geld, schöne Kleider, Getränke und Speisen – Theater, Konzerte und stolze Karossen, Und was man noch sonst in der Kunststadt genossen.[929] Da sprang man dann plötzlich nach München herüber – Natürlich ward dort das Wetter gleich trüber; doch Regen ist ja noch fast ein Genuß, wo man hier so jämmerlich frieren muß. Die Arcisstraße[930] bot stattliche Rast Und rüber grüßte der Glaspalast.[931] In Lindau gabs Felchen am Bodensee – es winkte die Schweiz in erfreulicher Näh'– Da vermißte plötzlich das Pöckchen – Sein schönes talismanisches Stöckchen – Da bekam es einen Schreck – Wachte auf und alles war weg. Segen dem Hökchen auf jedem Fleck!

177 P   9.2.1940

Freitag 9. Februar 1940

[…] Die Enttäuschung durch Postumus[932] ist recht ärgerlich. Eheu fugaces Postume, Postume – labuntur anni![933] Am 1/II schien doch noch einige Hoffnung oder war 31/I die Sache schon erledigt? Laß Dich nicht niederschlagen! Lieber crêpes essen etc. Bravo! Kilpper[934], der morgen sein Geld erhält, schrieb mir übrigens, daß er nur noch „Remittenden“-Exemplare Deines Werkes hat (also wohl „Krebse“, die als unverkäuflich von den Sortimentern zurückkommen). Die Auflage scheint also erschöpft zu sein. […] An Fee[935] geschrieben wegen der „Jünger“[936], die mir wenig gefallen […] Diese Sekten Leute fallen mir auf die Nerven![937] Nichts für mich! und für Dich auch nicht! Frei sei unsre Kunst geheißen, fröhlich unsre Wissenschaft! Meinen ‚Resolutismus' bitte ich aber nicht mit dem ‚Willen zur Macht' zu verwechseln![938] Da ist noch ein Unterschied! – Lalagen amabo![939]   O.

---

927 H. H.s Geburtstag.
928 Lat.: Festtag.
929 Vermutlich Anspielung auf die Hochzeitsreise. Vgl. Nr. 44.
930 Hier stand das Elternhaus von H. H.
931 Der Münchner Glaspalast wurde 1853/54 als Ausstellungsgebäude erbaut. Er wurde 1931 durch Brand zerstört.
932 Professor N. W. Posthumus. Vgl. Nr. 175.
933 Horaz, Oden 14,1: O weh, die Jahre, Postumus, Postumus, Entgleiten flüchtig!
934 Gustav Kilpper (1879–1963), Generaldirektor der Deutschen Verlagsanstalt.
935 Felizitas Schröter.
936 Vgl. Nr. 165.
937 Otto Dibelius war führend in der Bekennenden Kirche tätig, die sich gegen Hitler stellte.
938 „Die fröhliche Wissenschaft" und „Der Wille zur Macht" sind Werke von Friedrich Nietzsche (1844–1900).
939 Vgl. Nr. 166.

178 P   10.2.1940

Sonnabend 10. Februar 1940

[...] Ich hoffe, daß diese Karte noch vor der Abreise in Deine Hände kommt; morgen will ich einen Gruß an Dich nach Brüssel senden u. bin neugierig, ob das klappen wird. Die Harmlosigkeit unserer Correspondenz könnte den überwachenden Instanzen doch mit der Zeit klar geworden sein. Hier ist nach kurzer Pause wieder eine grimmige Kälte eingetreten mit allen unliebsamen Folgen. [...] Meterlange Karte Europas von DAZ[940] besorgt. Jetzt bei Sonnenschein noch auf den Branitz![941] Cigaretten warten auf T. K[942]. Herzliche Grüße u. beste Wünsche!

O.

179 P   11.2.1940

Sonntag 11/II 1940

L. H.! Heut früh Deine liebe Karte mit der Ansicht von Rotterdam. Ich schreibe noch einmal nach dem Haag, da die Beförderung ja jetzt flotter zu gehen scheint. Ich wundere mich, daß Du nichts von dem Gen[eral] Kons[ulat] u. dem Heimatschein schreibst, wo Du doch in Rotterdam warst.[943] Hier herrscht noch immer grimmige Kälte mit allen Folgeerscheinungen. Mit Teilnahme wirst Du hören, daß unser Freund „Loisl" gestorben ist, 85 Jahre alt, nach kurzer Krankheit. Frl. H.[annemann] kurirt weiter, hoffentlich mit Erfolg. Sonst hier nichts Neues. Ich will noch etwas in den Schnee hinaus, um mich etwas zu wärmen!!, Jugend marschirt mit Gesang an meinen Fenstern vorbei. Wie nett, daß Du so viel von Holland zu sehen bekommst. Eins fehlt nur noch: Leiden! Die Universität! Morgen will ich Dir einen Gruß nach Brüssel senden, an die angegebene Adresse. [...] Ich habe mich bisher noch vor dem Ueberqueren der Reichsstraße gescheut. Bitte sei recht vorsichtig bei der Glätte, die jetzt wohl überall herrscht. Die zu kleinen Socken finden Nachts Verwendung; sitzen da wie angegossen; nur nicht über Binden. Herzliche Grüße

O.

180 B   12.2.1940

Berlin Charlottenburg, Kastanienallee 28 12. Februar 1940

Geliebte Frau!

Die elektromagnetischen Wirbelstürme, die jetzt wieder auf der Sonne wüten und die Temperatur um 2000° herabsetzen sollen, lähmen auch auf unserem Erdstern alles Leben, so daß ich nicht ohne Sorgen Deine Expedition nach Brüssel be-

---

940   Vgl. Anm. 490.
941   Vgl. Anm. 325.
942   Käte Wolff.
943   Vgl. Nr. 92.

gleite.[944] Du hast ja immer das Schicksal gehabt, daß die ungünstigsten Bedingungen obwalteten, wenn es darauf ankam, daß Du alle Kräfte zu einer Probeleistung aufbötest. Aber Du hast Dich immer wacker und erfolgreich nach dem alten Römerspruch gehalten, den ich Dir auch heute zurufen möchte: ‚Tu ne cede malis, sed contra audentior ito!‘[945] Uebermorgen ist Sankt Valentins Tag, der leider heute nicht mehr in den Kalendern steht, wenigstens hier nicht, den ich aber immer noch als den Tag ansehe, der die Kraft des Winters bricht und den üblen Ruf des „Hornung“, von dem schon Walther von der Vogelweide spricht, doch wieder mildert. Gern möchte ich Dir ein Bäumchen ritzen wie es bei Shakespeare vorkommt;[946] statt dessen mußt Du Dich mit diesem Liebesgruß begnügen, der Dich hoffentlich zeitig genug erreichen wird. Heil meinem Liebling!

Dein treuester Verehrer　　　　　　O.

181 B　15.2.1940

Berlin-Westend, Kastan[ien] Allee 28 15. Febr. 1940

Liebste Hedl!

Es wird nun wohl Zeit, daß ich Dir auf den reichen Strom von Briefen antworte, den ich in den letzten Tagen erhalten habe, damit Du bei der Rückkehr von dem Brüsseler Wochenend eine ausführliche Antwort von mir vorfindest. Ich habe Briefe vom 8., 9., 10. u. 11. Februar hier, alle geöffnet, aber trotzdem alle in ca. 4 Tagen angekommen. Du bist eine Briefschreiberin, wie sie heute selten geworden sind und kannst auch bezüglich der Qualität wohl mit Deiner Freundin „Röschen“[947] verglichen werden. Wie großartig stehst Du Deinem tragischen Schicksal gegenüber! Bewahre Dir diese Fähigkeit alle edlen Freuden des Tages zu genießen, wenn auch die Zukunft dunkel ist und bleibt! Ueber den gescheiterten Posthumus-Plan komme ich schwer hinweg.[948] Warum macht der amerikanische Mäcen auch so seltsame Bedingungen, zu deren Erfüllung man in keiner europäischen Nation die „Formel“ finden kann! Das schnelle Zusammenschmelzen Deines kleinen Transfers macht mir natürlich auch Sorgen und veranlaßt mich Dich wieder und wieder zu bitten, nichts mehr für Liebesgaben an mich zu opfern! Du brauchst Deine Cents oder gar Gulden dringender als ich Deine Gaben! Wo hast Du nur wieder die „alten“ Socken her! Sie scheinen mir dieselbe Nummer zu sein, wie die, welche Du unlängst geschickt hast. Diese habe ich (ich schrieb Dir das wohl) in den kältesten Tagen gebraucht, um bald warme Füße im kalten Bett zu bekommen. Sie passen auf den bloßen Fuß wie angegossen; aber für den gewickelten sind sie nicht groß genug. Allerdings ist es kaum möglich größere zu erhalten. Frl. H.[annemann] hat für mich hier welche gekauft (auf Kleiderkarte!). Es ist die größte Nummer, die es überhaupt

---

944　Die näheren Umstände und Ziele dieser ersten Brüssel-Reise sind bisher nicht geklärt. Offensichtlich ist H. H. durch ihre Erkrankung bereits an der Abreise gehindert worden. Ob die spätere Brüssel-Reise von Anfang April hiermit in Zusammenhang steht, läßt sich aus unseren Quellen nicht erschließen.

945　Vergil, Aeneas, VI, 95: Weiche dem Unheil nicht, mutiger geh ihm entgegen.

946　Vielleicht Anspielung auf „Wie es euch gefällt“: Orlando schneidet für Rosalinde Liebesgedichte in die Rinde der Bäume.

947　Die Erwähnung der Briefqualität legt nahe, daß Rosa Luxemburg gemeint sein könnte. Es waren erschienen: Rosa Luxemburg, Briefe aus dem Gefängnis, Berlin 1919, und R. L., Briefe an Karl und Luise Kautsky, Berlin 1923.

948　Vgl. Nr. 177.

giebt, 11½, und dennoch sind auch diese sehr schwer über den gewickelten Fuß zu kriegen, zumal sie nicht, wie Deine, rein wollen sind, sondern Wolle mit Seide, was sich weniger dehnt. Ich lebe halt auf einem zu großen Fuße!

Dein sinniges Linsengärtchen hat mir mitfühlende Freude gemacht, und für die Mitteilung der schönen Verse danke ich Dir ganz besonders. Das „travailler" ist wie für Dich gedichtet und das anonyme Spinnstubenliedchen[949], das R. Strauß komponirt hat, ist reizend! Uebrigens, wie hier die Rollen gewechselt haben: das Französische „sage", das Deutsche ein wenig „frivoler" oder doch neckisch! Die moderne holländische Kunstausstellung im Reichsmuseum zu Amsterdam, von der ich in der DAZ[950] lese, wird Dich wohl weniger locken als die Schätze der alten Kunst, die in die Dünen gerettet worden sind. Wegen Deines Heimatscheins habe ich jetzt beim Polizeipräsidium angefragt und bin neugierig, was ich da für eine Antwort erhalten werde.[951]An Rembrandt und Cezanne[952] habe ich oft gedacht; aber der ewige Schneefall hier ist so überwältigend, daß die Abräumung stockt und eine Ueberquerung der Reichsstraße eine Gletscherwanderung ist, die ich mir nicht recht zumuten kann. Aber sobald der Weg praktikabel ist, will ich Schritte tun, Deine Wünsche zu erfüllen. Ich muß mich jetzt überhaupt mit Ausgängen sehr beschränken und ich denke, Du wirst meine Vorsicht billigen. Auch die kühne Tante K.[953] scheint durch die Schneemassen abgeschreckt zu werden; die Cigarretten warten noch immer vergeblich auf sie. Frl. H.s Kur geht noch immer weiter, hoffentlich führt sie zu einem guten Ende. Konrad[954] in P[yritz] tut mir leid, daß er bei diesem Wetter u. diesem Schnee mit seinen 73 Jahren alle Strapazen einer Landpraxis weiter durchmachen muß; er war auch schon tüchtig erkältet u. mußte einige Tage pausiren. Das brave Trudchen[955] hat mir schon wieder eine Liebesgabe avisirt; in der Provinz gehts nicht so knapp zu wie in Berlin u. ganz besonders in Westend, wo es an Geschäften fehlt. Hier brach ich gestern Abend ab, weil die Augen nicht mehr wollten. Beim Wiederdurchlesen des Geschriebenen finde ich, daß meine Schrift recht undeutlich ist. Verzeih'! Statt eines „gute Nacht"-Grußes bekommst Du heute einen „guten Morgen"-Gruß; aber die Liebe ist Morgens und Abends dieselbe! Möchte sie Dich innerlich etwas wärmen! Leider ist Frl. H. schon aus, um Kartoffeln zu besorgen (die jetzt meist erfroren sind), sonst hätte sie diesen Brief mitnehmen können. Aber ich hoffe ihn selbst noch zeitig einstecken zu können, damit Du diesen Liebesgruß möglichst bald erhältst. Herzliche innige Segenswünsche von Deinem

O.

---

949 Vielleicht „Lied der Frauen"(Wo. O. op. 68, 6).
950 Vgl. Anm. 490.
951 Vgl. Nr. 92.
952 Bücherwünsche von H. H. Vgl. Nr. 190.
953 Käte Wolff.
954 Konrad Hintze.
955 Gertrud Hintze.

182 P 19.2.1940

Montag 19. Febr. 1940

[…] Daß ich wieder mal eine Karte verschmiert habe, bitte ich meiner fortschreitenden Verblödung zugute zu halten, die durch die Arbeit an den Steuererklärungen und den wachsenden Schnee, der meine Bewegungsmöglichkeit hemmt, befördert wird. Tante K.[956] ist inzwischen erschienen u. hat uns eine Hasenschuft[957] gebracht, die sehr willkommen war. Ich fürchte, meine Cigarretten sind ihr zu gut (weil stark). Sie ist bewundernswert unverwüstlich und tröstete mich auch über Dein Geschick. Frl. H.[annemann] muß noch einmal geröntgt werden. Hoffentlich ist Deine Expedition nach Br[üssel] gut verlaufen.[958] Es wird aber wohl einige Tage dauern, bis ich Nachricht darüber haben kann. Inzwischen flattern meine Segenswünsche Dir drahtlos zu! Heil Hökchen!

Tuissimus[959] O.

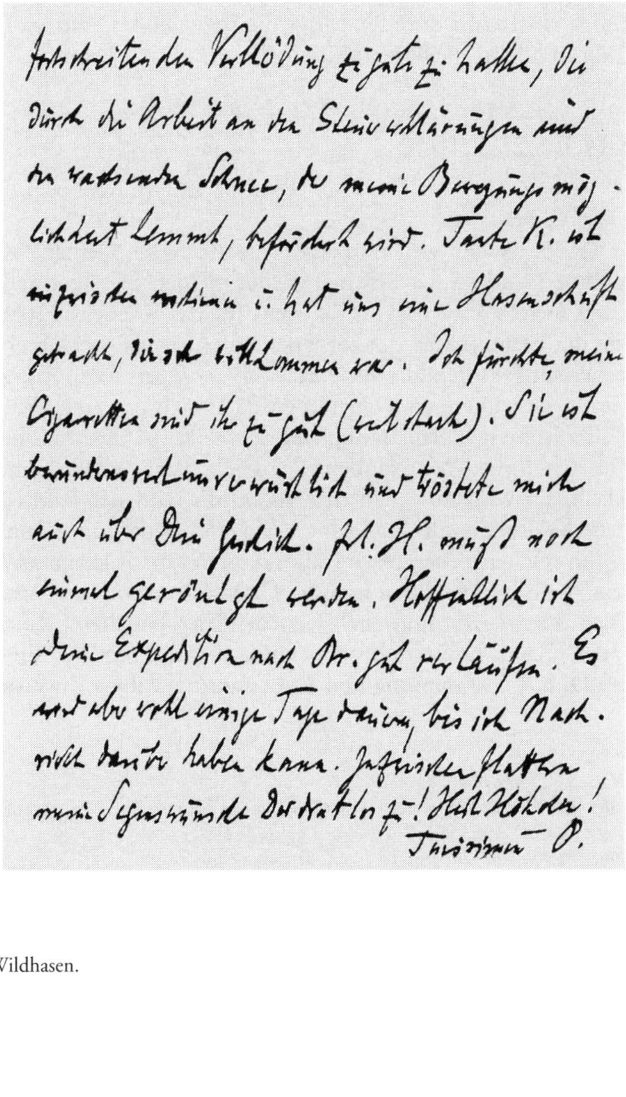
fortschreitenden Verblödung zugute zu halten, die
durch die Arbeit an den Steuererklärungen und
den wachsenden Schnee, der meine Bewegungsmöglichkeit hemmt, befördert wird. Tante K. ist
inzwischen erschienen u. hat uns eine Hasenschuft
gebracht, die sehr willkommen war. Ich fürchte, meine
Cigarretten sind ihr zu gut (weil stark). Sie ist
bewundernswert unverwüstlich und tröstete mich
auch über Dein Geschick. Frl. H. muß noch
einmal geröntgt werden. Hoffentlich ist
Deine Expedition nach Br. gut verlaufen. Es
wird aber wohl einige Tage dauern, bis ich Nachricht darüber haben kann. Inzwischen flattern
meine Segenswünsche Dir drahtlos zu! Heil Hökchen!
Tuissimus O.

Abb. 18: Postkarte vom 19. Februar 1940: „Heil Hökchen!" (verkleinert)

956 Käte Wolff.
957 Widerrist, Schulter des Wildhasen.
958 Vgl. Anm. 944.
959 Vgl. Anm. 226.

183 P   21.2.1940

L. H.! Du kannst Dir denken, mit welchen Gefühlen ich Deine Hiobspost vom Freitag 16.II. erhielt. Ich bewundere Deine Fassung u. kann leider nichts weiter tun, als Dir meine liebevollsten Genesungswünsche zu senden. In Brüssel liegt ein Brief von mir vom 12. oder 13/II, in dem ich vorahnend schrieb, daß es Dein Schicksal zu sein scheint, daß Du die entscheidenden Probeleistungen immer unter den denkbar ungünstigsten Bedingungen ablegen mußt. Die abnorme Witterung ist sicher mitschuldig an der Erkrankung. Hoffentlich kannst Du die ausfallende Leistung noch nachholen![960] [...] Heute bin ich endlich mit meinen Steuererklärungen fertig geworden u. würde aufatmen, wenn nicht Dein Unglück mich drückte. Hier ist wieder strenger Frost (15 °C.) bei tiefem Schnee. Mir sind die Finger erfroren, trotzdem ich wenig ausgehe. Ich muß jetzt oft an das Walther-Lied denken: Diu werld ist allenthalben ungenaden vol![961] Mir ist auch, als wäre unser früheres Leben ein Traum gewesen. Möge die Bettruhe Dir guttun! Ich hoffe bald von Besserung zu hören. Bleibe stark! Innigst   Dein O.

184 B   23.2.1940

Geliebte Frau!

Tag u. Nacht weilen meine Gedanken an Deinem Krankenlager. Es ist der alt'böse Feind,[962] der sich mal wieder meldet. Die übermäßige geistige Arbeitsspannung meines ehrgeizigen Hökchens für das Brüsseler Probestück[963] in Verbindung mit der Behinderung des körperlichen „Auslaufs" bei der abnormen Witterung sind sicherlich Faktoren, die als Ursache dieser argen Störung angesehen werden müssen. Gewiß hast Du auch wohl Fieber, da es sich um eine „Entzündung" handelt. Also Ruhe, Ruhe u. Entspannung! geistig wie körperlich! Laß keine traurigen Gedanken Dir den frohen Mut rauben, der Dich bisher geführt und aufrecht erhalten hat. Mach' das Beste aus Deinem Zustand! Er wird sich bald bessern, und du sammelst neue Kräfte, die Du für Deine Ziele einsetzen kannst! Sonst war es immer so, daß Du in solchen Fällen trotz Tod und Teufel drauf los gingst, wie der edle Ritter Dürers[964] und auch durchdrangst. Diesmal mußt Du „manövriren", aber Du wirst Dich durchsetzen und auch jetzt den Sieg behalten! Sei' einmal „Fabius" Cunctator![965] „Unus homo nobis cunctando restituit rem"![966] Eile mit Weile! (festina lente!) D. h. Entkrampfung und Entspannung; ruhige Zuversicht! „Wen Du nicht ver-

---

960 Vgl. Anm. 944.

961 Die Gedichte Walthers von der Vogelweide, hrsg. von Karl Lachmann, 13. Ausg. neu hrsg. von Hugo Kuhn, Berlin 1965, S. 170, Nr. 124, Zeile 14.

962 Aus Martin Luthers Lied „Ein feste Burg ist unser Gott".

963 Vgl. Anm. 944.

964 Albrecht Dürers Kupferstich „Ritter, Tod und Teufel".

965 Quintus Fabius Maximus Verrucosus, römischer Feldherr und Staatsmann mit dem Beinamen Cunctator, „der Zauderer".

966 Lat.: Ein Mann wendet unser Schicksal durch Zögern, Zitat aus einem Gedicht von Quintus Ennius (239–169 v. Chr.).

lässest, Genius …!"[967] Dämonische Menschen, wie Goethe sie nannte, sind anfälliger als andere, aber sie schaffen auch mehr bedeuten mehr, wenn sie der Führung ihres Daimonions vertrauen. Darin liegt das Göttliche, das über die blind-wirkenden physischen Mächte zuletzt doch triumphirt! Bleibe mutig am Steuer! Du wirst nicht scheitern, Du wirst landen! Vertraue Deinen Göttern! Ich sende Dir hierbei eine Postkarte aus U.S.A von der alten Freundin, der „schwarzen" Hilde.[968] Sie wird Dich gewiß interessiren, hat übrigens auch schon eine „Nummer" bekommen.[969] Die „Jünger" von Dibelius sind auch schon unterwegs.[970] Für das Krankenlager vielleicht eine ganz geeignete Lektüre. Ich kann nichts rechts damit anfangen. Ich muß dabei immer an Don Quixote denken. Euer Pastor scheint auch keine besondere Freude an dem Collegen Dibelius zu haben. Die Röntgendurchleuchtung bei Frl. H.[annemann] hat ein zufriedenstellendes Resultat ergeben. Ein paar Knochenbänder sind nicht so gewachsen wie sie sollten. Es bedarf noch längerer Massage- u. Heißluftbehandlung. Schade, daß der Föhn sich nicht gefunden hat. Vom Neffen Olly[971] hatte ich eine Karte aus Allfeld-Tirol[972], wo er Wintersport treibt. Hier ist es milder geworden, 16 °C. im Zimmer. Aber von Tauwetter kann man noch nicht reden. Eher von Glatteis u. Eiszapfen. Aber es wird fleißig „gestreut". Das gute Trudchen[973] sandte mir eben wieder eine umfangreiche Liebesgabe: Schweinsfilet, Butter, Speck, Milch. Du siehst, ich bin nicht verlassen. Jetzt will ich den Brief zur Post bringen, es schlägt 12. Gott behüte Dich, Du mein Liebstes auf der Welt! Fühl' es vor, Du wirst genesen! Traue neuem Tagesblick! Vale ut valeam[974]

Tuissimus[975] O.

185 B 24.2.1940

B[erlin]-Ch[arlottenburg] Sonnabend 24. Febr. 1940

Geliebte Frau!

Dein lieber Brief vom Montag 19/II, der (natürlich wieder geöffnet vom O.K.W.[976]) heute früh hier ankam, bedeutet eine wahre Erlösung für mich. Noch diese Nacht war ich von schweren Träumen geplagt, die mir das arme kranke Hökchen in allerlei phantastischen Verwickelungen mit meiner eigenen Existenz vortäuschten, so daß ich um 3 Uhr erwachte und erst gegen Morgen wieder etwas einschlafen konnte. Nun bin ich froh, daß es besser geht und bitte Dich inständig, ja

967 Anfangszeile von Goethes Gedicht „Wanderers Sturmlied".
968 Nicht ermittelt.
969 Es dürfte sich um die Warteliste für ein Einreisevisum in die USA beim amerikanischen Generalkonsulat in Berlin handeln, in die sich H. H. spätestens im Dezember 1938 hatte eintragen lassen. Näheres hierzu bei Steffen Kaudelka/ Peter Th. Walther, Neues und neue Archivfunde über Hedwig Hintze (1884–1942), in: Jahrbuch für Universitätsgeschichte, 2 (1999), S. 212.
970 Vgl. Nr. 165.
971 Walther Hintze.
972 Einen Ort Allfeld oder Altfeld konnte auch die Tiroler Post nicht ausfindig machen. Vielleicht ist Seefeld gemeint, wo H. H. im August 1927 auf Urlaub war.
973 Gertrud Hintze.
974 Vgl. Anm. 184.
975 Vgl. Anm. 226.
976 Vgl. Anm. 848.

recht vorsichtig zu sein und Ruhe zu halten so lange wie möglich. Das ist offenbar für Dich die beste Medizin, Du mein geliebtes zartes Nervenbündel! Entspanne Dich einmal gründlich! Du hast in den letzten Jahren Uebermenschliches zu erdulden gehabt an seelischer Spannung und Zerrung. Das kommt jetzt nach! darin wirst Du wohl recht haben. Seele und Darm stehen nun einmal bei Dir in merkwürdiger Korrelation! Wie schade, daß es nun zunächst mit Brüssel[977] nichts geworden ist! Ich hatte gerade gehofft, daß es ein Aufschwung für Dich werden würde, und wir wollen hoffen, daß aufgeschoben nicht aufgehoben bedeutet und die anscheinend tragische Wendung doch zu einem happy end führt! Hier ist jetzt die große Wetterkrisis eingetreten und das Tauwetter in vollem Gange. Die Straßen schwimmen und wo die Schneeberge alle hin sollen, mag der Himmel wissen. Ich werde heute wohl kaum über den Briefkasten hinauskommen. Dafür ist es aber im Zimmer jetzt eine Temperatur von 18 °C., was zwar nicht gerade warm ist, aber sich doch gut ertragen läßt. Heute nachmittag erwarte ich den Besuch von Axel v. Harnack, der sich dieser Tage angesagt hat und den ich sogar mit einer Tasse Tee werde bewirten können. Sonst lebe ich ganz abgeschnitten von der Welt, und was man aus der Zeitung erfährt ist doch kein Ersatz für lebendigen Verkehr! Immerhin ist die Zeitungslektüre jetzt meine Hauptbeschäftigung. Die Welt ist in einer so gründlichen und rapiden Umwandlung begriffen, daß einem die Zeit vor 1914 wie der Traum von einem goldenen Zeitalter vorkommt und man mit den Worten der Edda klagen möchte: Wolfszeit, Beilzeit, eiserne Zeit! Dazu passen die Sonnenflecken und ihre Auswirkungen auf das Klima, und man möchte annehmen, daß nicht nur auf Erden sondern auch im Himmel nicht alles in „Ordnung" ist. Nun, wir müssens ertragen und sehen für uns das Beste daraus zu machen. Für die Geschichtsphilosophen eine anregende Epoche! Schade, daß Dein Meister „Zarathustra" sie nicht mit erlebt hat! Wirtschaft und Politik liegen überall so im Gemenge, daß sie gar nicht mehr zu trennen sind und die Frage ob der eine oder der andere Faktor das Uebergewicht hat, ihren Sinn verliert. Ebenso Interessen und Ideen![978] Ich muß heute lächeln, wenn ich an die Naivität denke, mit der noch 1914 von Harnack u. anderen die Frage der „Ideen" bei Gelegenheit unseres Kriegsbuches erörtert wurde und die Entdeckung von Tröltsch, daß es sich dabei nur um Propaganda für die Massen handle, als eine unerwartete Erleuchtung begrüßt wurde. Heute ist man doch schon weit über diesen Standpunkt hinaus! Ich bedaure nur, daß ich zu alt bin, um all diese neuen Eindrücke noch nach ihrer ganzen Tragweite verarbeiten zu können. Eine ruhige Jugend und ein stürmisches Alter! Umgekehrt wäre es besser gewesen!

Draußen heult der Föhn, und ich denke an C. F. Meyers Nikodemus-Gedicht.[979] Was könnte aus der Welt werden, wenn alle Kräfte, die jetzt gegen einander gerichtet sind, <u>mit</u> einander das Uebel bekämpfen sollten, an dem die Welt ja doch leidet![980] Aber ich will nicht ins Spekuliren geraten, sondern auf dem Boden der realen Verhältnisse bleiben und vor allem Dir Ruhe, Genesung und neue frische Ar-

---

977 Vgl. Anm. 944.
978 Über Ideen und Interessen handelte O. H. in seinem Troeltsch-Aufsatz. Vgl. Anm. 838.
979 Conrad Ferdinand Meyer, In einer Sturmnacht: „Es fährt der Wind gewaltig durch die Nacht, in seine gellen Pfeifen bläst der Föhn …".
980 Aus demselben Gedicht „In einer Sturmnacht": „Hörst, Nikodeme, Du den Schöpfer Geist, der mächtig weht und seine Welt erneut?"

beitskraft und Arbeitslust wünschen, im Sinne Deines: „travaille!"[981] In herzlich-inniger Verbundenheit Dein, totus tuus[982], tuissimus[983]   O.

186 B   25.2.1940

B[erlin]-Ch[arlottenburg] Sonntag 25. Februar 1940

Geliebte Frau!

Nichts Schöneres konnte mir zu diesem sonnigen Sonntag morgen beschert werden, als die 3 Postsachen, von Dir, die alle zugleich hier eintrafen: der Brief vom Dienstag 20/II (natürlich wieder geöffnet) u. die beiden Karten vom 20/II und Donnerstag 22/II. Wie froh bin ich, daß Du nun der Qual und der engen Haft entronnen bist und Dich an dem ersten Säuseln des Vor-Frühlings erfreuen und erquicken kannst. Wie dankbar bin ich der guten Frau Jongejans, daß sie so mütterlich für Dich sorgt. Sage ihr doch meinen wärmsten und gerührtesten Dank! Du wirst nun manches nachzuholen haben, damit Du wieder in Form kommst und Dein vernünftiges Gewicht wiederherstellst. Nähre dich mit Umsicht und Verstand, aber – „iß um Dich!"[984] Verkrampfe Dich nicht, geistig u. körperlich, freue Dich Deiner Blumenzucht, die Du mir so reizend schilderst und blühe und wachse mit dem wachsenden Licht und dem Sprossen des Frühlings! Auch hier hat man jetzt eine Frühlingsahnung. Es taut weiter, obwohl es die Nacht wieder gefroren hat; aber es geht langsam. Die Straßen schwimmen noch immer, darunter auch etwas Glatteis. Ich bin sehr vorsichtig und vermeide lieber noch die Ueberquerung der Reichsstraße. Aber Rembrandt u. Cezanne sind nicht vergessen.[985] Von Rembrandts Nachkommenschaft las ich gestern in der Ztg. Man stellt jetzt in Holland Nachforschungen darüber an! Kein erfreuliches Resultat: Sie sind gewandert hin u. her, sie haben gehabt weder Glück noch Stern, sie sind gestorben, verdorben! Saskia war aus einer wohlhabenden friesischen Familie, die aber auch im Abstieg war u. blieb. Ihr Sohn Titus ist nichts Rechtes geworden und ohne Kinder früh verstorben. Die zweite Frau war Hendrikje – du erinnerst Dich vielleicht des Gedichtes von der Miegel, das auf unseren Freund Weisbach so wenig Eindruck machte – wo er immer nach „Hendrikje" rief[986]; ich dachte, es wäre ein verstorbenes Kind, aber es ist die frühverstorbene zweite Frau. Deren Tochter Cornelia heiratete einen kleinen Maler, der aber nicht vorwärtskam u. nach Batavia auswanderte, wo ein Sohn von ihm (oder war er es selbst?) als „Kerkermeister" eine nötige Stellung fand. Die Kunst ging nach Brod! auch im reichen Holland![987] Hier entfaltet sich übrigens in den benachbarten Blumenläden jetzt eine Tulpenpracht, die in Haarlem kaum übertroffen werden kann. Schade, daß man so ein Töpfchen nicht senden kann! Hattest Du auf Deinem holl. Häubchen nicht auch eine Tulpe gestickt? O, ich liebte dieses Häubchen so und den grünen Schleier dazu mit den silbernen Clippers. Wo sind die Zei-

981 Franz.: arbeite!. Vgl. Nr. 181.
982 Vgl. Anm. 267.
983 Vgl. Anm. 226.
984 Vgl. Nr. 101.
985 Bücherwünsche von H. H. Vgl. Nr. 190.
986 Agnes Miegel (1879–1964), „Rembrandt": Der greise Rembrandt ruft nach dem Sohn Titus und nach Hendrikje. Eine Stimme keift: „Du Narr, was schreist Du wieder nach den Toten!" Da fällt sein Blick auf „der Sabbatkerzen feierliches Licht", und „er fühlt verjüngt die greisen Adern klopfen".
987 Saskia van Uylenburgh; Titus van Rijn; Hendrikje Stoffels; Cornelia van Rijn.

ten hin, da man sich an so etwas erfreuen konnte. Und wer konnte ahnen, daß Dein Schiff einmal dort landen würde? Gott segne dieses Land, das meinem armen kleinen Hökchen so freundlich begegnet! Gut daß es nicht zu frieren brauchte! Hier haben wir jetzt doch schon 18° im Zimmer, und ich sitze wieder nur mit einem Rock statt wie bisher mit 2en übereinander! Gestern war Axel v. Harnack zum Tee bei mir. Er hat mir allerlei erzählt, was mir recht interessant war. Unter anderm auch, daß Me[inecke] jetzt mit den Rabls eine 9köpfige Familie im Hause hat und selbst mit einem langwierigen Bronchialkatarrh zu Bett liegt. Ich wünsche ihm baldige Wiederherstellung; er hats jetzt auch nicht leicht! In Pyritz scheint sich noch nichts geändert zu haben. Die neue Wohnung ist Holstenstr. 3 (also dieselbe Nummer wie am Kirchplatz[?]). Holsten[988] ist der frühere Gymnasialdirektor, der die Weizackertracht[989] wieder belebt hat u. den Du auch wohl mal gesehen hast. Wehe! nun ist der Bogen wieder zu Ende; ich glaubte noch eine Seite zu haben und muß nun ein neues Blatt nehmen.

Meine geistigen Interessen, die in der letzten Zeit etwas eingefroren waren, regen sich auch wieder etwas stärker. Die Urzeitvölker des Kollegen Breysig sind mir langweilig geworden;[990] ich will sehen wieder zu Goethe zurückzukehren; den Gundolf hatte ich bei „Italien" stecken lassen. Ich wünschte er wäre etwas mehr wirkliche „Biographie" statt „Monographie" der künstlerischen Leistung.[991] Aber immerhin! ein gescheidtes u. außerordentlich fleißiges Buch. Dies und das findet sich auch sonst noch in Deinen Schränken. Was hat mein kleines Hökchen für einen weiten Aktionsradius gehabt! Wenn es doch bald einmal dazu käme, seine Kisten zu öffnen und sich eine kleine Biblio aufzubauen! Es wäre für sein ganzes Leben und Weben eine neue und bessere Welt. Hoffen wir, hoffen wir unverzagt! Ich vergaß noch Dir zu schreiben, daß Axel v. H[arnack] sich natürlich sehr nach Dir erkundigte und daß er Dir seine besten Empfehlungen u. Wünsche bestellen läßt. Er ist ein rechter pater familias mit einer großen Kinderschar geworden. Von dem definitiven Abgang der Engelsleute[992] weiß ich übrigens noch nichts. Nur, daß die Absicht u. Aussicht bestand. Aber allerdings habe ich seit Wochen nichts mehr von ihnen gesehen. Wenn sie in der Türkei sind, werden sie ja noch was erleben, wie es scheint.

Ich will nun schließen und diesen Brief noch zum Kasten bringen. Dann wird es Zeit zum Mittagessen. Habe Dank, Du Liebe, Gute, für Deine immer wache Liebe und Dank für Deine tapfere, tröstliche Haltung! Bleibe der Du bist! Gott wird Dich nicht verlassen!

Mit innigsten Wünschen u. Grüßen   Dein „senedaere"[993] O.

---

988 Dr. Robert Holsten (1862–1954). Vgl. Renate Hermann, Robert Holsten (1862–1954), in: Werner Buchholz/Günter Mangelsdorf (Hrsg.), Land am Meer. Pommern im Spiegel seiner Geschichte, Köln 1995, S. 787.
989 Der Weizacker heißt das Land um Pyritz.
990 Vgl. Anm. 842.
991 Vgl. Nr. 112.
992 Die Nachbarn Engelmann. Vgl. Nr. 139.
993 Mittelhochdeutsch: der Liebende, der Sehnsucht (sene oder sende) empfindet.

187 P   27.2.1940

Dienstag 27. Febr. 1940

[…] Ich bin jetzt auf Vorgeschichtsstudien verfallen und vergleiche dazu die neunte Auflage des Kl[einen] Pl[oetz].[994] Die Einfügung der Steinzeitalter in den Rahmen der Eiszeiten macht große Schwierigkeiten, ist aber sehr interessant. Daneben die recht inhaltreiche Zeitg, die man nur zu lesen verstehen muß. So beißt sich die historische Schlange gleichsam in den Schwanz. Mit dem Frühlingsahnen ist es hier noch nichts. Hoffentlich ist es dort schon milder. Ich denke viel an Deine Sorgen, namentlich auch wegen 1. April[995] (wo hier „Sommerzeit" beginnt, eine Stunde Gewinn am Tage!) Mögen alle guten Mächte Dich behüten und leiten!

Dein O.

188 P   28.2.1940

Mittwoch 28. Februar 1940

L. H.! Heute früh erfreute mich Deine liebe Karte von Samstag 24/II, aus der ich sehe, daß Du Dich schon wieder munter tummelst. Nur solltest Du das mit den Liebesgaben lassen oder einschränken. Denk auch an Dich! An die gute alte Tante werde ich denken, um den Verdacht der „Schaumschlägerei" von Dir abzuwenden! Der Eheu[996]Mann verdient gar nicht bei Horaz vorzukommen.[997] Der Verlag hat übrigens nicht geradezu gesagt, daß die Auflage erschöpft sei, sondern nur, daß er nur noch die Remittenden-Exemplare „zur Verfügung habe".[998] Das läßt noch Raum für andere Möglichkeiten! Jetzt wehen auch hier wieder mildere Lüfte, aber die Straßen sind immer noch schwer passirbar. Das Tauen geht langsam. Lese eben von der Einrichtung der neuen Fakultät für Auslandswissenschaften an Stelle der früheren Hochschule für Politik.[999] Was man in der Jugend sich wünscht hat man im Alter die Fülle – nur etwas anders als man sich's gedacht. Außer dem Schinkelbau gehört dazu noch Dorotheenstr. 7 mit dem Institut für Kunde der Sowjet-Union; ein Stock höher die Japan-Abteilung. In Japan 40 Colleges, von denen jedes einen Lehrer der deutschen Sprache etc. braucht. Auch Sowj.Un. hat ähnlichen Bedarf. Sprachkurse sind eine Hauptsache. Ich gebe mich weiterhin mit Neanderthalern und sonstigen alten Artgenossen ab, hoffe aber doch noch zu Goethe zurückzufinden.[1000] Das Leben muß damals doch leichter gewesen sein. Stets bei Dir in Gedanken u. mit innigsten Wünschen

Dein O.

994 Vgl. Nr. 144.
995 Bevorstehender Wohnungswechsel.
996 Lat.: ach, wehe!
997 Anspielung auf Professor N. W. Posthumus. Vgl. Nr. 177.
998 Vgl. Nr. 177.
999 Vgl. Erich Siebert, Entstehung und Struktur der Auslandswissenschaftlichen Fakultät an der Universität Berlin 1940 bis 1945, in: Wissenschaftliche Zeitschrift der Humboldt-Universität zu Berlin. Gesellschafts- und Sprachwiss. Reihe, 15 (1966), S. 19–34.
1000 Vgl. Nr. 112.

189 P   29.2.1940

[…] Heute Brief von Fee[1001]. Fragt an, ob das Zimmer an einen jungen Diplomaten[1002] ihrer Bekanntschaft (Kammermusikus[?]) überlassen werden könnte, der hierher ins Auswärtige Amt berufen ist. Ich muß es aber für Kuni u. Lotte[1003] bereit halten u. daher absagen. Dieter[1004] hat in Ansbach das Pfarrerexamen gemacht, es scheint gut gegangen zu sein, wenn das Resultat auch noch nicht verkündet ist. Er ist wieder an der Westfront, zur Ausbildung in einem Führer-Kurs. Vielen Dank für den guten Rat wegen der Zäpfchen. Mir haben sie früher weder geschadet noch genützt. Ich werde sie als Seife verbrauchen. Ist das nicht eine geniale Lösung u. zeitgemäß? Meine Frostschäden gehen der Heilung entgegen. […]

190 P   2.3.1940

[…] Ich habe C. Neumann, Rembrandt bei R. Wenzel bestellt, der sich Dir bestens empfehlen läßt.[1005] Es kostet nur 20 RM., wird eingeschrieben am Montag abgehen. Cezanne wird er wohl nicht besorgen können, da der Wiener Phaidon-Verlag an eine englische Firma übergegangen ist. Wegen Deines Heimatscheines hatte ich am 13./II eingeschrieben eine Vorstellung beim Pol[izei] Präs[idium] Abt II. (Karlstr.) gemacht, habe aber bisher noch keine Antwort darauf. Ich will noch etwas warten, da vielleicht eine Rückfrage an Rotterdam oder Haag gemacht worden ist, u. dann noch einmal vorstellig werden, damit die Sache in Ordnung kommt.[1006] […]

191 P   4.3.1940

L. H.! Heute früh wieder ein Packet mit L[iebes]g[aben] von meinem hülfreichen Engel. Herzlichen Dank für Mühe u. Kostenaufwand! Denk auch an Dich! Inhalt allerdings etwas anders als in der Karte vom 27/II angekündigt.[1007] Der „runde nette 4 Pfd. [*Pfundzeichen*] wiegende Käse fehlt, statt dessen eine Schachtel Schweizer Käschen. Statt Blechbüchse mit 2 Pfd. [*Pfundzeichen*] Butter nur 0,25 kg. Dafür

---

1001 Felizitas Schröter.
1002 Wilhelm Ruoff.
1003 Konrad Hintze und Frau.
1004 Dieter Schröter.
1005 Carl Neumann, Rembrandt, Berlin 1902 [und öfter]. Im Wiener Phaidon Verlag erschienen von Fritz Novotny „Cézanne"(1937) und „Cézanne und das Ende der wissenschaftlichen Perspektive"(1938). Die Buchhandlung Ralf Wenzels befand sich auf der Reichsstraße in Charlottenburg.
1006 Vgl. Nr. 92.
1007 An dieser Stelle ein Verweiszeichen von H. H.s Hand, dazu sind mit Bleistift alle Pakete und Päckchen vermerkt. Demnach hat sie am 24.2., 26.2., 27.2., 1.3., 4.3., 5.3., 7.3., 13.3., 14.3., 16.3. (Eier) je eins gesandt.

2,40 kg Milch u. Rahm (von letzterem aber nur 2 statt 4 blikjes[1008]). Also wohl etwas umgruppirt. [...] Im Haus unter den Mietern eine Aktion im Gange gegen Meilchen wegen Vergütung der ersparten Kohlen. Mir wäre lieber, wenn man erreichen könnte, daß er sich besser mit Kohlen versorgt. Hoffentlich geht der Rembrandt heute ab.[1009] Ich kaue weiter am harten Brod der Vorgeschichte. Welches Chaos! Und hinter dem Rassenkampf überall der ökonomische Faktor! Ote-toi que je m'y mette![1010] „So ging es u. geht es noch heute!"[1011] Deine Sorgen sind auch die meinen! Könnt' ich Dir wirksamer helfen, als durch die guten Wünsche!

Totus tuus[1012]   O.

192 P   5.3.1940

Dienstag 5. März 1940

L. H.! [...] Ich danke Dir innigst für Deine unerschöpfliche Güte, kann aber immer nur wiederholen: Denke auch an Dich! Deine unsichere Lage, der bevorstehende Wohnungswechsel kurz vor der Brüsseler Reise machen mir Sorge, Deine Haltung ist großartig, imponirt mir immer wieder.[1013] Wie reich sind Deine Briefe! Dein Blumengärtchen, das reizende Maus-Liedchen! Was Tröltsch angeht stimme ich Dir völlig zu. Von Schickeles Tod hatte ich nichts erfahren.[1014] Jetzt ist auch Andreas Heusler in Basel gestorben, 74 Jahre alt.[1015] Er hatte 1927 abgelehnt, hierherzukommen. Hat das Nibel[ungen]lied als reine Kunst (nicht Volks)dichtung erwiesen.[1016] Hier tobt eben ein gewaltiger Schneesturm; der Wind heult, daß ich immer an die traurige Weise aus dem Tristan denken muß[1017] – guter musikal[ischer] Ausdruck für aktuelle Seelenstimmung. Was sagst Du zu dem „Quellenbuch" Kleiner Plötz? Ich habe meinen täglichen Aerger daran! Aber nützlich ist es doch! Wie nett mußt Du in Deinem holl. Regenkäppchen aussehen! Wir haben jetzt auch wieder Musik gemacht. In diesen Tönen ist mir Hökchen nahe! Weißt Du, daß Nietzsche auch komponirt hat, sogar eine Symphonie?! Die Kompositionen erscheinen in der neuen Ausgabe der Werke, die jetzt von dem Weim[arer]N[ietzsche]-Archiv veranstaltet wird.[1018] Ein erstaunlicher Mensch! Leb wohl, Frieden meiner Seele, Liebstes auf der Welt. Gruß von Trudchen.[1019]

Dein O.

1008 Büchsen.
1009 Vgl. Nr. 190.
1010 Franz., frei übersetzt: Verschwinde, damit ich Platz habe. – Der Ausdruck war schon während der Französischen Revolution in politischem Sinne gebräuchlich.
1011 Aus Goethes Gedicht „Hochzeitslied".
1012 Vgl. Anm. 267.
1013 Vgl. Anm. 944.
1014 Der Schriftsteller René Schickele (1883–1940), seit 1933 in Frankreich lebend und für deutsch-französische Verständigung wirkend, verstarb am 31.1.1940.
1015 Andreas Heusler (1865–1940), war von 1894–1913 a. o. Professor für Nordistik, seit 1913 o. Professor für Germanistik in Berlin und folgte 1920 einem Ruf nach Basel.
1016 Andreas Heusler, Nibelungensage und Nibelungenlied, Dortmund 1921.
1017 Die Hirtenweise aus Richard Wagners „Tristan und Isolde".
1018 Friedrich Nietzsche, Werke und Briefe, hrsg. vom Wissenschaftlichen Ausschuß der Stiftung Nietzsche-Archiv, 9 Bde., München 1933–1942.
1019 Gertrud Hintze.

193 P   7.3.1940

L. H.! […] Von hier ist nichts Besonderes zu melden, als daß „der 7te Winter"[1020] wieder eingebrochen ist mit Nordwind, Frost und neuem Schnee. Alle Frühlingsgefühle sind erstickt! Ich repetire Vorgeschichte u. Alte Geschichte nach dem neuen „Quellenbuch".[1021] Ich erstaune über die Bedeutung der indogerm[anischen] Saken u. Skythen u. würde mich nicht wundern, wenn schließlich auch die Japaner einen starken u. entscheidenden Einschlag nordischen Blutes haben würden. Ich komme mir dabei wie ein stehengebliebener Regenschirm vor. Haben die Hahnen[1022] nicht auch so ein „Quellenbuch"? Vergiß doch nicht mir den Namen der Leute mitzuteilen, bei denen die Tante Grete einwohnt! (Für etwaige Postsendungen). Dieter ist stolz, daß er Gefreiter geworden ist an der Westfront u. zum Führerkurs kommandirt.[1023] Tausend herzliche u. innige Wünsche für meine Lalage![1024]
                                                                          Otto

194 P   8.3.1940

[…] Eben war Frl. Flügel bei mir, die mehr von der Welt sieht als ich. […] Ich stecke noch immer in Vor- u. Urgeschichte. Nächstens wird man nicht nur von Indogermanen, sondern auch von Turkogermanen und Tatargermanen reden; und was ich kürzlich[1025] über die Japaner schrieb, ist kein bloßer Spaß. Die ältere V[er]f[assungs-]gesch[ichte]. zeigt auch einen auffallenden Parallelismus, der mich immer gewundert hat. […][1026] Immer bei Dir in Gedanken mit Sorgen und Wünschen. Du bist u. bleibst „mein Typ"! Ich begleite Dich auf Deiner Wohnungssuche; mögest Du einen guten Ersatz finden! Herzlichst Dein O.

195 P   9.3.1940

L. H.! Heute früh beglückte mich Deine reizende Karte vom Sonntag 3.3. über den Leiden-Ausflug und die Möven am Vijversberg.[1027] Continuez![1028] – Gestern Nachm. war Wanda[1029] auf ein Plauderstündchen bei mir. Sie muß frieren weil der Heizkessel geplatzt ist und die Reparatur Zeit braucht; sie behilft sich mit der Kü-

---

1020 Gedicht von Ottfried Graf Finckenstein (1901–1987) über die sieben ostpreußischen Winter.
1021 Vgl. Nr. 192.
1022 = Franzosen (vom gallischen Hahn).
1023 Dieter Schröter. Vgl. Nr. 189.
1024 Vgl. Nr. 166.
1025 Vgl. Nr. 193.
1026 Hier folgt ein Solon-Zitat in griechischen Buchstaben: „Ich werde weiser im Älterwerden".
1027 Park in der Nähe von Leeuwarden.
1028 Vgl. Anm. 162.
1029 Eine Verwandte.

che. Die Tochter Maria (die übrigens Blockwalter ist wie bei uns Prof. Neum[ann], hat eine schwere Grippe gehabt u. 12 Pfd. abgenommen, der Sohn ist Offizier an der vordersten Westfront. Sie prophezeit für den Herbst bessere Zeit (nach den Planeten) u. läßt Dich bestens grüßen. Tante K.[1030] rief gestern an u. erbot sich zu Markt-Hilfsdienst, was Frl. H.[annemann] gern annahm. Wie der Kopten-Schmidt[1031] bei Tröltsch! Hier herrscht nach wie vor Eis u. Schnee, noch keine Spur von Frühlingslüften. Ich stecke noch immer bei Saken u. Skythen. Wann werde ich zu Goethe zurückfinden![1032] Frl. H. setzt die Massagekur auf eigene Kosten fort, ist Nachts oft von Schmerzen geplagt. [...]

196 P   10.3.1940

Sonntag 10. März 1940

[...] Wegen des Heimatscheins habe ich auf meine Reklamation vom 13/II 39[1033] noch immer keine Antwort vom Pol[izei] Präs[idium].[1034] Wenn sie bis 13/3 nicht da ist, werde ich noch einmal vorstellig werden. Lederer requiescat in pace.[1035] Du hast wirklich kein Glück mit Deinen Gönnern! Mit Julie ist wohl nichts mehr zu machen.[1036] Ueber Post... kann ich noch gar nicht wegkommen[1037], es wäre doch zu schön gewesen! Ich bin in Gedanken beständig bei Dir u. freue mich über jede gute Stunde, von denen Deine Korrespondenz mir melden kann. Rührend ist das Idyll, das Du Dir im Sturm der Zeit u. auf dem tragischen Hintergrund Deines Schicksals zu schaffen vermagst. [...]

197 P   11.3.1940

Montag 11. März 1940

L. H. Heute habe ich mit herzl. Dank 4 Postsendungen von Dir auf einmal: [...] Das mit der Krankenkasse leuchtet mir sehr ein, ebenso was Du über das Zimmer schreibst.[1038] Ich will noch mal an Kuni u. an Fee schreiben.[1039] Der Steuertermin 10/III M. 544 ist von Delbrück Sch & Co.[1040] eingehalten worden, vielleicht hast Du auch Nachricht davon bekommen. [...]

1030 Käte Wolff.
1031 Carl Schmidt (1886–1938), Kirchenhistoriker.
1032 Vgl. Nr. 112
1033 Gemeint ist der 13.2.1940.
1034 Vgl. Nr. 92.
1035 Lat.: Lederer ruhe in Frieden. Wahrscheinlich der Nationalökonom Emil Lederer.
1036 Wahrscheinlich die Freundin Julie Braun-Vogelstein. Vgl. Nr. 133.
1037 Wahrscheinlich die vage Hoffnung, die mit dem Namen Posthumus ohne nähere Erläuterung im Brief vom 5.2.1940 (Nr. 175) erstmals auftaucht.
1038 Vgl. Nr. 189.
1039 Konrad Hintze und Felizitas Schröter.
1040 Vgl. Anm. 794.

198 P   12.3.1940

Dienstag 12. März 1940

[…] Habe ich recht verstanden, daß Hr. Heynemann[1041] meinen Wilhelm von Holland liest?[1042] Mon Dieu, quel goût![1043] Das hätte ich mir nicht träumen lassen. Seine holländische Wirksamkeit ist ausführlich in einem Buche von Meerman (niederländisch)[1044] behandelt. Ich bin daher darauf gar nicht eingegangen, was eigentlich schade ist. Wenn ich hätte ahnen können —!

Nun, lass Dirs in seinem Haag recht wohl sein. Rosen auf den Weg gestreut u. des Harms vergessen![1045] Lalagen amabo![1046]

Dein O.

199 P   14.3.1940

Donnerstag 14. März 1940

L. H.!

[…] Innigsten Dank für alles! Der Rembrandt sollte am Montag 4/III an Dich abgehen, müßte also jetzt wohl in Deinen Händen sein.[1047] Wegen des Heimatscheins noch keine Antwort vom P[olizei] – Pr[äsidium.][1048] Das hat jetzt wohl Dringenderes zu tun; ich glaube es ist besser noch etwas zu warten; wann würdest Du ihn brauchen? Jetzt beschäftigt mich die Eisversorgung. Habe mich an Gebser wegen eventueller Reparatur des alten Eisschranks u. an Heydrich wegen Besorgung eines elektr. Kühlschranks gewandt;[1049] es wird wohl das letztere werden, dann ist man auch die Schererei mit der Eislieferung los. Meine Studien überschätzt Du. An die Sta[ats]bi[bliothek] will ich nicht deswegen u. noch viel weniger Dich mit Nachforschungen über Hahnen-Litt[eratur] etc. plagen. Das sei ferne! Ich fragte blos, ob die Hahnen[1050] auch so etwas wie den Kl[einen] Pl[oetz] haben, was auch mehr „rhetorisch" ist. Für Wohnung wünsche guten Erfolg – u. überhaupt!

Vale![1051] Your lover   O.

1041   Vermutlich holländischer Bekannter H. H.s. Vgl. Anm. 1073.
1042   O. H.s Dissertation: Das Königtum Wilhelms von Holland, Leipzig 1885 (Historische Studien, 15).
1043   Franz.: Mein Gott, was für ein Geschmack!
1044   Johan Meerman, Geschiedenis van graaf Willem van Holland, 4 Bde., 's Graavenhaage 1783–1797.
1045   Das Gedicht „Lebenspflichten" von Ludwig Christoph Heinrich Hölty geht weiter: „Eine kleine Spanne Zeit / Ward uns zugemessen. Vgl. Nr. 97.
1046   Vgl. Nr. 166.
1047   Vgl. Nr. 190.
1048   Vgl. Nr. 92.
1049   Vermutlich Albert Gebser, Bauklempner, in der Suarezstraße und Wilhelm Heidrich, Elektroinstallateur, auf der Ulmenallee.
1050   Vgl. Nr. 193.
1051   Vgl. Anm. 551.

200 P 15.3.1940

Freitag 15. März 1940.

L. H.! Heut früh erquickte mich Dein prächtiger Brief v. 9/10 III mit der Linsen-
ranke, u. zugleich kam auch wieder ein Packet mit L[iebes]g[aben]: 1 Kilo Bu[tter],
1 groß. Kaas[1052], 1 Kak[ao]p[äckchen] Milch u. Diab[etiker] Kuchen. Wärmsten
Dank, aber immer wieder die Warnung: spare! Stempel 7./III. Es kommt also allmählich alles an! Heute wieder ein Kälterückschlag, alles weiß von Schnee, dabei
blauer Himmel u. Sonne. Euer XKrieg[1053] amüsirt mich. Merle Fainsod[1054] tut
vielleicht noch einmal etwas für H. Vict. Considérant[1055] ist charakterist. für 1840.
1872 schrieb Funck Brentano[1056]: die soz. Frage werde erst dann gelöst sein, wenn
russ. Gouverneure nicht blos in Berlin sondern auch in Paris regirten. Jetzt sieht die
Sache schon etwas anders aus; aber das Kant'sche Ideal[1057] harrt noch immer der
Verwirklichung. Die Zukunftschancen der Dem[okratie] in Europa haben sich sehr
verschlechtert u. vielleicht in Amerika auch! Götterdämmerung! Und die Patriar-
chenluft vom „reinen Osten" weht heute auch für den Forscher anders als noch zu
Goethes Zeiten![1058] Ich bin jetzt bei Babel[1059], und bei Augustus von Kornemann
(München)[1060], also weit weg von Deinem A[ugust] B[ebel][1061], den ich immer mit
den Augen von Lily Br[aun][1062] sehen muß. Nächstens müssen wir neue Musikalien anschaffen. Der Nadelvorrat ist bald wieder zu Ende. Ich fürchte nur, die Auswahl wird gering sein. – Wenn Du nur erst wieder eine gute „Bleibe" hättest! Und
einen Silberstreif am Horizont. Das sind meine nächsten Wünsche. Vivat, crescat,
floreat mea Lalage![1063]   Dein O.

201 P 16.3.1940

Sonnabend 16. März 1940

[...] Ich rücke langsam vorwärts im Orient. Daneben Augustus, heute das große
Thema: Führergestalt! Die DAZ stellt nach wie vor starke Anforderungen an Sehkraft, zumal ihr Druck kleiner geworden ist. Wo sind die Zeiten von Stinnes
hin![1064] „Mars regiert die Stunde"[1065] – nach wie vor! Den Anschluß an Goethe

---

1052 Niederl.: Käse.
1053 Mal-Krieg?
1054 Merle Fainsod (1907–1972), amerikanischer Politikwissenschaftler.
1055 Victor Considérant (1808–1898), französischer Sozialist.
1056 Théophile Funck-Brentano (1830–1906), französischer Historiker, Mediziner, Philosoph und Jurist.
1057 Vermutlich der „Ewige Friede".
1058 Vielleicht Bezug auf Goethes „West-östlicher Divan"?
1059 Vermutlich ist das antike Babylon gemeint. Vgl. Nr. 201.
1060 Ernst Kornemann, Augustus. Der Mann und sein Werk, Breslau 1937.
1061 August Bebel schrieb das meistgelesene sozialistische Buch in deutscher Sprache: Die Frau und der So-
     zialismus, 1883, 50. Aufl., Stuttgart 1910.
1062 Lily Braun veröffentlichte ihre „Memoiren einer Sozialistin" als Roman 1909–1911, erneut Berlin
     1922.
1063 Vgl. Anm. 878, vgl. Nr. 166.
1064 Die „Deutsche Allgemeine Zeitung" gehörte seit 1920 wenige Jahre zum Stinnes-Konzern. Hugo Stin-
     nes verstarb 1924.
1065 Schiller, Wallenstein, I, 1.

habe ich noch immer nicht wieder gefunden.[1066] „Mein Herz ist in Holland, mein Herz ist nicht hier!"[1067] Ich will aber nicht das Reh jagen, sondern dem He sagen, Du weißt schon was! Dein O.

202 P   17.3.1940

Sonntag 17. März 1940

L. H.! Heute früh begrüßt mich Deine liebe Karte von Dienstag 12/III (nach der gestern abend angekommenen vom 13/III) mit der guten Nachricht von der neuen Wohnung. Auch ich sage: quod felix faustum fortunatumque sit.[1068] Mit der zeitweisen Vergebung Deines Zimmers an den von Fee empfohlenen jungen Diplomaten wird es vielleicht doch noch etwas.[1069] Deine Vorstellungen haben mir Eindruck gemacht. Frl. H.[annemann] traut sich die Belastung wohl zu. Mit Kuni's[1070] scheint die Sache doch unabsehbar zu sein. Dr. Ruoff[1071] wird den ganzen Tag im Amt tätig sein u. uns kaum sehr stören. Ich denke 60, mit Frühst. 80; dann wird auch die Umsatzsteuer vermieden. Vorläufig vielleicht mal probeweise. Dr. R. kommt mit Mutter heute aus München, wird morgen wohl anrufen. Morgen werde ich auch mal bei Wenzel anfragen; der Rembrandt müßte doch schon in Deinen Händen sein.[1072] Ich freue mich, daß Du in die Atmosphäre der Dir verwandten deutschen Kultur kommst.[1073] Vielleicht übst Du wieder das Rezitiren, wie einst bei der Köchin Minna! Dein Citat ist natürlich aus Gottfrieds Tristan.[1074] […]

203 B   18.3.1940

Berlin Charlottenburg 9 Kastanienallee 28
Montag 18. März 1940

Geliebte Frau!
    Heute früh, an diesem wieder recht kalten Wintertag, bei sehr mäßiger Heizung, erfreute mich Deine muntere Karte von Donnerstag 14/III, die überraschend schnell ihren Weg gemacht hat. Ich schicke Dir diese Zeilen und nebenbei die schon angekündigte Karte von Tante Grete und die Notiz über neuere holländische Lyrik über Tante Käte[1075], die sich freundlichst erboten hat zu sehen, ob sie einen

---

1066 Vgl. Nr. 112.
1067 Abwandlung der Verse des schottischen Dichters Robert Burns (1759–1796): „My heart's in the Highlands…".
1068 Lat.: möge es glücklich und vom Schicksal begünstigt sein.
1069 Felizitas Schröter. Vgl. Nr. 189.
1070 Konrad und Lotte Hintze.
1071 Wilhelm Ruoff, Assessor im Auswärtigen Amt.
1072 Vgl. Nr. 190.
1073 Auf einer Postkarte vom 12.3.1940 (Nr. 198) erwähnt O. H. einen Herrn Heynemann. Da O. H. mit der Namensschreibung oft sorglos umgeht, könnte Friedrich (Fritz) Heymann gemeint sein, der über das Saarland in die Niederlande emigriert war, 1937 in Amsterdam den Roman „Der Chevalier von Geldern. Eine Chronik vom Abenteuer der Juden" veröffentlichte und nach 1943 in Auschwitz umgekommen ist.
1074 Epos von Gottfried von Straßburg (1200).
1075 Käte Wolff.

Portoschein für Dich erwischen kann, den wir hier auf unserem Postamt nicht bekommen können. Ich danke dir tausendmal für die Mühe, die Du Dir giebst, um mich mit Liebesgaben zu versorgen; das muß Dir ja einen erheblichen Teil Deiner Zeit wegnehmen (vom Geld ganz zu schweigen!), und ich werde verwöhnt, daß mir ordentlich unheimlich dabei wird. An Trudchen[1076] habe ich eine künstliche Eierkiste eben zurück geschickt; sie will auch wieder eine Sendung spendiren. Hier sind die Eier sehr rar, namentlich für kleine Haushalte wie der unsere. Den Rembrandt von Neumann hast Du wohl immer noch nicht erhalten, sonst hättest Du ihn doch wohl bestätigt. Am 4./III sollte er abgeschickt werden, und am 14./III hast Du ihn doch noch nicht gehabt. Das ist ein bischen lange. Ich habe schon versucht telephonisch bei Wenzel deswegen anzufragen, habe aber bisher keinen Anschluß gefunden. Ich fürchte fast, der Inhaber ist zum Wehrdienst eingezogen und das Geschäft geschlossen; ich will mal heute persönlich revidiren.[1077] Dieser Tage wird wohl Herr Dr. Ruoff mit seiner Mutter erscheinen wegen des Zimmers. Ich glaube nicht, daß etwas daraus werden wird. Das Bett müßte verstellt werden, ebenso der Toilettentisch; der schwere Diplomatenschreibtisch aus dem Arbeitszimmer müßte herübergeschafft werden; und wer weiß für wie lange das alles ist. Arbeiter werden jetzt auch wohl schwer dazu zu bekommen sein. Dein köstlicher Biber-Humor hat mich sehr erfreut. Klänge aus besseren Tagen! Tausend innige Grüße und herzliche Wünsche für Gegenwart u. Zukunft fliegen zu Dir. Mein Herz ist in Holland, mein Herz ist nicht hier![1078] Dein Senedaere[1079]   O.

204 P   19.3.1940

Dienstag 19. März 1940

L. H. Heute habe ich nichts von Dir zu beantworten, aber mancherlei zu berichten. Hr. Wenzel ist zum Heeresdienst eingezogen; der Rembrandt ist beim Verlag liegen geblieben, weil dieser die Adresse verbummelt hatte. Jetzt ist die Sache hoffentlich in Ordnung.[1080] Der Vertreter von W. wird 1./IV auch einberufen; man hofft dann auf eine Dame. Heute früh war Dr. Ruoff vom Ausw. Amt bei mir; er wird bis 1/IV als Besuch bei mir weilen, später (wenn er nicht einberufen wird) als Untermieter. Deinen Schreibtisch habe ich für ihn freigemacht; Deine Paperassen[1081] sauber in die Truhe gepackt, aus der alles andere entfernt worden ist. Heute werden Fenster geputzt mit Hülfe von Frau Walther. Es hat wieder geschneit und ist kalt, aber gut geheizt. Branitz immer noch unzugänglich.[1082] „Augustus"[1083] hält mich noch von Goethe[1084] ab. Konstantins „Dominat"[1085] in neuer Beleuchtung. Das Kramen in Deinen Reliquien rührt u. erschüttert mich. Was haben wir schon alles mit einan-

1076 Gertrud Hintze.
1077 Vgl. Nr. 190.
1078 Vgl. Anm. 1067.
1079 Vgl. Anm. 993.
1080 Vgl. Nr. 190.
1081 Vgl. Anm. 728.
1082 Vgl. Anm. 325.
1083 Vgl. Nr. 200.
1084 Vgl. Nr. 112.
1085 Das absolute Kaisertum des römischen Kaisers Konstantin.

der durchgemacht! Donnerstag soll Tante K.[1086] zum Tee kommen; hoffentlich hat sie Dir einen Portoschein verschafft; sie ist sehr findig. „C. de Copenhague"[1087] ist mir sehr interessant. Ich will jetzt noch etwas Luft schöpfen und grüße Dich mit Zauberkräften. Heil u. Segen auf allen Deinen Wegen!

Tuissimus[1088]   O.

205 P   20.3.1940

Mittwoch 20. März 1940

L. H.! Ich erhielt heute früh Deinen lieben Brief vom 14/III. Dem noblen Steunfonds sei gedankt![1089] Das Kr[anken]kass[en]arrangement scheint mir sehr günstig. Hoffentlich sind Dir die Apfelstrudel gut bekommen. Kartoffelsuppe haben wir auch oft genug, aber ohne solche! Hier ist nun der neue Untermieter, Assessor Ruof[f] vom Auswärtigen Amt eingezogen und stört mich kaum. Frl. H.[annemann] scheint die Abwechslung ganz recht zu sein. […]

206 P   22.3.1940

Freitag 22. März 1940

[…] Daß es mit dem neuen Untermieter[1090] nichts ist, habe ich wohl schon geschrieben; er bleibt vorläufig noch als Gast, zu Besuch, hoffentlich findet er bald etwas anderes; hilflos wie ein Kind! Meilchens haben sich unglaublich übel dabei benommen, sich brüsk auf den unmöglichen Kontrakt berufen, der mir nicht einmal erlauben würde Kuni[1091] ohne schriftl. Genehmigung von ihm aufzunehmen. Wir haben das damals unterschrieben, weil für uns Wohnbesuch ja überhaupt nicht in Frage kam. Dahinter steckt übrigens die Wut wegen der Mietkürzung von 8 % am I/IV zum Ausgleich der Kohlenersparnis. Ungemütliche Zustände.[1092] Kuni ist übrigens noch immer nicht freigegeben worden u. ist gesundheitlich sehr mitgenommen mit seinen 74 Jahren in diesem Schneewinter. […]

207 P   24.3.1940

Ostersonntag 24 März 1940

L. H.! Heute früh erfreute mich Dein Kärtchen vom 19/III mit den Eier- u. Klabautermännchen-Versen. Eingeschrieb. Brief mit Socken habe ich schon bestätigt; aber bitte: keine Socken mehr. Ich habe sie im Ueberfluß, alle zu klein; es giebt auch keine größere Nummer im Handel. Dr. Schramm ist mir als alter Monumen-

---

1086 Käte Wolff.
1087 Gemeint sein könnte der Aktenband: Conférence de Copenhague, hrsg. von Frédéric Sohr, Anvers 1913.
1088 Vgl. Anm. 226.
1089 Vgl. Anm. 408.
1090 Wilhelm Ruoff.
1091 Konrad Hintze.
1092 Vgl. aber O. H.s folgende Modifikationen zu diesem Thema.

tist (Zeumer-Kreis)[1093] bekannt; ich glaube er war in Freiburg, wo Frau Me[inecke] öfter von „Percy" sprach.[1094] Auch glaube ich gehört er zu den Georginen.[1095] Jedenfalls ein wahrhafter Gelehrter u. Böhlau ein renommirter Verlag für Leges-Sachen. Deine Vermutung wird wohl zutreffen. Wegen des Heimatscheines will ich demnächst noch einmal nachfragen, hoffentlich mit besserem Erfolg als bisher.[1096] Es ist heute ein verregneter Tag. Kein „Osterspazirgang". Heymann[1097] wird 6/IV 70 Jahre alt. Ich werde mich wohl nur mit einem Telegramm beteiligen, wenn überhaupt. Ist Dir Richard Schmidt[1098] ein Begriff? Delbrückschüler, Spezialist für preuß. Geschichte hier. Ist kürzlich gestorben. Ich grüße Dich mit den besten Osterwünschen. Trudchen[1099] läßt Dich auch bestens grüßen.

Herzlichst Dein   O.

208 P   25.3.1940

Ostermontag 25. März 1940

L. H.! An diesem postlosen Tage habe ich mich daran gemacht, wegen Deines Heimatscheines noch einmal beim Pol[izei]-präs[idium] vorstellig zu werden, nachdem meine Anfrage vom 13/II 40 unbeantwortet geblieben ist. Ich fände es aber richtig, da seit Deiner Anfrage nach dem Schein im Haag und in Rotterdam über 6 Wochen vergangen sind, daß Du vorher noch einmal an beiden Stellen nachfragst, ob er vielleicht inzwischen angekommen ist und mir dann Nachricht darüber zukommen lässest; sonst kann ich jetzt nicht mit Sicherheit sagen, daß er nicht da ist. Das verzögert zwar die Sache etwas, ist aber meiner Ansicht nach unerläßlich.[1100] Sonst ist hier nichts Neues, als daß das Wetter sich geändert hat und heute ein richtiger Frühlingstag ist mit Sonne u. milder Luft. Ich bin mit einem resoluten Sprung zu Goethe, d. h. zunächst zu Gundolf[1101], zurückgekehrt und will jetzt auch die Iphigenie[1102] selbst wieder vornehmen. Wie leicht war doch damals noch das Leben, als der Weg der deutschen Bildung noch im Zeichen der „Humanität" stand! Die abgeklärte Gemütsruhe jener Tage möchte man sich zurückwünschen. Auch die Festtage konnten sie nicht bringen. Doch wünsche ich Dir wenigstens einen Abglanz davon!

Im innigsten Dein-Gedenken   O.

1093   Monumenta Germaniae Historica. Historische Quellensammlung für das deutsche Mittelalter, deren Zentraldirektion der Rechtshistoriker Karl Zeumer (1894–1914) ab 1897 angehörte.
1094   Percy Ernst Schramm (1894–1970) promovierte und habilitierte sich in Heidelberg, ehe er 1929 nach Göttingen berufen wurde.
1095   Der Kreis um Stefan George (1868–1933).
1096   Vgl. Nr. 92.
1097   Ernst Heymann, Jurist (1870–1946), Vizepräsident der Preußischen Akademie der Wissenschaften.
1098   Vermutlich Richard Schmitt (1858–1940), bis 1925 Professor in Berlin.
1099   Gertrud Hintze.
1100   Vgl. Nr. 92.
1101   Vgl. Nr. 112.
1102   Goethes Drama „Iphigenie auf Tauris".

209 P   26.3.1940

Dienstag 26. März 1940

L.H! Heute früh begrüßten mich Deine beiden lieben Karten vom 20 u. 21/III. Auch hier recht unfreundliches Frühlingswetter: kalter Regen, aber gut geheizt. Für die mangelhafte Heizg u. die Abstellung der W[arm]W[asser]Versorg[un]g im Febr. u. März werden am 1/IV von der Miete RM 19.80 abgezogen. Eine Bagatelle, auf die ich gern verzichtet hätte, zumal die Meilchens dadurch so rabiat gemacht worden sind. Hr Ruoff hat noch keine andere Unterkunft gefunden u. wohnt weiter hier unentgeltlich, was natürlich nicht unbeschränkt fortdauern kann. Da er den ganzen Tag im Amt beschäftigt ist, sehe ich aber nicht, wie er sich ein Zimmer besorgen soll. Das Amt müßte eigentl. dafür sorgen. Ich habe mich in die Iphigenie[1103] vertieft u. bedaure, daß wir nicht dazu gekommen sind sie zusammen zu lesen. Es ist eine rechte Rolle für Dich. Wie schön würdest Du diese wundervollen Verse sprechen! Die engl. Histor. tables[1104] werden wohl ebenso Propaganda sein wie der neue Kl. Pl[oetz], der aber doch ganz nützlich ist. Die Eierkiste soll demnächst geschickt werden; sie erfordert das ganze Zoll-Brimborium, trotzdem sie leer ist. Sie werden doch nicht am Ende das Packpapier verzollen! Portoscheine werden auf unserem Postamt dezidirt verweigert: sind Devisen! Die gewünschten Photos habe ich am Sonnabend vor Ostern (23/III) abgeschickt; nicht eingeschrieben; sie sind ja auch das erstemal so gut angekommen; mit einer poet. Charakteristik, die Du wohl nicht ablehnen wirst.[1105] Frl. H.[annemann] ist noch immer sehr behindert, aber Musik trotzdem. Heil u. Segen für meine Lalage![1106]   O.

210 P   27.3.1940

Mittwoch 27. März 1940

[...] Frl. H.[annemann] ist doch noch sehr behindert, kann z. B. keinen Schirm tragen, wenn es regnet und sie etwas in der anderen Hand trägt. Die Daz[1107] hat jetzt endlich entdeckt, daß man die franzöz. Partei richtiger „sozialradikal" als „radikalsozialistisch" verdeutschen sollte. Das verdankt sie vielleicht Deinem Commilitonen Dr. M. Cl.[1108] Vivat veritas![1109] Mit innigstem Gruß Dein   O.

1103   Vgl. Nr. 208.
1104   Sigfrid Heinrich Steinberg, Historical Tables, London 1939.
1105   Brief vom 23.3. und diese Verse sind nicht erhalten.
1106   Vgl. Nr. 166.
1107   Vgl. Anm. 490.
1108   Dr. phil. Max Clauss (1901–1988) war verantwortlicher Schriftleiter für Äußeres bei der DAZ. Vgl. Guido Müller, Der Publizist Max Clauss. Die Heidelberger Sozialwissenschaften und der „Europäische Kulturbund" (1924/5–1933), in: Reinhard Blomert/Hans-Ulrich Eßlinger/Norbert Giovannini (Hrsg.), Heidelberger Sozial- und Staatswissenschaften. Das Institut für Sozial- und Staatswissenschaften zwischen 1918 und 1958, Marburg 1997, S. 369–409.
1109   Lat.: Es lebe die Wahrheit!

Abb. 19: Der betagte Otto Hintze – sinnbildlich am Stacheldraht

211 P   28.3.1940

LH! Heute früh an einem rauhen, naßkalten Morgen erfreute mich Deine liebe Karte aus Delft vom Ostermontag 24/III u. die eingeschr. Sendung mit dem lieben Brief v. 26/III u. der wundervollen Kravatte samt Socke. Allerherzlichsten Dank! Was machst Du Dir für Mühe u. Kosten! und nun noch die Ankündigung neuer L[iebes]g[aben]!! Die Eierkiste sende ich erst an die neue Adresse. Nach dem Rembrandt will ich mich heute noch einmal erkundigen.[1110] Er war noch an Timorstraat 5 aufgegeben; hoffentlich wird er von da an die neue Adresse verwiesen. Der Mietkontrakt ist erst vom Sptbr 1935,[1111] aber nach dem alten Schema; das neue, viel günstigere, vermochten wir damals nicht durchzusetzen. Kalchas[1112], Du weißt wohl warum. Die Sache Ruoff noch unverändert. Es ist mancherlei dabei zu berücksichtigen; u. a. auch, daß Kuni[1113] nicht ausgeschlossen wird, wenn er kommen kann. Er ist jetzt von der anstrengenden Landpraxis befreit, muß aber noch die Sprechstunden halten, die von Morgens früh bis 2 oder 3 Uhr dauern. Sobald er auch dies los ist, will er kommen, u. dann muß R. hinaus! Ich weiß allerdings nicht wie er ein Zimmer finden soll, da er nur Sonntags Zeit dafür hat. Uebrigens stört er wenig. Mit M[eilchen]s hoffe ich auch ohne Prozeß oder dgl. ins Reine zu kommen. Mir schwebt immer Tommys Wort vor von Stumpfsinn u. Gereiztheit.[1114] Die Karte mit dem Gralsritter paßt ausgezeichnet für Dich. Wir haben hier bene[1115] gelebt im Fest; jetzt wirds wohl etwas magerer werden; aber heute ist der erste Spinat „erstanden" worden. Ein zartes Hoffnungsgrün! Hoffentlich kommen die Photos gut an, die ich 23/III im einfachen Brief sandte.[1116] Sobald das Wetter es gestattet, wird Frl. H.[annemann] am K[ur]f[ürsten]Damm neue Platten besorgen, samt Nadeln. Gestern ist die letzte Nadel verspielt worden mit dem Largo[1117]. Vale ut valeam[1118]

t. t.[1119]

O.

212 P   29.3.1940

[...] Hr. Ruoff hat vom 1. April ab ein Zimmer in der Ebereschenallee gemietet; bis dahin bleibt er hier als Besuch (sine pecunia)[1120]. Es ist mir doch lieb, daß die Epi-

---

1110 Vgl. Nr. 190.
1111 Vgl. aber Anm. 196.
1112 Griechische Sagengestalt. Sohn des Thestor, Weissager. Auf seinen Rat wird Iphigenie geopfert.
1113 Konrad Hintze.
1114 „Der große Stumpfsinn" und „Die große Gereiztheit" sind Kapitel des Romans „Zauberberg" von Thomas Mann.
1115 Lat.: gut.
1116 Vgl. Anm. 1105.
1117 Von Georg Friedrich Händel.
1118 Vgl. Anm. 184.
1119 Totus tuus. Vgl. Anm. 267.
1120 Lat.: ohne Zahlung.

sode damit zu Ende geht. Eine solche Cohabitatio[1121] ist nichts für mich, auch mag ich keinen Fremden in Deinem Zimmer leiden. Das soll wie „Karinshall"[1122] gehalten werden. Iphigenie[1123] giebt mancherlei zu denken. Dazu lese ich jetzt den Mythus des 20. Jhdts[1124]: Geschichtsphilosophie für Grillparzers 3. Bildungsepoche! Mit Elektrola ist es nichts. Sie haben nichts Vernünftiges. Keinen Beethoven. Keinen Hugo Wolf. Außerdem giebt es nur eine Platte gegen Ablieferung einer alten ausgemusterten, und vor April überhaupt nichts. Nadeln nur, wenn man Platten kauft! [...]

213 P   31.3.1940

Sonntag 31. März 1940.

L. H.! Heute früh, an sonnigem, klaren u. kaltem Frühlingsmorgen erhielt ich Deinen lieben langen Brief vom 27/3 u. beantworte ihn sofort. Die Schwierigkeiten der belgischen Reise hätte ich mir nicht so groß vorgestellt. Mögen sie glücklich überwunden werden u. Hökchen reden wie Iphigenie in Tauris![1125] Den leeren Eierkarton – übrigens auch ein Zollproblem! – sende ich erst an die neue Adresse. Tausend Dank für alle Deine Liebesgaben, die Mühe u. die Kosten, die Du Arme hast. Morgen zieht Hr. R.[uoff] in die neue Wohnung, Ebereschenallee. Es ist die beste Lösung dieses Problems, das verwickelter ist als Du annimmst. Die Mietskürzung ist die einfache Ausführung einer Verordnung des Preiskommissars, der man sich ohne Verdacht der Sabotage gar nicht entziehen konnte; dem Hauswirt wird nur das ersparte Kohlengeld abgezogen; es ist gar nichts Gehässiges dabei, u. ich verstehe die Wut der M[eilchen]s nicht. [...] Wegen des Heimatscheins werde ich beim Pol[izei]-pr[äsidium] vorstellig werden, sobald ich Deine Feststellung in Händen habe, daß auch jetzt noch dieser Ausweis weder bei der Botschaft im Haag noch bei dem Gen[eral]Kon[sulat] in Rotterdam vorhanden ist. Seit meiner ersten Nachfrage sind mehr als 6 Wochen verstrichen![1126] [...] Hast Du gelesen, daß Helene Böhlau (Rangirbahnhof etc.) gestorben ist? (82 Jahre) Tochter des Weimarer Böhlau-Verlags! (Ratsmädelgeschichten).[1127] Heil u. Segen der sanft lächelnden, sanft redenden Lalage-Balafré.[1128]

O.

1121 Lat.: Zusammenwohnen.
1122 Hermann Göring hatte sein Haus „Karinhall" in der Schorfheide als Kultstätte für seine verstorbene Frau Karin eingerichtet.
1123 Vgl. Nr. 208.
1124 Alfred Rosenberg, Der Mythus des 20. Jahrhunderts, zuerst 1930.
1125 Laut Steffen Kaudelka/Peter Th. Walther, Neues und neue Archivfunde über Hedwig Hintze (1884–1942), in: Jahrbuch für Universitätsgeschichte, 2 (1999), S. 213, Anm. 40, handelt es sich um eine Konferenz über „Jaurès et l'interpretation de l'histoire" im Brüsseler Institut des Hautes Études de Belgique. Ob ein Zusammenhang mit dem Brüsseler Februar-Termin besteht, bleibt offen. Vgl. Nr. 184.
1126 Vgl. Nr. 92.
1127 Helene Böhlau (1859–1940).
1128 Eigentlich: Balafrée. Heinrich Herzog von Guise (1550–1588) hatte den Beinamen le Balafré (= mit den Narben). Vgl. Nr. 166. Vgl. dazu H. H. an Edgar Bonjour vom 6.7.1942 (Nr. 225).

214 P   1.4.1940

Montag, 1. April 1940.

L. H.! Heute früh (wir haben jetzt Sommerzeit! 11^h statt 10 ^{h}) erhielt ich Deine liebe Karte vom 28/III und ein Packet L[iebes]g[aben] (Bu[tter], Mi[lch], Cacao, Seife) vom 26.III, wofür ich meinen herzlichsten und gerührtesten Dank abstatte. Wie
nett, daß Du Dich so für einen Zoo interessirst, ich hatte von dem Mandrill gar
nichts gewußt. Ich bin wieder bei Goethe u. stimme mit G.[undolf] nicht ganz
überein.[1129] Rosenberg ist Spengler Nr. 2, nur mit schärferer Tendenz[1130]. Entschuldige die Verwechslung der beiden Pareys[1131]. Hinsichtlich des Heimatscheins
werde ich neue Schritte tun, sobald ich Deine Erklärung habe, daß weder im
H[aag] noch in R[otterdam] das Dokument zu erhalten ist. Ich fürchte sehr, da ist
ein Versehen vorgekommen, das sich schwer remediren lassen wird.[1132] „Die Zeit ist
aus den Fugen"![1133] Ich will eben zu Meilchens herübergehen um die Miete für
April mit dem vereinbarten Abzug zu überbringen. In der Untermietfrage behalte
ich mir alle meine Rechte vor; aber Ruoff verläßt uns heute. Das Wetter scheint
endlich milder zu werden. Ist denn der Rembrandt noch immer nicht angekommen?[1134] Ich segne Deine Studien und bewundere Deine Haltung nach wie vor.
Continuez![1135] Marion requiescat in pace[1136]; sein Dictionnaire[1137] ist hiergeblie-
ben, interessirt mich aber jetzt wenig.

Herzliche innige Grüße u. Wünsche!
O.

215 P   3.4.1940

Mittwoch 3. April 1940.

L. H.! Deine liebe Karte vom 29/III, die heute früh hier eintraf, hat mich etwas beunruhigt wegen der Andeutungen über das neue Domizil u. die ganze Unsicherheit
Deiner Lage, die ich ja allerdings immer vor Augen hatte. Ich habe gar nicht daran
gedacht, die Eierkiste vor dem 15/IV zurückzusenden und sehe der zweiten auf der
Axe befindlichen mit wärmstem Dank entgegen. Vielleicht erübrigt sich die Zu-
rücksendung beider am Ende; sie soll jedenfalls nicht übereilt werden. Die Nachricht über das Vorhandensein des Heimatscheins erwarte ich täglich, um neue
Schritte zu tun.[1138] In dem Rosenbergschen Mythus wird Bachofen-Bäumler-Man-

1129 Vgl. Nr. 112.
1130 Vgl. Nr. 212. Oswald Spengler, Der Untergang des Abendlandes. Umrisse einer Morphologie der
      Weltgeschichte, 2 Bde., München 1918–1922.
1131 Der Verlag Paul Parey gab die Acta Borussica heraus.
1132 Vgl. Nr. 92.
1133 Shakespeare, Hamlet, I,5,188.
1134 Vgl. Nr. 190.
1135 Vgl. Anm. 162.
1136 Lat.: Marion möge in Frieden ruhen.
1137 Marcel Marion, Dictionnaire des institutions de la France aux XVIIe et XVIIIe siècles, Paris 1923.
1138 Vgl. Nr. 92.

fred[1139] mit Gründen abgelehnt, die wir auch schon geltend gemacht haben (vgl auch Tommy[1140], der freilich nicht historisch urteilte). Die ganze Konstruktion ist verfehlt. Mit Iph.[igenie] bin ich fertig.[1141] Das Elpenor-Fragm.[ent][1142] erweckt kein Bedauern darüber, daß es nicht vollendet wurde. Ich atme auf, wo ich wieder allein im Hause bin u. das Balkonzimmer dem Hökchen-Kultus wieder weihen kann. Nach dem Besuch aus P[yritz] sehne ich mich auch nicht gerade. „Ach könnt' ich nur – recht einsam sein, dann wär' ich nicht allein!"[1143] Das Wetter ist wieder umgeschlagen, gestern 16°, heute nur 5°. Ich bleibe noch beim Winterpaletot. Meilchen gar nicht so böse, war am 1. dort. H.[annemann] ist kein Diplomat. Tausend Liebes!

O.

216 B   4.4.1940

Berlin Charlottenburg 9, Kastanienallee 28
Donnerstag, 4. April 1940.

Geliebte Frau!

Heute am späten Vormittag erhielt ich Deine beiden lieben Karten vom 31/3 u. 1/4 zugleich und danke Dir herzlich. Wie schade, daß Du Dich in der Wohnungs- frage so einschränken mußt. Das kann ich ganz besonders mitfühlen, wo mir schon der wenig störende Gast die fast 14 Tage hindurch auf die Nerven gefallen ist, so daß ich niemals ruhig schlafen konnte, Wand an Wand mit dem Fremden[1144], mit dem ich auch nicht in ein näheres Verhältnis kommen konnte. Es ist die beste Lö- sung, daß er in der Ebereschenallee anständig untergekommen ist. Meilchens waren gar nicht so böse in der Sache, wie Frl. H.[annemann] mir berichtete; ich war am 1/ IV selbst drüben u. habe alles wie früher hergestellt. Ein Appell an das Wohnungs- amt hätte auch kaum was genutzt; denn, wie ich durch Hrn Prof Neumann[1145] schon wußte, geht dieses nach einem Stichtag im Nov. 1938 und annullirt den Wi- derspruch des Vermieters gegen Untervermietung nur dann, wenn nachweisbar an diesem Stichtag das Prinzip bereits durchbrochen war (was hier nicht zutrifft). Ge- rade deswegen wollen Meilchens das Prinzip aufrechterhalten, weil sonst eine ganze Anzahl Mieter Gebrauch von der neuen Freiheit machen würde, was zu sehr unan- genehmen Folgen führen u. den Charakter des Hauses ganz verändern kann. Gegen Aufnahme von Verwandten, wie Kunis[1146], haben sie nichts; das ist bereits ausge- macht. Wohl aber hätte die Untervermietung diesem Besuch im Wege gestanden, wenn er noch zur Ausführung kommen kann, und auch aus diesem Grunde ist mir

---

1139   Manfred Schröter hatte 1926 eine Ausgabe aus dem Gesamtwerk Johann Jakob Bachofens mit einer Einleitung von Alfred Baeumler herausgegeben: Der Mythus von Orient und Occident. Eine Meta- physik der Alten Welt, Beck'sche Verlagsbuchhandlung München.

1140   Thomas Mann hatte sich in seinem Essay „Pariser Rechenschaft" (1927) mit der Bachofen-Interpreta- tion Alfred Baeumlers auseinandergesetzt.

1141   Vgl. Nr. 208.

1142   Dramenfragment von Goethe.

1143   Frei nach Goethe, Wilhelm Meisters Lehrjahre: „Und kann ich nur einmal / Recht einsam sein, / Dann bin ich nicht allein."

1144   Wilhelm Ruoff.

1145   Der Blockwalter, nicht der Kunsthistoriker Carl Neumann.

1146   Konrad und Lotte Hintze.

die Lösung lieb. Hier ist wieder ein Kälterückschlag eingetreten u. unangenehmes naßkaltes Wetter, das Frühlingsgedanken nicht aufkommen läßt. Meine Altertums-studien gehen weiter und zeigen mir, daß ich allerhand Interessantes nachzuholen habe, so z. B. die Lösung des Rätsels der Herkunft u. Art der Etrusker, die durch eine Schrift des Museumsdirektors Grünwedel[1147] von 1922 (!) erfolgt ist: Klein-asiatisches Volk mit Mutterrecht, Gräbersymbolik u. wüsten Kybelekulten übelster Art; die Heroine Tanaquil = die gr. H[ure] von Babylon. γηρασκω αει πολλα δι-δασκομενος![1148] Auf Ostereier freuen sich hic – sid quasimodogeniti![1149] Die schönen Kartons mögen vorläufig hierbleiben, sie sollen gut aufbewahrt werden. Aber wann wirst Du das versprochene Chokoladenschiff[1150] bekommen und wie wird es aussehen! Ich richte diese Zeilen an die angegebene Brüsseler Adresse, wo sie Dich hoffentlich antreffen wird. Mit herzlichen Grüßen u. Wünschen in unwandel-barer Liebe u. Verehrung

Dein O.

Hast Du gehört, daß Selma Lagerlöf[1151] gestorben ist? Ich denke noch viel an unsere schönen Lesestunden!

O.

217 P   6.4.1940

Sonnabend 6. April 1940

L. H.! Gestern ist Deine Sendung aus dem Haag 1./IV 40 wohlbehalten ohne die mindeste Fraktur angekommen. Wärmsten Dank! Die Kartons sollen mit der Em-ballage sorgfältig aufbewahrt werden bis auf eventuelle Rücksendung, die sich aber vielleicht rebus sic stantibus[1152] erübrigen wird. […] Ich gehe jetzt damit um mich neu einzukleiden: neue Hausjacke u. vielleicht, wenns geht auch einen Anzug. […] Du kannst Dir denken, wie ich Deine Schwierigkeiten u. Aussichten mit empfinde. Heil u. Segen auf allen Deinen Wegen! Ich habe Goethe vorläufig wieder bei Seite gelegt; die Zeitung erfordert jetzt eingehendes Studium u. hält in Spannung. Dane-ben das grauste Altertum. Vale ut valeam.[1153]

Tuissimus[1154]

O.

Brief von mir in Brüssel!

1147 Albert Grünwedel (1856–1935), Tusca, Leipzig 1922.
1148 Griech.: „Ich werde älter und höre doch nicht auf, immer noch viel zu lernen". Aus: „Elegien des So-lon" (ca. 640-ca. 560 v. Chr.), „Fragment 18".
1149 Quasimodogeniti ist der 1. Sonntag nach Ostern. Aus dem Lat. im wörtlichen Sinne: hier: wie die Kin-der.
1150 Vgl. Nr. 98. Hier im übertragenen Sinne wohl eine Anstellung oder ein Stipendium.
1151 Selma Lagerlöf (1858–1940), schwedische Schriftstellerin, starb am 16.3.1940.
1152 Lat.: wenn die Bedingungen gleichbleiben.
1153 Vgl. Anm. 184.
1154 Vgl. Anm. 226.

218 P   7.4.1940

[…] Hoffentlich ist die Brüsseler Expedition gut von Statten gegangen und alles wohl gelungen! Komisch, wie „relativistisch" man denkt und schreibt, wenn man die 4–5tägige Laufzeit einer Korrespondenzkarte in Rechnung stellt. Man spricht von der Zukunft, als ob sie Vergangenheit wäre; da Du höchstens erst am 11. lesen wirst, was ich am 7. schreibe. So sind gar manche Sachen…[1155] Meine Sorgen um die hiesige Wirtschaft konzentriren sich jetzt auf Kühlschrank u. Anzug. Fragen, die nicht so einfach zu lösen sind, wie früher u. wie Du wohl meinst. Und dann die großen Welthändel: ein veralteter Ausdruck, der heute aber wieder sehr passend ist. Si fractus illabatur orbis – dulce ridentem Lalagen amabo, dulce ridentem![1156] Verzeihe diese Vermischung der beiden Oden.[1157] Herzl. u. innigst

O.

219 P   8.4.1940

L. H.! Herzlichen Dank für die lieben Zeilen vom 2/IV, die ich heute morgen erhielt. Wegen der Musiknadeln brauchst Du Dich nicht zu bemühen; wir bekommen solche hier auch zugleich mit einigen neuen Platten in den nächsten Tagen; die alten abzugebenden haben wir schon ausgesondert. Schade nur, daß Beethoven u. Hugo Wolf momentan nicht zu haben sind. Heute früh störte mich beim Frühstück Hr. R[uoff], der nach seiner Post sehen u. zugleich beim Schuster vorsprechen wollte – als ich eben mit meiner einzigen Kaufläche von 1/2 qcm das harte Brod zu bewältigen bemüht war. Angenehm war die Ankunft eines Päckchens aus P[yritz], diesmal von K. u. Lotte[1158], das 12 Eier u. 2 Täubchen enthielt. Leider waren 2 von den Eiern ganz ausgelaufen, 3 andere so beschädigt, daß sie gleich zu Rührei gebraucht und das heutige Mittagessen liefern müssen. Deine Packkunst behauptet doch den Rekord! Wenn alles klappt, stehst Du jetzt in Brüssel auf dem Katheder. Ich drücke den Daumen. Eben las ich in der DAZ einen geschichtsphilosophischen Artikel von Hanserich, der mir nicht viel Eindruck gemacht hat.[1159] Alle Welt tummelt sich jetzt auf diesem Felde! Ich erwarte mit Ungeduld Nachricht wegen des Rembrandt[1160], der schon Ende März von München abgesandt sein soll, u. zwar eingeschrieben. Die beiden Herrn von Wenzel sind eingezogen. Wann wird dies Choko-Ei Dich erreichen?[1161] Heil u. Segen! Dein Verehrer

O.

1155 „… die wir getrost verlachen, weil unsre Augen sie nicht sehn". Aus dem Gedicht „Der Mond ist aufgegangen" von Matthias Claudius (1773).

1156 Muß heißen: loquentem; vgl. Nr. 166.

1157 Horaz, Carmina, III, 37 und I, 22: „Wenn auch der Erdkreis krachend einstürzt – ich liebe die süß lächelnde Lalage, die süß redende."

1158 Konrad und Lotte Hintze.

1159 Hans Erich Stier, Wege der Geschichte zu Freiheit und Kultur, Deutsche Allgemeine Zeitung, 7.4.1940, 1. Beiblatt.

1160 Vgl. Nr. 190.

1161 Vgl. Nr. 216.

220 P   11.4.1940

Donnerstag 11. April 1940

L. H.! Heut früh 2 Karten von Dir: eine 6/IV Haag, die andere 7/IV Brüssel. Freue mich, daß Deine Expedition bei gutem Wetter von Statten gegangen ist u. daß Du von guten Freunden in B[rüssel] in Empfang genommen worden bist. Die aufregenden Nachrichten dieser Tage[1162] werden hoffentlich die Aufmerksamkeit Deiner Zuhörer nicht allzu sehr beeinträchtigt haben. Freue mich auch, daß der Rembrandt[1163] endlich angekommen ist und Deinen Beifall findet. Hier ist wieder recht unangenehmes, naßkaltes Wetter und Frl. H.[annemann] spürt es in ihren schlecht geheilten Knochen wieder sehr. Das gute Trudchen[1164] hat mir auch wieder ein großes Packet geschickt mit allerlei guten u. praktischen Dingen, die Frl. H.'s starken Beifall fanden und uns die schwierige Wirtschaftsführung erleichtern. Bin froh, daß ich jetzt in der Wohnung wieder allein bin u. kein Fremder die Spuren meiner Lalage verwischt. Du kannst Dir denken, daß mir die Zeitung jetzt viel Zeit kostet. Sonst pendle ich immer noch zwischen Goethe u. „Vorgeschichte" hin u. her. Musik ist auch wieder im Gang: Im K.D.W.[1165] glücklich eine Doppelplatte (Beethoven, Cantate Die Himmel rühmen u. Niederländ. Dankgebet) u. viele Nadeln erstanden.

Herzlichst
O.

221 P   12.4.1940

Freitag 12. April 1940

L. H.! Dein angekündigter lieber Brief vom 6/IV kam gestern Abend hier an. Schade, daß auch die guten Sl[otema]kers keinen nützlichen Rat zu geben wissen; aber laß nur den Mut nicht sinken. Die liebe Karte aus Brüssel vom 8/IV hat mich wieder etwas getröstet. Hoffentlich kehrst Du mit frischem Mut nach den Haag zurück. Heute früh kam an Deine Adresse eine „Sicherheitsanordnung" der Devisenstelle mit allerhand Fragebogen und neuen Bankvorschriften. Ich habe nach telephonischer Rückäußerung den ganzen Sums als gegenstandslos zurückgeschickt. Wegen des Heimatscheins werde ich nun noch einmal vorstellig werden, hoffentlich mit besserem Erfolg als das letztemal.[1166] Der Krieg greift störend in all diese Geschäfte ein. Möchte wissen was unser Freund Aage Friis jetzt sagt! Es ist hier wieder recht rauhes Wetter und ich habe mir einen stattlichen Prussel[1167] zugelegt, was den ganzen kalten Winter nicht der Fall war. Darum will ich heute lieber nicht ausgehen u. diese Karte durch Frl. H.[annemann] zum Kasten bringen lassen. Sie geht natürlich schon zum van Stolkweg und ich wünsche Dir hier blijde incomste (joyeuse entrée).[1168] Am 6. hat der große Heym[ann] seinen 70 Geburtstag gefeiert; ich

---

1162 Deutscher Angriff auf Dänemark und Norwegen.
1163 Vgl. Nr. 190.
1164 Gertrud Hintze.
1165 KaDeWe = Kaufhaus des Westens, Berlins damals berühmtestes Kaufhaus.
1166 Vgl. Nr. 92.
1167 Dialekt: Husten.
1168 Vgl. Anm. 368.

habe mich aber bescheiden zurückgehalten. Gestern haben wir wieder Musik ge-macht Beethoven Cismoll u. Schubert HMoll Symph. Wie schöne Sachen hast Du ausgewählt! Lula-Leila u. Wien u. d. Wein haben wir geopfert, von den anderen Platten möchte ich keine missen.[1169] Jetzt giebts nur noch Tanzmusik u. alte Opernarien. Vale ut valeam[1170] Totus tuus[1171]

O.

222 P   15.4.1940

Montag 15 April 1940

L. H. Erhielt heute früh Deinen l. Brief. Du hast lückenlos alles an Nachrichten ge-liefert. Aber ich bin gehandicapt, da mein Prussel sich zu einem umfassenden Bron-chialkatarrh ausgebildet hat und Dr. Schlenzka mich zur Bettruhe verurteilt hat, hoffentlich nicht für lange. Heute Abend kommt nun auch endlich Konrad mit Lotte[1172] an, was die Situation nicht gerade vereinfacht. Deine europäischen Aus-sichten scheinen also nicht günstig zu sein. Und Amerika?! Wie gut hat es das Nachbarskind seiner Zeit getroffen. Aber das war u. ist ein Chemiker, während Hi-storiker heute nur noch unter dem Gesichtspunkt der Propaganda geschätzt wer-den. Was allerdings Dein Fall gar nicht ist. Der Krieg hat alle Deine Aussichten rui-nirt, es ist leider einmal so. Aber behalte den Kopf oben und beweise den Men-schen, daß auch ein Jude Ehre im Leibe haben kann. Ich kenne Dich u. liebe Dich!

O.

1169 Vgl. Nr. 219.
1170 Vgl. Anm. 184.
1171 Vgl. Anm. 267.
1172 Konrad und Lotte Hintze.

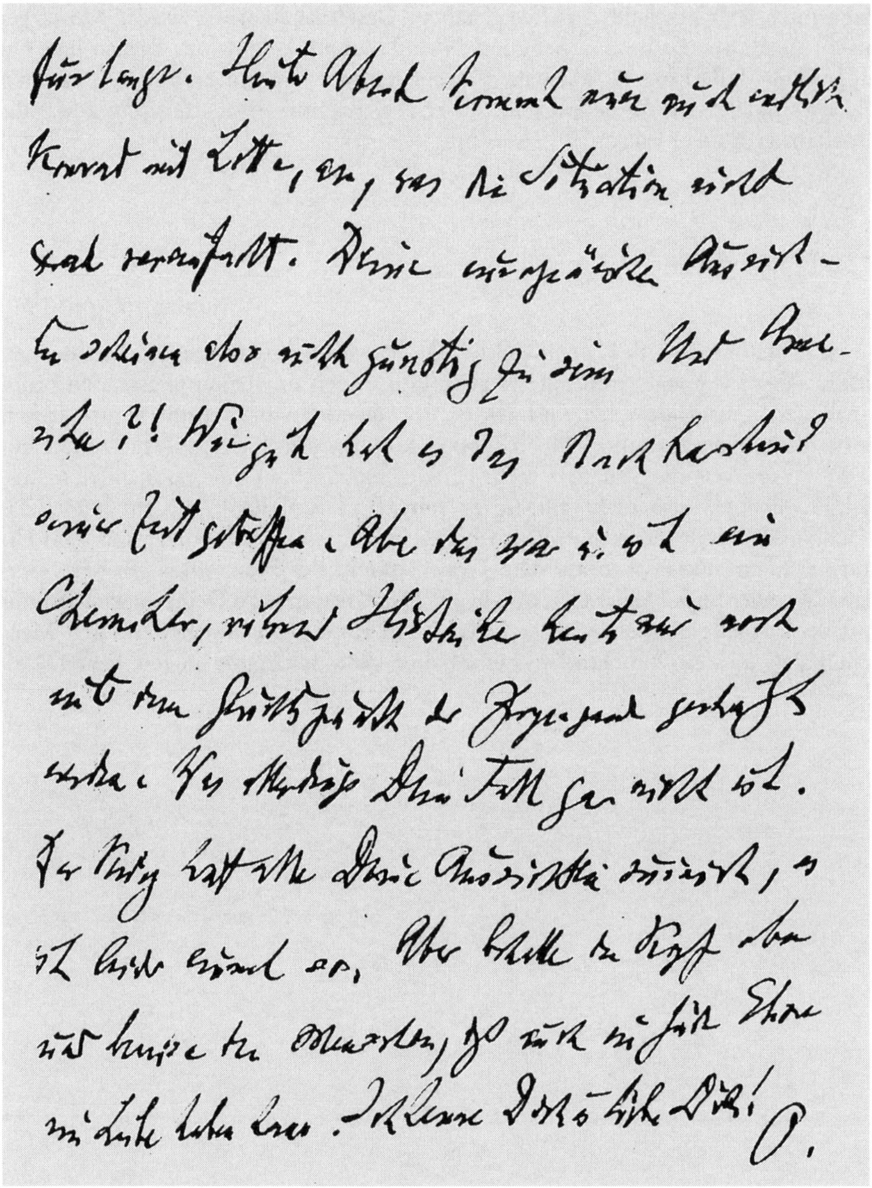

Abb. 20: Otto Hintzes letzte Zeilen, 15. April 1940

223 Testament Hedwig Hintzes, 15.6./6.9.1941

[handschriftlich]

<u>Letztwillige Verfügung</u>
<u>von Hedwig Hintze</u>[1173]

Dieses Päckchen enthält Briefe und Gedichte von Otto Hintze an Hedwig Hintze (mit einer Anlage): Brief von Meinecke

Ich bitte, daß nach meinem Tode alle diese Briefe und Gedichte auf sicherem Wege gesandt werden an

<u>Dr. Albert Salomon</u>[1174]

3212 Cambridge Avenue

<u>New York City</u>

(Dr. Salomon ist Professor an der <u>New School for Social Research</u> 66 W Twelfth Street, <u>New York</u>; auch diese Adresse gilt)

Ich lege mein teuerstes Vermächtnis in seine pietätvollen Hände.

Ich bitte, daß auf jede mögliche Weise gesorgt wird – durch Einschreiben, Versichern – daß dies Kostbarste, was ich hinterlasse, nicht verloren geht.

Die letzte Karte meines Mannes vom 15. April 1940 trage ich meist bei mir in der Paßtasche, sie soll auch an Albert Salomon gelangen.

Hedwig Hintze

geb. Guggenheimer

Utrecht, 15. Juni 1941

Es liegen, wie ich eben sehe, auch wichtige Kondolenzbriefe in dem Päckchen, die ebenfalls an Albert Salomon geschickt werden sollen.

Utrecht, 6. September 1941

Hedwig Hintze

1173 Diese Verfügung ist im Jahr vor H. H.s Tod geschrieben. Sie befindet sich bei den „Briefen und Gedichten von Otto Hintze an Hedwig Hintze" im Nachlaß Gerhard Oestreich, dem dieses Konvolut durch H. H.s Schwager Manfred Schröter am 3.7.1966 übereignet wurde. Es fehlt der erwähnte Brief von Meinecke, ebenso fehlen die erwähnten „wichtigen Kondolenzbriefe".

1174 Albert Salomon (1891–1966) war 1926–1931 an der Deutschen Hochschule für Politik in Berlin tätig. Er hat 1929 in „Die Gesellschaft" H. H.s Habilschrift rezensiert. Warum diese letztwillige Verfügung nicht befolgt wurde, konnte bisher nicht ermittelt werden.

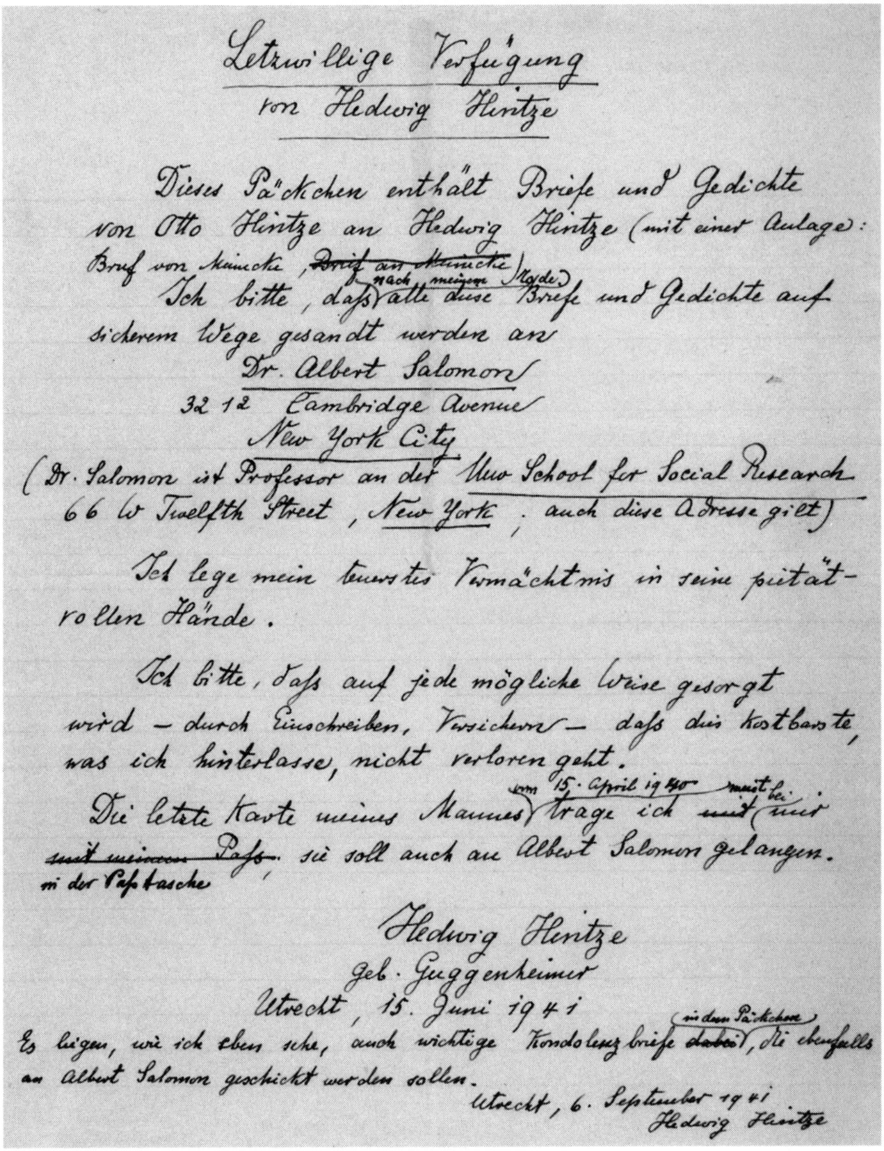

Letztwillige Verfügung
von Hedwig Hintze

Dieses Päckchen enthält Briefe und Gedichte von Otto Hintze an Hedwig Hintze (mit einer Anlage: Brief von Meinecke, ~~Brief an Meinecke~~). Ich bitte, daß ~~alle diese~~ nach meinem Tode Briefe und Gedichte auf sicherem Wege gesandt werden an

Dr. Albert Salomon
32 12 Cambridge Avenue
New York City

(Dr. Salomon ist Professor an der New School for Social Research 66 W Twelfth Street, New York; auch diese Adresse gilt)

Ich lege mein teuerstes Vermächtnis in seine pietätvollen Hände.

Ich bitte, daß auf jede mögliche Weise gesorgt wird – durch Einschreiben, Versichern – daß dies kostbarste, was ich hinterlasse, nicht verloren geht. Die letzte Karte meines Mannes vom 15. April 1940 trage ich ~~mit mir~~ bei mir ~~mit meinem Paß~~. in der Paßtasche sie soll auch an Albert Salomon gelangen.

Hedwig Hintze
geb. Guggenheimer
Utrecht, 15. Juni 1941

Es liegen, wie ich eben sehe, auch wichtige Kondolenzbriefe ~~dabei~~ in dem Päckchen, die ebenfalls an Albert Salomon geschickt werden sollen.
Utrecht, 6. September 1941
Hedwig Hintze

Abb. 21: Hedwig Hintzes Testament, 1941

V. Briefwechsel mit Edgar Bonjour und Leonard S. Smith

224 B   Hedwig Hintze an Edgar Bonjour, 21.4.–1.5.1942

[maschinenschriftlich]

Utrecht, 21. April 1942

Sehr geehrter Herr Professor Bonjour,

Ich bekam heute früh Ihren gütigen Einschreibebrief vom 12. April und beginne diese Zeilen, ehe Ihre angekündigte großherzige Gabe eingetroffen ist, weil es mich drängt, Ihnen sofort aus einem bewegten Herzen zu danken. Ich verstehe nur zu gut, welch' ungemeine Mühe Sie sich geben, mich aus einer verzweifelten Lage zu retten, und ich bin schon für diesen Beweis Ihrer unveränderten Gesinnung aufrichtig dankbar. Mein Vetter in Ascona[1175] würde mir auch gern helfen, aber er ist in schlechterer Lage, als ich annahm, da ihm Casa Bellaria nicht mehr gehört und er sogar gezwungen ist, eine andere Wohnung zu suchen.

Ich würde so gerne das Wirkungsfeld erreichen, auf das ich berufen bin[1176], und hatte den Plan, dort mit einem befähigten und bewährten Freunde zusammen in größerem Stil etwas für das Andenken meines verehrten Mannes zu tun, der mich immer seinen besten Schüler genannt hat. Jetzt geschieht in der alten Heimat manches zu seinem Gedächtnis, was nicht in seinem und nicht in meinem Sinne ist. Die Verwandten meines Mannes, die seiner ganz unwürdig sind, haben in eigennütziger Absicht von dem Sterbenden ein Testament erschlichen, das ein Hohn auf seine wahre Gesinnung ist,[1177] und in diesen unwürdigen Händen befindet sich leider auch der wissenschaftliche Nachlaß. Mein Mann hatte in den letzten Jahren seines Lebens den Wunsch geäußert, daß ich seine unvollendete Verfassungsgeschichte in U.S.A. herausgeben sollte und hatte mit einem amerikanischen Professor darüber korrespondiert.[1178] Jetzt bin ich durch die allgemeinen Verhältnisse, durch die üblen Intrigen der Familie, falscher „Freunde" und ehemaliger Kollegen zunächst vollkommen ausgeschaltet. Der erste Band einer posthumen Publikation von Aufsätzen meines Mannes, der Ende 1941 herauskam,[1179] ist tendenziös nach Auswahl und Anordnung; ich kann im Augenblick nicht öffentlich dagegen auftreten.[1180]

Für ein eigenes größeres Werk hatte ich sehr viel Material gesammelt und gute Vorarbeiten gemacht;[1181] aber ich bin von dem allen vollkommen abgeschnitten,

---

1175 H. H.s Vetter Werner.

1176 Es handelt sich um den Ruf als Associate Professor of History an die New School for Social Research in New York vom Oktober 1940.

1177 Die Einsetzung von H. H. als Erbin hätte zur Beschlagnahme der gesamten finanziellen und materiellen Hinterlassenschaft geführt, die damit in die Hände der Gestapo hätte fallen können. O. H. hat mit seiner Schwester Gertrud diejenige unter seinen Geschwistern als Erbin eingesetzt, die immer wieder Grüße an H. H. ausgerichtet und Pakete an O. H. geschickt hatte. Warum sie sich gegen ihren Bruder Konrad nicht durchsetzen konnte, ist eine andere Frage.

1178 Es könnte sich um Professor Walter Dorn von der Columbia Universität gehandelt haben, der nach 1945 in Deutschland nach O. H.s Manuskript gesucht hat.

1179 Band 1 der von Fritz Hartung herausgegebenen „Gesammelten Abhandlungen" Otto Hintzes.

1180 In dem ganzen Absatz überrascht der geringe Kenntnisstand über die Auswirkungen der Judenverfolgung im Detail. Vielleicht war es auch in der Existenzangst ein Nicht-Sehen-Wollen.

1181 H. H. arbeitete an einem Buch über Jean Jaurès.

und wahrscheinlich sind diese mir wichtigen Papiere in den Kriegswirren zugrunde gegangen.

Lieber Herr Professor Bonjour, ich weiß nicht, was mir in allernächster Zeit bevorsteht. Für den Fall, daß wir uns nicht wiedersehen sollten, bitte ich Sie heute schon, das Andenken meines geliebten Mannes und mein eigenes in Ehren zu halten. Wenn es mir nicht vergönnt ist, Leben und Werk zum sinnerfüllten Abschluß zu bringen, so habe ich doch den großen Wunsch, daß mein Name mit dem meines Mannes zusammen weiterleben soll. Ich bitte die Freunde, die mir geblieben sind, nach Kräften dazu beizutragen. Ihre wissenschaftliche Stellung und Ihre lautere Gesinnung, die sich mir gegenüber wieder so schön bewährt, befähigen Sie ganz besonders dazu. Sie werden mich keine Fehlbitte tun lassen. Ihre weiteren freundlichst in Aussicht gestellten Nachrichten erbitte ich wieder an die Ihnen bekannte Adresse: Dr. H. H. (natürlich ausschreiben) c/o Dr. Jacob ter Meulen, Borneostraat 24, Den Haag. Einschreiben empfiehlt sich nach wie vor. Ich breche für heute ab und wiederhole nur den schlichten Ausdruck meines sehr aufrichtigen und sehr warmen Dankes.

[handschriftlicher Zusatz:]

1. Mai 1942

Ihre gütige Gabe ist noch nicht in meine Hände gelangt. Es drängt mich aber, diesen Brief abzuschicken.

Mit den besten Grüßen
Ihre ergebene
Hedwig H.

225 B   Hedwig Hintze an Edgar Bonjour, 6.7.1942

[handschriftlich]

Utrecht, Nicolaas Beetsstraat 24, den 6. Juli 1942

Sehr geehrter Herr Professor Bonjour,

Ich habe am 1. und am 5. Mai je einen Einschreibebrief an Sie abgesandt und hoffe, daß beide richtig in Ihre Hände gelangt sind.   Nun kam ich heute in den Besitz Ihres so freundlichen Schreibens vom 22. Juni; es scheint eine Woche im Haag liegen geblieben zu sein, daher wohl die ungewöhnlich große Verzögerung. Trotzdem bitte ich Sie, für etwaige weitere Fälle wieder gütigst adressieren zu wollen: Dr. H. H. (ausgeschrieben) c/o Dr. Jacob ter Meulen, Borneostraat 24, Den Haag.   Ihre so gütige Spende vom April ist richtig ausgezahlt worden. Ich danke Ihnen nochmals sehr herzlich dafür, ganz besonders aber für Ihre fortgesetzten Bemühungen, mir die Einreise-Erlaubnis für die Schweiz zu verschaffen.   Unsere Lage hat sich hier in den letzten Wochen ganz außerordentlich verschlechtert. Es ist keine Redensart: ich weiß bestimmt, daß ich vor dem Untergang nur gerettet werden kann, wenn ein Wunder geschieht und ich doch noch sehr bald nach der Schweiz kommen werde. Ich habe am 18. April 1942 an die deutsche Centralstelle für jüdische Auswanderung, Amsterdam, einen Einschreibebrief geschickt mit der Anfrage, ob ich gegebenen Falls auf die Ausreiseerlaubnis der deutschen Behörden rechnen dürfte. Darauf habe ich überhaupt keine Antwort erhalten. Auch Ihr freundlicher Brief vom 22. Juni macht mir ja keine Hoffnung. Ich bin überzeugt, sehr geehrter Herr Professor Bonjour, daß Sie alles für mich tun, was irgend in Ihrer

Macht steht, und die Erfahrung, daß sich immer wieder einzelne Menschen bewähren, ist ein Trost – auch wenn der sichtbare Erfolg ausbleibt. Das Abgeschnittensein von den Quellen geistigen Lebens, von Bibliotheken, ja von Büchern ist für mich auf längere Zeit kaum zu ertragen, aber ich denke jetzt viel an Ihren Conrad Ferdinand Meyer, dessen schöne Verse die letzten Tage von Huss und Hutten verklärt haben: „Es naht die Zeit zum Feiern – Es naht die große Ruh ....“[1182] Zu solcher weisen und würdigen Resignation muß man sich durchringen, wenn keine Lebenshoffnung mehr bleibt – oder lassen Sie mich zum Schluß, damit dieser Brief nicht zu weich und wehmütig ausklinge, wie Meyers Heinrich Guisé[1183] die trotzigeren Worte niederschreiben „Mourir ou parvenir!“[1184]

In aufrichtiger Dankbarkeit
Ihre ergebene Hedwig H.

226 B Edgar Bonjour an Brigitta Oestreich, 22.5.1982

[maschinenschriftlich]

Basel, 22.V.82

[...] Ich beeile mich, Ihnen kurz zu schreiben, was mir in bezug auf Frau Hintze im Gedächtnis haften geblieben ist:

Im Jahr 1928 veröffentlichte ich eine Besprechung ihres Buches „Staatseinheit und Föderalismus“ im Berner Bund[1185], studierte 1929 in Berlin, hörte zufällig die Antrittsvorlesung von Frau Hintze und belegte eine Vorlesung bei ihr. Im Verlauf des Wintersemesters 1929 weilte ich einigemal am Samstag nachmittag bei Herrn und Frau Hintze. Von den andern Gästen erinnere ich mich noch an Rothfels[1186] und Gustav Mayer, den Bruder von Frau Jaspers[1187]. Nach meiner Rückkehr in die Schweiz versiegte mein Briefwechsel mit dem Ehepaar Hintze bald. Da erreichte mich nach Ausbruch des Krieges ein Hilferuf von Frau Hintze aus Holland. Da ich immer nur wenig Geld zu Hause habe, überwies ich ihr eiligst als erste Geste eine kleine bescheidene Summe. Nach einiger Zeit schrieb mir einer der Freunde von Frau Hintze, sie sei kurz vor Eintreffen meiner Sendung aus dem Leben geschieden, was mich erschütterte. Das ist alles, was mir an Fakten in Erinnerung geblieben ist.

Am Kaffeetisch verstand es Frau Hintze ausgezeichnet, ihrem fast blinden Gatten die Gäste nahe zu bringen. In dem Brief aus Holland beklagte sie sich über die Verwandten ihres (verstorbenen?) Mannes.

1182 Aus Conrad Ferdinand Meyers Gedicht „Hussens Kerker“. Conrad Ferdinand Meyer, Huttens letzte Tage. Eine Dichtung, Leipzig 1872.

1183 „Mourir ou parvenir“ ist der Titel des Gedichts von Conrad Ferdinand Meyer. Heinrich Herzog von Guise (1550–1588) hatte den Beinamen le Balafré (= mit den Narben), den O. H. am 31.3.1940 (Nr. 213) für H. H. = Lalage benutzte: Heil und Segen der sanft lächelnden, sanft redenden Lalage-Balafré (richtiger Lalage-Balafrée).

1184 Franz.: Sterben oder sein Glück machen.

1185 „Der kleine Bund“. Wochenbeilage von „Der Bund“, Nr. 36, 2.9.1928.

1186 Hans Rothfels (1891–1976), 1951 Professor für Geschichte in Tübingen.

1187 Gertrud Jaspers (1899–1943).

Das ist herzlich wenig, was ich zu berichten weiss. Die Briefe meiner Berliner Bekannten, auch diejenigen von Otto und Hedwig Hintze, habe ich leider schon längst vernichtet […][1188]

227 Mündliche Mitteilung von Edgar Bonjour an Brigitta Oestreich, 1.2.1983

Als Hedwig Hintze an der Univ. Basel für eine Position im Gespräch war, hat sie bei einigen Kollegen dort Besuch gemacht. Das verdarb ihre Chancen. Man kann darüber heute denken wie man will, aber damals war es ein Stilbruch, der ihr geschadet hat.

228 B Edgar Bonjour an Brigitta Oestreich, 19.11.1985
[handschriftlich]

Basel, 19. November 1985

[…] Nun sehe ich Frau Hintze wieder ganz deutlich vor mir, wie sie ihre Gäste beim Thee betreut und glaube sogar, den Timbre ihrer Stimme zu hören. Ihre eindringenden Ausführungen überzeugen mich.[1189] Bisher meinte ich mit vielen anderen, Frau Hintze habe ihren Gatten „verlassen". Nun erfahre ich, daß die Beziehungen zwischen den beiden bis zum Schluss herzlich blieben, und das ist doch tröstlich. […]

229 B Leonard S. Smith[1190] an Brigitta Oestreich, 9.11.1978
[aus dem Amerikanischen übersetzt]

Thousand Oaks, California, November 9, 1978

Sehr geehrte Frau Oestreich:

[…] Ich bekam einige Informationen über sie in Utrecht. Die Polizei hatte keine Aufzeichnungen, aber ich fand ihr Todesdatum im Büro für das <u>Bevölkerungsregister</u>. Das Datum ihres Todes war eingetragen mit dem 19. Juli 1942. Ihre letzte Adresse war das Akademische Krankenhaus Utrecht. Das einzige Dokument, das das Krankenhaus über Hedwig Hintze besitzt, ist eine einzelne Karteikarte mit ihrem Namen, Geburtsdatum und der handgeschriebenen Diagnose: „Endogene Depression". Ihre Unterlagen wurden bei einem Bombenangriff auf das Krankenhaus im Oktober oder November 1944 vernichtet. Das scheint alles an erreichbarer Information zu sein. Das Krankenhaus hat keine Aufzeichnungen, was mit ihrem Körper geschehen ist, und sie wissen auch nichts über ihren Selbstmord. Immerhin war es wenigstens möglich, das Datum ihres Todes festzustellen. […]

1188 Zum Glück hat Bonjour später die letzten zwei Briefe H. H.s gefunden. Sie sind hier abgedruckt.

1189 Bezieht sich auf den Aufsatz von Brigitta Oestreich, Hedwig und Otto Hintze. Eine biographische Skizze, in: Geschichte und Gesellschaft, 11 (1985), S. 397–419.

1190 Leonard S. Smith, Professor em. für Geschichte an der California Lutheran University, hat über O. H. gearbeitet: Otto Hintze's Comparative Constitutional History of the West, Phil. Diss. Washington University 1967.

VI. Korrespondenz Gerhard Oestreichs mit Familienangehörigen von Otto und Hedwig Hintze

230 B   Hans Schlütter an Gerhard Oestreich, 8.3.1965

[handschriftlich]

Hildesheim, 8.3.65

[…] Mein Vetter, Dr. Wolfgang Hintze, Berlin, hat mich fernmündlich gleichfalls von Ihrem Besuch bei ihm unterrichtet, ich habe dabei erfahren, daß Sie wohl auch über familiäre Verhältnisse meines Onkels Otto Hintze einiges erfahren möchten, ich darf also mit deren Schilderung beginnen.

Otto H. ist in Pyritz (Pommern), einer Kreisstadt 45 km südöstlich Stettin, im fruchtbaren „Pyritzer Weizacker" gelegen, am 27. August 1861 geboren, als 2. Kind seiner Eltern Hermann Hintze und Emma, geb. Munckel. Er hatte noch 7 Geschwister, nämlich 4 Brüder und 3 Schwestern. Sein Vater, Hermann H., geb. 1822, war Kreissekretär[1191] bei dem Landratsamt in Pyritz (Landrat war damals jahrzehntelang ein Graf von Schlieffen, ein Vetter des späteren Generalstabschefs[1192]), und zwar als Leiter des mittleren Dienstes, dem Landrat unmittelbar unterstellt, etwa in der Stellung eines heutigen Kreisamtmanns, später mit dem Titel „Rechnungsrat", bis zu seinem Tode 1892. Er stammte aus ländlichen Verhältnissen im Kreise Greifenberg in Pommern. Da er, damals zulässig, sowohl das Amt des Leiters des mittleren Dienstes der staatlichen Kreisverwaltung wie auch der kommunalen Kreisverwaltung innehatte, bezog er ein doppeltes Gehalt, das, wie mir meine Großmutter erzählte, etwa dem des Gymnasialdirektors entsprach. Dieses Gehalt ermöglichte es meinem Großvater, alle Söhne studieren zu lassen, nämlich Ernst, geb. 1860, Jura, er war später Oberlandesgerichtsrat und Präsident des Auflösungsamts für Familiengüter (Fideikommisse) in Stettin, verstorben 1926; meinen Onkel Otto (Philologie), den Sohn Konrad, geb. 1866, Medizin, er war Arzt und Sanitätsrat in Pyritz, er nahm sich mit seiner Ehefrau (beide die Eltern meines Vetters Dr. Wolfgang H., Berlin) Anfang Februar 1945 das Leben durch Morphiumspritze, als Pyritz durch die Russen in Grund und Boden geschossen wurde (Pyritz besaß noch eine bis dahin völlig erhaltene mittelalterliche Stadtbefestigung mit Wällen, Gräben, Mauer und Türmen); den Sohn Reinhold, geb. 1870, techn. Hochschule, er war zuletzt Leiter der Gewerbeinspektion in Essen (Ruhr) und als solcher auch mit der Aufsicht über die Unfallverhütungsmaßnahmen der Krupp-Werke befaßt. Er fiel am 25.11.1914 als Oberleutnant der Reserve im 5. Gardegegiment zu Fuß in den Kämpfen um Lodz bei dem Durchbruch von Brecziny unter General Litzmann.

Der Sohn Walter H., geb. 1872, studierte Medizin, wurde Militärarzt, machte als Stabsarzt den Hererokrieg in Deutsch-Südwest-Afrika und sodann den 1. Weltkrieg als Divisionsarzt der 1. Gardedivision (Kommandeur: Prinz Eitel Friedrich von

---

1191 Von O. H. selbst angegeben: Kreisausschußsekretär. Vgl. Wolfgang Neugebauer, Die wissenschaftlichen Anfänge Otto Hintzes, in: Zeitschrift der Savigny-Stiftung für Rechtsgeschichte, Germ. Abt., 115 (1998), S. 541, Anm. 5 anhand der Universitäts-Akten.

1192 Alfred Graf von Schlieffen.

Preußen) mit. Späterhin war er als medizinischer Gutachter im Reichsarbeitsministerium in Berlin tätig, er starb 1946 in Rathenow (seine Berliner Wohnung war durch Bomben zerstört).

Die älteste Tochter war meine Mutter, Klara Hintze, geb. 1863, sie erhielt eine Ausbildung als Fremdsprachenlehrerin und war als solche für Englisch und Französisch an der „Höheren Töchterschule" (späterem Lyzeum) in Pyritz bis zu ihrer Verheiratung tätig. Mein Vater, Dr. Wilhelm Schl., war Arzt, später Kreisarzt, Geh.Medizinalrat in Pyritz. Meine Mutter verstarb Anfang 1941.

Die zweitälteste Tochter meiner Großeltern hieß Martha, geb. 1868, sie war gleichfalls als Lehrerin ausgebildet, starb aber früh an einer Geschwulsterkrankung.

Die dritte Tochter, Gertrud, geb. 1875, betreute zunächst ihre Mutter, war Sekretärin bei meinem Vater und später Privatlehrerin in Pyritz. Sie mußte 1945 flüchten und verstarb 1954 oder 1955 in der Ostzone.

Meine Großmutter Emma Hintze, geb. Munckel, war 1835 als Tochter des Pastors M. geboren (bei Schönfließ, Neumark, an der pommerschen Grenze). Sie hat ihren Ehemann im Hause ihrer Schwester in Pyritz, Frau Lindemann, Ehefrau des Bürgermeisters von Pyritz, bei einem Besuch kennengelernt. Heirat 1859. Meine Großmutter wurde sehr alt, sie starb im Februar 1928 im 93. Lebensjahr und war bis zuletzt, besonders geistig, recht rüstig gewesen. Zu ihrem 90. Geburtstage 1925 war auch mein Onkel Otto H. nach Pyritz gekommen.

Die Großeltern haben eine harmonische Ehe geführt. Mein Großvater (den ich nicht mehr kennenlernte, ich bin im Oktober 1898 geboren) galt als sehr pflichtbewußt und korrekt. Übrigens wies mich mein Onkel Otto H. einmal auf die Stelle in Bismarcks „Gedanken und Erinnerungen" hin, daß sich ein König so auf seinen Ministerpräsidenten verlassen müsse, wie ein Landrat auf seinen Kreissekretär. Bismarck war ja einige Zeit Landrat in Naugard in Pommern.

Ein Vetter meiner Großmutter, Justizrat Munckel, Berlin, war übrigens Strafverteidiger des ehemaligen Botschafters Graf Harry Arnim[1193]. Er war auch Reichstagsabgeordneter in der Freisinnigen Volkspartei und in der Kommission zum Entwurf des BGB tätig. Er wurde im Plenum des Reichstags einmal von Bismarck mit den Worten angegriffen, er, B., könne es nicht verstehen, wie man solchen Menschen wie Arnim verteidigen könne.

Mein Onkel Otto H. kam, so lange er unverheiratet war, des öfteren im Jahre nach Pyritz, insbesondere Weihnachten, wie auch die anderen auswärtigen Söhne meiner Großmutter, bei der sie wohnten (sie hatte daher auch eine 5-Zimmerwohnung). Schon als heranwachsender Junge stand ich mich mit dem Onkel Otto H. besonders gut und er hielt mir auf meine Bitte öfter belehrende Vorträge (aus dem Altertum über Hannibal, aber auch aus der neueren Geschichte). 1912, also im Alter von 51 Jahren, heiratete er seine ehemalige Schülerin (Studentin) Hedwig Guggenheimer, aus München gebürtig, sie war nicht voll „arisch", der Vater war Bankier und zeitweise Stadtverordnetenvorsteher in München. Im Juni 1913 hielt mein Onkel in der Aula der Berliner Universität die Festrede anläßlich des 25. Regierungsjubiläums Wilhelms II.[1194] Dabei gab er auch bekannt, was der Kaiser ihm

1193 Graf Harry von Arnim-Suckow (1824–1881), preußischer Diplomat, stand 1874 wegen der Nicht-Rückgabe von Akten vor Gericht.
1194 Rede, gehalten zur Feier der fünfundzwanzigjährigen Regierung Seiner Majestät des Kaisers und Königs Wilhelm II. (16. Juni), in: Hohenzollern-Jahrbuch, 17 (1913), S. 78–95 (auch als Universitäts-

einmal mit der Erlaubnis gelegentlicher Veröffentlichung anvertraut hatte, daß nämlich von Friedrich Wilhelm IV. her ein politisches Testament bestanden habe, das jedem neuen Herrscher beim Antritt der Regierung vor dem Eid auf die Verfassung vorzulegen gewesen sei, und das die Aufforderung enthalten habe, sofort die Preußische Verfassung aufzuheben und wieder autoritär zu regieren. Er, Wilhelm II., habe diesen Gedanken, als auch ihm das Testament vorgelegt worden sei, weit von sich gewiesen, dieses dann aber, um zu verhindern, daß einmal ein willfähriger Nachfolger dem Rat Friedrich Wilhelms IV. folgen könne, sofort verbrannt.

Seine in Heftform gedruckte Rede hatte mein Onkel meinen Eltern dediziert. Als ich während des 2. Weltkrieges einmal auf einem Fliegerhorst mit dem Prinzen Louis Ferdinand von Preußen[1195], dem jetzigen Chef des Hauses Hohenzollern, zusammenlag, lieh ich ihm dieses Heft (das ich mir von Hause mitgebracht hatte), und bei der Rückgabe meinte er, daß ein Professor in der Kaiserzeit doch recht frei und offen habe sprechen und schreiben können; er meinte dabei Stellen, in denen mein Onkel darauf hingewiesen hatte, daß manches im Staate noch freier gehandhabt werden könne, z. B. in der Verwaltung noch mehr das germanische Prinzip genossenschaftlicher Verantwortung durchdringen solle. – Dieses Heft ist mir leider in Stargard (Pommern) 1945 bei der Zerstörung meiner Wohnung verlorengegangen (ich hatte das Heft von meinen vorher verstorbenen Eltern übernommen) aber es müßten Exemplare davon doch wohl in irgendwelchen Büchereien noch vorhanden sein.

Seiner Zeit (1915) war mein Onkel wohl bekannt geworden als Verfasser des Werkes „Die Hohenzollern und ihr Werk“, das er auftragsgemäß zum 500. Regierungsjubiläum der Hohenzollern in Brandenburg-Preußen (ab Friedrich, Burggraf von Nürnberg, 1415) jahrelang vor 1915 in Arbeit genommen. Er war s. Zt. auch deswegen zu Wilhelm II. bestellt worden, der ihm Anregungen zur Gestaltung des Buches geben wollte; u. a. hatte der Kaiser ihm dabei mündlich erklärt, er wünsche, daß sein Großvater, Wilhelm I., darin als „Wilhelm der Große“ bezeichnet werde.[1196] Dem konnte mein Onkel von sich aus nicht folgen, so daß er dann im Buche etwa schrieb, „… den die Pietät seines Enkels als den Großen bezeichnet“. – Das Hohenzollern-Buch wurde damals vom Kultusministerium auch an höhere Schulen gegeben, um als Prämie für gute Schüler zu dienen. Hierfür hielt mein Onkel sein Buch nun gar nicht geeignet, wie er mir selbst einmal sagte. Übrigens hat, wie ich noch weiß, damals u. a. ein katholischer Gymnasialdirektor aus Schlesien (wohl Breslau) gegen die Verteilung des Werkes protestiert (aus konfessionellen Gründen).

Mein Onkel betrachtete sein Hohenzollernbuch auch keineswegs als sein Hauptwerk, auch wandte er sich dagegen, etwa als „Intimus“ des Kaisers angesehen zu werden. So hatte ihn nämlich der spätere Herr Prof. Dr. Holtzmann[1197] (jun.), ein

schrift und in der Täglichen Rundschau, Unterhaltungsbeilage, Nr. 137 vom 16. Juni 1913).

1195 Louis Ferdinand, Prinz von Preußen (1907–1994).

1196 O. H. hat dazu im Auftrag des Ministerialdirektors im preußischen Kultusministerium Friedrich Althoff eine Denkschrift über den Beinamen „der Große“ in der Weltgeschichte verfaßt, die Bernhard vom Brocke veröffentlichen will. Der Text des Anschreibens O. H.s an Althoff vom 2.1.1902 ist von Wolfgang Neugebauer (vgl. Anm. 1191), S. 545 f., Anm. 28 abgedruckt. O. H. endet: „Jedenfalls glaube ich weder meine wissenschaftliche Überzeugung verleugnen noch den übernommenen Auftrag unausgeführt lassen zu dürfen.“

1197 Vermutlich Walther Holtzmann (1891–1963), der sich 1926 für mittelalterliche Geschichte in Berlin habilitierte.

Cartellieri-Schüler[1198], bezeichnet, als ich ihm im 1. Weltkrieg etwa 1917 als junger Offiziersanwärter als meinem Abteilungsführer (Funkerabt. der 13. Inf.-Division) von meinem Onkel erzählte.

Er hat sich aber auch nicht, wie nach dem 2. Weltkrieg einmal Herr Prof. Hartung geäußert hat, „vom Hause Hohenzollern schlecht behandelt gefühlt"[1199] (mein Onkel hätte mir das bei vielen Gesprächen sicher gesagt). Ich habe s. Zt. auch dem Prinzen Louis Ferdinand (den ich, siehe vorn, auf einem Fliegerhorst kennengelernt hatte) geschrieben, daß ich von solchen „Klagen" meines Onkels nichts wüßte. Er dankte mir damals für mein Schreiben.

Von einigen zu Beginn des 1. Weltkrieges (mit anderen Professoren) herausgegebenen Schriften betont nationalen Inhalts[1200] suchte mein Onkel sich später möglichst zu distanzieren.

Nachdem ich den 1. Weltkrieg noch in den Jahren 1917 und 1918 mitgemacht hatte, begann ich mein Jura-Studium, zunächst in Rostock, Göttingen und Heidelberg (ich bestellte in Göttingen damals Grüße an den Rektor Prof. Dr. Brandi[1201] (Historiker) seitens meines Onkels), dann belegte ich 1920/1921 an der Universität Berlin und fand Wohnung bei meinem Onkel O. H. am Kurfürstendamm 44.[1202] Aus dieser Zeit stammen dann in der Hauptsache meine Erinnerungen an ihn. Ich konnte auch mehrfach an seinen und seiner Frau Tee-Nachmittagen teilnehmen und interessante Gäste kennenlernen, so Prof. Dr. Ernst Troeltsch (zu dessen 100. Geburtstag ein Gedenkartikel in Nr. 8 des „Sonntagsblatts" des Bischofs Lilje[1203] vom 21.2.65 erschienen ist) und Exc. von Harnack (dieser erzählte damals, wie kurz vorher sein Sohn, damals wohl Bibliothekar, nicht der 1944 hingerichtete Verwaltungsjurist[1204], in Rom gewesen sei, wo ihn über die preuß. Gesandtschaft eine Einladung zur Vorsprache beim Papst – Benedikt XV. – erreicht habe, die aber offenbar dem Vater (Erzähler, Exc[ellenz] v. H.) gegolten habe, auf Anraten der Gesandtschaft habe er sich aber trotz der Verwechselung Vater – Sohn zum Papst begeben, der sich dann sehr freundlich mit ihm über Bibliotheks-Fragen unterhalten habe.). Auch Herrn Prof. Dr. [Hans] Rothfels, jetzt Tübingen, der am 1. April die Bismarck-Gedenkrede in Bonn halten soll, glaube ich bei meinem Onkel gesehen zu haben (meiner Erinnerung nach ist Herr Prof. Dr. R. Kriegsversehrter des 1. Weltkrieges).

1198 Alexander Cartellieri (1867–1955), Professor für Geschichte in Jena.
1199 Fritz Hartung, Staatsbildende Kräfte der Neuzeit. Gesammelte Aufsätze, Berlin 1961, S. 518. Auch ders., Otto Hintzes Lebenswerk, in: Otto Hintze, Gesammelte Abhandlungen, Bd 1: Staat und Verfassung, 2. Aufl., Göttingen 1962, S. 32: „Der Dank des Hauses Hohenzollern ist ausgeblieben. Auch keine der späteren Regierungen hat seiner großen Leistung mit der gebührenden Anerkennung gedacht." Das bezieht sich deutlich auf O. H.s Stellung und Besoldung im Universitätsbereich, kaum auf die Dynastie.
1200 Vgl. oben das Kapitel I über den Ersten Weltkrieg (Eberhard Faden).
1201 Karl Brandi (1868–1946), Professor für Geschichte in Göttingen.
1202 H. H. schreibt dazu am 21.1.1921 an Konrad Burdach: „Unsere Kurfürstendammwohnung eignet sich schon ganz und gar nicht zum „teilen"; selbst die Abgabe eines Zimmers, die wir für dieses Wintersemester vorgenommen haben, ist mit großen Schwierigkeiten verbunden, und es gehört guter Wille und Humor von beiden Seiten dazu, sich ineinanderzuschachteln." (Akademiearchiv der Berlin-Brandenburgischen Akademie der Wissenschaften, Nachlaß K. Burdach, Korrespondenz mit Hedwig Hintze).
1203 Hanns Lilje (1899–1977), 1935–1945 Generalsekretär des Lutherischen Weltbunds.
1204 Ernst von Harnack (1888–1945), wurde nach dem 20. Juli 1944 verhaftet und kurz vor Kriegsende hingerichtet.

Eines Tages wurde damals bei meinem Onkel seitens staatlicher Dienststellen angefragt, welcher Titel wohl künftig den Angehörigen des Hauses Hohenzollern zustehen solle: Prinz (oder Fürst) von Hohenzollern oder Prinz von Preußen. Er schlug letzteren Titel vor. Mein Onkel saß früher auch in der Kommission, die über die Abschaffung des Professor-Titels für ältere Oberlehrer an höheren Schulen und deren Ersetzung zu beraten hatte, es kam dann der „Studienrat" (überhaupt für die bisherigen Oberlehrer) heraus. – Mit Prof. Dr. Fr. Meinecke duzte er sich.

Mehrfach sprach mein Onkel damals über seine Pläne zur Schaffung eines großangelegten Werkes über Gesellschafts- und Staatslehre und gab mir eine Übersicht über den geplanten Beginn, vom „Mutterrecht" der Urzeit ausgehend. Er legte mir sogar nahe, auch Geschichte zu studieren, und meinte, ein vorheriges juristisches Studium sei eine gute Vorbereitung für künftige kritische Quellenstudien.

Mein Onkel besuchte auch zeitweise die „Deutsche Gesellschaft"[1205] in Berlin, wo er u. a. den Generaloberst v. Seeckt[1206] kennenlernte. Meine Tante, Frau Hedwig H., betätigte sich u. a. im „Demokratischen Frauenbund" (außer ihrer Abstammung mit ein Grund, später Deutschland zu verlassen, um Verfolgungen zu entgehen).

Den Untergang der Monarchie 1918 bedauerte mein Onkel sehr, er hielt dann aber die Stützung des neuen demokratischen Staates für dringend notwendig, so verurteilte er sehr alle Restaurations- und Putschversuche (Kapp 1920, Hitler 1923). Er meinte damals, Deutschland müsse sich erst einmal „eine Zeitlang totstellen", um in Ruhe wieder aufbauen zu können. Er hielt wohl Stresemanns Politik für die damals bestmögliche. Nach der „Machtübernahme" 1933 und dem Reichstagsbrand (während meiner Tätigkeit beim Landgericht Bückeburg 1946/1949 lernte ich übrigens den damals bei der dortigen Stadtverwaltung tätigen Herrn Torgler[1207] kennen, der gesprächsweise jede Schuld am Brande ablehnte.) hatte meine Tante beim Zahnarzt geäußert, daß wohl kaum die Kommunisten den Brand angelegt hätten, da sie sich damit ihre letzte Stätte einer Betätigung (noch waren die Parteien ja nicht verboten, wenn auch schon Verhaftungen erfolgten) selbst zerstört hätten. Als Folge dieser Äußerung fand alsbald eine Hausdurchsuchung bei meinem Onkel statt (ohne Verhaftung), bei der u. a. frühere Skizzen meines Onkels über „Revolutionen in der Weltgeschichte" als „sehr verdächtig" beschlagnahmt wurden. Später wurde ihm eine Art Entschuldigung ausgesprochen, und bei seinem 75. Geburtstage 1936 erhielt er ein Glückwunschschreiben des nationalsozialistischen Kulturministers[1208].

Mein Onkel las viel, auch damals neue Literatur. Manches mißbilligte er sehr. Ich war dabei, als er Heinrich Manns „Der Untertan" hinwarf und das Buch als „insipide"[1209] bezeichnete.

1205 Seit Ende des 17. Jh. in Leipzig bestehende landsmannschaftliche Vereinigung, 1717 „deutschübende poetische Gesellschaft", 1727 Deutsche Gesellschaft genannt. Zuerst von J. B. Menke, dann von Gottsched geleitet, hatte sich die Übung in der Poesie und die Reinigung und Erforschung der deutschen Sprache zum Ziel gesetzt. Regelmäßige Zusammenkünfte fanden bis zum Zweiten Weltkrieg statt. Festschrift: „Beiträge zur deutschen Bildungsgeschichte" (1927).
1206 Hans von Seeckt (1866–1936), deutscher Generaloberst, von 1920–1926 Chef der Heeresleitung.
1207 Ernst Torgler (1893–1963), Mitglied der KPD.
1208 Bernhard Rust (1883–1945).
1209 Geschmacklos.

Von Hitler befürchtete er, wie geschehen, daß er uns „fast alle Großmächte auf den Hals locken" werde. Nach einer größeren Rede Hitlers meinte er aber doch, sozusagen widerwillig anerkennend: „Der Mann versteht doch etwas von Politik".

Mein Onkel hatte sich aus gesundheitlichen Gründen schon vorzeitig emeritieren lassen. Er starb im April 1940 (25.) in Berlin an einer Bronchial-Erkrankung. Ich hatte ihn zuletzt in den 30er-Jahren gesehen, da ich ab September 1939 zur Wehrmacht einberufen war.

Mit diesen Zeilen hoffe ich, Ihnen, sehr geehrter Herr Professor, aus meiner Erinnerung an meinen Onkel gedient zu haben.

Mit bester Empfehlung
bin ich

Ihr sehr ergebener
Dr. H. Schlütter

231 B   Hans Schlütter an Gerhard Oestreich, 13.–14.4.1965

[handschriftlich]

Hildesheim 13.4.65

[…] In der Zwischenzeit habe ich nun auch noch weiter darüber nachgedacht, mit welcher neueren Literatur sich O. H. damals wohl beschäftigt hat. Da verläßt mich allerdings leider mein Gedächtnis. Ich weiß, daß damals, als ich als Student bei meinem Onkel wohnte (Kurfürstendamm 44^{II}, 1920/1921), häufig neue Büchersortimente von Buchhandlungen geliefert wurden, die sich dann auf einer Ablage neben dem Schreibtisch stapelten, und daß meinem Onkel dann daraus, insbesondere abends, auch von seiner Frau vorgelesen wurde. Da ich selbst meist auch abends an meinen juristischen Aufgaben in meinem Zimmer arbeitete, war ich daran also weniger beteiligt. Hier muß ich also leider „passen". Gleichwohl begrüße ich Sie, sehr geehrter Herr Professor, gern einmal hier, wenn Sie mir vielleicht noch weitere Fragen vorlegen möchten. – Hierzu fällt mir noch ein, daß mein Onkel sich auch einmal in einen damals bekannten Unterhaltungsroman „Perpetua, Die Geschichte der Geschwister Breitenschnitt" (oder so ähnlich) von Wilhelm von Scholz[1210] vertieft hatte, den er aber kritisch als „merkwürdig" bezeichnete. Manche damals neueren Werke hatte auch wohl meine Tante Hedwig H. (mit der ich mich auch sehr gut stand, sie war auch häufiger bei meinen Verwandten in Pyritz zu Besuch) besorgt und meinem Onkel inhaltsweise daraus berichtet. Auch Galsworthy[1211] las er wohl.

Mit großem Interesse habe ich gestern abend bereits in dem mir so freundlich übermittelten Band gelesen.[1212] Der Brief an Prof. Meinecke vom 30.8.1921 gibt ja sehr anschaulich die damalige Stimmung meines Onkels wieder.[1213] Späterhin, glaube ich, hat er sich aber doch an die Republik und die Demokratie „gewöhnt" und beide bejaht. Auch Ihre tiefschürfende Einleitung zu dem Werk hat mich sehr

---

1210 Leipzig 1926.

1211 John Galsworthy (1867–1933), britischer Schriftsteller und Nobelpreisträger für Literatur.

1212 Otto Hintze, Gesammelte Abhandlungen, Bd. 2: Soziologie und Geschichte, 2. Aufl., hrsg. von Gerhard Oestreich, Göttingen 1964.

1213 Zit. in der Einleitung von Gerhard Oestreich, Otto Hintzes Stellung zur Politikwissenschaft und Soziologie, ebd., S. 7 f.

beeindruckt.[1214] – Der Herr Prof. Krauske[1215] (wohl Königsberg) ist mir auch ein Begriff aus frühester Jugend her, mein Onkel brachte ihn 1904 oder 1905 einmal nach Zoppot mit, wo meine Eltern mit mir zur Erholung (2 Sommer hintereinander) weilten, und Herr Kr. beschäftigte sich viel mit mir. Auch Herrn Prof. Meinecke konnte ich mit seiner Familie in seinem Haus in Dahlem, am Hirschsprung, kennenlernen, mit seinen Töchtern hatte ich damals moderne Tanzstunde.

Vielleicht darf ich noch einige weitere Erinnerungen an meinen Onkel aufschreiben, wobei ich um Entschuldigung bitte, wenn diese zeitlich etwas durcheinander gehen.

Ich hielt meinen Onkel für einen Verehrer Richard Wagners (im Gegensatz zu Theodor Heuß!), er sagte mir einmal, R.W. sei nicht nur ein großer Musiker, sondern auch ein Dichter von Format. Mit auf seine Veranlassung habe ich damals in der Berliner Staatsoper manche Wagner-Oper gehört. – An sein humanistisches Gymnasium in Pyritz hatte er im allgemeinen eine gute Erinnerung, er zitierte gern die von dem Gründer der Schule, dem Bürgermeister Lindemann[1216], seinem Onkel, als Eingangsüberschrift in Goldbuchstaben gewählten Worte: Juventuti in fundamento scripturae sacrae erudiendae, litterisque instituendae.[1217] – Nur sein Direktor Zinzow[1218] erschien ihm in der Erinnerung doch als zu streng. „Dieser Mann hat mich um manche frohe Stunde gebracht" und „ich hätte mehr auf Apfelbäume klettern sollen" sagte mir mein Onkel einmal. Damals standen die alten Sprachen ja so sehr im Vordergrund, daß z.B. die Physik recht vernachlässigt wurde. So mußte ich meinem Onkel dann damals (1920) einmal erklären, wie sich eigentlich ein Flugzeug in der Luft halten könne. Sein Pyritzer Gymnasium hat er mit seiner Frau später noch mal aufgesucht, ich machte ihn mit meinem Direktor Dr. Holsten bekannt, von dem mein Onkel einen sehr beachtlichen Eindruck gewann.

Damals, 1920, beklagte sich mein Onkel, daß das neue Schauspielhaus (in der Hardenbergstraße?) unter Ida Ehre[1219], später in Hamburg, leider nicht die Erwartungen erfülle, die sich ernsthafte Kreise davon gemacht hätten. Er meinte damals die Aufführung von Schnitzlers „Reigen", in der es zu Skandal[1220] seitens rechtsgerichteter Studenten gekommen war. Auch mein Onkel hielt die Aufführung wohl für zu frei. Seitdem „bietet" Theater und Film nun ja noch „weit mehr".

Aus seiner frühesten Jugend, nämlich dem Sommer 1870, berichtete mir mein Onkel bei einem Besuch in Pyritz einmal ein Erlebnis, das ihn damals als Kind tief schockiert habe: Bei dem Vorübergehen an der Bataillonswache am Markt (seine Eltern wohnten gegenüber) hörte er, wie der herannahende Hauptmann zu einem Wachunteroffizier im Hinblick auf den nach 1864 und 1866 erneut nahenden Krieg sagte: „Na, Müller, wir marschieren bald wieder", worauf dieser erwiderte: „Is mich janz ejal, Herr Hauptmann!". Da sah mein Onkel den Krieg schon verloren.

1214 Ebd., S. 7–67.
1215 Otto Krauske (1859–um 1930), Professor für Geschichte in Königsberg.
1216 Bürgermeister von 1858–1864.
1217 Lat.: Die Jugend die Grundlagen der Heiligen Schrift zu lehren und in die Wissenschaft einzuführen.
1218 Adolf Joachim Friedrich Zinzow (1822–?), 1859 Direktor des Gymnasiums in Pyritz.
1219 Ida Ehre (1900–1989), Schauspielerin.
1220 1921 in Berlin.

Dem Kronprinzen[1221] hatte mein Onkel etwa 1902/1903 historischen und staatspolitischen Unterricht erteilt und dabei festgestellt, daß dessen Kenntnisse bis dahin nur recht mäßige gewesen seien.

Für „geradezu verhängnisvoll" bezeichnete er den Einfluß des Admirals Müller[1222] auf den Kaiser bei der übermächtigen Stärkung des Gedankens vom „Gottesgnadentum". Der Sohn des Admirals M. hat kürzlich seinen Vater sehr vor allen solchen Vorwürfen verteidigt (aber ohne irgendeinen Bezug auf Otto Hintze).[1223]

Wie ich bei meinem Onkel wohnte, las er mir einmal eine gerade von ihm gefertigte, seinerseits kritische Stellungnahme zu einer Kritik Prof. Delbrücks an General Ludendorff in irgendeiner Teilfrage (leider weiß ich nichts genaues mehr) vor, in der er – widerwillig – Ludendorff gegen Delbrück verteidigen zu müssen glaubte. „Ich habe aber keinen Anlaß, diese Stellungnahme etwa Ludendorff zuzusenden", sagte er mir abschließend.

Seiner Meinung konnte O. H. deutlich Ausdruck geben. Er mißbilligte sehr kommunistische Umzüge am Kurfürstendamm vor meiner Tante, und meinte einmal ihr gegenüber, als sie den Frhr. vom Stein[1224] als den Begründer demokratischer Auffassungen lobend erwähnte, daß dieser sich trotzdem aber nicht mit den Herren vom Berliner Tageblatt an einen Tisch gesetzt haben würde.

Antisemitisch war dies sicherlich nicht gemeint, nur als Feststellung eines nach seiner Meinung doch bestehenden Unterschiedes.

Gegen Preußen ließ er nicht gern etwas sagen. Als ich ihm von Äußerungen eines Berliner Verwaltungsrechtlers, bei dem ich damals hörte, und der sich als Württemberger ziemlich scharf gegen das alte Preußen geäußert hatte, berichtete, meinte er, der Herr solle doch gleich nach Stuttgart abfahren. (Den Namen des Prof. weiß ich leider im Augenblick nicht mehr.) – Spaßeshalber erwähne ich, denn so war sein Wort auch gemeint, daß er, als seine Frau, ja Münchnerin, von Bayern schwärmte und die Preußen etwas anschwärzte, lächelnd erwiderte: „Ach was, die Bayern sind ein durch Pfaffen und Alkohol verdummtes Volk!"

Im Kolleg machte er wohl einen etwas verschlossenen und wohl abwehrenden Eindruck, wie ich auch von Kollegen (Juristen) weiß, die bei ihm historische Kollegs belegt hatten. In Ihrem mir freundlicherweise übersandten Buch ist sein Äußeres richtig geschildert. Die Schmisse stammten vom Fechtboden einer Burschenschaft in Greifswald, aus der er übrigens, etwa zu der Zeit, als ich bei ihm wohnte, ausgetreten ist. Das Verhalten der Studentenschaft erschien ihm wohl zu „reaktionär", er sagte mir auch, es sei ihm peinlich, wenn mal plötzlich ein ganz unbekannter junger Bundesbruder erscheine, mit dem er sich dann duzen solle. – Hier lege ich – mit der Bitte um gelegentliche Rückgabe – 2 Fotos von O. H. mit ein, die seiner Zeit (1904) in Zoppot entstanden sind. In späteren Jahren trug er ja einen Spitzbart.[1225] Das Zeitungsbild zeigt den Markt in Pyritz mit der damaligen Wache von 1870.[1226]

1221 Wilhelm, Deutscher Kronprinz (1882–1951).
1222 Georg Alexander von Müller (1854–1940), Persönlicher Adjutant des Kronprinzen.
1223 Sven von Müller verfaßte das Vorwort zu: Georg Alexander von Müller, Regierte der Kaiser? Kriegstagebücher, Aufzeichnungen und Briefe 1914–1918, hrsg. von Walter Görlitz, Göttingen 1959.
1224 Karl Frhr. vom Stein (1757–1831).
1225 Gemeint ist wohl der von Bildern bekannte Schnauzbart.
1226 All diese Bilder wurden an Herrn Schlütter zurückgeschickt.

Über eine Wendung von Prof. Bornhak[1227], bei dem ich auch hörte, im Kolleg, „die Territorialstaaten etablierten sich, denn die kaiserliche Macht war „flötengegangen", amüsierte er sich köstlich.

Vielleicht sind einige dieser Erinnerungen für Sie nicht ohne Interesse.

Für heute grüße ich Sie freundlichst und möchte Ihnen gute Ostertage wünschen!

Ihr sehr ergebener
Hans Schlütter

Der Brief ist leider erst heute fortgesetzt. 14.4.65

[Zusatz auf Extrazettel:]
In dem Korrekturabzug des Neudrucks von Prof. Hartung befindet sich auf Seite 518 ja der von mir in meinem 1. Brief erwähnte Satz: Der Dank des Hauses Hohenzollern ist ausgeblieben.[1228]

Wie ich erwähnte, hat sich O. H. jedenfalls in meiner Gegenwart nicht darüber beklagt. Wäre nicht auch eine bessere Anerkennung seines Werkes Sache der <u>Regierung</u> gewesen (nicht des Monarchen persönlich)?

232 B   Manfred Schröter an Gerhard Oestreich, 26.1.1962

[maschinenschriftlich]

München / Solln, 26.I.62

[…] Meine Schwägerin Hedwig HINTZE, die zuletzt einen Ruf an, ich glaube, die Columbia University[1229] in New York hatte, wurde an der Ausreise aus Holland, wo sie zuletzt wohnte, durch den deutschen Einmarsch gehindert und nahm sich, von der Verschickung bedroht, 1942 od. 43, wohl durch Gift, selbst das Leben. Ihr dortiger Nachlass, der nur in Kleidern etc. bestand, konnte uns nach 45 durch Prof. Kaufmann, den Staatsrechtler, zugesandt werden. Es waren weder Bücher noch Manuskripte dabei. Kaufmann war mit ihr in Amsterdam bis zuletzt in Verbindung. Später erhielten wir von Dr. Termeulen[1230] im Haag, der ihr Testamentsvollstrecker war, den bei ihm verwahrten Nachlass zugesandt: Bücher und ausschliesslich Ms nur von ihr selbst (über Föderationsverhältnisse in Frankreich vor der Revolution), aber kein Blatt eines Ms oder einer Abschrift von Otto Hintzes Schriften. […]

Ich war mit Prof. Kaufmann beim Garmischer Philosoph. Kongress 1946 zusammen, wo er mir viel von Hedwig Hintzes letzter Zeit erzählte, Persönliches[1231] – […]

1227 Konrad Bornhak (1861–1944), Professor der Staats- und Rechtswissenschaften in Berlin.
1228 Vgl. Nr. 230.
1229 Der Ruf kam von der New School for Social Research in New York.
1230 Vgl. Nr. 224.
1231 Vgl. dazu aber Erich Kaufmann an Gerhard Oestreich (Nr. 238).

233 B Manfred Schröter an Gerhard Oestreich, 18.4.1964

[handschriftlich]

Solln 18.IV.64

[...] er machte einmal den scherzhaften Vorwurf gegen mich und Baeumler[1232]: „ja Ihr Beiden mit Eurer ‚Blut- und Bodenmystik' Bachofens[1233] habt – ungewollt und unbewußt – geistig auch etwas beigesteuert zu dem ganzen Unfug dieser Münchner Ideologie" – woran – jetzt aus der Entfernung und reifen Altersweisheit her betrachtet – wohl ein Körnchen Wahrheit stecken mag. Jedenfalls ersehen Sie daraus seine grundsätzlich entschiedene Einstellung. Mir kam er damals so vor, wie ein Riese, der mit gutmütigem Kopfschütteln dem Gehaben von Zwergen zuschaut – er lebte auf ganz anderen Geistesebenen. [...]

[Anm. Schröter:] bezieht sich auf das von mir und Baeumler herausgegebene Werk „Der Mythos von Orient und Occident. Eine Metaphysik der alten Welt aus den Werken von J. J. Bachofen 1925"

234 B Manfred Schröter an Gerhard Oestreich, 31.7.1964

[handschriftlich]

Solln 31.VII.64.

[...] und ich bei Hintzes wohnte. B[aeumler] wurde zu einem der „historischen" Thee Nachmittage eingeladen, die das Ehepaar Hintze sehr reizvoll zu gestalten wußte und die oft in den Abend hinein dauerten mit endloser Diskussion. Damals war m[eines] Erinnerns auch Rothfels dabei und 2 andere, deren Namen mir nicht gegenwärtig. Große theoretische Diskussion, über allem natürlich Hintze als Jupiter tonans[1234] mit überlegenen (sparsamen) Sätzen herrschend, Gegenspielerin seine Frau. Die Themen sind mir nicht mehr erinnerlich.

[...] Sie war ein so lebhaftes Gemisch von kluger, ja scharfer Wissenschaftlichkeit und einer fast „backfischhaften" Naivität und Kindlichkeit, die ihren Mann königlich amüsierte aber nicht von jedem in ihrer Art verstanden wurde – wie ja überhaupt manchem Hintzes späte Ehe ein Rätsel blieb. Und doch war es eine der glücklichsten Ehen, voll gegenseitiger inniger Liebe – bei und trotz ständigem wissenschaftlichen Streit. Frau Hedwig war ja fast fanatisch sozialistisch links orientiert. So gab es oft fürchterlichen Streit um theoretische Fragen und war doch im Grunde ein Spiel des überlegen lächelnden Jupiters mit seinem überklugen und eigensinnigen, aber eben doch reizenden und geliebten Kind.

Sie heirateten Winter 1912. Am 22. Aug. 1939 reiste Frau H. ab, in Verzweiflung, Todesangst und Ahnung des Hereinbrechenden – wenig Tage vor Kriegsausbruch. In Holland erfuhr sie den Tod ihres Mannes, April 1940, den Schlachtentod

---

1232 Alfred Baeumler (1887–1968), Professor für politische Pädagogik in Berlin, 1934 Leiter des Wissenschaftsressorts im Amt Rosenberg.
1233 Johann Jakob Bachofen (1815–1887), Schweizer Rechts- und Kulturhistoriker.
1234 Lat.: donnernder Jupiter.

unseres Sohnes[1235], Juni 1940. In jene 8 Monate fallen Hintzes erwähnte Briefe an sie, die in keinem Wort auf ihn oder seine Manuskripte eingehen. Erich Kaufmann, der in Amsterdam bis zu ihrem Ende oft um sie war, erzählte mir von dem „Abgrund" der Verzweiflung – [...][1236]

235 B   Alfred Baeumler an Gerhard Oestreich, 31.8.1964

[maschinenschriftlich]

Eningen, 31.8.64

[...] Mein Gedächtnis hat den Nachmittag, den ich zusammen mit Schröter bei Herrn und Frau Hintze verbrachte, immer festgehalten. [...] Unser Besuch fiel in die Zeit vor der letzten Phase der Produktivität Hintzes, der Eindruck war tragisch. Die damalige Resignation des überlegenen Historikers hat sich mir unauslöschbar eingeprägt. [...]

236   Notiz Gerhard Oestreichs nach einem Gespräch mit Manfred Schröter, 5.9.1964

[handschriftlich]

Solln 5.9.64

Erich Kaufmann brachte die Briefe Hintzes, die Tagebücher u. den sonstigen Nachlaß Hedwigs nach ihrem Tode nach München. Die Tagebücher ließ die verbitterte Schwester, die nicht verstanden hatte, daß Hedwig ihren Mann verließ, verbrennen; sie wollte diese Zeugnisse nicht sehen u. aufbewahren.

237 B   Wolfgang Hintze an Gerhard Oestreich, 1.3.1965

[handschriftlich]

[Berlin] 1.III.65

[...] Ich darf Ihnen nochmals sehr herzlich danken und erinnere mich gerne der Unterhaltung mit Ihnen, die für mich sehr wertvoll und anregend war, zumal das Bild von Otto Hintze dadurch mir in einem neuen und mir bislang unbekanntem Lichte erscheint, war ich doch der Meinung, daß der „Preussen Hintze" einer vergangenen Epoche angehörte und keineswegs mehr aktuelle Bedeutung haben würde.[...]

1235 Dieter Schröter.
1236 Vgl. Alfred Baeumler an Gerhard Oestreich mit großer Zurückhaltung im folgenden Text (Nr. 235).

VII. Erinnerungen von Freunden und Schülern an Hedwig und Otto Hintze

238 B   Erich Kaufmann an Gerhard Oestreich, 13.4.1964

[handschriftlich]

Heidelberg 13.IV.64

Sehr geehrter Herr Kollege!

Auf Ihren Brief vom 9. d. M. teile ich Ihnen mit, daß ich nur Verwalter des Nachlasses von Frau Hedwig Hintze gewesen bin. Wir haben uns wohl in den Haag gelegentlich gesehen, aber ohne in nähere persönliche Beziehungen zu treten.[1237] So weiß ich auch nichts über das wissenschaftlich-geistige Verhältnis beider Ehegatten. Bezüglich ihrer Arbeitsvorhaben weiß ich nur, daß sie an die Herausgabe der Schriften ihres Mannes dachte, und sehr betroffen war, als sie hörte, daß dies in andere Hände gelegt war. Frau Hintze hat sich dann in eine Nervenklinik begeben und hat sich dort, wie ich hörte, das Leben genommen.

Mit verbindlichen Grüßen

Ihr ergebener
E. Kaufmann

239 B   Erich Kaufmann an Gerhard Oestreich, 7.8.1964

[handschriftlich]

z. Zt. Montana (Valais) 7.8.64

[…] Ich habe ja Hintze noch gehört und auch persönlich gekannt – natürlich sehr viel von ihm gelernt.

Seine, insbesondere preußische, Staatsauffassung war für mich zu stark „herrschaftlich" betont; demgegenüber habe ich in meiner Dissertation – wohl im Anschluß an meinen Lehrer Giercke[1238] – die genossenschaftlichen Elemente der deutschen Verfassungsgeschichte stärker herausgearbeitet und so auch die konstitutionelle Monarchie anders beurteilt wie er. Seiner späteren Entwicklung stand ich daher etwas ablehnend gegenüber – insbesondere den Einflüssen von Max Weber, dem ich stets stark abweichend gegenüberstand. Ich habe aus Ihrer Einleitung gelernt, daß Meinecke dabei maßgebend war.[1239] Von der engen Freundschaft beider Männer[1240], die im Grunde so verschieden waren, wußte ich nichts.

Daß wir in Königsberg Hintze den Dr. iur. h.c. verliehen hatten, hatte ich fast vergessen. In der Tat war das eine Anregung von mir.[1241] Aber an die Laudatio kann ich mich nicht mehr erinnern.

Mit verbindlichen Grüßen

1237   Anders klingt es bei Manfred Schröter, vgl. Nr. 232.
1238   Otto von Gierke.
1239   Das ist eine offenkundige Fehlinterpretation.
1240   Friedrich Meinecke und O. H.
1241   Vgl. Nr. 85.

240 B Ludwig Dehio[1242] an Fritz Hartung, 12.12.1956

[handschriftlich]

Marburg 12.XII.56

Sehr verehrter Herr Hartung

Ihre letzte Zusendung hat mir wieder grosse Freude bereitet. Es weht einem aus ihr wieder einmal die kühle Luft nüchternen Wirklichkeitssinnes entgegen, wie er O. Hintze auszeichnete bei allen seinen constructiven Fähigkeiten. Sein Wahrheits-Ethos blieb mir vorbildlich, das Wunsch und Wirklichkeit zu unterscheiden wusste. Das gelingt heute nicht immer in der abgeschlossenen schwülen Atmosphäre des rationalen Treibhauses. Wer wird es noch wagen Preussen als „das klassische Muster-land des Militarismus" zu bezeichnen?[1243]

Ich weiss nicht, ob ich Ihnen erzählt habe, dass ich 1943 für das Geh.Staats-Archiv die Teile eines Manuscriptes Hintzes aus Pyritz erworben habe (heute in Merseburg), das mit der verlorenen „allgem. Verfassungs- und Verwaltungsgeschichte" in Zusammenhang stehen könnte[1244]; ich erinnere mich an die Durchleuchtung der Verhältnisse Venedigs u. anderer italienischer Staaten.[1245] Hat Hintze die global nivellierende und revolutionierende Kraft der Maschine voll in Rechnung gestellt? Vielleicht erst sehr spät. Hierin – nur hierin – behält der Marxismus einen Vorsprung?[…]

241 Fritz Hartung, Aktennotiz, 6.4.1961

[handschriftlich]

Gespräch mit Meisner[1246] in der Akademie. Er bestätigt, daß ein Nachlaß Hintzes sich in den 40er Jahren im Geh.Staatsarchiv befunden habe. Und zwar habe es sich um Teile der „Allg. Vfgesch." gehandelt, sauber auf Quartblätter geschrieben; behandelt waren darin nur kleinere Staaten, wie sie Hintze in den Vorlesungen nie berücksichtigt habe.

1242 Ludwig Dehio (1883–1963), Staatsarchivdirektor, Professor für Geschichte in Marburg.

1243 O. H. spricht von Preußen als dem „klassischen Musterbeispiel des Militarismus" in seinem Aufsatz „Staatsverfassung und Heeresverfassung" (Gesammelte Abhandlungen, Bd. 1, S. 71). Es handelt sich um einen Vortrag, den er am 17.2.1906 in der Gehe-Stiftung in Dresden gehalten hat.

1244 Einen Teil dieses Manuskripts, nämlich die „Verfassungsgeschichte Polens vom 16. und 18. Jahrhundert", hat Gerhard Oestreich in der 2. Auflage von Otto Hintzes „Gesammelten Abhandlungen" (Bd. 1: Staat und Verfassung, Göttingen 1962, S. 511–562) abgedruckt. Die übrigen Teile werden jetzt bei Palomar athenaeum in Neapel unter dem Titel „Otto Hintze, Allgemeine Verfassungs- und Verwaltungsgeschichte der neueren Staaten, Fragmente" herausgebracht. Bd. 1, hrsg. von Giuseppe Di Constanzo, Michael Erbe, Wolfgang Neugebauer, ist 1998 erschienen und enthält Skandinavien, Dänemark, Schweden, Polen im Mittelalter, Ungarn, Niederlande.

1245 Für Bd. 2 sind vorgesehen: Die Schweiz, Österreich, Italien mit den Teilen Oberitalien, Savoyen-Piemont, Venedig, Florenz, Rom, Sardinien, Sizilien sowie Spanien.

1246 Heinrich Otto Meisner (1890–1976), Professor für Archivwissenschaft an der Humboldt Universität.

242 B   Fritz T. Epstein[1247] an Ludwig Dehio, 30.3.1961

[maschinenschriftlich]

Bad Godesberg 30. März 1961

[…] Leider ist Professor Walter Dorn[1248] von der Columbia University vor nicht langer Zeit gestorben, bevor er meinem Gedaechtnis aufhelfen konnte. Aber ich erinnere mich, dass er, der, wie Sie wissen, ein grosser Verehrer Hintzes gewesen ist, mir erzaehlt hat, dass er sich waehrend seiner Stationierung in Berlin in der ersten Nachkriegszeit als Berater von General Clay[1249] bemueht hat, etwas ueber den Verbleib des Nachlasses zu erfahren, der bei einer Schwester von H. in Mecklenburg deponiert gewesen sei. Er habe damals nur feststellen koennen, dass nichts gerettet worden sei, und er hat den Verlust des Manuskripts von Hintzes Vergleichender Verfassungsgeschichte aufs Tiefste bedauert. Wissen Sie vielleicht, was aus Frau Hintze geworden ist? Wir hatten mit ihr vor Kriegsausbruch korrespondiert und haben sie dann ganz aus den Augen verloren. Wir haetten von ihr wohl gehoert, wenn es ihr geglueckt waere, aus Holland oder Frankreich vor dem deutschen Einmarsch zu entkommen. So haben wir immer das Schlimmste gefuerchtet, ohne Sicherheit ueber ihr Schicksal zu bekommen.[…]

243 B   Ludwig Dehio an Gerhard Oestreich, 15.7.1963

[handschriftlich]

Marburg/Lahn, 15.7.63

[…] O. Hintze wird mir immer wichtiger, je höher die chaotischen Meinungen über Preussen anbranden. […]

244 B   Fritz Hartung an Gerhard Oestreich, 13.2.1964

[handschriftlich]

Berlin, 13. Februar 1964

[…] Leider kann ich Ihnen zur Sache, d. h. zu Hintze nichts Positives sagen. Er hat in mir, so ist mein Eindruck von Anfang an gewesen, nie mehr als den Schüler gesehen. Er hat z. B. mit mir nie über meine deutsche Verfassungsgeschichte gesprochen, weder zustimmend noch kritisch. Er hielt mich wohl, und damit hat er ja im Grunde Recht gehabt, nicht für philosophisch veranlagt genug. Deshalb hat er mit mir Fachprobleme nie besprochen. Das lag zum Teil wohl mit daran, daß ich ihn nur an den von seiner Frau arrangierten Teenachmittagen besuchte. Wir trafen uns wohl auch in Fakultätssitzungen, aber da saß er am Tisch der Emeriti und ging meist früher weg, nachdem er den nötigen Eintrag in die Liste der anwesenden Sedecim[1250] vollzogen hatte. Noch weniger kann ich Ihnen über das Verhältnis Hintze-

---

1247 Fritz T. Epstein (1898–1979), Professor für Geschichte an der Indiana University/USA.
1248 Vgl. Nr. 91.
1249 Lucius Dubignon Clay (1897–1978), amerikanischer General.
1250 Lat.: sechzehn.

Meinecke sagen. Für Meinecke war ich ja lange nur der unverdient früh nach Berlin gekommene Historiker „ohne Ideen". [...]

Mit Breysig habe ich gar keine näheren Beziehungen unterhalten. Er hat offenbar niemals Wert darauf gelegt, mit mir zu sprechen, obwohl z. B. in den Fakultätssitzungen bei Behandlung von Vorschlagslisten für die Berufung eines Chemikers oder dergl. schon die Möglichkeit gewesen wäre. Daß Breysig mit Hintze, Meinecke u. Krauske, den ich nie kennen gelernt habe, persönlich nicht stand, habe ich nie geahnt; ich nahm an, daß nur ein Verhältnis gegenseitiger Mißbilligung zwischen ihnen bestand, das sich in Ignorierung äußerte.

Es tut mir leid, daß ich Ihnen nicht mehr auf Ihre Fragen antworten kann. Aber es ist schon so, daß ich mit den großen Historikern (abgesehen von Marcks)[1251] keine rechte persönliche Fühlung hatte. [...]

245 B Antonie Meinecke an Gerhard Oestreich, 10.2.1964
[handschriftlich]

Berlin-Dahlem 10.2.64

[...] Anders stehe ich in der Aussage der Freundschaft zu Hintze der unendlich viel unser Gast war, besonders in unseren Berliner Anfangsjahren. Er hat meinem Mann[1252] sehr viel bedeutet, wie formten sich die beiden Freunde an einander. Immer war Hintze in einer gewissen Reserve, besonders auch mir gegenüber. Er war eigentlich immer der bedeutende Gelehrte, in vornehmer, beobachtender Zurückhaltung. Dann kamen wir nach Straßburg, Freiburg – mein Mann wünschte sich den Freund als Nachfolger. Aber Hintze blieb in Berlin, in dem er festgewurzelt war. Er hatte sich spät verheiratet mit seiner Schülerin – Hedwig Guggenheimer, die bei ihm promovierte, später sich habilitierte bei Marcks oder m. Mann.[1253] Es war ein richtiges, sehr gepflegtes Gelehrtenheim am Kurfürstendamm – 3 große Arbeitszimmer gingen ineinander. Sonnab. versammelten Hintzes in der knappsten Zeit ihre Freunde zur Tasse Thee (Marcks, Troeltschs, wir) da wurde Politik aufgebaut und die Blitze flogen. Hintze war schwer augenleidend, stand vor dem Erblinden und trug schwer daran. Seine Frau war leidenschaftliche Historikerin – Aulard war ihr hist. Führer. – Mein Mann übergab ihr den Anzeigenteil der H.[istorischen] Z.[eitschrift] „Frankreich" (ich hoffe richtig zu sagen, war sehr einverstanden mit ihrer Arbeit. Da kam das Hitlertum, die H. Z. war sehr bedroht. Vom Ausland bekam mein Mann Warnrufe „Hedwig Hintze untragbar". Er war selbst ja im Absturz, wollte aber die Zeitschrift noch etwas retten. Er entschloß sich – schwersten Herzens Frau Hintze abzuschreiben. Es mußte den Riß in die Freundschaft der Männer geben, es war alles sehr hart. Hintze schrieb natürlich einen bitteren Brief an meinen Mann – die Brücken waren abgebrochen! Es wurde meinem Mann die H. Z. genommen. Hintze lag schwer krank, aber seine Frau floh ins Ausland, erst nach Holland, als sie dort bedroht war von G.St.Po[1254] hat sie ihr Leben beendet. – – – Hintze lag schwer krank – er hat meinen Mann vor seinem Ende noch im Bett

---

1251 Vgl. Nr. 39.
1252 Friedrich Meinecke.
1253 H. H. promovierte 1924 bei Friedrich Meinecke und habilitierte sich 1928.
1254 Gestapo = Geheime Staatspolizei.

empfangen, sie haben sich warm wieder die Hand gegeben.[1255] – Ein tragisches Freundschaftsende. Wir haben an seinem Sarg (Krematorium) gestanden, sein Bruder, Verwandte aus Pyritz/Mark, waren da.

[…] Es hat über diesem selten bedeutenden Leben viel Herbheit, viel Tragik gelegen. Er hatte als Mensch eine gewisse Kühle, lebte eben nur in seiner Gelehrtenwelt. Er reiste nicht, er ging nicht in Konzerte. Einmal war er – beide Junggesellen – mit meinem Mann am Vierwaldstätter See – das war sein Höhenflug. Hintze kannte uns von unserm Verlobungsanfang an, aber er blieb mir gegenüber immer feierlich. Ich hatte als junge Frau großen Respekt vor einem so klugen Manne und der Respekt besteht noch heute. Ich vergesse nie diesen besonderen Freund meines Mannes. So ist auch der Satz meines Mannes zu verstehen „Ich habe dann Hintze zeitlebens etwas mehr Freundschaft in meinem Innern gewidmet, als er zu erwidern vermochte"[1256]. Mein Mann hatte großes Verlangen nach Freundschaft und Aussprache. […]

246 B   Antonie Meinecke an Gerhard Oestreich, 29.7.1964

[handschriftlich]

Berlin-Dahlem 29.7.64

[…] Über die Tragik seines persönlichen Lebens kommt man nie hinweg. Ich schaue hinab in meinen Garten – denke lange Jahre zurück und sehe die beiden Freunde[1257] debattierend, gegenseitig ihre Gedanken austauschend – promenieren. Sonnabends, wenn Frau Hintze mit einem Bergführer Klettertouren machte[1258], kam Hintze stets zu uns – seltener Freundesaustausch. Alles so weit zurückliegend, für mich – alte Frau – unvergessen […] Unsere 3. Tochter war Hintzes Patin – auch darin blieb er förmlich – ein schöner Patenbecher von ihm ziert ihr Zimmer und wird immer blank geputzt. […]

247 B   Gertrud Breysig[1259] an Gerhard Oestreich, 31.1.1964

[handschriftlich]

Berlin 31. Januar 1964

[…] Sehr gern schicke ich Ihnen hier zur Einsicht was ich als Antwort auf Ihre Fragen finde: ein paar Blätter Aufzeichnungen von mir, in denen ich – als Material für eine Biographie – alles was ich über Lebensdinge meines Mannes wusste, die ihm

---

1255 Vgl. Nr. 103.
1256 Bei den Erinnerungen Friedrich Meineckes, „Straßburg – Freiburg – Berlin 1901–1919" (Stuttgart 1949), ist immer das Erscheinungsjahr nach 1945 zu berücksichtigen.
1257 O. H. und Friedrich Meinecke.
1258 Hier erinnert sich Antonie Meinecke vielleicht konkret eines an sie gerichteten Briefes vom 30.8.1921, in dem H. H. aus dem Urlaub mit ihrem Mann in schöner Offenheit ihre Begeisterung für extreme Bergtouren schildert. – Ich danke Wolfgang Neugebauer für diesen Hinweis. – In Hosen und mit Lederhut, klein, schlank und braungebrannt „wie ein ganz wilder Savoyardenknabe" war sie gewiß ein Fremdling im Berliner Geheimratsmilieu. Vgl. dazu auch O. H.s Post nach Seefeld/Tirol vom August 1927 (vgl. Nr. 45), wo er von einer Einladung zu Meineckes spricht.
1259 Vierte Ehefrau Kurt Breysigs.

selbst wichtig gewesen waren, in den ersten Jahren des Alleinseins festzuhalten versucht habe.[1260] [...]

Begegnungen
[maschinenschriftlich]

[...] Auch die Beziehung zu Otto Hintze endete versöhnt. Mochten dessen Antworten auf die Bände <u>Vom geschichtlichen Werden</u>[1261] auch aus sehr anderer Welt- und Geschichtssicht kommen, es lag Breysig doch viel an ihnen: Auch im Gegensatz gehörte Hintze zu dem engen Kreis der Männer, an die er immer wieder als an seine Leser dachte. Als wir – dies wohl der Wiederanfang persönlichen Verkehrs – Hintze auf einem großen Tee bei Sombarts[1262] trafen, war er, durch seine versagenden Augen schwer behindert, an den Platz, den er einmal eingenommen hatte, gebunden. Wir blieben fast die ganze Zeit in gutem, lebendigen Gespräch bei ihm und seiner Frau, die, selbst Historikerin und Kathedersozialistin, einen gewissen leidenschaftlichen Schwung auch der äußeren Erscheinung besaß. Frau Hintze war bald darauf bei uns und wir in der Folge mehrmals an ihren Nachmittagen bei ihnen. Auch dort setzte Breysig seine eigene Form durch, blieb – was gern zugestanden wurde – mit Hintze allein in dessen Zimmer in ,rangiertem' Gespräch, wie er es nannte; er kam immer wieder auch in großen Geselligkeiten, auf diese mit wertvollen Partnern ihm einzig richtig scheinende Form zurück.

Seltsam verflocht sich der Lebensausgang der beiden Männer. Hintzes letzte Jahre waren äußerst schwer; seine Frau, durch ihre Abstammung in ihrer Stellung als Privatdozentin der Berliner Universität, in der Veröffentlichung ihrer Arbeiten, in allem ausgeschaltet und bedroht, ging aus dem Lande; er selbst trat aus der Akademie aus; seine <u>Allgemeine Verfassungsgeschichte</u>, ein Lebenswerk, kam nicht zum Druck; krank, halbblind, blieb er allein. Er starb im Frühjahr 1940. Und Kurt Breysig, selber ein Sterbender, schrieb in der Bewegtheit über diese Nachricht die seltsam kühne eigene Todesanzeige nieder, die wir – nur um Wochen später – hinausgehen ließen. Ein eigentümlich voller vom Leben geschaffener Ausklang einer nach langer Entfremdung wieder ins Wahre gesetzten Beziehung.

248 Aufzeichnung von Gerhard Oestreich über eine Unterhaltung mit Gertrud Breysig im März 1964
[handschriftlich]

Breysigs bei Hintzes, wo Frau Hintze residiert. Nur Schülerkreis, keine Koryphäen, kein Meinecke, Sombart usw.

1260 Mit geringfügigen Veränderungen in: Gertrud Breysig, Kurt Breysig. Ein Bild des Menschen, Heidelberg 1967, S. 91.

1261 Kurt Breysig, Vom geschichtlichen Werden. Umrisse einer zukünftigen Geschichtslehre, 3 Bde., Stuttgart 1925–1928.

1262 Werner Sombart (1863–1941), Sozialwissenschaftler und Ökonom.

Frau Hintze will Professor werden. Fakultät möchte es auch, aber Bestimmung, daß Verwandte nicht gleichzeitig Professoren in einer Fakultät sein sollen. Darauf Lösung: Mann und Frau sind keine Verwandten.

Frau Hintze arbeitete an einer Biographie von J. Jaurès.

249 B   Reinhard Bendix[1263] an Gerhard Oestreich, 20.10.1964

[maschinenschriftlich]

Berlin 20.10.64

[…] Anbei erlaube ich mir, Ihnen den Entwurf meines kurzen Beitrags über Otto Hintze zur International Encyclopedia of the Social Sciences einzusenden. […] Es ist natürlich unmöglich, einem Mann wie Hintze auf vier Seiten gerecht zu werden, man kann nur das Nötigste erwähnen. […] Wobei ich nur hinzufügen will, daß es mich schon etwas wundert, daß Hintze selbst soviel Platz in der neuen Encyclopedia eingeräumt wird, da seine Schriften in Amerika so gut wie unbekannt sind. […]

250 B   Hans Rothfels an Gerhard Oestreich, 10.7.1965

[maschinenschriftlich]

Tübingen 10.7.65

[…] Heute lege ich eine kurze Aufzeichnung über meine Erinnerung an Hintze bei, die infolge meines mangelnden Gedächtnisses für Einzelheiten nicht gerade sehr ergiebig ist. Auch der allgemeine Eindruck, den sie wiedergibt, wird nicht gerade neu für Sie sein. Immerhin wollte ich Sie nicht im Stich lassen.

<u>Erinnerungen an Otto Hintze.</u>

Nach fünf Semestern Studium (Freiburg und München) und dem Dienstjahr als Einjähriger kam ich zum WS 1912/13 nach Berlin. Ich hatte ein umfängliches Studienprogramm, dessen Kernbestand aber war, daß ich bei allen drei Ordinarien der neueren Geschichte, bei Lenz[1264], Delbrück und Hintze, sowohl Vorlesungen hörte wie auch an Seminarübungen teilnahm. Ich will mich hier nicht über die Unterschiede im Wesen, Stil und Methodik, die zwischen den dreien bestanden, verbreiten. Die Sonderart Hintzes zeigte sich im Kolleg über allgemeine, vergleichende Verfassungsgeschichte deutlich genug, um auch den Studenten in mittleren Semestern erkennen zu lassen, daß hier – ganz abgesehen von der massiven Stoffülle – mit der Abhebung auf die Strukturzusammenhänge ein Ansatz geschah, der sich aus der Routine der Epochen-Vorlesungen heraushob. Im Seminar hatte ich das Glück, daß ich bei der Aufnahmeprüfung über den Ursprung des sieben-jährigen Krieges befragt wurde. Aber dieser kleine Anfangserfolg half mir nicht viel gegenüber den strengen Anforderungen an Detailkenntnis, die ein sehr spezielles Thema, die Entstehung des Landratsamts, stellte. Es wurde tatsächlich denn auch nur zwischen Hintze und einigen wenigen Eingeweihten am oberen Seminartisch verhandelt.

1263 Reinhard Bendix (1916–1991), Professor für Soziologie in Berkeley/Kalifornien.
1264 Max Lenz (1850–1932), 1890–1914 Professor für Geschichte an der Universität Berlin.

Im letzten Kriegsjahr kam ich als Promovierter und Jungverheirateter (meine Frau hatte auch bei Hintze gehört) nach Berlin zurück, und wir beide saßen noch einmal im Hintzeschen Seminar. Diesmal kam es zu näherem Kontakt (was nach allgemeiner Meinung bei dem strengen Geheimrat, dem „gepanzerten Ritter" nicht leicht war), mir aber wohl durch die Schülerschaft bei Meinecke erleichtert wurde. Ich habe mit Bewegung im Briefwechsel Meinecke – Kähler gelesen, mit welch ungewöhnlichen Worten über Kähler[1265] und mich sich Hintze Meinecke gegenüber nach einem Zusammensein zu viert in Dahlem geäußert hat. Auch fanden meine eigenen Arbeiten für die Preußische Akademie und das Reichsarchiv sowie meine ersten Veröffentlichungen in den 20er Jahren Hintzes freundliches und förderndes Interesse.

So wurden meine Frau und ich zu einem näheren Umgang hinzugezogen. Hintze hatte inzwischen geheiratet, ein Mitglied seines Seminars, das über ein echt Hintzesches Thema, den Regionalismus in Frankreich, gearbeitet hatte. Frau Hedwig Hintze war vermutlich die Einrichtung eines „jour fixe" zu verdanken, der ihren gesellschaftlichen Neigungen entsprach und ihren Mann in etwa entschädigen mochte für das, was ihm durch ein sich verschärfendes Augenleiden an äußerem Kontakt abging. Man empfing am Sonnabendnachmittag in der Wohnung am Kurfürstendamm zu einer ausgedehnten Teestunde. Wir sind oft in den Jahren zwischen 1920 (?) und 1926 (bis ich nach Königsberg abging) dorthin gepilgert, mehr der geistigen als der leiblichen Genüsse halber.

Die Zusammensetzung des Kreises und die Art der Unterhaltung wechselten. Wenn Troeltsch anwesend war, dominierte er, und es kamen auch andere der älteren Generation, an Vierkandt[1266] und Herkner glaube ich mich zu erinnern. Aber der Kernbestand waren zumeist jüngere, von Hintzes eigenen Schülern H. O. Meissner, Ernst Posner, Joh. Schultze[1267]; aus dem Meinecke-Kreis Siegfried Kähler, Ludwig Dehio und ich. Gewiß gelegentlich auch andere, Peter Rassow[1268], denke ich, Axel von Harnack und manche, die mir entfallen sein mögen. Natürlich auch Fritz Hartung, wenn er oder seit er in Berlin war. In der Regel war der Hausherr der natürliche Mittelpunkt aller Gespräche, die gemeinsam um den Tisch herum geführt wurden, wobei wir Jüngeren oft den Anstoß gaben und auf Fragen der Auseinandersetzung des Historikers mit den Zeitereignissen drängen konnten, insbesondere mit dem Umbruch der deutschen Geschichte. Hintze selbst, der Historiker des preußischen Staates und des preußischen Beamtentums, in der Wucht seiner Erscheinung und mit dem von Schmissen durchzogenen Gesicht fast ein kriegerischer Typ, war bekanntlich damals in einer starken inneren Wandlung begriffen, nicht nur rein wissenschaftlich zu den großen Aufsätzen hin, sondern auch in einer sehr kritischen Auseinandersetzung mit den Traditionen, von denen er herkam, mit der Fragwürdigkeit der Machtpolitik im Massenzeitalter, mit der Umschichtung zwischen Staat und Gesellschaft, mit der veränderten Rolle Europas und vor allem Preußen-Deutschlands in einer Welt, die zwischen der Perspektive einer pax anglosaxonica[1269] und der Perspektive der Weltrevolution hin und her gerissen wurde.

1265 Siegfried A. Kaehler (1885–1963), Professor für Geschichte in Göttingen.
1266 Alfred Vierkandt (1867–1953), Professor für Soziologie an der Universität Berlin.
1267 Johannes Schultze (1881–1976), Archivar und Historiker.
1268 Peter Rassow (1889–1961), Professor für Geschichte in Köln.
1269 Lat.: angelsächsischer Friede = Transatlantisches Bündnis.

Ich kann mich an Einzelheiten der Gespräche nicht mehr erinnern, nur an die Tatsache, daß sie um die erwähnten Fragen kreisten, daß Hintze uns nahen Einblick in seine Gedankenwerkstätte gab, aber auch sehr bereit war, auf Einwendungen oder Weiterführungen von uns Jüngeren (meist Kriegsteilnehmern) einzugehen.

Diese Schilderung, die sich nach über vierzig Jahren und mangels eigener Aufzeichnungen sehr im Allgemeinen bewegt, wäre unvollständig, wenn nicht ein Nebenzug erwähnt würde, der die Atmosphäre oft etwas elektrisch auflud. Frau Hintze – für damalige Verhältnisse sehr „links" und geistig sehr beweglich – griff nicht selten in einer Weise in das Gespräch ein, die manchem von uns, aber auch dem Hausherrn auf die Nerven ging. Es war bewundernswert, wie ein Grundzug seines Wesens, den man beherrschte Ritterlichkeit nennen darf, auch in kritischer Situation mit großer Selbstverständlichkeit obsiegte.

Ich habe Hintze, der bei meinem Abgang nach Königsberg[1270] mich bei einem Abschiedsessen im Hause Meinecke mitfeierte, danach, glaube ich, nur noch einmal gesehen, jedenfalls nur noch einmal von Mann zu Mann. Es muß im Sommer 1939 gewesen sein, kurz vor Kriegsausbruch. Seine Frau war nach Frankreich[1271] emigriert, er selbst saß sichtlich schwer herzleidend in einem Lehnstuhl, ich selbst stand vor der Auswanderung. Es war ein mich sehr bewegendes Abschiednehmen.

Tübingen, im Juli 1965   Hans Rothfels

251 B   Fritz Redlich[1272] an Gerhard Oestreich, 30.5.1964

[maschinenschriftlich]

Belmont, Mass May 30,1964

[…] Meine Beziehungen zu Hintze lassen sich am besten mit einer unglücklichen Liebe vergleichen. Als ich mich vor mehr als fünfzig Jahren auf den Doctor vorbereitete, war es klar, dass Geschichte mein Nebenfach sein würde. Die Warnungen meiner Freunde, dass Hintze ein unangenehmer Examinator sei, liessen mich kalt, und ich ging zu ihm. […] H., im Gegensatz zu Schmoller[1273], Anschütz oder Troeltsch, las, statt frei zu sprechen. Trotzdem und obwohl er mit etwas eintöniger Stimme las, waren die Vorlesungen eindrucksvoll. Sein Lesen war sehr deutlich und der Aufbau der Sätze eingänglich. Die Deutsche Geschichte hatte zwei Höhepunkte, Tauroggen und den Zusammenbruch der alten Burschenschaft. Ich kann ihn heute noch hören wie er die betreffende Vorlesung zu „Wir hatten gebauet ein stattliches Haus" hinführte.[1274]

[…]

Dagegen war ich in H's Seminar. Es fand in einem Raum in der alten Schinkelschen Bauakademie statt. H. stand im Rufe, Nationalökonomen unfreundlich zu behandeln. Man musste sich bei ihm persönlich melden, um zugelassen zu werden.

1270 1926.
1271 H. H. ist am 22.8.1939 nicht nach Frankreich, sondern in die Niederlande emigriert.
1272 Fritz Redlich (1892–1978), Wirtschaftshistoriker, emigrierte 1936 in die USA.
1273 Gustav Schmoller (1838–1917), Nationalökonom an der Universität Berlin.
1274 Anfangszeile des Liedes „Zur Auflösung der Jenaer Burschenschaft" von Daniel August von Binzer (1793–1868).

Ich wurde mit einem Kopfnicken ins Seminarzimmer hineingelassen. Die Wände waren mit Büchergestellen umrahmt, die lokale historische Zeitschriften enthielten. Dann waren da zwei lange Tische, an einem sass H. mit seinen Doktoranden und reifen historischen Studenten, am anderen sassen die dii minorum gentium[1275]. Ohne vorherzuwissen, wo H sitzen würde, kam ich am Nachbartische in seine nächste Nähe, so dass ich ihn genau beobachten konnte. Das Seminar wurde mit ein paar Worten eingeleitet, darunter: wir müssten etwas Besseres lernen als das da. Damit wies er mit einer kreisenden Handbewegung auf die lokalhistorischen Zeitschriften. Wie Sie sehen, beeindruckte mich das sehr, denn das Zeug hatte ich bis dahin für gut gehalten. Soweit Doktoranden nicht ihre Arbeiten vorlasen, übten wir über die Hofordnung Joachim I von Brandenburg.[1276] Alles ging am ersten Tisch vor sich. Ein einziges Mal wagte ich, den Mund aufzumachen. Ich erhielt keine Antwort und wurde mit einem so strafenden Blick angesehen, dass ich nie wieder den Mund aufmachte. Das weist übrigens auf mangelndes pädagogisches Geschick.

Im Examen verdarb er mir das Prädikat. Er fing an, mich über die amerikanische Verfassung zu prüfen. Mit dem Europäerhochmut des deutschen Studenten jener Zeit, hatte ich das so ungefähr für das Gleichgiltigste gehalten. Darauf bohrte er sich fest, gab mir keine Gelegenheit, mein sonstiges Wissen zu zeigen, aber soweit ich mich an die Fragen heute noch erinnere und mit meiner heutigen Kenntnis Amerikas weiss ich, dass sie ganz elementar waren.

Nun Sie sehen, ich habe die Rolle des abgeblitzten Freiers gespielt. In späteren Jahren, d. h. den Zwanzigern, habe ich H. ganz regelmässig auf seinen Spaziergängen im Tiergarten getroffen, ohne ihn je zu grüssen. Ich setzte voraus, dass er mich nicht kannte. Wenn seine kleine Frau ihn begleitete, sah das Paar fast komisch aus, der sich übersteif haltende in die Höhe blickende Mann, der noch im Alter an den Couleurstudenten gemahnte, neben der Frau, die ihm kaum bis zur Brust ging.

Nun er hat nie geahnt, dass er einen Historiker erzog. And that is that! […].

252 B   Gerhard Ritter[1277] an Gerhard Oestreich, 30.7.1964
[maschinenschriftlich]

Freiburg i. Br., 30.7.64 z. Zt. Erlangen

[…] Ich habe bei Hintze 1909 ein gutes Kolleg über die Bismarckzeit gehört und hatte von der Persönlichkeit des kraftvollen, klugen und immer sachlich-nüchternen Historikers einen starken Eindruck. Vor allem aber habe ich für sein Schrifttum immer die grösste Bewunderung gehabt. In meinen Augen überragt es an sachlichem Gehalt, aber auch an Darstellungskunst weitaus das Meiste, was seine Berliner Kollegen in der neueren Geschichte produziert haben. Er hatte einen ausgesprochen genialen Zug im Anpacken der Probleme und der Sicherheit seines Urteils. Was bedeutet heute schon das ganze literarische Werk eines Max Lenz oder Erich Marcks neben seinem gewaltigen literarischen Nachlass? Dass seine vergleichende Verfas-

---

1275 Nach Cicero niedere oder jüngere Gottheiten im Gegensatz zu den Dii maiorum gentium.
1276 Wohl eher die Hofordnung Kurfürst Joachims II. von Brandenburg, die O. H.s Schüler Martin Hass 1910 neu herausgegeben hat. Zu Hass vgl. Wolfgang Neugebauer, Martin Hass (1883–1911), in: Herold-Jahrbuch, N. F. 3 (1998), S. 61 f.
1277 Gerhard Ritter (1888–1967), Professor für Geschichte in Freiburg/Breisgau.

sungsgeschichte verloren ist, wie Sie schreiben, kann gar nicht genug beklagt werden. [...]

253   Max Arendt[1278], Auszüge aus den Erinnerungen
an Otto Hintze. 18.2.1965

[maschinenschriftlich]

Erinnerungen an Professor Otto Hintze, geschrieben am 18.2.65 in Berlin

[...] Zum Rigorosum mußte ich dann, da er sich unpäßlich fühlte, in seiner Wohnung erscheinen, an einem glühend heißen Sommervormittag anno *1912*. Nun konnte man in dem damals vorgeschriebenen Examensdreß – Frack und Zylinder – am Vormittag ja nicht über den Kurfürstendamm gehen – Studiker verfügten damals noch nicht über ein eigenes Auto. Die Pracht mußte mit einem Mantel verhüllt werden – der Erfolg: der bedauernswerte Kandidat landete als völlig durchschwitztes Kleiderbündel in der geheimrätlichen Wohnung. [...]

Ein Jahr später, nach dem Examen, bin ich noch einmal zu Hintze ins Kolleg gegangen. Er hatte eine Vorlesung „*Politik*" angekündigt. [...] Er gab etwas ganz anderes, als Treitschke gegeben hatte, ein Gefüge, wie er es einleitend selbst nannte, von Weltgeschichte, Geschichtsphilosophie und Soziologie von einer Tiefe und Weite, wie sie wohl Rankes Vorlesungen zu eigen gewesen sein werden. [...] Ich erinnere mich, des öfteren im Verlauf dieser Vorlesung empfunden zu haben, mit dem Professor sei eine Wandlung erfolgt, er sähe Begebenheiten und Geschehnisse in anderem Lichte als sonst und ahne oder wittere Gefahren und Zeiten voraus, für deren Nahen sonst keinerlei Anzeichen vorlagen. Wir lebten ja damals sorglos in einer sorgenfreien Zeit. [...]

So konnten auch Hintzes Ausführungen in der letzten Stunde seines Kollegs als Ausblick in eine geordnete Welt, Vision eines neuen goldenen Zeitalters aufgefaßt werden: der Zusammenschluß der Nationen und Völker eines Kontinents zu einem kontinentalen Staatenbunde und dann – in noch ferner Zukunft – die Vereinigung dieser fünf kontinentalen Bünde zu einem Weltstaatenbunde. Aber ich glaube, das „Vielleicht", wenn nicht gehört, so doch empfunden zu haben, mit dem Hintze damals seine Vorlesung beendete. [...]

254 B   Ewald Gutbier[1279] an Gerhard Oestreich, 8.6.1964

[handschriftlich]

Marburg, 8. Juni 1964

[...] Den ernsten, würdevollen und immer gemessen auftretenden Mann habe ich wohl nur ein einziges mal lächelnd gesehen. Als ich vor dem Archivexamen, in dem er mich zu prüfen hatte, bei ihm Besuch machte, kam er auf mein Rigorosum zu sprechen und fragte, wer mich damals geprüft hätte. Als ich ihm antwortete: „Sie

---

1278 Max Arendt (1887–?), Direktor i. R. der Ratsbibliothek Berlin.
1279 Ewald Gutbier (1887–1965), Staatsarchivrat.

selbst, Herr Geheimrat", verzog sich seine ernste Miene doch zu einem Lächeln. Die erste Frage, die er mir im Rigorosum stellte, ist mir noch gut im Gedächtnis: „Wie hat sich Frankreich zum Einheitsstaat entwickelt?" [...]

255 B   Rudolf Lehmann[1280] an Gerhard Oestreich, 10.7.1964
[handschriftlich]

z. Zt. Meckelfeld Kr. Harburg, 10.7.64

[...] Es war damals schwierig, in ein Oberseminar zu kommen. Als ich deshalb bei ihm vorsprach – [...] – prüfte er mich erst gar nicht, sondern lehnte meine Aufnahme etwas sarkastisch mit den Worten ab: vom Generaldirektorium wissen Sie doch nichts. Eine kleine Genugtuung war es später für mich, als ich 10 Jahre danach als Mitglied in die Hist. Kommission eintreten durfte, wo er ja auch saß. Nach meiner Erinnerung bewahrte er in den Sitzungen starke Zurückhaltung, und es war auch damals für jüngere Leute nicht einfach, mit ihm in ein Gespräch zu kommen.[...]

256 B   Helmuth Rogge an Gerhard Oestreich, 7.6.1964
[maschinenschriftlich]

Bad Godesberg, 7.6.64

[...] während [...] mich Schäfer und Roethe auch in ihrem Studierzimmer unter vier Augen zum Dr. geprüft haben, habe ich O. Hintze und B. Erdmann[1281] bei der Prüfung neben anderen Kandidaten in voller Uniform in der Aula der Universität gegenüber gesessen. Er prüfte streng, aber fair und bot dem Kandidaten die Möglichkeit, seine Kenntnisse anzubringen. Sie wurden auf Gebieten und unter Gesichtspunkten erfordert, die damals dem Gros der Geschichte Studierenden, nicht zuletzt auch unter dem Einfluß von Historikern wie Schäfer, noch etwas abseitig und entlegen vorkamen. Mancher von ihnen hat wohl erst im reiferen Alter und bei fortschreitenden eigenen Arbeiten erkannt, wie weit nach vorn und nach allen Seiten Hintze der zünftigen Historie damals vorausschritt. [...]
Persönlich war Hintze meiner Erinnerung nach ebenfalls nicht leicht zugänglich. Schon seine äußere Erscheinung schuf Distanz: seine norddeutsche Kühle ausstrahlende Gestalt mit dem braunen, von Schmissen gezeichneten Gesicht, den damals schon leidenden Augen hinter dicken Brillengläsern, seiner herben Sprechweise. War D. Schäfer der aus eigener Kraft emporgestiegene Gelehrte einfachster Herkunft, der den früheren Lehrer nicht verleugnete, immer durch seine hohe und schwache Fistelstimme behindert, aber jederzeit durch immenses Wissen imponierend, M. Tangl[1282] der gelehrte gemütvolle und liebenswürdige Steiermärker, der während des Seminars minutenlang schweigend zum Fenster hinaussah, Roethe der furiose, witzige und zynische Alleswisser, schonungslose Kritiker, begnadete und – gefährliche Redner, der ostdeutsche Patriot und Nationalist, so erschien mir der

---

1280 Rudolf Lehmann, (1891–?), Landesarchivar.
1281 Benno Erdmann (1851–1921), Professor für Philosophie an der Universität Berlin.
1282 Michael Tangl (1861–1921), Professor für Geschichte an der Universität Berlin.

Pommer Hintze als der geborene Aristokrat, als Grand-seigneur des Geistes, dessen öffentliche Anerkennung und Würdigung eigentlich immer hinter seiner Leistung und Bedeutung zurückblieb, der aber auch zu stolz war und viel zu unabhängig von seiner Gegenwart, als daß ihn dies hätte bekümmern können. Wie nobel seine Natur war, hat er m. E. besonders deutlich in seinem Hohenzollern-Werk[1283] gezeigt, in dem er wissenschaftlich einwandfreie und kritische Bewältigung des historischen Stoffs mit Takt gegenüber dem Auftraggeber, dem Monarchen[1284], zu verbinden wusste. [...]

257 B   Johannes Schultze an Gerhard Oestreich, 10.2.1964

[handschriftlich]

Berlin-Dahlem, 10.2.64

[...] Meinecke sagt ja wohl, daß Krauske ihn den „Göttlichen" nannte, und ich muß sagen, daß wir als Studenten ihn auch wie einen Olympier in Ehrfurcht betrachtet haben. Seine ganze Erscheinung, seine Haltung, Sprechweise machte tiefen Eindruck, und dieser Eindruck hat sich auch später nicht verflacht. Leider hatte ich keine Gelegenheit, ihm näher zu treten, es waren ja meist nur Begegnungen per Distanz. In angenehmer Erinnerung habe ich ihn auch als Examinator im Archivexamen (1 Stunde). Er war ein ausgezeichneter und geschickter Examinator, die Prüfung machte direkt Freude. [...]

258 B   Walther Kienast[1285] an Gerhard Oestreich, 15.8.1964

[maschinenschriftlich]

Frankfurt/Main 15.8.64

[...] Was nun Ihre Anfrage angeht, so habe ich zwar gelegentlich an den offenen ich glaube Donnerstag-Nachmittagen bei Hintze und seiner Frau teilgenommen, aber ich glaube nicht, dass ich Ihnen in Verbindung damit irgendetwas mitteilen könnte, was Sie nicht schon wüssten. Mich interessierte dabei natürlich vor allem, was Hintze selber sagte und er pflegte bei diesen Nachmittagen oft recht lehrhaft und lehrreich zu dozieren. Als 1933 Meinecke Frau Hintze aus der HZ ausschiffte[1286], fanden diese Beziehungen leider ein Ende, da ich deutlich merkte, dass Frau Hintze auch mir diese Handlung, auf die ich nicht den mindesten Einfluss hatte, übelnahm.[1287] Als Student habe ich bei Hintze noch ein Kolleg über Politik gehört. [...]

1283 Vgl. Anm. 43.
1284 Wilhelm II.
1285 Walther Kienast (1896–1985), Historiker.
1286 Vgl. Antonie Meinecke an Gerhard Oestreich (Nr. 245).
1287 Kienast war seit 1927 „Leitender Mitarbeiter am Rezensionsteil der HZ", 1950 bis 1968 Herausgeber der „Historischen Zeitschrift".

259 B Walther Kienast an Gerhard Oestreich, 26.2.1966

[maschinenschriftlich]

Frankfurt/Main 26.2.66

[…] Ich entsinne mich, dass er einmal erzählte, wie er bei Müllenhoff[1288] im Seminar gewesen sei. Da habe ein Student den mittelhochdeutschen Text in der Weise erläutert, dass er die einzelnen Worte anfing, bis ins Sanskrit etymologisch zurückzuverfolgen. Darüber sei Müllenhoff ärgerlich gewesen und er habe u. a. zu dem Studenten gesagt, knöpfeln Sie Ihre Augen besser auf. Hintze habe sich gedacht, wenn er dich ebenso behandelt, so packst du eben deine Sachen zusammen und gehst hinaus. Müllenhoff aber war mit seinem Referat durchaus einverstanden. „Er wusste eben genau zu unterscheiden", schloss Hintze die Erzählung. Ich fand die kleine Anekdote ganz charakteristisch. Dass Hintze neben Geschichte Germanistik studiert hat, werden Sie ja wissen und dass er sogar Sanskrit gelernt hat, wie es früher bei German[ischen] Philologen nicht selten war, habe ich Ihnen früher geschrieben. […]

260 B Friedrich Schotte an Gerhard Oestreich, 11.8.1965

[maschinenschriftlich]

Bremen, 11. August 1965

[…] Ich weiß nur, daß mein Bruder[1289] Herrn Prof. Hintze sehr verehrt hat, daß er zeitweilig sein Assistent war und daß er ihm auch in späteren Jahren, als Herr Prof. Hintze erblindete, oft genug vorgelesen und mit ihm diskutiert hat.[…]

261 B Hajo Holborn[1290] an Gerhard Oestreich, 21.8.1964

[maschinenschriftlich]

New Haven, August 21, 1964

[…] I often wonder which was the greater historian in that generation, Meinecke or Hintze. Although I was, as you know, a pupil of Meinecke, I have perhaps learned as much from Otto Hintze. It should be said, however, that Meinecke in his lectures at the university did by no means present only intellectual history. On the contrary, he put much emphasis on institutions and in this regard prepared me for meetings with Hintze. During the years of 1924 and 1933 I was a regular attendant of Hintze's famous teas. Of course, while I was in Heidelberg till 1930, this happened only during the vacations. […]

1288 Karl Müllenhoff (1818–1884), Professor für Germanistik an der Berliner Universität.
1289 Walther Schotte (1886–?) hat 1911 bei O. H. promoviert.
1290 Hajo Holborn (1902–1969), Professor für Geschichte in Yale.

262 B   Wilhelm Rohr[1291] an Gerhard Oestreich, [ca. Juni 1964]

[handschriftlich]

z. Zt. Bad Nauheim

[…] An Frau Hedwig Hintze habe ich eine Erinnerung zurückbehalten, die zwar nur äußerlich ist, aber für Sie doch vielleicht ein wenig von Interesse ist. In einem Kolloquium, das Friedrich Meinecke etwa 1923 […] abhielt, erlebte ich Frau H. als erstaunlich kenntnisreiche und wortgewandte Teilnehmerin an der Diskussion, die geradezu beherrschend hervortrat. Die Eleganz, das ausgesprochen Moderne, im Gegensatz zu der überlieferten Art deutscher Professorenfrauen Stehende ihrer Erscheinung waren so frappierend, daß sie in mir haften geblieben ist. Ich möchte glauben, daß die Ehe mit dieser ungewöhnlichen Frau für H.'s Entwicklung als Gelehrter und Mensch in mancher Hinsicht bedeutungsvoll gewesen ist. […]

263 B   Gerhard Masur[1292] an Gerhard Oestreich, 9.9.1964

[maschinenschriftlich]

Lynchburg, Virginia, 9. September 1964

[…] Ich selbst lernte Hintze nach meiner Promotion 1925 kennen, und wir, d. h. meine Schwester und ich gingen oft zu den Sonnabendsempfängen. Sie fanden im Esszimmer statt, dem typischen Berliner Schlauch. Man sass um den grossen rechteckigen Teetisch, Hintze an einem Ende und Frau Hedwig am anderen. Er war nicht immer ihrer Meinung, und so gab es oft lebhafte Diskussionen. Max Lenz kam zuweilen, auch Meineckes, Posners und wer sonst noch zur Zunft in Berlin gehörte. Hintze erschien immer im Gehrock und war eigentlich niemals „at ease", wie wir hier sagen. Eine andere Erinnerung betrifft meine Habilitation. Hintze war sehr an meinem Stahl-Buch[1293] interessiert und sprach sich auch zu mir freundlich darüber aus. Das hinderte ihn aber nicht, mir während der Probevorlesung auf den Zahn zu fühlen. Die Vorlesung fand am 19. Juni 1930 statt um 9 Uhr abends. Es war sehr heiss und ich war im Frack mit steifem Kragen. Die meisten Herren fragten mich nur oberflächlich dies oder jenes. Aber Hintze examinierte mich für 20 Minuten. Ich bin aber doch durch gekommen.

Nach 1933 habe ich ihn nicht mehr gesehen, auch Frau Hintze nicht, die ja in Holland ums Leben gekommen sein soll. Hier in U.S.A. ist auch Interesse an Hintze's Arbeiten vorhanden. Hans Rosenberg[1294] sprach sogar von der Möglichkeit einer Übersetzung.[1295] […]

1291   Wilhelm Rohr (1898–1968), Oberarchivrat.

1292   Gerhard Masur (1901–1975), Historiker, bis 1935 Privatdozent an der Universität Berlin, 1935 emigrierte er über die Schweiz nach den USA.

1293   Gerhard Masur, Friedrich Julius Stahl. Geschichte seines Lebens. Aufstieg und Entfaltung 1802–1840, Berlin 1930.

1294   Hans Rosenberg (1904–1988), nach den USA emigrierter Historiker, ab 1959 University of California.

1295   Vgl. die drei folgenden Briefe.

264 B   Ernst Posner an Gerhard Oestreich, 16.2.1964

[handschriftlich]

Arlington, Va. Febr. 16, 1964

[...] Meine Beziehungen zu Otto Hintze und zu Hedwig Hintze gehen ins Sommersemester 1912 zurück, als ich sein Seminar über die Testamente der Hohenzollern nahm und wohl jugendlich Hedwig etwas anschwärmte. Durch den Krieg unterbrochen, verdichteten sich diese Beziehungen natürlich, als ich wohl 1923 für die Acta Borussica zu arbeiten begann und dann ganz regelmäßig zu den Sonnabend-Tees ging, um Manuskripte abzuliefern und wieder mit zu nehmen. Töricht wie ich war, habe ich mir keine Aufzeichnungen über die „Tee-Gespräche" gemacht. Ich habe auch keinerlei Briefe Hintzes, außer dem schönen Zeugnis, das er mir 1938 über meine Arbeiten für die Acta Borussica[1296] gab. Im rechten Augenblick werde ich versuchen meine Erinnerungen an Hintze mal zu Papier zu bringen – bis zu dem Augenblick – wohl im Januar 1939 –, da ich von ihm Abschied nahm, sicher daß wir uns nie wieder sehen würden.

Ich glaube, daß es doch einmal zur Hintze-Renaissance kommen wird. Als wir vor einem Jahr in Berkeley waren, sprachen Hans Rosenberg, Hans-Ulrich Wehler[1297] aus Köln und ich lange von ihm und kamen zu dem Schluß, daß letzten Endes durch klaren, weltweiten Blick Hintze Meinecke weit überragte. Bei aller Verehrung für Meinecke, ist doch durch seinen Einfluß die deutsche Geschichtsforschung zu sehr in die sauerstoff-arme Ideenforschung gelenkt worden.

[...] Ich bin nicht, wie Sie sagen, „das einzige persönliche Zeugnis Hintze's vor dem Kriege". Ein merkwürdiger Zufall hat es gewollt, daß lange Jahre Fritz Karl Mann[1298], früher Professor der Finanzwissenschaft in Köln, mein Kollege bei der American University war. In der Tat waren Mann und ich beide 1914 wohl in Hintze's Seminar über die Constitution of the United States, eine großartige Erfahrung. [...]

265 B   Hans Rosenberg an Ernst Posner, 13.7.1964

[handschriftlich]

Berkeley, 13. Juli 1964

[...] Aber nun zur Sache, d. h. zu Otto Hintze. Ich bin seit Jahren daran interessiert, daß zumindestens ein Teil seiner besten Aufsätze in englischer Übersetzung erscheint, wozu ich gegebenenfalls eine kurze Einführung schreiben würde. Bereits vor Jahren [...] war die Univ[ersity] of Calif[ornia] Press bereit, aber es ist damals daran gescheitert, daß wir keinen wirklich qualifizierten Übersetzer auftreiben konnten. Das ist in der Tat ein sehr ernstes und heikles Problem, und ich habe leider einfach nicht die Zeit, die Übersetzung eines anderen zu überarbeiten und in die amerikanische Begriffssprache umzuformen. [...] So oder so dürfte in absehbarer Zeit etwas dabei herauskommen. Als die wirklich entscheidende Schwierigkeit wird sich wohl erneut das Übersetzungsproblem erweisen. [...]

1296 Vgl. Anm. 125.
1297 Hans-Ulrich Wehler (Jg. 1931), Professor für Geschichte in Bielefeld.
1298 Fritz Karl Mann (1883–1979), emigrierter Finanzwissenschaftler.

266 B Hans Rosenberg an Gerhard Oestreich, 19.3.1965

[handschriftlich]

Berkeley, 19. März 1965

[…] Wie Sie wissen, habe ich mich seit Jahren darum bemüht, Hintze in englischer Übersetzung auch außerhalb seines Heimatlandes endlich zu seinem Recht kommen zu lassen. […] Nach langem Hin und Her hat die University of California Press sich endlich bereit erklärt, das Wagnis in Angriff zu nehmen. Nach monatelangen Verhandlungen ist es zu einer Einigung mit Vandenhoeck[1299] gekommen, und damit sind zunächst die juristischen Voraussetzungen bereinigt. Die Univ. of Calif. Press denkt an einen Auswahlband von insgesamt etwa 150.000 Worten. Die Auswahl und Herausgabe soll von Felix Gilbert[1300] besorgt werden […][1301]

267 B Kinya Abe[1302] an Gerhard Oestreich, [nach 1969]

[maschinenschriftlich]

z. Zt. Göttingen

[…] Wir haben uns in Japan lange Jahre hindurch mit der Entstehung und Auflösung des Feudalismus in Japan befaßt.

[…] Wir meinen, daß wir auch die Geschichte Japans in einer weltgeschichtlichen Sicht neu überblicken müssen.

[…] Obwohl der Aufsatz Hintzes in Bezug auf die Geschichte Japans aus Mangel an Material nicht ohne Fehler ist, wird seine Auffassung über die weltgeschichtliche Konstellation des Feudalismus[1303] niemals seine Bedeutung verlieren. […]

268 B Grete Gerhard[1304] an Brigitta Oestreich, 25.12.1984

[handschriftlich]

Konstanz 25. Dez. 1984

[…] daß mein Mann Ihre biographische Skizze[1305] mit großem Interesse gelesen hat und daß sie ihn nicht nur interessiert – manches war ihm neu, er habe von manchem nichts gewußt – sondern wirklich berührt hat. „Wir haben uns alle von Rothfels' negativer Einschätzung von Hedwig Hintze beeinflussen lassen" – etwas

---

1299 Der Verlag Vandenhoeck & Ruprecht, Göttingen, besitzt die Verlagsrechte.

1300 Felix Gilbert (1905–1991), Professor für Geschichte in Princeton.

1301 The Historical Essays of Otto Hintze, ed. with an Introduction by Felix Gilbert, New York 1975. – Vgl. dazu den Review Essay von Gerhard Oestreich in „History and Theory" (17, 1978) und die erweiterte deutsche Fassung unter dem Titel „Otto Hintze, Tradition und Fortschritt", in: Ders., Strukturprobleme der frühen Neuzeit, Ausgewählte Aufsätze, hrsg. von Brigitta Oestreich, Berlin 1980, S. 127–141.

1302 Kinya Abe (Jg. 1935), japanischer Historiker.

1303 Japanische Übersetzung von Otto Hintze, Wesen und Verbreitung des Feudalismus, Tokio 1966, 2. Aufl. 1969.

1304 Ehefrau des Historikers Dietrich Gerhard (1896–1985).

1305 Brigitta Oestreich, Hedwig und Otto Hintze, in: Geschichte und Gesellschaft, 11 (1985), S. 397–419.

wie ein Schuldgefühl. Es war das <u>letzte</u> Mal, vor Monaten bald nach dem Erhalt Ihrer Arbeit, daß er sich über Gelesenes vor mir äußerte.

[…] Hatte ich doch aus Erzählungen meines Mannes oft über Hintzes und ihr Haus gehört, er war ja häufig bei den open house Nachmittagen dort. […]

269 B   Fritz Geisthardt[1306] an Brigitta Oestreich, 29.11.1985
[handschriftlich]

Mainz, 29.11.85

[…] Wir sahen in ihr, als wir Studenten waren, einen fremden Vogel, und so wurde sie wohl auch in der Fakultät behandelt. Wie die Studenten heute links sich einordnen, hielten wir uns um 1930 rechts und hatten deshalb keinen Zugang zu solchen Persönlichkeiten wie Hedwig Hintze. Über Otto Hintze als Ehemann schüttelte man bedauernd den Kopf. […] Otto Hintze scheint mir ein wahrer Heros ehelicher Liebe zu sein. […]

1306 Fritz Geisthardt (1909–1994), Oberarchivrat.

Personenregister

Kursiv gesetzte Ziffern verweisen auf Fußnoten.

A

Abe, Kinya 257
Albrecht, Erzbischof von Mainz 183
Alexander 185
Altamira y Crevea, Rafael 92
Anna von Polen 158
Anschütz, Gerhard 147, 249
Arendt, Max 251
Arnim-Suckow, Harry Graf von 230
Auber, Daniel François Esprit 155
Augustus, römischer Kaiser 207, 209
Aulard, Alphonse 25, 31, 155, 158 f., 164, 166, 244

B

Baboeuf, Gracchus 172
Bach, Johann Sebastian 113, 129, 152 f., 174
Bachofen, Johann Jakob 216 f., 238
Backmann, Reinhold 149
Baeumler, Alfred 217, 238 f.
Baudelaire, Charles 133
Beard, Charles Austin 33, 37
Beard, Mary 37
Bebel, August 207
Beethoven, Ludwig van 113, 125, 142, 168, 174, 181, 215, 219–221
Bendix, Reinhard 247
Benedikt XV., Papst 232
Bernheim, Ernst 64
Bethmann Hollweg, Theobald von 57–59
Binzer, Daniel August 249
Bismarck, Otto Fürst von 59, 84, 230, 232, 250
Block, Maurice 165
Blomert, Reinhard 212
Bodin, Jean 177
Böhlau, Helene 215
Bogislaw X., Herzog von Pommern 158
Bonjour, Edgar 15, 18, 33, 38, 173, 215, 225–228
Boom, Willem ten 175
Bornhak, Konrad 237
Bouglé, Célestin 114, 187
Boyen, Hermann 165
Brandi, Karl 232
Brandstädter, Heike 25, 184

Braun, Lily 207
Braun-Vogelstein, Julie 80, 94, 119, 159, 164, 205
Brentano, Clemens 78
Breysig, Gertrud 17, 245 f.
Breysig, Kurt 17, 181, 200, 244, 246
Brunner, Heinrich 122
Buchholz, Werner 200
Bülow, Bernhard Fürst von 59
Büsch, Otto 16
Burdach, Konrad 77, 90, 173, 232
Burdächle 90 f.
Burns, Robert 208
Busch, Wilhelm 105
Butler, Nicholas M. 88

C

Cartellieri, Alexander 232
Cézanne, Paul 194, 199, 202
Chéruel, Adolphe 156, 165
Cicero, Marcus Tullius 77, 250
Classen, Peter 175
Claudius, Matthias 219
Clauss, Max 212
Clay, Lucius Dubignon 37, 243
Considérant, Victor 207
Coolidge, Calvin 148
Cornaro, Caterina 92
Couvée (Vermieter) 124
Cromwell, Oliver 149
Cues, Nicolaus von 84

D

Daladier, Edouard 125
Dante Alighieri 82, 84, 159
Dehio, Ludwig 33, 175, 242 f., 248
Delbrück, Hans 41 f., 56, 140, 149, 165, 172, 211, 236, 247
Deppe, Barbara 25
Dernburg, Bernhard 19
DeRuyter, Michiel Adriaensz. 121
Di Constanzo, Giuseppe 242
Dibelius, Martin 175
Dibelius, Otto 171, 174 f., 177 f., 183, 187, 191, 197
Dickmann, Elisabeth 25
Dietrich, Elisabeth 84

Dietrich, Hermann Robert   84
Dietrich, Otto   132
Dilthey, Wilhelm   167
Dorn, Walter L.   33, 37, 128, *225*, 243
Dorno, Friedrich   70 f.
Dostojewski, Fjodor Michajlowitsch   183
Dräger (Kohlenhändler?)   85
Droysen, Johann Gustav   45
Du Bois-Reymond, Emil   *165*
Dürer, Albrecht   196

E

Eckart gen. Meister Eckart   187
Edith   105
Ehre, Ida   235
Eichholtz (Kaufmann)   153, 155
Eitel Friedrich, Prinz von Preußen   229 f.
Elias, Nobert   *114*
Elie (General)   158
Elli   108, 139, 157
Engelmann (Spediteur) 144, 146
Engelmann, Susanne   107 f., 112, 116, *117*, 162, *200*
Engels, Friedrich   143
Ennius, Quintus   *196*
Epstein, Fritz T.   33, 243
Erasmus von Rotterdam   156 f.
Erbe, Michael   16, 35, *242*
Erdmann, Benno   252
Erdmann, Karl Dietrich   *59*
Esmein, Adhémar   91
Eßlinger, Hans-Ulrich   *212*

F

Fabius, Quintus Maximus Verrucosus,   196
Faden, Eberhard   18–20, 25, 28, 41–74, 149, *232*
Faden (Frau des Vorigen)   68, 70, 72
Faden, Hugo   *42,* 43, 53
Fainsod, Merle   207
Falkenhayn, Erich von   67
Faulenbach, Bernd   *16*
Faupel, Wilhelm   147
Fester, Richard   *34*
Finckenstein, Ottfried Graf von   *204*
Flügel (Fräulein)   126, 128, 204
Fontane, Theodor   *105, 119, 123*
France, Anatole   163, 166
Franke   77
Franz I., König von Frankreich   *81*
Freiligrath, Ferdinand   *142*
Friedrich, Burggraf von Nürnberg   231

Friedrich II., der Große, König von Preu-
   ßen   *44, 51,* 55, 171
Friedrich Wilhelm I., König von Preu-
   ßen   44, 46
Friedrich Wilhelm III., König von Preu-
   ßen   44
Friedrich Wilhelm IV., König von Preu-
   ßen   231
Friis, Aage   117, 220
Frijda, Hermann   *114, 124,* 126, *130, 142 f.,* 147, 149
Frobenius, Herman 133, 145
Frobenius, Leo 133, 145
Funck-Brentano, Théophil   207

G

Galsworthy, John *102,* 234
Gasser, Adolf   45
Gebser, Albert   206
Geisthardt, Fritz   258
George, Stefan   *211*
Gerhard, Dietrich   257
Gerhard, Grete   257
Gierke, Julius von   122
Gierke, Otto von   122, 241
Gigli, Benjamino   113
Gilbert, Felix   257
Gilm, Hermann von   *138*, 141 f.
Giovannini, Nobert   *212*
Giraudoux, Jean   154
Göring, Hermann   *215*
Göring, Karin   *215*
Görlitz, Walter   *236*
Görtz von Schlitz, Johann Eustach
   Graf   141
Goethe, Johann Wolfgang von   77, 107, *126,* 143, 152, 168, 170, *181,* 183, 197, 200 f., *203,* 205, 207, 209, 211, 215, *217,* 218, 220
Goldschmidt, Ernst   *131*
Goldschmidt, Leonore   *131*
Gollub, Hermann   44
Goltz, Colmar Freiherr von der   67
Gottfried von Straßburg   208
Gottsched, Johann Christoph   *233*
Gounod, Charles François   113, 129
Grete   105, 128, 138, 146, 157, 185, 204, 208
Grever, Maria   32
Grillparzer, Franz   149, 215
Grimm, Hans   *121*
Grotius, Hugo   124 f., 152
Grotius, Maria   *124*

Grüber, Heinrich   31, *117, 129,* 130, *159*
Grünwedel, Albert   218
Güterbock, Bruno   186
Guggenheimer, Helene   20, 24
Guggenheimer, Moritz   20, 24, 230
Guise, Heinrich Herzog von (Henri I. de Lorraine)   215, 227
Gundolf, Friedrich   143, 145, 148, 151, 154, 158, 161 f., 167 f., 170, 175, 180, 200, 211, 216
Gutbier, Ewald   251 f.

H
Haberlandt, Gottfried   50
Händel, Georg Friedrich   *105, 113,* 129, 174, *214*
Häpke, Rudolf   65 f.
Hahn, Barbara   16
Haller, Johannes   65
Hannemann, A.   105 f., 108–117, 119, 121–123, 125 f., 129, 131–134, 136 f., 139, 141, 143, 145 f., 148, 151–155, 157, 161 f., 164, 167, 169, 171–175, 178 f., 182–184, 186–188, 190, 192–195, 197, 205, 208, 210, 212, 214, 217, 220
Hannibal   230
Hans   33, 106, 123, 185
Harnack, Adolf von   *56, 67, 85, 122,* 126, 162, 175, 198, 232
Harnack, Axel von   122, 124, 126, *162,* 165, 198, 200, 232, 248
Harnack, Ernst von   *122, 232*
Hartung, Fritz   34 f., 77, 139, 170, 225, 232, 237, 242 f., 248
Hass, Martin   38, *250*
Heidrich, Wilhelm   145, 166, 206
Helfferich, Karl   57
Herkner, Heinrich   61, 77, 148 f., 248
Hermann, Renate   200
Herzfeld, Margot   48
Hess, Rudolf   *132*
Heusler, Andreas   203
Heuss, Theodor   235
Heymann, Ernst   181, 211, 220
Heymann, Friedrich   *208*
Heynemann (Herr)   206, *208*
Hickchen   81, 83, 85, 88–91, 93
Hilde 197
Hildebrandt, Jörg   *129*
Hindenburg, Paul von   29
Hintze, Emma   *62,* 229 f.
Hintze, Ernst   229
Hintze, Eva   *100, 106, 126, 164*

Hintze, Friedel   160
Hintze, Gerhard   *126*
Hintze, Gertrud   33, 35, *90, 100, 174, 178, 194, 197, 203, 209, 211, 220, 225,* 230
Hintze, Hans   126
Hintze, Hermann   27, 229 f.
Hintze, Hertha   109
Hintze, Klara → Schlütter, Clara
Hintze, Konrad   34 f., *85, 105 f., 108–111, 116, 119, 121, 126, 131, 162, 164, 166, 177, 190, 194, 202, 205, 208, 210, 214, 217, 219, 221, 225,* 229
Hintze, Lotte   34, *105 f., 109–111, 119, 121, 126, 148, 162, 164, 166, 190, 202, 208, 217, 219, 221,* 229
Hintze, Maria   *166*
Hintze, Martha   230
Hintze, Reinhold   229
Hintze, Walther   *92, 109,* 229
Hintze, Walther (Olly)   *135, 139, 178, 197*
Hintze, Wolfgang   *100, 108, 116,* 126, *166,* 229, 239
Hitler, Adolf   29 f., 45, 107, 111, 191, 233 f., 244
Hobbes, Thomas 149
Hökchen d. i. Hedwig Hintze
Hölderlin, Friedrich   *115*
Hölty, Ludwig Christoph Heinrich   *132, 206*
Hoetzsch, Otto   65
Holborn, Hajo   254
Holsten, Robert   200, 235
Holtzmann, Walther   231 f.
Homuth (Schüler O. H.s)   48
Horaz   *120,* 184, 189, *191,* 201, *219*
Huizinga, Johan   156 f.
Humboldt, Alexander von   147
Hus, Jan   227
Hutten, Ulrich von   183, 227
Huysmans, Joris-Karl   113

I
Inachin, Kyra   *158*
Irmler, Doro   122
Irmler, Joseph   *122*
Isnard, Henri Maximin   163

J
Jähns, Max   158, 165
Jaspers, Gertrud   227
Jaurès, Jean   *25,* 31, 164, 172, *215, 225,* 247

Jefferson, Thomas 88
Joachim I., Kurfürst von Brandenburg 250
Joachim II., Kurfürst von Branden-
  burg *250*
Johnson, Alvin *125*
Jongejans (Vermieterin) 32, 127, 199
Jourdan, Jean-Baptiste 128, 132, 140 f.,
  144
Jütte, Robert 16
Jungmann-Hermann, Anna 161

K

Kaeber, Ernst 41, 139, 149
Kaeber (Frau des Vorigen) 139
Kaehler, Siegfried A. *175*, 248
Kahl, Wilhelm 41
Kant, Immanuel 207
Kapp, Wolfgang 233
Katharina II., Zarin von Rußland 141
Kaudelka, Steffen 15, *20, 27*, 33, *37, 90,*
  107, 197, 215
Kaufmann, Erich *122, 150 f., 174, 183,*
  237, 239, 241
Kaufmann, Hedwig *122, 151*
Kautsky, Karl *193*
Kautsky, Luise *193*
Keller, Gottfried *186*
Kessel, Eberhard *132*
Kienast, Walther 253 f.
Kilpper, Gustav 191
Kjellén, Rudolf 55 f., 61, 66
Kleist, Heinrich von *77, 88*
Koch, Franz 108
Kocka, Jürgen *27*
Köhler (Arzt) 94, 124, 128, 135
Koht, Halvdan 130 f.
Konstantin, römischer Kaiser 209
Kornemann, Ernst 207
Koser, Reinhold 44, *55*, 122
Krauske, Otto 235, 244, 253
Krückmann, Emil 71
Küchler, Gerhard 46
Küchler (Frau des Vorigen) 46
Kühlmann, Richard von *59*
Kuhn, Hugo *196*

L

Lachmann, Karl 20, *196*
Lagerlöf, Selma 218
Lederer, Emil 119, 125, *129*, 164, 205
Lederer, Emy 119
Lehmann, Rudolf 252
Leisner, Emmi 184

Lenz, Max 247, 250, 255
Lessing, Gotthold Ephraim 20
Lette, Wilhelm Adolf *100*
Letto (Handwerker) 86
Leubuscher, Charlotte 81
Liebenthal, Herbert Ismail 110, 116, 119,
  124, *128*, 131, 133, 135–137, 143
Liegnitz, Auguste Fürstin von 44
Lilje, Hanns 232
Lily 108, 185
Lindemann (Bürgermeister) 230, 235
Lindemann (Frau des Vorigen) 230
Liszt, Franz 126, 168, 174, 181
Litzmann, Karl 229
Loewe, Johann Karl Gottfried *105, 119,*
  142
Loisl 192
Lottchen (Haushaltshilfe) 84 f.
Louis Ferdinand, Prinz von Preußen 231 f.
Ludendorff, Erich 236
Ludwig, Hartmut *129, 159*
Luxemburg, Rosa 34, *193*

M

Machiavelli, Niccolo 81
Mackensen, August von 164
Mahan, Alfred Thayer 142
Maier, Heinrich 44
Maier (Frau des Vorigen) 44
Mangelsdorf, Günter *200*
Mani 113
Mann, Fritz Karl 256
Mann, Heinrich 233
Mann, Katja 24
Mann, Thomas 24, *163, 214, 217*
Marcks, Erich 77, 81, 133, 244, 250
Maria 195
Marion, Marcel 216
Marius, Gajus 172
Marrés (Deputierter) 125
Martens, Friedrich von 141
Marx, Karl 29
Masur, Gerhard 255
Mathiez, Albert 25, 31, 184, 188 f.
Maxchen 85
Mayer, Gustav 38 f., 100, *143*, 150, 227
Meerman, Johan 206
Meilchen (Hauswirt) 126, 184, 190, 203,
  210, 212, 214–217
Meinecke, Antonie 17, 84, 94, 211,
  244 f., 253
Meinecke, Friedrich 17, 24, 31, *33*, 35,
  37, 38 f., *43*, 62, *67*, 77, 81, 84, 92, 94,

100, 132, 137, 139 f., *144*, 148, *173,*
175, 180, 200, 222, 233–235, 241,
244–246, 248, 253–256
Meisner, Heinrich Otto *65*, 242, 248
Menke, Johann Burkhard *233*
Meulen, Jacob ter 32, *130*, *147*, 226, 237
Meyer, Conrad Ferdinand *101*, 198, 227
Meyer, Eduard 56 f.
Miegel, Agnes 199
Minor, Jakob 149
„Möve" 79, 85
Mommsen, Wolfgang J. *28*
Monmayou, Joseph 166 f.
Montaigne, Michel de 82
Moreau, Jean 165
Morus, Thomas 81 f.
Mozart, Wolfgang Amadeus *105, 142*
Müllenhoff, Karl 254
Müller (Soldat) 235
Müller, Georg Alexander von 236
Müller, Guido *212*
Müller, Sven von *236*
Munckel (Pastor) 230
Munckel, August Carl 230
Muncker, Franz 20
Mussolini, Benito 123

N
Nani 155
Napoleon I., Kaiser der Franzosen 79,
112, 140, 159
Napoleon III., Kaiser der Franzosen *183*
Naumann (Ministerialdirektor) 61
Naumann, Friedrich *72*
Neander, Joachim *148*
Negenborn, Karl Georg 62–64, 66 f.
Neugebauer, Wolfgang *16, 19, 27, 30, 35,*
38, 57, 132, 170, 229, 231, 242, 245,
250
Neumann (Blockwalter) 205, 209
Neumann, Carl 202, 209
Niedhart, Gottfried 39
Niethammer, Lutz *128*
Nietzsche, Friedrich 120*, 191, 203*
Nijhoff, Martinus 131, 160
Novotny, Fritz *202*

O
Oeckchen d. i. Hedwig Hintze
Oestreich, Brigitta 15, *16*, 19, *20*, 27,
31 f., 227 f., 257 f.
Oestreich, Gerhard *16,* 17–19, 35, 38, *41,*
44, 46 f., *52, 65, 84, 173,* 222, 229,

234, 237–239, 241*, 242,* 243–247,
249–257
Olmes (Geschäftsfrau) 112
Oncken, Hermann *43,* 82
Oppo 100, 166
Orth, Johannes 48

P
Panin, Nikita Petrowitsch 141
Patman, John William Wright 128
Paul I., Zar von Rußland 125, 141
Paula 122
Penck, Albrecht 43, 59, 61
Peters, Wolfgang 48, 50, 57 f., 67, 74
Planck, Max 43, 77
Pöckchen d. i. Otto Hintze
Pohl, Gerhart 138, 142
Posner, Ernst 27, 45, 48, 84, 248, 255 f.
Posner, Katherina 45, 255
Posthumus, Nicolaas, Wilhelmus 189,
191, 193, *201, 205*
Preuß, Hugo 28, *29*
Proudhon, Pierre-Joseph *187*

R
Rabl (Ehepaar) 77, 200
Ranke, Leopold von 132, 251
Rassow, Peter 248
Redlich, Fritz 249 f.
Reichardt, Rolf *24*
Reicke, Georg 41
Rembrandt 194, 199, 202 f., 206, 208 f.,
214, 216, 219 f.
Renan, Ernest 173, 175, 177
Reventlow, Ernst Graf zu 56
Riezler, Kurt 59
Riezler, Siegmund von *59*
Rijn, Cornelia van *199*
Rijn, Titus van *199*
Rilke, Rainer Maria *164*
Ritter, Gerhard *38*, 250 f.
Roethe, Gustav 77, 252
Rogge, Helmuth 68, 252 f.
Rohr, Wilhelm 255
Rohrbach, Paul 65
Roon, Ger van *175*
Roosevelt, Franklin D. 128
Rosenberg, Alfred *215*, 216, *238*
Rosenberg, Arthur 37
Rosenberg, Hans 38, 255–257
Rothbarth, Margarete 72
Rothfels, Hans 227, 232, 238, 247–249,
257

Rothfels, Hildegard   248
Rückert, Friedrich   *149*
Rumler, Marie   48
Rumpler, von (Ehepaar)   190
Ruoff, Wilhelm   *202,* 208 f., *210,* 212,
   214–216, *217,* 219
Rupprecht (Schüler O. H.s)   54
Rust, Bernhard   9*, 148, 230, 233*

S
Sabinski (Frau)   161
Saint-Simon, Henri de   *187*
Salomon, Albert   222
Sallust   *84*
Sauer, August   149
Schaeder, Hans Heinrich   113
Schäfer, Dietrich   41, 56, 58, 61, *68,* 252
Schaffner (Osnabrück)   106
Schaffner, Jakob   *106,* 142
Schapper, Gerhard   48
Scharnhorst, Gerhard David   165, 172
Schickele, René   203
Schiller, Friedrich   128, *129, 155, 207*
Schinkel, Friedrich   249
Schleier, Hans   *16, 19, 30*
Schlenzka, Adolf   117, 119, 121 f., 125,
   155, 157, 221
Schlieffen, Graf von (Landrat)   229
Schlieffen, Alfred Graf von   229
Schlütter, Clara (Klara)   *108, 157,* 230, 235
Schlütter, Hans   81, 108, 229–237
Schlütter, Wilhelm   230
Schlusnus, Heinrich   113, 138
Schmidt, Carl   205
Schmidt, Erich   152
Schmidt, Richard   211
Schmitt, Richard   *211*
Schmoller, Gustav   *16,* 27, *55, 68,* 249
Schnitzler, Arthur   235
Schöck-Quinteros, Eva   *25*
Schöffer, Ivo   *114*
Schöne, Georg   161, 169
Scholz, Wilhelm von   234
Schotte, Friedrich   254
Schotte, Walther   *254*
Schramm, Percy Ernst   210 f.
Schröter, Dieter   33 f., *107, 110, 116, 155,*
   174 f., 177, 202, 204, 239
Schröter, Felizitas   *80, 86,* 105 f., *107–110,*
   112, 115, 124, 155, 159, 171, 174 f.,
   177, 183, 186–188, 191, 202, 205, 208
Schröter, Hildegard   16, 19, 30, 34, *50,*
   78 f., 86, 105–107, 115, 239

Schröter, Manfred   19, *79, 86, 106, 115,*
   217, 222, 237–239, *241*
Schubert, Franz   125 f., 129, 169, 174,
   181, 184, 221
Schütte (Familie)   164
Schuhknecht (Reinemachefrau)   84
Schultze, Johannes   248, 253
Schultze, Paul   42
Schumacher, Hermann   *43*
Schuster, Wilhelm   *149*
Scribe, Augustin-Eugène   *155*
Sée, Henri   31, 173, 175, 177
Seeckt, Hans von   233
Seligman, Edwin   *125*
Sering, Max   43, *45, 67,* 149, 152
Shakespeare, William   *119, 123, 144, 151,*
   193, 216
Shaw, George Bernhard   *152,* 186
Siebert, Erich   *201*
Skalweit, Stephan   170
Slotemaker de Bruïne, Jan Rudolph   *117,*
   126, 162
Slotemaker de Bruïne, Martinus Cornelis
   117, *118,* 130, 160, *162,* 220
Slotemaker de Bruïne (Frau des Vorigen)
   118, 220
Smith, Leonard S.   *32,* 228
Sohr, Frédéric   *210*
Solf, Wilhelm   57
Solnitz, Karoline 33
Solon   *204, 218*
Sombart, Werner   84, 173 f., *175,* 246
Spengler, Oswald   121, 216
Spinoza, Baruch de   149
Springer, Max   48
Stählin, Karl   112, 133, 141, 143, 173
Stählin, Frida   133
Stahl, Friedrich Julius   255
Stein, Georg   33, 123
Stein, Karl Freiherr vom und zum   236
Steinberg, Sigfrid Heinrich   *212*
Stengel, Paul   80, *133*
Stengel (Frau des Vorigen) 133
Stern, Alfred   33
Stier, Hans Erich   *219*
Stier-Somlo, Fritz   64
Stinnes, Hugo   207
Stoffels, Hendrikje   *199*
Strauß, Richard   *105, 113,* 138, *141,* 142,
   194
Stresemann, Gustav   233
Stutz, Ulrich   181
Stutzer, Emil   63

T

Taine, Hippolyte Adolphe   *25*
Tangl, Michael   252
Thiers, Adolphe   183
Timmermans, Felix   133
Tirpitz, Alfred von   54
Toller, Ernst   77
Tolstoi, Leo Graf   183
Torgler, Ernst   233
Treitschke, Heinrich von   251
Troeltsch, Elisabeth   44
Troeltsch, Ernst   44, *67, 84*, 148 f., 173,
   180 f., 188, 190, 198, 203, 205, 232,
   244, 248 f.
Tromp, Maarten Harpertsz.   121
Trott zu Solz, August von   *52*
Tümpel, Ludwig   48
Tullius, Servius   172
Turgenjew, Iwan S.   133, 183

U

Uylenburgh, Saskia van   *199*
Unger, Ernst   72
Urban VI.   *72*

V

Valckenier Kips, Jan Hendrik   132, 160,
   184 f.
Vierkandt, Alfred   64, 248
Vogel, Walther   61, 64
Vogelstein, Hertha   *119, 159*
Volz, Gustav Berthold   44
Volz (Frau des Vorigen)   44
Vom Brocke, Bernhard   *231*

W

Wagner, Adolph   55
Wagner, Richard   *113, 203*, 235
Waitz, Georg   *45*
Walk, Joseph   *137*

Walther von der Vogelweide   193, *196*
Walther (Hausmeister)   111, 116, 121,
   123, 142, 144 f., 148, 152, 161, 178,
   181, 183, 188
Walther (Frau des Vorigen)   142, 145,
   148, 152, 161 f., 164, 168, 171, 178,
   181, 183, 190, 209
Walther (Fräulein)   178
Walther, Gerhart   148, 152
Walther, Peter Th.   15, *33, 37, 90, 107, 197,
   215*
Wanda   164, 190, 204
Weber, Max   241
Wedel, Botho Graf von   58
Wehler, Hans-Ulrich   *15*, 256
Weisbach, Werner   79, 177, 199
Wenzel, Ralf   202, 208 f., 219
Werner   33, 105 f., *225*
Weygand, Maxime   154, 158, 163
Wieruszowski, Helene 173
Wilcken, Ulrich   124
Wilcken (Frau des Vorigen)   124
Wilde, Oscar   *189*
Wilhelm, König der Niederlande   206
Wilhelm, Deutscher Kronprinz   44, 236
Wilhelm I., Deutscher Kaiser   231
Wilhelm II., Deutscher Kaiser   44, *46*, 59,
   132, 168, 230 f., 236, 253
Wilson, Woodrow   57, 73
Wolf, Hugo   125, 142, 215, 219
Wolff, Käte   34, *105 f., 108 f., 112, 116,
   121, 123, 136 f., 145 f., 148, 151, 153,
   161, 168 f., 185, 187, 192, 194 f., 205,
   208, 210*
Wollermann (Schüler O. H.s)   48

Z

Zarathustra   113, 116, 125, 131, 180, 198
Zeumer, Karl   211
Zinzow, Adolf Joachim Friedrich   235